Peter Höh

Ostseeküste Mecklenburg-Vorpommern

„Entwirf Deinen Reiseplan im Großen
und lass Dich im Einzelnen
von der Stunde treiben"

Kurt Tucholsky

Impressum

Peter Höh
Reise Know-How Ostseeküste Mecklenburg-Vorpommern

erschienen im
Reise Know-How Verlag Peter Rump GmbH
Osnabrücker Str. 79, 33649 Bielefeld

15., neu bearbeitete und komplett aktualisierte Auflage 2016

Gestaltung
Umschlag: G. Pawlak, P. Rump (Layout); André Pentzien (Realisierung)
Inhalt: G. Pawlak (Layout), André Pentzien (Realisierung)
Karten: A. Medvedev, C. Raisin, B. Spachmüller, der Verlag
Fotonachweis: der Autor (ph)
Titelfoto: der Autor (Motiv: Alte Seebad-Pracht und Bilderbuch-Badestrände sind das Markenzeichen der Ostseeküste)

Lektorat (Aktualisierung): André Pentzien

Druck und Bindung: Wilhelm & Adam, Heusenstamm

ISBN 978-3-8317-2691-2
Printed in Germany

Anzeigenvertrieb
KV Kommunalverlag GmbH & Co. KG,
Alte Landstraße 23, 85521 Ottobrunn,
Tel. 089 928096-0, info@kommunal-verlag.de

Dieses Buch ist erhältlich in jeder Buchhandlung Deutschlands, der Schweiz, Österreichs, Belgiens und der Niederlande. Bitte informieren Sie Ihren Buchhändler über folgende Bezugsadressen:

Deutschland
Prolit GmbH, Postfach 9, D–35461 Fernwald (Annerod) sowie alle Barsortimente
Schweiz
AVA Verlagsauslieferung AG, Postfach 27, CH–8910 Affoltern
Österreich
Mohr Morawa Buchvertrieb GmbH
Sulzengasse 2, A–1230 Wien
Niederlande, Belgien
Willems Adventure, www.willemsadventure.nl

Wer im Buchhandel trotzdem kein Glück hat, bekommt unsere Bücher auch über unseren
Büchershop im Internet: www.reise-know-how.de

225osk ph

Wir freuen uns über Kritik, Kommentare und Verbesserungsvorschläge, gern auch per E-Mail an info@reise-know-how.de.

Alle Informationen in diesem Buch sind vom Autor mit größter Sorgfalt gesammelt und vom Lektorat des Verlages gewissenhaft bearbeitet und überprüft worden.

Da inhaltliche und sachliche Fehler nicht ausgeschlossen werden können, erklärt der Verlag, dass alle Angaben im Sinne der Produkthaftung ohne Garantie erfolgen und dass Verlag wie Autor keinerlei Verantwortung und Haftung für inhaltliche und sachliche Fehler übernehmen.

Die Nennung von Firmen und ihren Produkten und ihre Reihenfolge sind als Beispiel ohne Wertung gegenüber anderen anzusehen. Qualitäts- und Quantitätsangaben sind rein subjektive Einschätzungen des Autors und dienen keinesfalls der Bewerbung von Firmen oder Produkten.

Peter Höh

OSTSEEKÜSTE MECKLENBURG-VORPOMMERN

Vorwort

„Warum hat Deutschland noch kein öffentliches Seebad?", fragte der Mathematikprofessor und begabte Aphorismenschreiber *Georg Christoph Lichtenberg* 1793 in einem Aufsatz, in dem er die Einrichtung eines Seebades in Cuxhaven an der Nordsee forderte. Der Artikel fand in Medizinerkreisen ein starkes Echo, und so war es dann der an der Rostocker Universität lehrende Arzt *Samuel Gottlieb Vogel*, der die Initiative ergriff und dem Herzog *Friedrich Franz von Mecklenburg-Schwerin* ein Schreiben übergeben ließ. Es sei unstrittig, dass das Baden im Meer *„sehr viele Schwachheiten und Kränklichkeiten des Körpers"* lindern könne, schrieb *Vogel* an seinen Landesherrn und verwies auf die englischen Seebäder.

Am 8.9.1793 traf Herzog *Friedrich* in seiner Doberaner Sommerresidenz ein und antwortete: *„Mir sind (...) Ihre Gedanken über die Anlegung eines Seebads übergeben worden: ich wünsche daher, mir darüber einen Plan aufzusetzen, um alsdann so viel alsmöglich zur Ausführung desselben beitragen zu können, besonders, da es mir nicht gleichgültig sein kann, manchen kranken Menschen glücklich zu machen. Ich erwarte daher mit Vergnügen Ihre Vorschläge in Betreff dieser heilsamen Anstalt und bin mit aufrichtiger Wertschätzung Ihr wohlaffektionierter F. F. Herz. z. M."*

Da das Baden im Meer *„wegen Schwachheit des Körpers, einfallender ungünstiger Witterung, des oft unschicklichen Grads der Kälte des Wassers, der Schwierigkeit, besonders für Frauenzim-*

mer und der Furchtsamkeit“ nicht angebracht schien und der Plan, mit Hilfe von hölzernen Röhren Meerwasser in die Residenz Doberan zu leiten, verworfen wurde, entschloss man sich schließlich zur Errichtung eines Seebades in Heiligendamm. Lediglich mit einem Zelt und einem Schuppen begann im Sommer 1794 der Badebetrieb im ersten Seebad der deutschen Ostseeküste.

Für die Bewohner der Küste brach damit eine neue Epoche an. Hatten sie bis dahin als Bauern, Fischer und Seefahrer ein hartes und kärgliches Leben gefristet, gründeten sich in den kleinen Küstendörfern zwischen Boltenhagen und Swinemünde ein *Badecommité* nach dem anderen. Die armen, abgeschiedenen Fischerdörfchen wandelten sich zu modischen Seebädern, in denen sich die betuchte Gesellschaft zur schicklichen Sommerfrische tummelte. Repräsentative Villen, luxuriöse Logierhäuser, Casinos, Promenaden, Kurhäuser, Seebrücken und Vergnügungseinrichtungen im charmanten Bäderstil prägten nun das Ortsbild.

Bis heute ist die Ostseeküste von Mecklenburg und Vorpommern ein Urlaubs- und Badeparadies von großer Anziehungskraft geblieben. Mehr als 1000 Kilometer misst die Küstenlinie. Von Horizont zu Horizont ziehen sich die feinen, breiten Sandstrände, wie Perlen an einer Kette reihen sich die traditionsreichen Seebäder aneinander.

Wo andernorts Betonbettenburgen das Bild prägen, haben sich die berühmten Kurorte und Seebäder wie Heiligendamm, Binz, Göhren, Heringsdorf oder Ahlbeck ihren nostalgisch-mondänen Charme aus der „Belle Epoque“ bewahrt. Schneeweiß leuchtende klassizistische Villen, nach englischem Vorbild mit filigranen Holzfassaden verzierte Logierhäuser, herrschaftliche Edelherbergen und verspielte Seebrücken verleihen ihnen eine anmutig nostalgische Aura.

Ganz anders, aber nicht weniger einnehmend, zeigen sich die kleinen Fischerdörfchen an der Boddenküste. Als wäre die Zeit stehengeblieben, ducken sich hier reetgedeckte Fischerkaten und Kapitänshäuser um die mittelalterlichen Dorfkirchen. In den kleinen Häfen dümpeln Heringskutter, auf denen die Fischer ihren Tagesfang sortieren und reinigen. Über hohen Stangen hängen die Netze und Reusen zum Trocknen, und aus Hütten dringt der unwiderstehliche Geruch von frisch geräuchertem Fisch.

Eingestreut zwischen die Seebäder liegen die altehrwürdigen Hansestädte Wismar, Rostock, Stralsund und Greifswald. Ihre historischen Stadtkerne zeugen vom einstigen Reichtum, den die Kaufleute der Hanse anhäuften. Prachtvoll verzierte Kaufmanns- und Patrizierhäuser, mächtige Backsteinspeicher und Kontore säumen die Straßen und engen Gassen zu Füßen der gewaltigen Stadtkirchen. Interessante Museen ermöglichen, die Küstenregion von ihrer historischen und naturräumlichen Seite kennen zu lernen.

Die Küste Mecklenburg-Vorpommerns ist nicht nur ein Bade- und Strandparadies für Wasserratten, Freunde der Freikörperkultur, Segler und Surfer, sondern auch ein einzigartiger Naturraum. Wasser, Wind und Wellen haben insbesondere an der Küste Vorpommerns eine extrem zerfurchte und bizarr zerlappte Küstenlinie geschaffen. Tief ins Land drängende Buchten, stetig weiter ins Meer hinauswachsende Haken und Nehrungen, Steilküsten, aus denen die andonnernde See immer wieder gewaltige Stücke herausbricht. Wie Wellenbrecher der Küste vorgelagert sind die Inseln Fischland-Darß-Zingst, Rügen und Usedom.

Zwischen Inseln und Festland funkeln die seichten, schilfgesäumten Bodden und Achterwasser. Eine auf das Engste miteinander verwobene Land- und Wasserwelt, die einer Vielzahl bedrohter Wasser- und Watvögel als Brut- und Rastgebiet dient. Im Frühling und Herbst, wenn die Zugvögel ziehen, verdunkeln riesige Schwärme den Himmel. Zu Zehntausenden fallen dann nordische Gänse, Schwäne und Kraniche in die Boddengewässer ein, um sich für ihre kräfteraubende Reise zu stärken; ein tief beeindruckendes Naturschauspiel. Adler, Kormoran und Storch fühlen sich an der mecklenburg-vorpommerschen Küstenregion noch ebenso heimisch wie Uferschwalbe, Kornweihe oder Kiebitz. Als eine der letzten intakten Küstenlandschaften und einzigartiges Vogelparadies steht die vorpommersche Küste praktisch insgesamt unter besonderem Schutz. Vom Darß bis zur Westküste Rügens erstreckt sich der riesige *Nationalpark Vorpommersche Boddenlandschaft,* Rügen und Usedom wurden zu Naturparks erklärt.

Mecklenburg-Vorpommerns Küste ist in ihrer Gesamtheit ein ideales Urlaubsland. Nicht nur im Sommer, wenn Strände und Ostsee zum großen Badespaß locken, lohnt sich der Besuch. Auch im Frühling, wenn die bunt blühenden Wiesen und gelben Rapsfelder mit dem Blau des Meeres korrespondieren, oder im Herbst, wenn die bunten Wälder impressionistische Bilder zeichnen und die Winde bei einsamen Wanderungen an menschenleeren Stränden einem die salzige Seeluft um die Nase wehen. Im Winter, wenn Stürme die aufgewühlte See gegen die Kliffe der Steilküsten anrennen lassen, die Gischt über die Seebrücken spritzt und heißer Sanddornsaft danach die steifen Glieder wohligwärmend durchströmt.

Wer an die Küste Mecklenburg-Vorpommerns reist, der sollte in seinem Reisegepäck viel Zeit und Muße haben. Hier gehen die Uhren noch anders als anderswo. Hier wissen die Menschen noch die unbestreitbaren Vorzüge der Langsamkeit zu schätzen und haben sie kultiviert. Und der Spott des „Eisernen Kanzlers" *Bismarck,* dass er im Falle des Weltuntergangs nach Mecklenburg gehen werde, weil dort alles erst 100 Jahre später geschehe, gereicht Deutschlands nordöstlichstem Bundesland zur Ehre. Seine Menschen bringen die Tugend kurz und prägnant auf das Lebensmotto *„Allens bliewt bi'n Ollen".* – Möge es so bleiben.

Zu diesem Buch

Nach besten Kräften habe ich mich bis zum Tage der Drucklegung dieses Buches bemüht, sämtliche Neuerungen und Änderungen zu berücksichtigen und Ihnen einen Ratgeber auf dem aktuellsten Stand in die Hand zu geben. Das zumindest war mein Ehrgeiz und meine Verpflichtung Ihnen als Leser gegenüber. Dennoch wird dies angesichts der schnellen Veränderungen nicht gänzlich gelungen sein. So kann es vorkommen, dass die eine oder andere Angabe bereits wieder von der Zeit überholt wurde. Sollten Sie auf Ihrer Reise auf eine solche stoßen, bitte ich Sie um Nachsicht und Verständnis.

Falls Sie bei der Lektüre des Buches oder auf Ihrer Reise vor Ort auf falsche oder fehlende Angaben stoßen, möchte ich Sie bitten, mir dies in einer kurzen E-Mail an den Verlag (mit Angabe der Auflage!) mitzuteilen. Ihnen wird es zwar nichts mehr nützen, wenn Sie vor einem geschlossenen Museum stehen oder ein Restaurant suchen und einen Anglershop finden. Aber den Besuchern nach Ihnen wird dasselbe Ärgernis erspart bleiben.

Wenn mir an der einen oder anderen Stelle ein Irrtum unterlaufen sein sollte, ich einen Platz, eine Stadt oder eine Einrichtung nicht genügend gewürdigt habe oder sonst Ihren Unwillen errege, so bitte ich Sie im Sinne des mecklenburgischen Heimatdichters R. Tarnow: *„Mötst di nich argern, hett keinen Wiert, mötst di blost wunnern, watt all passiert. Möst immer denken, de Welt is nicht klauk, jeder hat Grappen, du hest se ok".*

Ich hoffe, dass ich Ihnen mit diesem Buch bei der Vorbereitung Ihres Urlaubs mit Tipps, Anregungen und Hinweisen helfen kann und Sie die Tage Ihres Aufenthalts an der schönen Küste ebenso individuell wie erholsam und abwechslungsreich gestalten können. Ich wünsche allen meinen Lesern eine entspannte und interessante Reise.

Peter Höh

Hinweise zu Preisangaben

Die genannten Unterkunfts-Preise gelten für ein Doppelzimmer (DZ) für zwei Personen mit WC/Bad und Frühstück in der Hauptsaison (HS) bzw. in der Nebensaison (NS). Wird eine Preisspanne angegeben, so gibt es in Lage, Größe, Ausstattung etc. unterschiedliche DZ.

Bei den Adressen des jeweiligen Ortes finden Sie die Kurtaxe. Hier wird ebenfalls der Preis pro Erw./Tag in der HS und NS genannt.

Hinweis zu Entfernungsangaben

Entfernungsangaben im Buch wie beispielsweise „4 km N" sind als „4 km nördlich" von dem zuvor beschriebenen Ort zu verstehen.

Der Schmetterling ...

... zeigt an, wo man besonders gut Natur erleben kann oder Angebote im Bereich des nachhaltigen Tourismus findet.

Mein Tipp: ...

... steht für spezielle Empfehlungen des Autors: abseits der Hauptpfade, persönlicher Geschmack.

Nicht verpassen!

Die Highlights der Region erkennt man an der **gelben Hinterlegung.**

Inhalt

[>] Strandvergnügen erster Wahl bieten die kilometerlangen Strände auf Rügen im Überfluss

6 Allgemeine Reisetipps

7 Land und Leute

8 Anhang

131osk ph

Exkurse

Kartenverzeichnis

Ortspläne

Übersichtskarten

Thematische Karten

1 Mecklenburgische Ostseebäder

Weite Blicke über wogende Felder, aus denen die roten Türme der Backsteinkirchen der eingesprenkelten Dörfer aufragen. Kleine Naturstrände, malerische Sandklippen und weite sanft geschwungene Strandbuchten säumen die Küste zwischen **Klütz (S. 21)** und **Warnemünde (S. 75).** Traditionsreiche kleine und große Seebäder wie **Boltenhagen (S. 24), Rerik (S. 47)** oder **Kühlungsborn (S. 50)** garantieren Badefreuden in beschaulicher Umgebung, die Handels- und Hafenstädte **Wismar (S. 27)** und **Rostock (S. 61)** mit ihren historischen Zentren den Glanz und Reichtum der Hanse. Hier entstand mit **Heiligendamm (S. 53)** Deutschlands erstes Seebad, hier dehnt sich mit der **Rostocker Heide (S. 80)** Deutschlands größter Küstenwald.

2 Fischland, Darß, Zingst

Braune Segel auf dem Bodden, kreisende Fischadler über dem Darßer Wald. Hochkarätige Kunst in der **Künstlerkolonie Ahrenshoop (S. 112),** unberührte Natur im Nationalpark. Die langgezogene Halbinsel, durch die die Grenze zwischen Mecklenburg und Vorpommern verläuft, ist wegen ihrer Schönheit und landschaftlichen Vielfalt ein sehr beliebtes Feriengebiet. Besonders schön ist der wilde **Darßer Weststrand (S. 121),** besonders beliebt der großartige Dünenstrand bei **Prerow (S. 119).** Ein einmaliges Schauspiel der Natur ist der herbstliche **Zug der Kraniche (S. 125),** und ein wunderbares Motiv sind die **historischen Zeesboote (S. 92),** die sich hier zu Regatten treffen.

3 Rügen und Hiddensee

Weiße Felsen, grüne Wälder, mondäne Seebäder in nostalgischer Bäderarchitektur, ein niedliches Puppenstubenbähnchen – Rügen ist die Insel für Romantiker. Ob der weltberühmte, in die tiefen Laubwälder des Nationalpark Jasmund eingebettete **Königsstuhl (S. 203),** die eleganten Seebäder **Binz (S. 177), Sellin (S. 184)** und **Göhren (S. 191)** oder **Sassnitz (S. 200)** mit seinem bunten Fischerhafen, ob die historische Schmalspurbahn **„Rasender Roland" (S. 166)** oder das historische Schulmuseum in **Middelhagen (S. 192).** Ob das windumtoste **Kap Arkona (S. 212)** auf Wittow oder die windgeschützten Bilderbuchstrände im **Mönchgut (S. 189)** – Deutschlands größte Insel bietet eine Fülle an Attraktionen und Sehenswürdigkeiten. Dazu das vorgelagerte, autofreie Inselchen **Hiddensee (S. 225),** eine landschaftliche Perle, die nicht umsonst den Beinamen –„sötes Länneken", schönes Ländchen, trägt. Das Tor nach Rügen ist die altehrwürdige Hansestadt **Stralsund (S. 143),** die dank ihrer mittelalterlichen Altstadt UNESCO-Weltkulturerbe ist und mit ihren zahlreichen Museen wie dem großartigen **Ozeaneum (S. 154)** viel Raum für Unternehmungen auch an Regentagen bietet.

4 Vorpommern

Ruhe und Entspannung pur in der stillen Natur findet man im ländlichen Vorpommern, Deutschlands dünnstbesiedeldstem Winkel. Ein wunderbares Refugium für Naturfreunde sind die großen pilzreichen Wälder der **Ueckermünder Heide (S. 260)** an der Grenze zu Polen, die artenreiche Flusslandschaft der Peene, einer der letzten, in ihrem Lauf noch praktisch unberührten Flüsse Deutschlands, oder die einsamen Ufer am Stettiner Haff. Urbaner und kultureller Mittelpunkt der Region ist die ebenso alte wie lebendig bunte Hanse- und Universitätsstadt **Greifswald (S. 241).** Dem Traum vom Fliegen begegnet man in **Anklam (S. 252),** das mit dem sehenswerten **Lilienthal-Museum (S. 254)** und dem Erlebnispark **Aeronauticon (S. 255)** ganz im Zeichen seinens großen Sohns Otto Lilienthal steht.

5 Usedom

Weiße Strände ohne Ende, an denen große und kleine Seebäder wie an einer Perlenschnur aufgereiht liegen – Usedom ist die Badeinsel schlechthin. Touristischer Hotspot sind die drei charmanten traditionsreichen Kaiserbäder **Ahlbeck (S. 305), Bansin (S. 297)** und **Heringsdorf (S. 300),** die die längste Strandpromenade Europas verbindet. Doch die „Badewanne Berlins" bietet mehr als nur Strandvergnügen. Im abgeschiedenen **Lieper Winkel (S. 312)** oder der sanfthügeligen **Usedomer Schweiz (S. 309)** mit den Schmollen- und Gothensee finden Radler und Wanderer vielfältige Wege durch die stille Natur. Attraktive Ausflugsziele wie **Peenemünde (S. 278),** die weltberühmte „Wiege der Weltraumfahrt", das **Wasserschloss Mellenthin (S. 309),** die **Otto-Niemeyer-Gedenkstätte (S. 291)** mit ihren lauschigen Gärten und Ausstellungen oder die malerische **Windmühle bei Benz (S. 309)** bieten interessante Alternativen zum Strandaufenthalt. Auch der **„Blick über die Grenze" (S. 307)** ins Nachbarland Polen und auf die Schwesterinsel **Wolin (S. 307)** mit ihren Seebädern und dem informativen **Wisentreservat (S. 313)** sollten bei keinem Usedom-Besuch fehlen.

201osk ph

„Und der Landrat spricht:

Hiermit erkläre ich die Ostsee für eröffnet."

1 Mecklenburgische Ostseebäder

Kurt Tucholsky in:

Die Weltbühne 1922

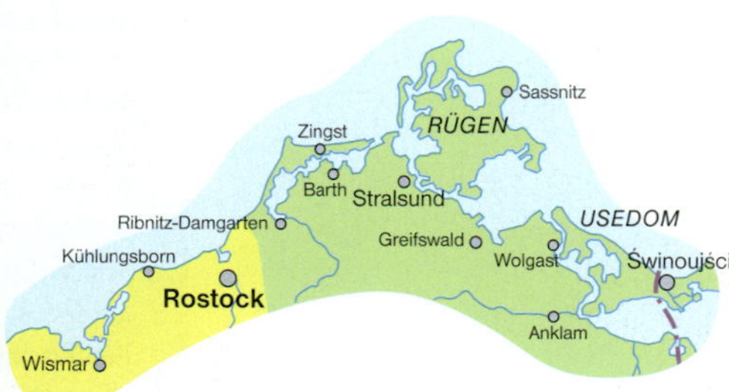

< Wunderschön zum Spazierengehen – malerische Steilküste bei Boltenhagen

MECKLENBURGISCHE OSTSEEBÄDER

021osk ph

Anno domini 1794 wurde mit Heiligendamm das erste Seebad auf deutschem Boden eröffnet. Einst Sammelbecken des vermögenden Großbürgertums, ziehen die mecklenburgischen Seebäder heute alljährlich zahllose Besucher aus aller Welt an.

NICHT VERPASSEN!

- Unbedingt einen Besuch wert: **Schloss Bothmer** in Klütz | **21**
- Sehenswertes im Minutentakt: die **Hansestadt Wismar** | **27**
- Ein ganzes Dorf unter Denkmalschutz: das **Fischerdorf Hoben** | **40**
- Mehl mahlen nach alter Tradition: in der **Windmühle Stove** | **43**
- Erstes Seebad am Platze: **Heiligendamm** | **53**
- Mit dem **Molli** unterwegs: Die alte Dampflok schnauft von Bad Doberan bis nach Kühlungsborn | **60**
- Auf den Spuren der Evolution: **das Darvineum** in Rostock | **67**
- Das spektakulärste Fest der Region: die **Hanse Sail** in Rostock | **71**

Diese Tipps erkennt man an der gelben Hinterlegung.

[>] Weiße Pracht am feinen Strand – Heiligendamm ist Deutschlands ältestes Seebad

Überblick

„Eine Möwe fliegt kreischend hin und her – mehr kann man doch wirklich nicht verlangen.“ Eine Miniatur vom jungen *Kurt Tucholsky,* der von Kindesbeinen an so oft in den Seebädern an der Ostseeküste seine *„Sehnsucht nach der Sehnsucht“* stillte. Dass er später in der Weltbühne in seinem stets spitzzüngigen Duktus schreiben konnte *„Und der Landrat spricht: hiermit erkläre ich die Ostsee für eröffnet“,* dass die Küste Mecklenburgs mehr als nur kreischende Möwen zu bieten hat, verdankt sie zwei Denkern, die man erst einmal nicht mit dem nordischen Meer in Verbindung bringt. Es war der englische Arzt und Philosoph *John Locke,* der mit seiner 1693 veröffentlichten Schrift „Gedanken über Erziehung“ die Abhärtung der Kinder durch ständigen Gebrauch von kaltem Wasser forderte. Und der französische Aufklärer und Philosoph *Jean-Jacques Rousseau,* der im lebenslänglichen Baden und Schwimmen einen wesentlichen Quell für körperliche Gesundheit und geistige Frische sah. So war es denn auch das kleine englische Fischerdorf Brighthelmstone an der Kanalküste, in dem die Idee der Volksgesundheit durch regelmäßiges Baden zur Geschäftsidee heranreifte und 1760 das erste Seebad der Welt eröffnet wurde. 1776 zog das französische Städtchen Dieppe nach und eröffnete an der Küste ein „Gesundheitshaus“.

Ostseebäder Mecklenburg

Im bislang noch wasserscheuen, aber küstenreichen Deutschland war es der ostfriesische Pfarrer *Janus,* der den **Seebadgedanken** aufgriff. *„Es ist bekannt, dass die See Luft mit den feinsten Theilchen angefüllet ist, welche den menschlichen Cörper sowohl durchs Einhauchen als auch von außen durchdringen und durch die resolvirende Kraft das Unreine aus demselben wegschaffen können“,* begründete der gesundheitsbewusste Gottesmann 1783 in einer Eingabe an *Friedrich II.* seine Forderung nach der Eröffnung eines Seebades an der Nordsee. Es war schließlich dem eigentlich für seine Langsamkeit und Rückständigkeit bekannten Mecklenburg vorbehalten, 1794 mit Heiligendamm bei Bad Doberan das erste Seebad auf deutschem Boden zu eröffnen. Sprunghaft entwickelte sich das vom Rostocker Arzt und Universitätsprofessor *Samuel Gottlieb Vogel* angeregte fürstliche Seebad zur modischen Sommerfrische mit Logierhäusern, Moorbad, Salons und gar einer Pferderennbahn, der ersten überhaupt auf dem Kontinent. Da wollte man in den anderen Küstendörfern, in denen das täglich Brot noch mit der harten Arbeit des Fischfangs und Ackerbaus verdient wer-

den musste, sich ebenfalls die neue Einkommensquelle erschließen. Entlang der gesamten Ostseeküste eröffnete ein Seebad, ein Kurort nach dem anderen, in denen Gutsbesitzer, Advokaten, Offiziere und Kaufleute ihren Vergnügungen nachgingen. Bis heute hat sich das sommerliche Treiben in den bekannten Seebädern kaum geändert. Nur mit dem Unterschied, dass das Strandvergnügen nun für jedermann erschwinglich ist und mondäne Casinos und piekfeine Pferdebahnen durch Bistros und Discos, Campingplätze und Surfschulen ersetzt wurden.

Nur das fürstliche Seebad Heiligendamm zeigt sich heute wieder, als wäre die Zeit stehen geblieben. Denn nach langem Streit ist Deutschlands ältestes Seebad unter der Leitung des Kempinski-Konzerns wieder als top-exklusives Refugium der Luxusklasse auferstanden, in dem nach dem Besuch des amerikanischen Präsidenten *Bush* 2006 für drei Tage im Juli 2007 der sogenannte G8-Gipfel stattfand, zu dem die mächtigsten Politiker der Welt nach Heiligendamm einfielen und die gesamte Region für 15 Millionen Euro mit einer 13 km langen und 2,50 m hohen Sicherheitsmauer abgesperrt wurde.

Klützer Winkel

Die Goldene Aue Mecklenburgs

Der Klützer Winkel, sagen seine Bewohner, reiche „so wiet, as'n den' Klützer Kirchtorm süht". Bei klarer Luft sind die Lübecker Bucht im Westen und die Wismarer Bucht im Osten zu sehen, die den in die See hinausragenden Landwinkel begrenzen. Er ist die „Goldene Aue Mecklenburgs", der ob seiner Fruchtbarkeit auch der „Speckwinkel" genannt wird. Seit Siedler den „Silva Clutse", den Urwald, rodeten und die Erde urbar machten, ist sie begehrtes Bauernland. Es war das Rittergeschlecht von Plessen, das 1319 bei Arpshagen die **Plessenburg** errichtete und unangefochtene Herren wurden. 1723 erwarb Graf von Bothmer die Ländereien. Mit über 7000 ha war

das Gut Klütz eines der größten im Junkerland Mecklenburg.

Abgeschieden in der westlichsten Ecke des Landes, bis 1989 im Schatten der innerdeutschen Grenze gelegen, ist der Winkel das geblieben, was er schon immer war: stilles, sanft hügeliges Bauernland. „Hauptstadt" ist Klütz, das nur gut 3000 Einwohner zählt. Sonst finden sich nur kleine Dörfchen, in denen man noch oft malerische niederdeutsche Hallenhäuser sieht. Die wenigen Straßen im Winkel sind meist schmal und holprig. Nur an der Küste, im kleinen **Ostseebad Boltenhagen,** hat der Badetourismus die ländliche Ruhe aufgeschreckt und die eine oder andere Vergnügung in den Winkel gebracht.

Diente dem TV-Fluchtdrama „Die Vertreibung" als Kulisse – Schloss Bothmer bei Klütz

203osk ph

Klütz mit Schloss Bothmer

Zentraler Ort ist das kleine Klütz, dem 1938 das Stadtrecht verliehen wurde. Zwei Bauwerke sind weithin sichtbar, die „Bischofsmütze" – der 54 m hohe Turm der Stadtkirche – und eine Holländer-Windmühle. Die **Marienkirche** ist eine frühgotische, dreischiffige Hallenkirche aus der Mitte des 13. Jh. Zu ihren Prunkstücken zählen der barocke Altaraufbau mit einer Kopie des Kreuzigungsgemäldes von *van Dyck,* besonders aber das Taufgehäuse von 1635. Östlich der Kirche erblickt man das 1756 erbaute **Bothmersche Mausoleum.** Am Ortsrand leuchten die Flügel einer denkmalgeschützten **Galerie-Holländer-Windmühle** auf einem Hügel. Nachdem die Mühle ihren aktiven Dienst einstellte und zu verfallen drohte, wurde sie von den Einwohnern in fünfjähriger Gemeinschaftsarbeit renoviert. Von 1985 bis 2014 war die Mühle ein bekanntes Restaurant, nun steht sie für 295.000 € zum Verkauf.

Die große Sehenswürdigkeit von Klütz ist aber das **Schloss Bothmer** am westlichen Ortsrand. Die Festonallee mit beschnittenen und girlandenförmig gezogenen 250 Jahre alte Linden bildet ein einzigartiges Naturdenkmal. Sie führt sanft abfallend zu der zweiflügligen barocken Schlossanlage, die von *J. F. Künnecke* 1726–1732 nach dem Vorbild von Blenheim Castle entworfen wurde. Bauherr war *Caspar Graf von Bothmer,* der noch ein anderes, weit berühmteres Gebäude hinterließ: Als Premierminister von *König Georg I.* ließ er in London Downing Street 10 errichten. Die Anlage ist in einen 12 ha großen, von einem Wassergraben begrenzten Landschaftsgarten eingebettet, der zu den bemerkenswertesten Mecklenburgs zählt. Das Schloss, das von 1948 bis 1995 als *„Kreisfeierabendheim Klara Zetkin"* genutzt wurde, kam 1998 für eine symbolische D-Mark in Privatbesitz. Da der Besitzer daraus nicht wie vereinbart ein Kultur- und Kongresszentrum machte, wurde das Anwesen nach 4-jährigem Rechtsstreit durch das OLG Rostock der Stadt Klütz und dem Land Mecklenburg-Vorpommern zurück übertragen. Derzeit wird die Anlage unter der Führung der Staatlichen Schlösser und Gärten Mecklenburg-Vorpommern denkmalgerecht restauriert. Seit Mai 2015 ist Schloss Bothmer als **Museum** geöffnet, in dem man viel über das Leben des Reichsgrafen *Hans Caspar von Bothmer* erfahren kann.

Jederzeit zugänglich ist der Schlosspark, bei dessen Restaurierung man das wertvolle Tafelsilber der Familie Bothmer fand, das diese hier im Kriegsjahr 1943 vergrub.

Die imposante Schlossanlage dient den **Musikfestspielen Mecklenburg-Vorpommern** als glanzvolle Kulisse für Open-Air-Konzerte.

In einem sorgsam restaurierten historischen **Getreidespeicher** von 1890, in dem auch die Stadt-Information sitzt, ehrt das neue Literaturhaus „Uwe Johnson" während der Sommersaison den gleichnamigen Schriftsteller mit zahlreichen literarischen Veranstaltungen. Der in Anklam aufgewachsene renommierte Autor, der zwar nie in Klütz weilte, nahm in seinem Roman „Jahreszeiten" Klütz als Vorlage für den fiktiven Ort Jerichow.

In der alten Molkerei widmen sich auch die von mehreren Kunsthandwerkern betriebene Galerie **„Kein Käse"** den schönen Künsten und das Kunsthaus **„La Lecheria"** der Flamencotänzerin *Ana Sojor*, das mit seinem Café und verschiedenen Veranstaltungen wie Flamencovorführungen, Ausstellungen oder Kino das kulturelle Leben des Städtchens bereichert.

Ein weiteres Angebot für Tage ohne Badewetter ist der **Schmetterlingsgarten,** in dessen tropischem Garten rund 100 verschiedene Arten dieser filigranen Wesen das Auge erfreuen.

Westlich von Klütz auf halber Strecke nach Dassow liegt am Rand des Leonorenwalds und inmitten eines 7 ha großen Parks mit See das von dem Musiker- und Komponistenehepaar *Monika Borchfeldt* und *Thilo von Westernhagen* betriebene **Kulturgut Dönkendorf,** in dessen schönem Park unter der Leitung von *Thilo von Westernhagen* Aufführungen mit Gesang, Schauspiel, Musik, Tanz stattfinden. Gästezimmer stehen zur Verfügung.

Im benachbarten Weiler Kalkhorst lockt das **Schmunzel-Museum.** Hinter dem Namen verbirgt sich ein Muschel-Museum, das über 3000 Exemplare aus aller Welt zeigt und diese nicht mit ihrem wissenschaftlichen lateinischen Namen vorstellt, sondern volksnah mit Fantasienamen, die eben öfters mal zum Schmunzeln anregen.

Info

■ **Stadtinformation Klütz,** Im Thurow 14, 23948 Klütz, Tel. (038825) 22295, www.kluetz-mv.de (April–Okt. Di–So 10–17 Uhr, Nov.–März Do–So 10–16 Uhr).

Unterkunft

MEIN TIPP: **Landhotel Sophienhof;** Wismarsche Straße 34, Tel. (038825) 267080, www.landhaus-sophienhof.de. Charmantes Landhotel nahe der Kirche mit nur 5 Zi. im historischen Fachwerkhaus. Im Café und romantischen Biergarten neben hausgemachten Torten auch Flammkuchen und ital. Küche. (NS 63 €, HS 83 €, Frühstück 12 €).

Gutshaus Stellshagen, Lindenstr. 1, in Stellshagen, Tel. (038825) 440, www.gutshaus-stellshagen.de (exklusives Bio- und Gesundheitshotel in einem nach baubiologischen Regeln restaurierten klassizistischen Gutshaus. Reizvolle Alleinlage. Mit Naturheilpraxis und vegetarischer Küche mit Produkten aus eigenem Anbau. Variable Tagespreise.

Gutshaus Brook, Dorfstr. 1, in Brook, Tel. (038827) 80125, www.brook.de (500 m von der Küste entfernt, idyllisch gelegener Gutshof, auf dem *Ludolf von Maltzan* ökologischen Landbau betreibt und Ferienwohnungen vermietet. FeWo für 2–8 Pers. NS 85–395 €, HS 95–500 €, Ferienhaus 7 Pers. NS 145–440 €, HS 360–450 €).

Feriendorf „An der Ostsee", An der Chaussee 5, in Wohlenberg, Tel. (038825) 410, www.feriendorf-ostsee.de (Anlage mit Hotel, Ferienwohnungen, -häusern, Restaurant, Biergarten, Fahrradverleih, NS DZ 61–71 €, HS 85–101 €).

JH Beckerwitz, 23968 Beckerwitz, Zur Wiek 4, Tel. (038428) 60362 (das zauberhafte Jugendstil-Fachwerkhaus in stiller Einzellage liegt etwa 800 m von der Ostsee, Ü/F ab 19,40 €, 24.3.–31.10.), mit Zeltplatz, Zelt ab 13,50 €. Der Hit ist das *Baumhausdorf* mit seinen einzigartigen wabenförmigen Holzhäusern. Baumhaus NS 99 €, HS 135 € ohne Frühstück.

Gastronomie

Landhaus Sophienhof, Wismarsche Straße 34, Tel. (38825) 267080, www.landhaus-sophienhof.de. Café mit Garten mit selbstgemachten Kuchen und Torten und tägl. wechselndem Mittagstisch in denkmalgeschütztem Fachwerkhaus von 1854. 4 Zi., NS 63 €, HS 83 €, Frühstück 12 €.

Landhaus Klützer Eck, Im Kaiser 12, Tel. (038825) 29319, www.landhaus-kluetz.de (gutbürgerliche regionale und internationale Küche, mit Spezialitäten aus hauseigener Räucherei und dem Lehmkamin).

Der Klützer Kaffeebrenner

Die 1905 eröffnete Bahnstrecke zwischen Grevesmühlen und Klütz soll wieder zu neuem Leben erwachen. Nachdem 1995 der die Reichsbahn den Verkehr einstellte, übernahm die Ostsee-Eisenbahn GmbH die Strecke. 2005 wurde der Verkehr endgültig eingestellt und die Geleise entfernt. Nun soll der „Klützer Kaffeebrenner" auf der 600 breiten Spur wieder verkehren und in den denkmalgeschützten Kopfbahnhof wieder Leben einziehen. Die neuen Gleise sind bereits verlegt. Nun jedoch als 600 mm-Schmalspur auf der einstigen Normalspurstrecke. Seit 2014 verkehrt der Kaffeebrenner von Mai bis Okt. wieder mehrmals tägl. mit historischen Zügen zwischen Klütz und Reppenhagen. Seinen Namen bekam das Bählein übrigens, weil es einst u.a. Getreide aus dem Klützer Winkel in die Mälzerei nach Grevesmühlen transportierte.

Info: Stiftung Deutsche Kleinbahnen e.V., Bahnhofstraße 4, 23948 Klütz, Tel. (038825) 37165, www.stiftung-deutsche-kleinbahnen.de

Kultur

Schloss Bothmer, Tel. (03882) 53853187682, www.schlossbothmer-mv.de;

Schlossmuseum Juli/Aug. tägl. 10–18 Uhr, April–Juni u. Sept./Okt. Di–So 10–17 Uhr;

Schlosspark, tägl. April–Sept. 10–20 Uhr, März/Okt. 10–18 Uhr, Nov.–Febr. 10–16 Uhr.

Marienkirche, Schlossstr. 40 (Juni–Sept. tägl. 10–16 Uhr, Führungen), www.st-marien-kluetz.de.

132osk ph

- **Kultur Gut Dönkendorf,** Am Hof 3, 23942 Dönkendorf, Tel. (038827) 50850, www. kultur-gut-doenkendorf.de.
- **Literaturhaus „Uwe Johnson",** Im Thurow 14, Tel. (038825) 22387, www.literaturhaus-uwe-johnson.de (Öffnungszeiten wie Stadtinformation).
- **Schmunzel-Museum,** in Kalkhorst, Friedensstr. 24, Tel. (01577) 8928446, Ostern–31.Okt. Di-So 10–17 Uhr, www.schmunzel-museum.de.
- **Alte Molkerei / Kunsthaus La Lecheria**, Lübecker Straße 3, Tel. (038825) 371266, www.anasojor.de. Galerie, Atelier, Studio, Bühne, Flamencoakademie *„amor de dios"* sowie Kino & Café der in Madrid ausgebildeten Flamencotänzerin und Malerin *Ana Sojor*. Jeden Sa. Flamencoshow (April–Sept. Di–So 11–18 Uhr, Okt.–März Do–So 11–18 Uhr).
- **Schmetterlingspark,** An der Festwiese 2, Tel. (038825) 263987. 1.4.–31.10. tägl. 9.30–17.30 Uhr.

Boltenhagen – Strandpromenade mit Kurhaus

Umgebung

Ostseebad Boltenhagen

3 km N

„Wer mal sin Nerven will upfrischen, wer mal sin Sorgen will wegwischen, wer plägen will mal sin Magen, dei führt getrost nah Boltenhagen", schreibt *Fritz Reuter*, selbst oft Gast in dem Seebad. Boltenhagen ist nach Heiligendamm das älteste Ostseebad. *„Wenn ein Badegast gebräunt aus Boltenhagen zurückkam"*, schrieb 1843 ein Pastor *Meyer*, *„war schwer zu entscheiden, ob Rauch oder Sonne den größten Anteil an seiner Gesichtsfarbe hatte"*. Der Gottesmann, einer der ersten Gäste, musste mangels Unterkünften noch in einer der schornsteinlosen Rauchkaten der Bauern logieren. Bald aber baute der geschäftstüchtige Tischler *Reese* das Logierhaus *Hôtel Baltique*, das

mit zwei Stockwerken und 17 Zimmern für damalige Verhältnisse riesig war und deshalb „Schloss“ genannt wurde. Den Hang zur Größe scheinen auch die heutigen Gemeindeväter noch zu haben. Inmitten des kleinen Badeorts steht der neuerbaute Hotelkomplex *„Seehotel Großherzog v. Mecklenburg“*. Doch die schmucken kleinen Häuschen, die nach der Sturmflut von 1872 gebaut wurden, strahlen noch den Charme vergangener Tage aus, besonders am **Kurpark** und entlang der Promenade, die hinaus zu der neu errichteten, 290 m langen **Seebrücke** führt. Anziehungspunkt Boltenhagens ist neben der sehr schön angelegten, kilometerlangen Mittelpromenade mit ihren einladenden Cafés und Biergärten der fast steinfreie Strand, an dem auch FKK-Anhänger gelitten sind. Strandwanderern sei die Steilküste am **Großklützhöved** mit herrlicher Aussicht empfohlen.

Östlich von Boltenhagen drängt sich in sanftem Schwung das **Wohlenberger Wiek** ins Land. Entlang der Bucht zieht sich ein über 3 km langer Sandstrand, der wegen seines flach abfallenden Ufers bei Familien mit kleinen Kindern besonders beliebt ist. Ebenso lang wie der Strand sind die Parkplätze, bei Badewetter ist nicht mit idyllischer Ruhe zu rechnen.

Info

■ **Kurverwaltung,** Ostseeallee 4, 23946 Boltenhagen, Tel. (038825) 3600, www.boltenhagen.de (Juni–Sept. Mo–Fr 9–18 Uhr, Sa/So 10–18 Uhr, Jan.–März Mo–Fr 9–17 Uhr, So 11–15 Uhr, April/Mai Mo–Fr 9–17 Uhr, April Sa 11–15 Uhr, Mai Sa/So 10–16 Uhr, Okt. Mo–Fr 9–17 Uhr, Sa 10–15 Uhr, So 10–16 Uhr), Kurtaxe HS 2,10 €, NS 1,50 €).

Unterkunft

■ **Seehotel Großherzog v. Mecklenburg,** Ostseeallee 1, Tel. (038825) 500, www.seehotel-boltenhagen.de (großer Hotelneubau mit Dachschwimmbad, Sauna, Solarium, Kinderprogrammen). Variable Tagespreise.

■ **Pension Cora,** Tarnewitzer Dorfstr. 7, Tel. (038825) 3090, www.pension-cora.com (kleine Hotel-Pension in beschaulicher Lage, Café, Restaurant, HS ab 85 €, NS ab 55 €).

MEIN TIPP: **Villa Seebach,** Mittelpromenade 28, Tel. (038825) 3150, www.villa-seebach.de (charmantes Hotel mit Appartements, DZ und FeWo im ältesten Haus am Platze, einem historischen Fach-

Ausflugstipp

Tigerpark Dassow

Direkt am Ufer der Dassower Bucht machte sich der bekannte Tigerdompteur *Dieter Farell* mit seinen Großkatzen auf einem 5 ha großen Grundstück sesshaft und widmete sich der Zucht dieser eindrucksvollen, akut gefährdeten Tiere. Vor allem die Zucht der Gattung Golden Tabby / Goldener Tiger war sehr erfolgreich. Von weltweit nur noch 25 Exemplaren dieser fast ausgestorbenen Tigerrasse leben im Tigerpark fünf.

Zu der Anlage gehören neben den Gehegen mit vier verschiedenen Tigerrassen ein **Dromedargehege** und ein **See mit Paddelbooten.** Für Kinder besonders anziehend ist der **Mitmachzirkus,** bei dem sie sich als Akrobaten, Jongleure, Seiltänzer, Clowns, Trapezkünstler oder Zauberer ausprobieren und dann selbst in der Manege auftreten können.

■ **Tigerpark Dassow,** Gewerbestr. 35, Tel. (038826) 88180, www.tigerpark.de, 28.3.–20.10. tägl. 10–18 Uhr, Shows 11.30 u. 16 Uhr, Fütterung Di–So ca. 16.30 Uhr.

werkhaus mit Veranda, Rosengarten und Ostseeblick, DZ NS 89 €, HS 112 €, App. NS 99–129 €, HS 122–159 €).

■ **Regenbogen Camp,** Ostseeallee 54, Tel. (038825) 42222, www.regenbogen.ag (ganzjähriger, ebener Platz am Strand, Tennis, Tauchschule, Sauna, Fahrradverleih, Ferienhausvermietung, Wellness-Oase auf 300 m²).

■ **Camping Niendorf,** Strandstr. 20, www.seeblick-niendorf.de (an der Wohlenbeger Wiek), Tel. (038825) 60222. 4 ha großer Platz nur 50 m vom 3,5 km langen Strand am Wohlenberger Wiek entfernt (1. Apr.–15. Okt.).

Gastronomie

■ **Baumhaus,** in Klein Pravtshagen, Klützer Str. 7, Tel. (038827) 264, www.hotel-baumhaus.de (einladendes finnisches Blockhaus, im Sommer charmanter Biergarten, bei Schlechtwetter heimelige Gaststube mit großem Kachelofen, deutsche Küche).

■ **Gutshaus Redewisch,** Dorfstr. 46, OT Redewisch, Tel. (038825) 3760, www.gutshaus-redewisch.de (Hotelrestaurant mit Schwerpunkt Fischgerichte in hist. Gutshaus in idyllischer Alleinlage 1,8 km von Boltenhagen; Hochterrasse mit reizvollem Ausblick).

■ **Villa Seebach,** Mittelpromenade 28, Tel. (038825) 3150 (Ostseeküche in gepflegtem Ambiente mit antiken Möbeln und historischen Gemälden in reizvoller Lage an der Mittelpromenade. Bei Sonne einladende Terrasse und Rosengarten, bei Regen/Winter gemütlicher Wintergarten).

Steinzeitdorf Kussow

8 km S

In dem winzigen Dörfchen wurde nach den Erkenntnissen der Archäologen ein Steinzeitdorf erbaut, das das Leben in der Jungsteinzeit, lebendig werden lässt. Zum Dorf gehört ein Pflanzengarten, der die vor etwa 6000 Jahren verwendeten Pflanzen und Kräuter zeigt. Besonders für Schulklassen werden u. a. Projektwochen angeboten.

■ **Info: Steinzeitdorf Kussow,** Kussower Weg 9, 23948 Kussow, Tel. (03881) 715055, www.steinzeitdorf-kussow.de (April u. Okt. tägl. 10–17 Uhr, Nov.–März Mo–Do 9–15 Uhr).

Grevesmühlen/Eversdorfer Forst

12 km S

Erwähnenswert sind in Grevesmühlen nur die **Malzfabrik,** ein technisches Denkmal von 1873, das heute ein Einkaufszentrum beherbergt und das **Älteste Haus der Stadt.** In dem 1660 erbauten Fachwerkhaus am Markt befindet sich das **Stadtmuseum.** Nach Rekonstruktion ist die 30 m hohe **Holländer-Windmühle** auf dem Mühlenberg für Besichtigungen wieder offen. Das 1878 erbaute Wahrzeichen der Stadt beherbergt heute eine Glasbläserei und eine Galerie.

Tipp: Sich in der Stadt-Information den Schlüssel holen, auf den Kirchturm von St. Nikolai hinaufsteigen und den Blick weit übers Land schweifen lassen.

Eine ganz besondere Sehenswürdigkeit liegt dagegen vor den Toren der Stadt: Bei km 14,8 an der B 105 Richtung Wismar liegen links und rechts der Straße im Eversdorfer Forst eine Gruppe herausragender **steinzeitlicher Großsteingräber.** Vom Parkplatz, auf dem eine Tafel die Lage der einzelnen Gräber zeigt, führen archäolog. Lehrpfade zu den beiden Gräberfeldern. Die **Südgruppe** liegt umittelbar jenseits des Parkplatzes verstreut im Wald. Zu ihr gehört u.a. das eindrucksvollste Ganggrab Mecklenburgs, ein von 50 Blöcken gefasstes, 40 m langes Hünenbett. Die **Nordgruppe** umfasst acht Großsteingräber und liegt nördlich vom Parkplatz an der Waldstraße nach Hamberge. Fährt man das Sträßlein ein Stück weiter, erblickt man am Straßenrand den **Eversdorfer Sühnestein:** Die Mordwange markiert die Stelle, an der am 22. Juni 1391 der Wismarer Kaufmann *Lüdeke Mozellenbuch* erschlagen wurde. Bei Hamberge ragt der mit 100 m für Klützer Verhältnisse fast schon alpin anmutende **Iserberg** auf, dessen Besteigung mit einem schönen Panoramablick bis zur Ostsee belohnt wird.

Info

■ **Stadt-Information,** Kirchplatz 5, 23936 Grevesmühlen, Tel. (03881) 723222, www.grevesmuehlen.info (Mo–Fr 10–17 Uhr, April–Sept. zusätzlich Sa 10–14 Uhr).

Unterkunft

■ **Hotel bei der Malzfabrik,** Lübecker Str. 20, Tel. (03881) 78090, www.hotel-malzfabrik.de. Hotel Garni mit 14 geräumigen und preiswerten Zimmern in historischer Backsteinvilla in zentraler, dennoch ruhiger Lage gegenüber der alten Malzfabrik. NS 65–68 €, HS 75 €, Frühst. 7 €.

Gastronomie

■ **Seeschlösschen,** Am Ploggensee 7, Tel. (03881) 716000. Restaurant, Café, Bar am Ufer des Ploggensees mit einladender großer Seeterrasse. Open-Air-Cocktailbar und tägl. frischem Räucherfisch.

Kultur

■ **Piraten-Festspiele,** Schweriner Landstraße 15, www.piraten-in.m-vp.de, 26.6.–5.9. Open-Air-Piratentheater mit Käpt'n Flint, für das die berühmte „Schatzinsel" von Robert Stevenson Pate stand. Viel Action mit spektakulären pyrotechnischen Effekte, zahlreichen Stunts und Fechtszenen. Info/VVK bei der Stadt-Information.

■ **Stadtmuseum,** Kirchplatz 5, (03881) Tel. 723 260, Öffnungszeiten wie Stadt-Information.

Wismar

Hanseatische Backsteingotik

„Die beiden Punkte, wo man Wismar am besten in sich aufnimmt, sind der Hafen und der Markt", schrieb die Schriftstellerin Ricarda Huch 1929. Und weiter: „Wenn der Schleier der Dämmerung darüber fällt und das Grün des Kupferdaches der reizenden Wasserkunst kaum noch durch die silberne Luft schimmert (...), empfindet man die Öde des Platzes mit Grauen." Wahr ist, dass Wismar einst für manch schauerliche Szene in Murnaus berühmtem Gruselklassiker „Nosferatu" die Kulisse abgab. Wahr ist auch, dass die monumentale Ruine der St.-Georgs-Kirche wie ein Menetekel weithin sichtbar die alte Hansestadt überragt.

Wahr ist aber auch, dass das historische Wismar mit ihrer prachtvollen Altstadt im Juni 2002 von der UNESCO in die Liste „Kulturerbe der Menschheit" aufgenommen hat. Und wahr ist, dass die im Krieg schwer zerstörte St.-Georgs-Kirche seit der 1990 begonnenen Restaurierung nach und nach wieder aufersteht. Viele der ebenso zahlreichen wie wertvollen historischen Gebäude der Altstadt sind bereits restauriert. So ist die leicht düstere und schwermütige

Wismar
0 500 m
Baumhaus
Alter Hafen
Busbahnhof
Kopenhagener Str.
Poeler Str.
Wasserstr.
Bahnhofstraße
Wassertor
Spiegelberg
Hundestr.
Alter Holzhafen
Lagerstr.
Am Hafen
Am Lohberg
Grützmacherstr.
Scheuerstr.
St.-Nikolai
Kirchhof
St. Nikolai
Hinter d. Chor
Wassermühle
Altes Zollhaus
Kleine- Hohe- Str.
Schabbellhaus
Mühlengrube
Schiffbauerdamm
Königsstr.
Grube
Frische Grube
Schweinsbrücke
Ziegenmarkt
Krönkenhagen
Fischerreihe
Ulmenstr.
Breite Straße
Bohrstr.
Schulstraße
ABC-Straße
phanTECHNIKUM,
Technisches Landesmuseum,
Tierpark,
Bürgerpark
Fischerdorf Hobe,
Wendorf,
Grevesmühlen,
Lübeck
Stadtbibliothek
Zeughaus
Klaus-Jesup-Straße
Neustadt
Speicherstr.
ALTSTADT
Bademutterstr.
Böttcherstr.
Heide
Bütteistr.
Krämerstr.
Altböterstr.
Zeughausstr.
Welt-Erbe-Haus
Beguinenstr.
Heiligen-Geist-Kirche
Hinter d. Rathaus
Rathaus
Lübsche Straße
Dahlmannstraße
Wallstraße
Gr. Hohe Str.
St. Marien-Kirchhof
St Marien Kirchturm
St Marien Kirche
Negenchören
Hegede
Markt
Wasserkunst
Diebstr.
Am Markt
Groß-
Badstaven
St.-Georgen-Kirchhof
Vor d. Fürstenhof
St Georgen Kirche
Kellerstr.
Fürstenhof
Archidiakonat
Glatter Aal
Bliedenstr.
Papenstr.
Grüne Str.
Kl.-Schmiede-Str.
Schatterau
Dankwartstraße
Mecklenburger Straße
Bei der Klosterkirche
Turnerweg
Hanse Sektkellerei
Dr.-Leber-Str.
Schweriner Straße
Am Schilde
Kl. Bausstr.
Am Katersteig
A 20, Gadebusch, Schwerin, Hamburg
Übernachtung
1 Pension Am Wassertor, JH Am Schwedenstein
8 Pension Chez Fasan
9 Fründts Hotel
10 Hotel Reingard
11 Ostseecamping Zierow
Essen und Trinken
2 Brauhaus Am Lohberg
3 Restaurant To'n Zägenkrog
4 Restaurant Zum kleinen Mönch
5 Fürstenhof-Café
6 Alter Schwede
7 Restaurant Zum Weinberg
8 Chez Fasan

Stimmung, die noch vor Jahren über den Gassen lag, gewichen. Nun beherrschen die prachtvoll restaurierten Fassaden der mittelalterlichen Giebelhäuser das belebte Straßenbild. Unten am Hafen kreisen kreischende Möven und weht der Geruch von frisch geräuchertem Fisch über die an der Mole dümpelnden Kutter. Steigt man die von zahlreichen Läden und Geschäften gesäumte Fußgängerzone hinauf zum weitläufigen Geviert des Marktplatzes, findet man sich besonders an Markttagen in einem anziehenden Treiben wieder, das der alten Hanse- und Handelsstadt bestens zu Gesichte steht.

Geschichte

Bereits *Heinrich der Löwe* (1129–1195) spricht von einer *„stat to de Wissemar"*. Doch es wird angenommen, dass das heute 50.000 Einwohner zählende Wismar zwischen 1226 und 1229 **gegründet** wurde. Die erste urkundliche Erwähnung datiert aus dem Jahr 1229, in der dem Ort das lübische Stadtrecht verliehen wird. 1257 macht *Fürst Johann von Mecklenburg* Wismar zu seinem Herrschaftssitz. Dank seiner besonders günstigen Lage an einem kleinen, schiffbaren Wasserlauf, dem *„aqua wissemara"*, der es ermöglichte, Waren besonders schnell umzuschlagen, entwickelte sich die Niederlassung mit unglaublicher Rasanz. Bereits 1250 wird die Stadt planmäßig erweitert, wie das Gitterschema der Straßen zeigt.

1259 müssen sich die Wismarer etwas einfallen lassen, um ihre Waren und Besitztümer vor den zunehmenden Übergriffen und Begehrlichkeiten seitens der

Liikedeeler oder Vitalienbrüder, wie man damals Seeräuber nennt, zu schützen. Sie gründen zusammen mit den benachbarten Hafenstädten Lübeck und Rostock einen Schutzbund, aus dem die allmächtige **Hanse** hervorgeht. Durch die marktbeherrschende Stellung des Hansebundes im Seehandel erlebt Wismar im 14. und 15. Jh. eine wirtschaftliche Blütezeit. In den Kontoren der Stadt lagern Felle und Pelze, Bernstein und Wachse aus dem hohen Norden ebenso wie französischer und portugiesischer Wein, Tuche aus Flandern und Gewürze aus exotischen Ländern. Hering und Bier waren die wichtigsten einheimischen Produkte. Wismarer Bier wurde 1465 in 180 Häusern gebraut und rund um die Ostsee verkauft. Vom Reichtum, den der florierende Handel während der Epoche der höchsten Machtentfaltung der Hanse in die Kassen der Stadt spülte, zeugen die prachtvollen Patrizierhäuser, Speicher und Kontore, die heute noch Wismars Altstadt prägen.

Der **Niedergang** der Stadt verläuft parallel zum Niedergang der Hanse. Interne Streitereien, die durch die Union von Dänemark, Norwegen und Schweden wachsende Konkurrenz im Ostseeraum und die mit dem Aufbegehren des erstarkten Bürgertums aufbrechenden sozialen Konflikte sind wesentliche Gründe, die die einst unbesiegbar scheinende Macht des Handelsbundes brechen. Trotz imposanter Verteidigungsanlagen fällt Wismar im 30-jährigen Krieg an *Wallenstein*, der die Stadt zum Zentrum einer habsburgischen Seemachtspolitik machen will. Doch Dänen und Schweden blockieren den Hafen, während in der Stadt die Pest ausbricht. Als 1632 die kaiserlichen Truppen kapitulieren und 1648 der Westfälische Frieden *„als immerwährendes und unmittelbartes Reichslehen Stadt und Hafen Wismar samt den Ämter Poel und Neukloster mit allen Rechten und allem Zubehör“*

205osk ph

Wismars Herz und Seele – der Marktplatz mit „alter Wasserkunst“ – links der „Alte Schwede“ von 1380

den Schweden zuerkennt, liegt die Handels- und Hafenstadt am Boden. 1675 schießt die dänische Flotte die Stadt in Trümmer. Dänemark übernimmt die Herrschaft, um sie 1681 nach dem Friedensschluss von Fontainebleau wieder an Schweden zurückzugeben. Die Skandinavier bauen Wismar und Poel zu ihrer wichtigsten Festung und zum Verwaltungszentrum ihrer eroberten Ländereien in Mecklenburg und Vorpommern aus. Erst 1803 fällt Wismar an Mecklenburg zurück. Für 1.250.000 Taler verpfänden die Schweden die Stadt an die Schweriner Herzöge. Im 2. Weltkrieg erleidet Wismar insgesamt 14 alliierte Luftangriffe, denen viele wertvolle Kulturdenkmäler der Altstadt zum Opfer fallen. Trotz der schweren Wunden, die Krieg und anschließende 40 Jahre real ruinierende DDR-Baupolitik im Stadtbild hinterließen, hat viel historische Bausubstanz die Stürme der Zeit überstanden und strahlt nach aufwendiger Sanierung und Restaurierung wieder fast gänzlich im alten Glanze.

Sehenswertes

Große Parkflächen direkt am **Alten Hafen** sind der ideale Ausgangspunkt für einen Spaziergang durch die Altstadt von Wismar. Am Hafen legen auch die Schiffe und Barkassen für Rundfahrten und Angeltörns an. Am hinteren Ende des Platzes steht das sogenannte **Baumhaus,** dessen untere Etage für wechselnde Ausstellungen genutzt wird. Seinen Namen hat es von einem Baumstamm, mit dem man einst bei Gefahr hier nachts den Hafen absperrte. Die Eingangspforte des hübschen Barockbaus flankieren zwei Poller mit Gesichtsplastiken, die „Schwedenköpfe", die an die langjährige Herrschaft der Schweden erinnern. Am Eingang zum Hafen steht das ehemalige **Zollhaus,** ein neugotischer Backsteinbau mit hübschem, blendengeschmückten Staffelgiebel. Jenseits der verkehrsreichen Ulmenstraße erblickt man das **Wassertor,** das letzte von einst fünf Stadttoren, die einst Einlass in die damals stärkste Festung Nordeuropas gewährten. Das Backsteintor aus dem 15. Jh. ist stadtseitig ein mit offenen Spitzbögen und Blenden verzierter Staffelgiebel. Rechts davon erblickt man den einladenden **Lohberg.** Den malerischen Platz nahe des Alten Hafens säumen Lagerhäuser und Speichergebäude, in denen sich Restaurants, Kneipen und Straßencafés eingerichtet haben.

Vom Wassertor führt die von großartigen Giebel- und Traufenhäusern aus der Zeit der Gotik bis Klassizismus gesäumten Scheuerstraße zur **Grube.** Der romantische Stadtbach ist einer der ältesten künstlichen Wasserläufe Deutschlands, die durch eine Stadt führen. Er wurde bereits Mitte des 13. Jh. angelegt und verbindet über den Mühlenteich, den Wallensteingraben und den Lostener See den Schweriner See mit der Ostsee. Einst als Trink- und Brauchwasserversorgung genutzt, ist die Grube heute ein einladend stiller Fleck inmitten der Stadt, an dem entlang der Weg zur mächtigsten Stadtkirche Wismars führt. Zwischen Lohberg und Ziegenmarkt wird die Grube von einer alterskrummen historischen **Wassermühle** fotogen überspannt.

Die eindrucksvolle **Nikolaikirche** (1370–1508) erhebt sich imposant über dem schmalen Wasserlauf. Die spätgotische Basilika besitzt mit ihrem 37 m hohen Mittelschiffgewölbe den nach Ulmer Münster und Kölner Dom dritthöchsten Kirchenraum Deutschlands. Seine mittelalterliche Ausstattung wurde 1703 zerstört, als bei einem Sturm der Helm des gedrungenen Turms herabstürzte und das Mittelschiff durchschlug. Das Unglück überstanden hat aber der **Schifferaltar** (16. Jh.), der zeigt, dass die Kirche einst das Gotteshaus der Seefahrer und Fischer war. Viele der heutigen Ausstattungsstücke stammen aus den zerstörten Kirchen Wismars. Der **Krämeraltar**

[>] Die Nikolaikirche – steinerner Zeuge einstiger Macht und Größe der Hansestadt

233osk ph

(1430) stand einst in der Marienkirche, der **vierflüglige Schnitzaltar** (1430), einer der größten spätgotischen Schnitzaltäre an der Ostseeküste, war einst der Hochaltar der Georgenkirche. Der sogenannte **Thomasaltar** (15. Jh.) stammt wiederum aus der Dominikanerkirche. Neben Grabplatten und Epitaphen wie dem der Herzogin *Sophie von Mecklenburg* (1504) ist besonders der mittelalterliche Freskenzyklus (1450) in den Turmhallen beachtenswert.

Jenseits der Grube steht der Kirche gegenüber das **Schabbellhaus** (1569–71). Bauherr des von einem prachtvollen Volutengiebel geschmückten Renaissancehauses war der Bürgermeister und Bierbrauer *Hinrich Schabbell.* Heute ist in dem Gebäude das **Stadtgeschichtliche Museum** untergebracht, das mit

301osk ph

[^] Das Rathaus von Wismar

Exponaten wie zwei abgehackten, mumifizierten Händen, einem Relikt mittelalterlicher Gerichtsbarkeit, die Vergangenheit anschaulich darstellt.

Wismars Flanier- und Einkaufsmeile ist die zur Fußgängerzone umgestaltete Krämerstraße, die von der Grube sanft ansteigend hinauf zum Herz der Altstadt, dem **Markt,** führt. Der exakt 100x100 m messende Platz ist der größte des Landes und gibt Zeugnis vom Stellenwert des Handels in der Hansestadt. Prachtvolle historische Häuserensembles säumen das Geviert. Die gesamte Nordseite nimmt das klassizistische **Rathaus** ein, das der Schweriner Hofbaumeister *Georg Barca* 1817–19 errichtete. Neben dem Rathaus erblickt man die im neugotischen Stil umgebaute **Ratsapotheke.**

Dem Rathaus gegenüber, auf der oberen Platzseite, steht die **Wasserkunst,** ein reizender, zwölfeckiger Pavillon, der 1580–1602 vom Niederländer Phillip Brandin, einem der bedeutendsten Architekten der Renaissance in Mecklenburg, errichtet wurde. „Mittels Röhren verteilt die Kunst das Wasser durch die ganze Stadt. Das ganze Werk steht unter der Aufsicht eines Kunstmeisters, der an gewissen Tagen die Röhren öffnet, wodurch die mehrsten Häuser der Stadt mit Wasser versehen werden", beschreibt der Engländer Thomas Nugent 1766 die Wismarer Wasserversorgung. Die „mehrsten" Häuser waren 220 Stück, die mittels hölzerner Rohre mit dem frischen Nass versorgt wurden. Eine solch wichtige öffentliche Dienstleistung ver-

[>] Idyllisch – malerischer Cafégarten an der Grube

lockt anscheinend stets auch dazu, die Hand aufzuhalten. „Die Einwohner hängen von dem Eigensinn des Kunstmeisters ab, der das Wasser nach Gutdünken laufen lassen kann. Es kann also sein, dass jemand Wassermangel hat (...) und muss warten, oder sich für Trinkgeld seinen Kasten wieder vollaufen lassen kann“, notierte jedenfalls der englische Reisende zum Thema.

Der Wasserkunst gegenüber steht der **Alte Schwede,** das bekannteste und mit Baudatum 1380 älteste Bürgerhaus Wismars. Der spätgotische Prachtbau mit seinem herrlichen stufenförmigen Pfeilergiebel beherbergt seit 1878 eine Gaststätte. Im Alten Schweden einen Platz zu ergattern, ist jedoch angesichts des Besucherandrangs nicht ganz einfach. Doch in derselben historischen Häuserzeile warten noch eine Reihe weiterer Restaurants und Cafés auf Besucher.

Nahe des Rathauses verläuft die Lübsche Straße, die prächtige Bürgerhäuser aus verschiedenen Epochen säumen. Sie führt zum **Heiligen-Geist-Spital.** Von der um 1250 errichteten Fürsorgestätte hat sich neben zwei Kapellen die Spitalkirche erhalten, die neben Wandmalereien aus der Gründungszeit und einer herrlich bemalten Balkendecke ein Fenster mit wertvoller Glasmalerei aus der zerstörten Marienkirche besitzt. Der stille Spitalhof lädt zur kontemplativen Atempause ein.

Von der Lübschen Straße führt eine schmale Gasse zur **St.-Marien-Kirche.** Genauer gesagt, nur zu ihrem Turm, denn die Ratskirche wurde 1945 schwer beschädigt. Das Schiff des Sakralbaus, an

6000MV ph

133osk ph

dem man ab 1339 gut 100 Jahre lang baute, wurde 1960 gesprengt. Im **80 m hohen Turm** (unbedingt besteigen!), Wismars Wahrzeichen, hängt ein Glockenspiel, das um 12, 15 und 19 Uhr einen der 14 Choräle erklingen lässt. Am Marienkirchplatz liegt das **Archidiakonat,** ein spätgotischer Bau aus dem 15. Jh. mit einem reich gegliederten, aber bedenklich schiefen Nordgiebel.

Unweit des Marienturms ragt die **St.-Georgen-Kirche** über der Altstadt auf. Die mächtige, dreischiffige Basilika wurde 1404–97 als Pfarrkirche für die Neustadt erbaut. Ihr Schicksal traf sie am 14. April 1945, als sie bei einem Angriff den Volltreffer einer Luftmine erhielt. Jahrzehntelang überließ man die Ruine sich selbst, wobei immer weitere Teile einstürzten. Zuletzt im Januar 1990, als ein Orkan den Giebel des Nordquerhauses auf zwei Wohngebäude stürzen ließ. Dieses Ereignis gab den letzten Anstoß, die Georgen-Kirche wieder aufzubauen. Am 8. Mai 2010 wurde das nach der Dresdner Frauenkirche größte Wiederaufbauprojekt einer Kirche mit einem feierlichen Festakt wieder eröffnet.

Zwischen Marienturm und Georgenkirche liegt der **Fürstenhof,** einer der bedeutendsten Renaissancebauten Mecklenburgs. Der Prunkbau im Stile der italienischen Renaissance besteht aus zwei Gebäudeteilen. Das Alte Haus wurde 1512 für Herzog *Heinrich* anlässlich seiner Hochzeit errichtet. Das Neue Haus, das dem alten im rechten Winkel angefügt ist, ließ sich 1553–55 Herzog *Johann Albrecht I.* nach dem Vorbild des Palazzo Roverella im italienischen Ferrera bauen. Seine Fassade gliedern üppige Ornamentfriese, Kalkstuck und Terrakotten aus der Werkstatt des Lübecker Meisters *Statius von Düren.*

Man sollte sich auch die Zeit nehmen, kreuz und quer durch die **Straßen und Gassen** Wismars zu bummeln. Zu entdecken sind dabei Kuriosa wie die in historischen Gewölben ansässige **nördlichste Sektkellerei Deutschlands** (Turnerweg 4c) mit Führung, Verkostung und Verkauf oder das **Knopfmuseum** (Weberstr.), in dem sich alles um das kleine runde Ding dreht.

Was Stralsund sein Ozeaneum und Rostock sein Darwineum, das ist das **phanTECHNIKUM** für Wismar. Feuer, Wasser, Erde, Luft – die vier Elemente sind *das* Thema dieses neuen großen Kulturtempels, in dem der Besucher zum Entdecker und Forscher wird. Die Technikgeschichte Mecklenburg-Vorpommerns auf 2500 m² lassen die Zeit vergessen. Experimente, Modelle zum Anfassen und viele Laboratorien und Experimente faszinieren besonders auch Kinder, was das phanTECHNIKUM zu einem ebenso spannenden und kurzweiligen wie lehrreichen Erlebniszentrum macht.

In Wismar befindet sich die Außenstelle des **Technischen Landesmuseums.** Sie ist im Glashaus im Bürgerpark untergebracht und zeigt die ganze Palette der DDR-Autoproduktion u. a. den Urtrabi IFA F 8 und den Wartburg 353 W Kombi.

◁ Alter Hafen Wismar – Räucherfisch direkt vom Kutter

Info

- **Vorwahl: 03841**
- **Wismar-Information,** Lübsche Straße 23a, 23966 Wismar, Tel. 19433, www.wismar.de (April–Okt. Mo–Sa 10–18 Uhr, So 10–16 Uhr, Nov.–März tägl. 10–16 Uhr).
- **Stadtführungen,** Tel. 22529121.
- **Zimmervermittlung,** Tel. 22529123.

Unterkunft

MEIN TIPP: **Fründts Hotel,** Schweinsbrücke 1–3, Tel. 2256982, www.hotel-stadtwismar.de. Saniertes Haus in der Altstadt mit dezent und geschmackvoll eingerichteten, geräumigen Zi. und sehr gutem Preis-Leistungsverhältnis. Schöner Frühstücksraum, einladende Außenterrasse, stiller Gartenbereich im Innenhof. Kostenloses WLAN. Ebenso zu empfehlen wie das Hotel ist auch das Restaurant im Haus. NS 76 €, HS 84.

- **Hotel Reingard,** Weberstraße 18, Tel. 284972, www.reingard.de (erstes zertifiziertes Bio-Hotel von M-V. 12 individuell gestaltete Zi., in der Altstadt, familiär geführt von Frau *Reingard.* Keine Karte im Restaurant, man wünscht sich sein Lieblingsessen. Malerischer Cafégarten, HS 77 €, NS 67 €).
- **Pension Chez Fasan,** Bademutterstr. 19/20A, Tel. 213425, www.pension-chez-fasan.de (nettes, preiswertes Haus in zentraler Altstadtlage mit einladendem Restaurant, DZ 50 €, Frühstück 7 €).
- **Pension Am Wassertor,** Spiegelberg 66, Tel. 200221, www.seelord.de (direkt gegenüber dem Hafen, HS 77 €, NS 68 €, Frühstück 9,50 €).
- **Ostseecamping Zierow,** Strandstr. 19c, in Zierow, Tel. (023968) 63820, www.ostsee-camping.de (März–Okt., an der Wohlenberger Wiek gelegener 13 ha großer Platz). Vom Platz aus kann man auf schöner Strecke entlang der Küste über das denkmalgeschützte Bilderbuchdörfchen Hoben (sehenswert!) und vorbei an der Seebrücke in ca. 25 Min. nach Wismar hineinradeln.

Alter Schwede
207osk ph

■ **JH Am Schwedenstein,** Juri-Gagarin-Ring 30a, Tel. 32680, (ca. 20 Fußminuten v. Zentrum, ab Bhf. mit den Buslinien B, C, D, E und G bis Haltestelle Ph.-Müller-Str./Krankenhaus, Ü/Frühst. ab 21,40 €).

Gastronomie

■ **Zum Weinberg,** Hinter dem Rathaus 3, Tel. 283550, www.weinberg-wismar.de (hist. Gaststätte seit 1355, in ehem. Weinhandlung. Zurzeit geschlossen.

■ **Zum kleinen Mönch,** Lübsche Str. 37, Tel. 222757, www.kleinermoench.de. Mit nur 5 Tischen (ca. 20 Plätze) kleines, aber feines Restaurant, maritime regionale Küche, aber auch Wild- und vegetarische Gerichte mit ständig wechselndem Fischangebot).

■ **To'n Zägenkrog,** Ziegenmarkt 10, Tel. 282716, www.ziegenkrug-wismar.de (gemütliche Gaststube mit 115-jähriger Tradition, vom „Feinschmecker" als eines der besten Fischrestaurants Deutschlands ausgezeichnet. Idyllische Lage mit kleinem, von Grün umrankten Cafégarten am Wasserlauf der Grube).

■ **Brauhaus am Lohberg,** Kleine Hohe Str. 15, Tel. 250238, www.brauhaus-wismar.de (hist. Brauereigebäude von 1452 gegenüber vom Hafen, in dem zu deftiger Kost selbstgebrauter Gerstensaft gereicht wird).

Mein Tipp: **Fürstenhof-Café,** Bliedenstr. 32, Tel. 388190 (mein Tipp! Die schönste Adresse Wismars, um sich vom Stadtrundgang zu erholen. Zwischen Blumen und unter Obstbäumen sitzt man auf der Wiese im idyllisch-verträumten Cafégarten und genießt bei Vogelgezwitscher und selbst gebackenem Kuchen den besonderen Blick auf die benachbarte Kirche St. Georgen. Tägl. 10–18 Uhr).

◁ Alter Schwede – Wismars ältestes Gebäude und berühmteste Gaststätte

Kultur

■ **Schabbellhaus** (Stadtgeschichtl. Museum), Schweinsbrücke 8, Tel. 2243110, www.schabbellhaus.de (z.Zt. wg. Sanierung geschlossen).

■ **phanTECHNIKUM,** Zum Festplatz 3, Tel. 257811, www.phantechnikum.de (Juni–Aug. Di–So 10–18 Uhr, Sept.–Mai Di–So 10–17 Uhr.

■ **Knopfmuseum,** Weberstr. 18, Tel. 284972 (im Hotel *Reingard.* Frau *Reingard* führt nach Vereinbarung durch ihre Patchwork- und Knopfsammlung).

■ **Nikolai-Kirche,** Tel. 213624 (Mai–Sept. tägl. 8–20 Uhr, Sa bis 22 Uhr, Nov.–März 11–16 Uhr, April/Okt. 10–16 Uhr, Mitte Juni–Anf. Okt. So 11.30 Uhr. Orgelmatinée, Führung Kirchendach im Sommer 10 und 15 Uhr).

■ **Heiligen-Geist-Kirche,** Tel. 283528 (Mai–Sept. tägl.10–18 Uhr, Okt.–April 10–16 Uhr).

■ **St.-Georgen Kirche,** mit Ausstellung „Wege zur Backsteingotik" (Juli/Aug. tägl. 10–20 Uhr, April–Juni und Sept./Okt. 10–18 Uhr, Nov.–März 11–16 Uhr). Turmbesteigung Juli/Aug. tägl. 11, 13, 15, 17, 19 Uhr, April–Juni 11, 13, 15, 17 Uhr, Nov.–März 12, 14 Uhr.

■ **St.-Marienkirche (**Turmführung zu jeder vollen Std. April–Sept. tägl. 10–16 Uhr., Okt.–März 11–15 Uhr, mit Ausstellung „Wege zur Backsteingotik").

■ **Galerie Hinter dem Rathaus,** Hinter dem Rathaus 8, Tel. 226062, www.galeriewismar.de (Di–Fr 12–18 Uhr, Sa 11–16 Uhr).

■ **Welt-Erbe-Haus,** Lübsche Str. 23, Tel. 22529102. Besucherzentrum mit Ausstellungen zur Backsteingotik u.a. April–Sept. tägl. 9–17 Uhr, Okt.–März 10–16 Uhr, Eintritt frei.

■ **Tierpark,** Köppernitztal, Tel. (03841) 707070, www.tierpark-wismar.de (Apr.–Okt. 9–18 Uhr, Nov.–März nur Sa/So 10–17 Uhr).

■ **Rathauskeller,** Am Markt 11, Tel. 19433 (Ausstellung „Wismar-Bilder einer Stadt" April–Sept. tägl. 9–17Uhr, Okt.–März 10–16 Uhr).

■ **Hanse Sektkellerei,** Turnerweg 4b, Tel. 48480 (Führungungen/Verkostung, www.hanse-sektkellerei.de, Anmeldung unter Tel. 484812).

Umgebung

Fischerdorf Hoben (6 km NW)

Unweit von Wismar schmiegt sich das kleine Fischerdorf Hoben an die Küste der Wismarbucht. Das 1322 erstmals unter dem Namen „Koldenhove" erwähnte **Bilderbuchdörfchen** mit seinen malerischen reetgedeckten Katen zählte Mitte des 16. Jh. genau 12 Gebäude. Typisch für das Dorf ist das sogenannte „Niederdeutsche Hallenhaus" oder „Einhaus". Die Häuser wurden als weiß geschlämmtes Lehmfachwerkhaus gebaut, mit tief heruntergezogenem rohr-/reetgedecktem Walmdach und an den Giebeln angebrachten, gekreuzten Pferdeköpfen. Dabei ist es bis heute geblieben und wird es auch weiterhin bleiben, denn 1993 wurde das gesamte Dorf unter Denkmalschutz gestellt und dabei festgelegt, dass die Siedlungsdichte von 12 Häusern im Dorfkern nicht erhöht werden darf. Auch wenn man einen Dorfkrug leider vergeblich sucht, der Ausflug in das still in weite Felder eingebettete Idyll lohnt sich. Kamera nicht vergessen, es bieten sich wundervolle Motive!

Dorf Mecklenburg (5 km S)

Wie der Name schon andeutet, ist das Dorf die Wiege Mecklenburgs. Hier stand einst die mächtige *Mikilinborg*, die Stammburg der slawischen Fürsten vom Stamme der Obotriten, die dem Land seinen Namen gab. Auf der **Mecklenburg** unterzeichnete 995 der junge Sachsenkönig *Otto III.* (980–1002) jene Urkunde, die den Namen erstmals erwähnte und die Grundlage für die große 1000-Jahr-Feier Mecklenburgs im Jahr 1995 lieferte. Die geschichtsträchtige **Slawenburg** (heute Friedhof), deren 12 m hoher und eine Fläche von 150x200 m umschließender Wall noch gut zu sehen ist, findet man etwa 500 m südlich der Dorfkirche. Kommt man von Wismar her ins Dorf, erblickt man am Ortseingang links auf einem Hügel eine von mehreren Rohrdachhütten umgebene **Holländer-Windmühle,** in der ein Restaurant mit Biergarten untergebracht ist. Die malerische Mühle von 1849 ist die einzige vollständig mit Rohr gedeckte Windmühle in Mecklenburg. Die Anlage gehört zum **Agrarmuseum.** Das Museum zeigt nebst landwirtschaftlichen Maschinen auch ein Modell der Mecklenburg.

■ **Agrarmuseum,** Schweriner Straße 83, Tel. (03841) 790020 (Apr.–Okt. tägl. 10–16, Nov.–März Mo–Fr 10–16 Uhr).

■ **Hotel/Restaurant: Mecklenburger Mühle,** in der Holländer-Mühle, Tel. (03841) 3980, www.hotel-mecklenburger-muehle.m-vp. de (NS 72 €, HS 82 €).

Insel Poel

8 km N

Mit 37 km² ist Poel nach Rügen und Usedom die drittgrößte Insel Mecklenburg-Vorpommerns. Ihr Name stammt vermutlich vom slawischen *poele* ab, das soviel wie „flaches Land" bedeutet. Und flach ist sie auch. Weitgehend waldlos und mit fruchtbaren Böden gesegnet, er-

Die Poeler Kogge

Winterstürme spülten 1998 bei Timmendorf auf Poel die Reste eines Wracks an den Strand. Untersuchungen zeigten, dass das Holz bereits in der ersten Hälfte des 14. Jahrhunderts in der baltischen Region um Thorn gefällt wurde.

Der zu etwa 60 % erhaltene Schiffskörper ermöglichte die genaue Rekonstruktion und den Nachweis einer speziellen Baltischen Koggenform, die sich durch ihre Länge von 31,50 m, die Ladekapazität von über 200 t und durch einen ausgeprägten Balkenkiel mit einer durchgängigen Klinkerung des Rumpfes von anderen Koggenfunden unterscheidet. Aufgrund seiner Form und Fundorts erhielt das außergewöhnliche Wrack den Namen „Poeler Kogge".

Im Jahr 2000 gründete sich der Förderverein „Poeler Kogge e. V." und begann mit dem originalgetreuen Nachbau des Wrackfundes. Die Replik entstand im Alten Stadthafen von Wismar, der auch der Heimathafen der Kogge ist. Neben der Wahrung des archäologischen Vorbildes gewähren Einbauten wie Kojen, Kombüse und Maschine die Nutzung des Fahrzeugs als Traditionsschiff. Im Mai 2004 war Stapellauf. Mit der „Wissemara" können Tagesfahrten und mehrtägige Segeltörns unternommen werden.

■ **Info/Buchung:** Förderverein Poeler Kogge, Baumhaus am Hafen, 23966 Wismar, Tel. 304310, www.poeler-kogge.de.

hebt sich ihr höchster Punkt, der **Kickelberg,** ob seiner guten Aussicht auch „Kiekeberg" genannt, gerade 27 m über die Ostseefluten. Von hier reicht der Blick über die gesamte Insel bis hinüber nach Wismar und Rerik. Mit dem Festland ist Poel durch einen Damm verbunden.

Ihre Lage an der Einfahrt in die Wismarer Bucht machte die Insel mit Beginn des Ostseehandels zu einem wichtigen **strategischen Ort** und zum Zankapfel der Mächtigen. Besonders im 30-jährigen Krieg, als sie zur Festung ausgebaut wird, leiden die Insulaner unter der Knute der Besatzer. Andererseits können sich die Poeler der auf dem Festland üblichen Leibeigenschaft entziehen. *„Wir sind hier noch freye Leute, das heißt, wir sind nicht leibeigen, wir können ziehen und uns hinbegeben, wohin wir wollen, können heyraten, wenn wir wollen"*, schrieb 1790 *M. Wehnert.* Die Bauern erlangen durch den Anbau von Kohl bescheidenen Wohlstand.

Hauptort von Poel ist **Kirchdorf,** in dem neben der Kurverwaltung auch das **Heimatmuseum** der Insel zu finden ist. Bei der **Dorfkirche** aus dem 13. Jh. erkennt man noch gut Wälle und Schanzanlagen der einstigen Festung. Vom prächtigen Schloss, das hier 1610 errichtet wurde, ist dagegen nichts mehr zu sehen. Der schönste Badestrand von Poel erstreckt sich an der Außenküste zwischen **Timmendorf** und dem **Schwarzen Busch.** In Timmendorf, wo man im kleinen Hafen den einheimischen Fischern zuschauen und ihren frischen Fang erwerben kann, blinkt ein kleiner **Leuchtturm.** Am Schwarzen Busch erinnert die **Gedenkstätte „Cap Arkona"** an KZ-Häftlinge, die auf Schiffe verladen wurden und versenkt werden sollten. Versenkt hat sie am 3.5.1945 dann irrtümlicherweise die englische Luftwaffe.

Von Gollwitz ganz im Inselnorden verkehrt vom 30.6. bis 1.9. jeden Dienstag die **Fahrradfähre „Salzhaff"** nach Rerik. Auf ihrer Fahrt passiert sie die Vogelschutzinsel Langenwerder (Fahrplan und Info unter Tel. (038296) 74761, www.ms-ostseebad-rerik.de).

Info

- **Kurverwaltung „Insel Poel",** Wismarsche Str. 2, 23999 Kirchdorf/Poel, Tel. (038425) 20347, www.insel-poel.de (11. Mai–20. Sept. Mo–Fr 9–17.30 Uhr, Sa 10–12 u. 14–16 Uhr, So 10–12 Uhr; 21. Sept.–10. Mai Mo–Fr 9–12 u. 14–17 Uhr, Kurabgabe HS 2 € NS 1 €).

Unterkunft

- **Pension Schwartz,** in Gollwitz, Haus 23, Tel. (038425) 20312, www.pension-schwartz.de (kleine Pension in ruhiger Lage 150 m vom Strand; im Restaurant Fischgerichte aus eigenem Fang, DZ 62–64 €, FeWo 60–77 €, Frühstück 6 €).
- **Gutspark Wangern,** Haus 17, in Wangern, Tel. (038425) 4440, www.insel-poel.com (Appartements in restauriertem Gutshaus in 8000 ha großem Park mit Sauna, Fahrradverleih, im Park Wirtshaus mit reg. Küche, HS 89–113 €, NS 69–99 €).
- **Campingplatz Leuchtturm,** in Timmendorf, Tel. (038425) 20224, www.campingplatz-leuchtturm.com (Apr.–Okt.), 9 ha großer, schattenloser Platz direkt am Strand, FKK-Strand. Mit Kite-/Surfschule.

Gastronomie

- **Strandperle,** Am Schwarzen Busch, Tel. (038425) 20712 (Terrasse mit herrlichem Strand-/Meerblick, im Sommer tägl. 11–22 Uhr, sonst nur Sa/So).
- **Poeler Forellenhof,** Wismarsche Str. 13, in Niendorf, Tel. (038425) 4200, www.poeler-forellenhof.de (frische und geräucherte Ostseeforellen und

andere hausgemachte Fischspezialitäten, mit Räucherei und Verkauf).

Mein Tipp: **Café Frieda,** Oertzenhof 4, Tel. (038425) 429820, www.cafe-frieda.de. Kulinarische und künstlerische Genüsse im ruhig gelegenen, liebevoll restaurierten und geschmackvoll eingerichteten historischen Backsteinhaus. Köstliche selbst gemachte Kuchen, Ausstellungen und Kleinkunstbühne. 2 Gästezimmer, Ostern–Okt. tägl. 12–18 Uhr, sonst Fr–So 14–18 Uhr.

Museum

- **Heimatmuseum,** Möwenweg 4, in Kirchdorf, Tel. (038425) 20732 (15. Mai–15. Sept. Di–So. 10–16 Uhr; 16. Sept.–14. Mai Di, Mi, Sa 10–12 Uhr).

Am Salzhaff

Die Region Salzhaff, benannt nach dem gleichnamigen Haff zwischen der Halbinsel Wustrow und dem Festland, erstreckt sich zwischen der Insel Poel und Rerik. Das hügelige Bauernland ist geprägt von Dörfern mit alten Kirchlein, wogenden Feldern, saftigen Wiesen und malerischen Windmühlen. Hier haben sich in alten Katen Künstler niedergelassen. Landleben, Spazierengehen, Radeln und Baden sind die Angebote der Region.

Eine Attraktion hat der Landstrich: Eine Windmühle, die noch wie bei „Max und Moritz" – „Ricke racke geht die Mühle mit Geknacke" – mit mächtigen Mühlsteinen Mehl mahlt. Bei guter Brise drehen sich ihre 11 m langen Flügel fauchend im Kreise und erzeugen die Kraft von 25 PS. Wunderschön hockt die **Windmühle Stove** auf einem Hügel, von dem sich eine tolle Aussicht über das Salzhaff bietet. Durch die kleine Tür geht es hinein in den Bauch der 1889 erbauten Holländermühle. Feiner Mehlstaub bedeckt den engen Raum. Überall schnurren Antriebsriemen, drehen sich Achsen, quietschen Lager, rütteln Siebe. Im 1. Stock drehen sich die tonnenschweren Mahlsteine. Gelegentlich erklärt der Windmüllermeister das Innenleben seiner „Windmoehl", mit der er ökologisch angebautes Getreide mahlt. Im Juli findet das Mühlenfest statt, auf

Kunst und Kunsthandwerk am Salzhaff

- das „Malerhus" des Malers und Grafikers *Rolf Möller* in Wodorf, Tel. (038427) 276
- das Atelier des Malers *Olaf Hoppe* in Stove, Tel. (038427) 64315, www.haushoppe.de
- das Atelier des Bildhauers *Rainer Kessel* in Neu Nantrow, Tel. (038426) 20756
- die Weberei von *Uta Kiesow* in Blowatz, Tel. (038427) 4957
- die Galerie „Landart" des Metallgestalters *Richter* in Pepelow, Tel. (038294) 9211, www.richter-metallplastik.de
- die Werkstatt des Puppenspielers *Schlott* in Neu Nantrow, Tel. (038426) 20343, www.puppentheater-schlott.de
- die Töpfer-Galerie Scheune von *Marion Haacker* in Krusenhagen, Tel. (03841) 210191
- Steinbildhauer *Bernhard Lincke* in Neu Nantrow, Haus Nr. 5, Tel. (038426) 20407
- das Keramikatelier von *Dörte Michaelis* in Vogelsang, Haus Nr. 10, Tel. (038426) 20414, www.doerte-michaelis.de
- der Holzbildhauer *Blank* im Wasserwerk Dreveskirchen, Schulstr. 1, Tel. (038427) 64045
- das Filzhutmachen. *Martina Weiß* in Heidekaten, Tel. (038427) 4994

303osk ph

dem traditionelle Handwerker Kunst vorführen und Windmoehlmehl-Kuchen gereicht wird.

Der Fremdenverkehrsverein vermittelt Kontakte zu Werkstätten, in denen man handwerkliche Kurse belegen kann. Musikliebhabern ist ein Konzert im Rahmen des „Dreveskirchener Orgelsommers" auf der **historischen Barockorgel** (1754) in der frühgotischen Kirche von Dreveskirchen (1245–1280) zu empfehlen, einer der ältesten Mecklenburgs. In Neubukow erinnert die **Schliemann-Gedenkstätte** an den Entdecker Trojas, der hier im Jahr 1822 geboren wurde.

Info

■ **Tourismuszentrum Mecklenburgische Ostseeküste,** Kühlungsborner Straße 2, 18236 Kröpelin, Tel. (038292) 8613, www.salzhaff- ostsee-ferien.de (Mo–Fr 8–20 Uhr, Sa/So 9–17 Uhr).

Unterkunft

■ **Villa Seeheim,** Zum Breitling 58, Stove, Info/Buchung über Tel. (038292) 8613, www.villa-seeheim.de (5 FeWo in charmanter alter Villa im großen Park direkt am Ufer mit Sandstrand; mit Spiel-, Grillplatz, Liegewiese, Reitmöglichkeit, FeWo HS 105–125 €, NS 85–105 €).

■ **Pension Bauernhaus,** Weidenweg 5, Boiensdorf, Tel. (038427) 317, www.pension-bauernhaus.m-vp.de (malerischer Fachwerk-, Reetdachhof mit großem Garten, 1 km zum Salzhaff, HS 60 €, NS 45 €).

■ **Campingplatz „Am Salzhaff",** 18233 Pepelow, Tel. (038294) 78686 (ganzjährig geöffnet, 10 ha großer, leicht hügeliger Platz mit rd. 300 Stellplätzen am Salzhaff, neues Sanitärgebäude, Wohnmobilhafen, Bungalowvermietung, eigene Fischräucherei).

■ **Campingplatz „Möwe",** Werder 1, 23974 Boiensdorf, Tel. (038427) 219, www.campingplatz-moewe.m-vp.de (Apr.–Sept., einfach ausgestatteter Wiesenplatz direkt am Wasser).

Kultur

■ **Dorfmuseum/Windmühle,** Windmühlen- und Museumsverein Stove, Mühlenstr. 34, Tel. (038427) 64446 (Museum), Tel. (038427) 2801 (Mühle), www.muehlenverein-stove.de. Schaumahlen bei gutem Wind, Backen im Lehmbackofen, buttern, filzen im Dorfmuseum, April–Juni und Sept./Okt Di–So 10–16 Uhr, Juli/Aug. tägl. 10–18 Uhr, Jan.–März nach Absprache unter Tel. 0162-6888000.

■ **Kirchen-, Barockorgelbesichtigung Dreveskirchen,** Schulstraße 6, Tel. (039427) 275 nach Vereinbarung mit der Pastorin *Praetorius*).

■ **Heinrich-Schliemann-Gedenkstätte,** Lindenallee 1, Neubukow, Tel. (039921) 3252, www.schliemann-museum.de (April–Okt. Di–So 10–17 Uhr, Nov.–März Di–Fr 10–16 Uhr, Sa 13–16 Uhr).

Ostseebad Rerik

Das kleine, 2000 Einwohner zählende Ostseebad Rerik liegt landschaftlich reizvoll am steilen Hang an einer schmalen Landzunge zwischen Ostsee und Salzhaff. Nur einen Steinwurf breit ist die Sandanschwemmung, die die 12 km

☒ Mühle Stove

Halbinsel Wustrow

Vor Beginn der militärischen Nutzung hat es auf Wustrow drei Ortschaften gegeben – Groß, Klein und Neu Wustrow. Bis in die 30er Jahre des letzten Jahrhunderts war die 10 Kilometer lange und bis 2 Kilometer breite Halbinsel Wustrow nur von wenigen Menschen bewohnt. Die letzten Herren auf Wustrow waren Hans Balduin und Bernhard von Plessen.

1933 erwarb die Deutsche Wehrmacht für 1,4 Mio. Reichsmarkt die Insel, um dort die größte **Flak-Artillerie-Schule** des Reiches zu errichten. Es entstanden im östlichen Teil der Insel große Kasernenanlagen, ein Flugplatz, kleine Häfen an Ostsee und am Salzhaff und eine Gartenstadt (Rerik-West) für die zivilen Angehörigen. Die am anderen (östlichen) Ende der schmalen Landbrücke liegende kleine Ortschaft „Alt-Gaarz" (Alte Burg) sollte zu einer Garnisonsstadt mit 20.000 Einwohnern ausgebaut werden. Da kamen den Herren des „Tausendjährigen Reiches" 1938 Ausgrabungsfunde am Schmiedberg (Überreste der alten Festung mit Burgwall) gerade recht – ohne Beweis wurde offiziell festgestellt, hier sei der alte **Wikinger-Handelsplatz „Reric"** gelegen, „Alt-Gaarz" zu „Rerik" umbenannt und mit Stadtrechten ausgestattet. Nach 1945 wurden alle militärischen Anlagen und Bauten auf der Insel gesprengt. In den erhaltenen Gebäuden der zivilen Gartenstadt wurden vorübergehend Flüchtlinge einquartiert. 1947 wurde die Insel geräumt und Sowjettruppen stationiert. Im Oktober 1993 zog die Sowjetarmee endgültig aus Wustrow ab.

Die Hoffnung der Reriker, nach 60 Jahren Sperrgebiet ihre Heimatinsel endlich wieder betreten und ihre ehemaligen Häuser wieder beziehen zu können, erfüllte sich leider nicht. Das Eiland blieb weiterhin verschlossen. Gegen den Willen der Reriker wurde die gesamte Insel vom Bundesvermögensamt an die **Fundus-Investmentgruppe** verkauft. Diese plant, auf Wustrow eine gigantische Ferienmaschine mit einer Gesamt-Bruttogeschossfläche von 230.000 m^2 für 5000 Menschen mit 27-Loch-Golfplatz, Jachthafen mit 250 Liegeplätzen, Reiterhof u.a. zu bauen.

Noch sind zwei Drittel der Halbinsel Naturschutzgebiet, das vielen See- und Zugvögeln sowie anderen seltenen Tieren und Pflanzen ein Refugium bietet. Die Realisierung des **Fundus-Projekts** würde nicht nur wenig von dem landschaftlichen Zauber Wustrows übriglassen, sondern mit erwarteten 4 zusätzlichen PKW pro Minute (oder 240/Std.) das kleine Seebad Rerik in Verkehr, Lärm und Abgas ersticken.

Diese wahrlich wenig schöne Aussicht veranlasste 2003 die pfiffigen Reriker Stadtväter mit 11 gegen 3 Stimmen zu beschließen, „dass die Befahrung des Wustrower Halses für den motorisierten Individualverkehr auszuschließen ist." Das bedeutet: die einzige Zufahrt auf die Halbinsel ist autofreie Zone. Nun kann kein (Bau-) Fahrzeug die Halbinsel erreichen und die 150 Mio.-Euro-Baupläne von Fundus sind erst einmal blockiert. Daran werde sich so schnell auch nichts ändern, erklärte Bürgermeister *Gulbis.*

Seither hat der „stillgelegte" Investor dem Heimatverein von Rerik verboten, Führungen über die Halbinsel zu veranstalten. Alternativ werden nun von Mai–Okt. Mo und Do Führungen per Schiff angeboten, Abfahrt Hafen Rerik 15 Uhr.

■ **Info: Heimatverein Salzhaff,** Schillerstr. 10b, Info Tel. (038296) 1203, www.insel-wustrow.de

■ **Buchtipp: „Die verbotene Halbinsel Wustrow. Flakschule – Militärbasis – Spionagevorposten",** Links Verlag (genau recherchierte und interessant geschriebene Abhandlung zur Geschichte der Halbinsel. Verfasst vom Ehepaar Feiler, das seit 1994 Führungen in der „verbotenen Zone" leitete und sich heute für den Erhalt der Halbinsel engagiert).

lange Halbinsel Wustrow mit dem Festland verbindet (s. Exkurs). Wohl eine der schönsten Ostseekirchen ist die **Kirche St. Johannes,** ein frühgotischer Backsteinbau von 1250. Ihr Innenraum ist ungewöhnlich reich mit frühbarokken Malereien (1668) verziert, die aus der Hand des Wismarer Künstlers *H. Greve* stammen. Das kleine **Heimatmuseum** Reriks berichtet u.a. über die frühgeschichtliche Besiedlung der Region, von der steinzeitliche Gräber in der Umgebung zeugen.

Auf der Feldmark Gaarzer Hof, Neu Gaarz und Mechelsdorf liegen gleich acht **stein- und bronzezeitliche Grabstätten** aus verschiedenen Epochen, die sich auf einem Spaziergang erkunden lassen. Besonders sehenswert ist das Großsteingrab bei Neu Gaarz, das nahe der Straße frei im Feld steht. Acht Tonnen wiegt der gewaltige Deckstein des Monuments (Führungen zu den Dolmen vom 15.5.–15.9. jeweils Do über Kurverwaltung). Lohnende Ausflugsziele in der Umgebung sind auch die eindrucksvolle **Feldsteinkirche** in Biendorf und der 78 m hohe **Bastorfer Signalberg** mit seinem 100 Jahre alten und 21 m hohen Leuchtturm, bei dem die Panorama-Terrasse des Cafés *Valentins* (Tel. (038293) 410270, www.valentins-cafe.de, tägl. 10–17 Uhr, im Sommer 10–19 Uhr) eine wunderbare Aussicht hinab auf Rerik und die Halbinsel Wustrow eröffnet (Leuchtturmbesteigung, www.leuchtturm-bastorf.de, März–Okt. tägl. 11–17, sonst 11–16 Uhr).

Bei Meschendorf zieht sich zu Füßen der **Steilküste** ein schmaler, aber kilometerlanger Strand. Von der 170 m langen **Reriker Seebrücke** legen Ausflugsschiffe zu Rundfahrten ab. Bei der See-

brücke führen Treppen auf den **Schmiedeberg** hinauf, von dem man einen 360-Grad-Panoramablick genießt.

Info

■ **Vorwahl: 038296**

■ **Kurverwaltung,** Dünenstr. 7, 18230 Rerik, Tel. (038296) 78429, www.kurverwaltung-rerik.de (15. Mai–14. Sept. Mo–Fr 9–18 Uhr, Sa/So 11–16 Uhr, 15.9–14.5 Mo–Fr 9–16 Uhr, Kurabgabe HS 2 €, NS 0,75 €).

Unterkunft

■ **Hotel Alt Gaarzer Eck,** Kröpeliner Str. 8, Tel. 7160, www.hotel-rerik.de (zentral im Ort, HS 77–100 €, NS 50–70 €).

■ **Pension Haffidyll,** Haffstr. 13, Tel. 70456, www.haffidyll.de (direkt am Haff, Sauna, Solarium, im Restaurant regionale Küche, HS 80–110 €, NS 78–86 €).

■ **Ferienhof Poggendiek,** Lindenweg 3, Boldenshagen, Tel. (038292) 320, www.poggendiek.de (geschmackvoll eingerichtete FeWo in idyll. Alleinlage mit vielen Tieren, Heuhotel, Reiten, Traktorfahren u.a., ein Paradies für Kinder. Top: Man kann sein eigenes Pferd mitbringen! FeWo HS 90 €/Tag, NS 45–65 €/Tag, Heuhotel 15 € p. P. inkl. Frühstück).

■ **Gutshof Bastorf,** Kühlungsborner Str. 1, Tel. (038293) 6450, www.gutshof-bastorf.de (bildschönes hist. Reetdach-Ensemble in toller Alleinlage. Vielfältige Angebote: chin. Heilkunde, Wellness, Spielplatz und Babysitter. Einladend das Hof-Café, der Hofladen mit Ökoprodukten der Region. FeWo u. App. HS 69–170 €, NS 45–120 €, Frühst. 9 €, DZ ab 42 €).

■ **Ostseecamp Seeblick,** in Rerik/Meschendorf, Tel. 78480, www.ostseecamp.de (1.3.–31.10., 9 ha großer, leicht welliger Platz über wildromantischer Steilküste mit herrlichem Ostseeblick).

Gastronomie

■ **Landgasthof Am Waldrand,** Hauptstr. 15, in Wischuer, Tel. (038294) 79218, www.gast-wischuer.de (romantisch am Waldrand gelegener Hof, mit Fremdenzimmern und schöner Terrasse, Kinder willkommen. DZ 55 €).

MEIN TIPP: **Zur Steilküste,** Parkweg 10, Tel. 78386. Einfach, aber gut. Alteingesessener Familienbetrieb in exponierter Lage über der Steilküste mit herrlichem Ausblick aufs Meer. Tolle, aber kleine Terrasse. Frische Küche, besonders Fisch, große Portionen. Kellner, die zum leckeren Essen gerne auch kleine Geschichten erzählen. Angejahrtes Ambiente, dennoch sehr beliebt. Besser Tisch vorbestellen.

Museum

■ **Heimatmuseum,** Dünenstr. 4, Tel. 78429 (15.5.–15.9. Di/Mi 10–12 u. 14–17 Uhr, Do 14–18 Uhr, Fr 10–12 u. 14–17 Uhr, Sa/So 14–17 Uhr; 16.9.–14.5. Di 10–12 u. 14–17 Uhr, Mi/Do 14–17 Uhr, Fr 10–12 Uhr, Sa/So 14–16 Uhr).

■ **St. Johannes-Kirche,** Seestraße 4, kostenlose Führungen 11.5.–21.9. Mo 10 Uhr, Kirchturm begehbar).

Mecklenburgische Ostseebäder

Auch in der Hochsaison ist das Badeleben in Rerik von beschaulicher Natur

204osk ph

Ostseebad Kühlungsborn

Endstation der Bäderbahn *Molli* ist *„die Grüne Stadt am Meer"*, das Ostseebad Kühlungsborn. Der Beiname erklärt sich vom Stadtwald, der Grünen Lunge des traditonsreichen Badeorts, die die Ortsteile Kühlungsborn Ost und West trennt. Der Aufstieg der drei armen Fischerdörfer Arendsee, Fulgen und Brunshaupten zum größten Badeort der ehemaligen DDR verdankt Kühlungsborn dem 1910 erfolgten Anschluss an die *„Bolleschen Dampf-Kaleschen"*, die Kleinbahn *Molli*.

Das Seebad macht seinem Beinamen alle Ehre. Hier dreht sich alles um das sommerliche Strandvergnügen. Ein kilometerlanger Bilderbuchstrand, ein Campingplatz und eine Unmenge an Hotels, Pensionen, Restaurants, Sportanlagen und sonstigen touristischen Einrichtungen zeigen, dass Kühlungsborn bei denjenigen, die in ihrem Urlaub hauptsächlich Strand und Vergnügung suchen, hoch im Kurs steht. Eine Meerwasserschwimmhalle garantiert salziges Baden auch bei schlechtem Wetter. Eines der Hauptvergnügen der Gäste ist das Flanieren auf der fast 4 km langen, von historischer Bäderarchitektur gesäumten **Strandpromenade.** An Sehenswertem gibt es das **Molli-Museum,** und eine hübsche, 1872 erbaute **Windmühle,** in der sich nun ein Restaurant eingerichtet hat.

Wer dem Trubel entfliehen möchte, dem sei ein Spaziergang auf der **Kühlung,** einer nahen, bis zu 129 m hohen Endmoräne, empfohlen.

Info

- **Vorwahl: 038293**
- **Touristik-Service-Kühlungsborn,** Ostseeallee 19, 18225 Kühlungsborn, Tel. 8490, Zimmervermittlung Tel. 84949, www.kuehlungsborn.de (Mai–Sept. Mo–Fr 9–18 Uhr, Sa/So 10–16 Uhr, Okt.–Apr. Mo–Fr 9–16 Uhr, Sa/So 10–13 Uhr, Kurabgabe HS 2 €, NS 1 €, bis 18 J. frei).

Unterkunft

- **Hotel Schloss am Meer,** Tannenstraße 8, Tel. 43790, www.schlossammeer.de (prachtvolle Villa der Belle Epoque am Strand, die zu einem 4-Sterne-

Ostseebad Kühlungsborn

Haus mit 27 Zi. umgewandelt wurde. HS 140–210 €, NS 90–160 €).

■ **Pension Seeblick,** Ostseeallee 31, Tel. 8430, www.seeblick-kuehlungsborn.de (familiärer Betrieb und Preisträger als „Umweltorientiertes Gastgewerbe“ und „Essen und Trinken in M-V“, Fahrradverleih, Sauna/Solarium, HS 90–110 €, NS 54–89 €).

■ **Pension Seerose,** Waldstr. 7, Tel. 7290, www.villa-seerose.de (angenehmer Familienbetrieb, nur wenige Meter vom Strand entfernt, mit maritimer Gaststätte, in der selbstgefangener Fisch – Hering, Dorsch, Flunder und Aal – fangfrisch zubereitet und gleich darauf serviert wird, HS 65 €, NS 58–60 €).

■ **Campingpark Kühlungsborn,** Waldstr. 1b, Tel. 7195, www.topcamping.de (15.3.–15.11., mehrfach prämierter, rund 12 ha großer baumbestandener 5-Sterne-Platz direkt am FKK-Strand, mit exklusivem Wellnessgebäude „Poseidons Reich“).

Gastronomie

■ **Strandgeflüster,** Dünenstr. 1a, Tel. 443071, www.strand-geflüster.de. Schnuckliges kleines Restaurant mit freundlichem Service und anspruchsvoller aber bodenständiger deutscher Küche zu günstigem Preis.

Seeteufel, Tannenstr. 9, Tel. (38293) 12900. Sehr kleines, sehr gemütliches und charmantes Restaurant mit frischen Fischgerichten und freundlichem Service. Reservierung empfohlen.

MEIN TIPP: **Kuddel-Daddel-du,** Ostseeallee 21A, Tel. 6214, kuddel-daddel-du.jimdo.com. Klein aber fein! Hausmannskost der geschmacklich gehobenen Art zum kleinen Preis, üppige Portionen, schöne Terrasse. Reservierung empfohlen.

Kultur

Molli-Museum, Bahnhof West, Tel. 17398, mit angeschlossenem Café (während des Sommerfahrplans tägl. 9–18, Winterfahrplan tägl. 11–16.30 Uhr, Eintritt frei).

Kunsthalle, Ostseeallee 48, Tel. 7540, www.kunsthalle-kuehlungsborn.de (wechselnde Austellungen, Di–So 12–17 Uhr).

Atelierhaus Rösler-Kröhnke, Schlossstraße 4, Tel. 15339, www.museum-atelierhaus-roesler-kroehnke.de, Fr–So 11–18 Uhr.

Heiligendamm

„Die Weiße Stadt am Meer" nennt sich das Ostseebad stolz und zu Recht. Im Auftrag von Herzog *Friedrich Franz I.* errichtete Landesbaumeister *C. Th. Severin* hier ein herrschaftliches Seebad, das erste an der Ostseeküste überhaupt. Die prachtvolle, schneeweiße klassizistische Kulisse des piekfeinen fürstlichen Badeorts, in dem von der Zarenfamilie bis zu *Napoleons* Gouverneur *Laval* alles logierte, was zur feinen Gesellschaft zählte, blieb unverändert erhalten. Die Spuren der DDR-Jahre, als in das Repräsentationsbad eine Kurklinik einzog und der Putz blätterte, sind nun, 20 Jahre nach der Wiedervereinigung, endgültig vorbei. Denn nach langen Streitereien und Schwierigkeiten hat die Fundus-Investmentgruppe (s. Exkurs „Halbinsel Wustrow") das komplette historische Ensemble erworben und mit Investorengeldern von rd. 500 Millionen Euro Heiligendamm wieder in ein **Luxus-Ressort** der Spitzenklasse verwandelt.

306osk ph

Das unterstreicht der 3-tägige Besuch des ehemaligen amerikanischen Präsidenten *Bush* 2006 in Heiligendamm, der die Weiße Stadt international berühmt machte. Standesgemäß, aber skandalträchtig war der **G8-Gipfel** im Juni 2007 mit mehr als 15.000 Gästen, für den die gesamte Region in einen monatelangen Ausnahmezustand versetzt worden war. Die für die 3-tägige (!) Konferenz „notwendigen Maßnahmen" kosteten den Steuerzahler mindestens 100 Mill. Euro. Der Strand wurde auf einer Länge von 2 km mit 150.000 m² Sand auf 45 m verbreitert. Eine 13 km lange und 2,50 m

☐ Der Strand von Heiligendamm

hohe Hightech-Sperre sollte die hohen Herren vor unliebsamen Störungen bewahren. Die historische Villa „Perle" wurde abgerissen, um Platz für einen Kamera-Standort zu schaffen, der Hafen in Kühlungsborn wurde gesperrt. Doch auch diese gigantomanische PR-Aktion konnte nicht verhindern, dass das Luxusressort im Schnitt lediglich zu 40 % ausgelastet ist, 2012 Insolvenz anmelden musste und aus den Investoren „Fundus-Geschädigte" wurden, die den Verlust von 90 % ihres Einsatzes befürchten müssen. Der Hotelbetrieb wird jedoch weitergeführt.

Beim Kurhaus erinnert ein **Gedenkstein,** ein 220 Tonnen schwerer Findling an den Finanzier Heiligendamms, *Herzog Friedrich Franz I.* (1756–1837) und die auf Betreiben des Rostocker Medizinalrats und fürstlichen Hofleibarztes *Samuel G. Vogel* erfolgte Gründung des Seebads im Jahre 1793. Den gewaltigen Felsblock schaffte man mit großem Aufwand – eine spezielle Transportkonstruktion und angeblich 120 Pferde waren dafür erforderlich – von der 11 km entfernten Elmenhorster Feldmark herbei.

Erstaunt wird man feststellen, dass das erste und feinste Seebad der Ostsee zwar über einen feinsandigen und schönen, seit dem G8-Gipfel künstlich verbreiterten Strand, aber über keinen Superstrand verfügt. Das erklärt sich daher, dass man damals wegen *„einfallender ungünstiger Witterungen, zu rauher Seeluft und des oft unschicklichen Grads der Kälte des Wassers"* gar nicht auf die Idee kam, ins offene Meer zu steigen. Gebadet wurde in Badehäusern, in die das Meerwasser gepumpt wurde. Und zwar mittels einer von Pferden angetriebenen „Wasserbewältigungsmaschine", 1799 konstruiert von einem Herrn mit der fantastischen Anrede *Geheimer Oberfinanz-, Kriegs- und Domainenrat Baron Waitz von Eschen.*

Spaziert man am Strand in östl. Richtung, erreicht man den von einer Sturmflut aufgeschütteten **Heiligen Damm,** den Namensgeber.

Unterkunft

■ **Grand Hotel Heiligendamm,** Prof.-Dr.-Vogel-Straße 6, Tel. (038203) 7400, www.grandhotel-heiligendamm.de (Luxusressort mit nostalgischem Charme. Sechs Gebäude auf 31.000 m² mit 225 Zimmern und Suiten. Im historischen Kurhaus elegantes Restaurant und Separées für „private dining", in der Orangerie Läden, im Severin-Palais Wellness auf 3000 m². Golfclub und ökolog. Gut Vorder Bollhagen, das die Gastronomie des Hauses versorgt. HS DZ ab 300 €, NS DZ ab 220 €).

Gastronomie

■ **Jagdhaus Heiligendamm,** Seedeichstr. 18 b, Tel. (038203) 735775, http://www.jagdhaus-heiligendamm.de. Allein und idyllisch am Waldrand gelegene Oase mit moderner, auf Wildkräutern basierender, vom Gault Millau mit 15 Punkten ausgezeichneter Küche. Das Wild stammt aus den umliegenden Wäldern, Gemüse aus Öko-Anbau. Einladende Terrasse. Im Haus 4 DZ NS 70–85 €, HS 80–95 €.

■ **Deck Restaurant,** Bar & Beach Club, Am Kinderstrand 3, Tel. (38203) 63107, www.deckheiligendamm.de. Kleines feines Restaurant/Bar mit echt toller Terrasse, großartiger Blick auf die Ostsee. Im Restaurant Reservierung erwünscht. Sommer 10–22 Uhr, Winter 11–16 Uhr.

■ **Coco Eismilchbar,** Heiligendamm, Strandpromenade/im Residenzhotel, www.coco-eismilchbar.de. Nicht zum Grand-Hotel gehört die letzte Villa am Eingang zum Strand für das „niedere Volk". Neben dem Residenzhotel ist hier auch das Eiscafé untergebracht, das neben einem wunderschönen

Blick von seiner Seeterrasse auf Grand-Hotel, Strand und Meer auch 20 Sorten selbst hergestelltes Eis anbietet.

Bad Doberan

Der Legende nach soll Doberan entstanden sein, weil Fürst *Borowin I.* nach der Zerstörung des Klosters im benachbarten Althof während des Slawenaufstands von 1179 gelobt habe, an der Stelle ein neues Kloster zu gründen, an der er seinen nächsten Hirsch erlege. Als nun besagter Hirsch im Wald getroffen niedersank, flog im nahen Schilf ein Schwan mit dem Ruf *„Dobr, Dobr"* (Gut, Gut) auf. Das Stadtwappen zeigt neben dem Bischofsstab jedenfalls Hirsch und Schwan. Und das von *Borowin I.* 1186 gegründete Kloster gibt es auch. War es bis zur Reformation das im Kloster aufbewahrte „Heilige Blut", das Kranke und Gebrechliche scharenweise nach Doberan wallfahren ließ, waren es später Prinzen und Prinzessinnen, wohlhabende Gutsbesitzer und reiche Kaufleute, fürstliche Beamte und Offiziere, also kurz Vermögende aus ganz Europa, die nach Bad Doberan strömten und es zum modischen Treff der Schönen und der Reichen machten.

Begonnen hat der märchenhafte Aufstieg vom unscheinbaren Flecken zum Mekka der vergnügungssüchtigen Adelsgesellschaft mit dem Brief, den der Arzt *Samuel Gottlieb Vogel* am 14.3.1750 an Herzog *Friedrich Franz I. von Mecklenburg* richtete und unter Hinweis auf die englischen Seebäder die Einrichtung einer Badeanstalt vorschlug. Als Standort sah er Doberan vor, in das mittels hölzerner Röhren vom heiligen Damm das *„sehr viele Schwachheiten und Kränklichkeiten des Körpers"* heilende Meerwasser geleitet werden sollte. Angesichts der hohen Kosten entschied man sich dann zwar für Heiligendamm als Standort für das erste Ostseebad, aber in Bad Doberan wurde alsdann logiert, und man vergnügte sich im Casino, auf der Pferderennbahn, im Theater und mit jenen *„schönen Wucherinnen, die sich zu Doberan reichlich genug in allen Sorten und nach allen Abstufungen, zu jeder Tageszeit auf allen Plätzen zeigen und ihre bona officia anbieten"*, wie ein Zeitgenosse das Leben in Doberan 1806 beschrieb.

Die **mondäne Bäderarchitektur** jener Zeit prägt noch heute das Zentrum Bad Doberans. Rings um den „Kamp", einem Park inmitten der Stadt, glänzen die, von *C. Th. Severin* entworfenen klassizistischen Gebäude in strahlendem Weiß. Auffälligstes Gebäude ist das ehemalige **fürstliche Palais.** Im Park stehen zwei reizende, chinois verspielte Pavillons, der **Rote Pavillon** und der **Weiße Pavillon.** Der Weiße beherbergt ein Restaurant und Café, im Roten hat sich eine Galerie eingerichtet.

Neben seiner traditionsreichen Architektur ist der **„Molli"** Bad Doberans zweite Attraktion. Die Schmalspurbahn dampft seit 1886 mitten durch die schmalen Straßen der Stadt und bringt Sommerfrischler hinaus zu den Stränden von Heiligendamm und Kühlungsborn (s. Exkurs „Der Molli").

Bad Doberans Glanzstück ist jedoch der wohl schönste Sakralbau an der deutschen Ostseeküste, die Kirche des ehemaligen Zisterzienserklosters, das **Doberaner Münster.** Die in einen von der alten Klostermauer umfriedeten

Park eingebettete gotische Pfeilerbasilika mit kreuzförmigen Grundriss wurde 1386 geweiht. Um ihre grandiose Schönheit zu erfassen, sollte man erst einen Rundgang durch den Park machen, bevor man ihr Inneres betritt. Atemberaubend ist die Raumwirkung des hochaufragenden Langschiffes, höchst wertvoll ihre Ausstattungsstücke. Von 1280 stammt der Kelch- und Reliquienschrein; der in Lübeck gefertigte Hochaltar ist einer der ältesten Flügelaltäre

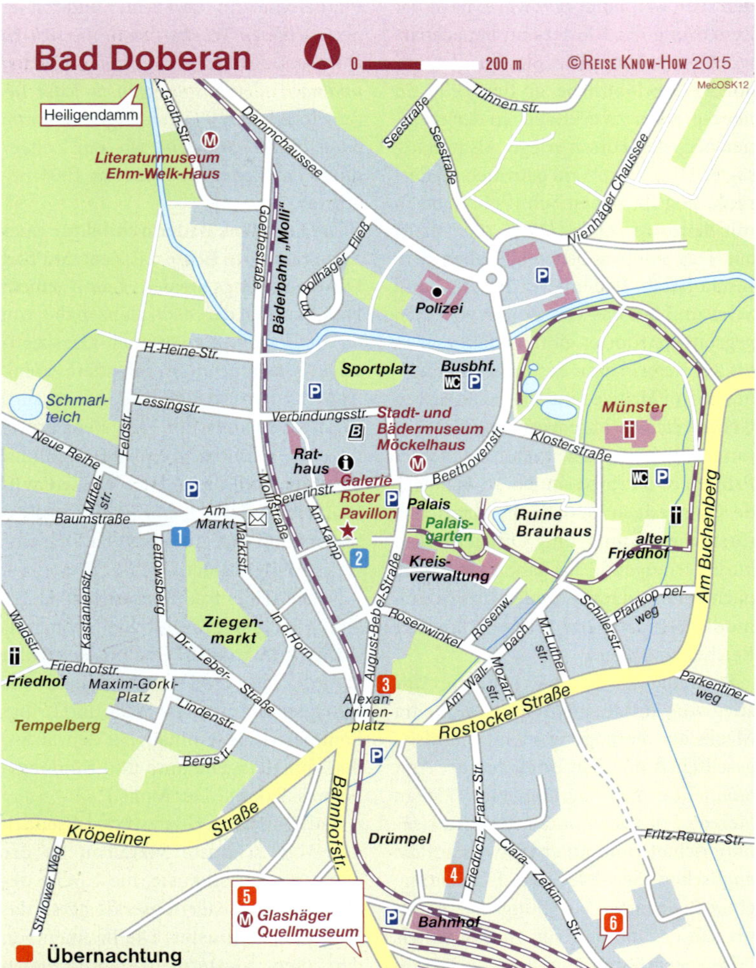

Übernachtung
3 Halbersbacher Prinzenpalais
4 Hotel Villa Sommer
5 Gutshaus Rosenhagen
6 Pension Am Fuchsberg

Essen und Trinken
1 Zum Weissen Schwan
2 Restaurant Weißer Pavillon

Deutschlands. Kreuzaltar (14. Jh.), Corpus-Christi-Altar (1320), Mühlenaltar (um 1400) und Fronleichnam-Altar (um 1340) sind ebenso bewunderungswürdige Kleinodien wie die für Zisterzienserkirchen typischen hohen, schlanken Fenster in den Seitenschiffen, welche die Glasmalereien aus dem 14. Jh. zu farbenschimmernden Juwelen machen. Grabmonumente von 56 hier bestatteten Mecklenburger Herzögen und Herzoginnen sind zu bestaunen. Wer die Grabinschriften studiert, stößt auf pikante Köstlichkeiten wie „*Hier ruhet Gottlieb Merkel. / In sin Jugend was hei'n Ferkel / In sin Öller was hei'n Swin / Min Gott, wat mag hei nu woll sin?*"

Ein unerwartetes Kuriosum ist das **Frank Zappa-Denkmal** auf dem Alexandrinenplatz. Es wurde vom tschechischen Künstler *Vaclav Casak* 2002 anlässlich der „Zappanale" geschaffen, die seit 1990 von der ARF-Society zum Gedenken an den legendären Rockmusiker in Bad Doberan veranstaltet wird. In jedem Sommer strömen Zappa-Fans aus aller Welt zu dem 3-tägigen Festival in das Ostseestädtchen.

■ **Zappanale-Info:** ARF-Society e.V., Am Markt 3, Tel. (0451) 8000069, www.zappanale.de.

Wer wie einst die Mönche des Bad Doberaner Zisterzienser-Klosters „Ja" sagt zum Mineralwasser aus dem Glashäger Quelltal, den wird das **Glashäger Quellmuseum** interessieren, das neben Führungen durch den Betrieb die 100-jährige Geschichte des Familien-Unternehmens beleuchtet.

Zwei Museen, das **Stadtmuseum „Möckelhaus"** und das **Ehm-Welk-Haus,** welches an den Schriftsteller *Welk* erinnert, runden das reichhaltige kulturelle Angebot ab.

Info

■ **Vorwahl: 038203**

■ **Tourist-Information,** Severinstr. 6, 18209 Bad Doberan, Tel. 62154, www.baddoberan-heiligen-

308osk ph

☐ Frank Zappa-Denkmal

damm-tourismus.de (15. Mai–15. Sept. Mo–Fr 9–18 Uhr, Sa 10–15 Uhr, 16. Sept.–14. Mai Mo, Di, Mi, Fr 9–16 Uhr, Do 9–18 Uhr, Kurabgabe HS 2 €, NS 1 €).

Unterkunft

■ **Halbersbacher Prinzenpalais,** Alexandrinenplatz 8, Tel. 73160, www.halbersbacher-prinzen palais.de (nobles Luxus-Hotel im 1821 errichteten klassizistischen Palais, das den Mecklenburger Prinzen und Herzögen als Sommerresidenz diente. 30 im Stil des Klassizismus/Empire gestaltete Zi., schönes Restaurant in ehemaliger Orangerie mit ausgezeichneter Küche. DZ 99 €, Junior-Suite 129 €).

■ **Hotel Villa Sommer,** Friedrich-Franz-Str. 23, Tel. 73430, www.hotel-villa-sommer.de (charmante Türmchenvilla im Jugendstil mit 10 individuell und modern eingerichteten Zimmern, 5 davon mit Balkon. Lage im historischen Villenviertel nahe Molli-Bahnhof. NS ab 60 €, HS ab 85 €).

307osk ph

Mein Tipp: Gutshaus Rosenhagen, Zum Gutshaus 11, Rosenhagen, Tel. (038295) 71491, www.waldgut-rosenhagen.de (historisches Gutshaus in stiller Alleinlage am Wald mit kleinem Damwildgatter, Tee-Pavillon und zwei Terrassen am Wasser, App. HS 70–80 €, NS 65 €).

■ **Pension Am Fuchsberg,** Am Fuchsberg 7a, Tel. 63474, www.pensionamfuchsberg.de (ruhige Lage, Restaurant mit schöner Terrasse, HS 64–109 €, NS ab 59 €).

Gastronomie

■ **Zum Weissen Schwan,** Am Markt 9, Tel. 77820, www.zumweissenschwan.de (sehr gute, vom *Michelin* ausgezeichnete deutsche Küche im eleganten Ambiente).

■ **Weißer Pavillon,** Auf dem Kamp, Tel. 62326, www.weisser-pavillon.de (Restaurant mit regionaler Küche und Café im Pavillon im Park).

Kultur

■ **Stadt- u. Bädermuseum „Möckelhaus",** Beethovenstr. 8, Tel. 62026, www.stadtmuseum.moeckelhaus.de (16. Sept.–14. Mai Di–Fr 10–12 und 13–16 Uhr, Sa 12–16 Uhr, 15. Mai–15. Sept. Di–Fr 10–12 u. 13–17 Uhr, Sa/So 12–17 Uhr).

■ **Literaturmuseum „Ehm-Welk-Haus",** Dammchaussee 23, Tel. 62325 (Di u. Do 13–15 Uhr).

■ **Doberaner Münster,** Klosterstr. 2, Tel. 62716, www.muenster-doberan.de (Mai–Sept. Mo–Sa 9–18 Uhr, So 11–18 Uhr; März/Apr./Okt. Mo–Sa 10–17 Uhr, So 11–17 Uhr; Nov.–Febr. Mo–Sa 10–16 Uhr, So 11–16 Uhr; Führungen ab 5 Personen, Dauer ca. 60 Min.).

■ **Galerie Roter Pavillon,** Auf dem Kamp, Tel. 12404, www.roter-pavillon.de (Mi–So 14–17 Uhr).

■ **Glashäger Quellmuseum,** Schwaaner Chaussee 1, Tel. 7000, www.glashaeger.de. Führungen Mo–Fr ab 4 Pers.nach Anmeldung.

< Oase der Ruhe – das Doberaner Münster ist in eine stille Parkanlage eingebettet

Der Molli

Die landläufig *„Molli"* genannte Schmalspurbahn mit Dampflokomotive verbindet Bad Doberan über Heiligendamm mit Kühlungsborn. Mit etwa 10 km/h rumpelt und dampft sie durch die engen Straßen von Bad Doberan – wie eine Straßenbahn direkt am Bürgersteig entlang. Früher soll jemand mit einer Glocke warnend vor ihr hergelaufen sein. Man fragt sich warum, denn der *„Molli"* ist gewiss nicht zu überhören.

Außerhalb der Stadt zeigt der *„Molli"* dann, was in ihm steckt, und auf der 5,4 km langen Strecke bis Heiligendamm beschleunigt er – auf 40 km/h. Es bleibt Zeit, sich umzusehen und die herrlichen Buchenwälder des Landschaftsschutzgebietes *Großer Wohld* zu bewundern. Am *Kleinen Wohld* entlang, der wegen seiner vom Wind bizarr verformten Bäume am Hochufer auch *Gespensterwald* genannt wird, geht es zum Haltepunkt „Heiligendamm Steilküste" direkt am FKK- und Badestrand (hier wird nur im Sommer gehalten) und weiter zur Endstation Ostseebad Kühlungsborn.

Bäderbahn wird der Molli auch genannt, denn ihre Passagiere sind überwiegend Urlauber, die dem Strand zustreben. Einige Haltestellen liegen nur ein paar Minuten vom Strand entfernt, und im Sommer steigen viele Passagiere gleich im Badezeug ein. Im Sommer verkehrt die Bahn tägl. bis zu 11 mal im Stundentakt, im Winter im 2-Stundentakt. Fahrradmitnahme ist gegen Aufpreis von 3,20 € möglich (Tageskarte 5,70 €). Fahrradverleih an den Bahnhöfen Bad Doberan, Heiligendamm und Kühlungsborn-Ost und -West. Besonders schön ist der Besuch zum Volkslauf entlang der Strecke im Mai. Auch eine Fahrtunterbrechung in Heiligendamm ist zu empfehlen, denn dort erwartet Sie im restaurierten Bahnhof nun das Restaurant „Herzoglicher Wartesaal" (www.herzoglicher-wartesaal.de, täglich 11–22 Uhr).

309osk ph

Der Name *„Molli"* geht übrigens auf eine Begebenheit gleich zur Eröffnung der Bahnstrecke vor nunmehr über hundert Jahren zurück. Damals soll unter den Fahrgästen eine Dame gewesen sein mit einem kleinen, fetten Mops namens Molli, der partout nicht in den Zug wollte. Und irgendeiner der rasch versammelten Schaulustigen soll schließlich eine Ähnlichkeit zwischen dem Mops und der fauchenden Dampflokomotive entdeckt haben – der Name saß und er ist bis heute geblieben.

Info: Mecklenburgische Bäderbahn „Molli", Am Bahnhof, 18209 Bad Doberan, Tel. (038203) 431331, www.molli-bahn.de
Länge: 15,4 km, Spurweite: 900 mm
Molli-Museum: Bahnhof Kühlungsborn-West mit Café (während des Sommerfahrplans tägl. 9–18, während des Winterfahrplans 11–16 Uhr, Eintritt frei).

◁ Der Molli wird mit Wasser betankt

Rostock

Die Leuchte des Nordens

„Nach Rostock kam ich, arm und arg zerschunden, / Gelehrte jeden Fachs hab ich hier angefunden, / Beschwingtem Geist und der Freiheit hold, / Dem Schînen (Schönen) mehr ergeben, als man meinen sollt ...", schrieb der Humanist *Ulrich von Hutten* 1509 an seinen Freund *Martin Luther.*

Angekommen war er in der Universität Rostock. Die älteste Alma Mater Nordeuropas strahlte mit ihrem geistigen Wirken in den gesamten Ostseeraum aus und hatte einen bedeutenden Einfluss auf die Verbreitung der westeuropäischen bürgerlichen Kultur im Norden Europas. Viele Gelehrte und der freie Geist der Universitätsstadt machten Rostock auch in dunklen Phasen der Geschichte zur liberalen Hochburg. Selbst in der dunkelsten Ulbricht- und Honecker-Ära war der Druck der Partei milder als in anderen Städten. Mit den Schiffen aus allen Kontinenten drangen auch andere Kulturen, Gedanken und Mentalitäten in das abgeschottete Land.

Rostock, für die DDR-Bürger damals das „Tor zur Welt", ist auch heute noch das geistige Zentrum Mecklenburg-Vorpommerns. Auch wenn die mit gut 200.000 Einwohnern größte Stadt des Landes die Konkurrenz um den Titel „Hauptstadt und Regierungssitz" gegen Schwerin verloren hat, ist die traditionsreiche Hanse- und Hafenstadt die weltoffene und polyglotte Metropole im Land zwischen Elbe und Oder. In den mittelalterlichen Straßen der Altstadt

herrscht buntes, geschäftiges Treiben. Studenten musizieren, Matrosen flanieren, Frauen konsumieren, Pärchen poussieren, und schicke Töchter der neuen Reichen kokettieren.

Trotzdem ist die Anziehungskraft der Stadt seit der Wende erheblich gesunken. Freiheit ist jetzt überall zu finden und Arbeit andernorts viel mehr. So wandern wie im gesamten Land die Menschen in großer Zahl ab. 1988 zählte Rostock noch üppige 254.000 Einwohner, mittlerweile sind davon nur noch 204.000 Menschen übrig geblieben.

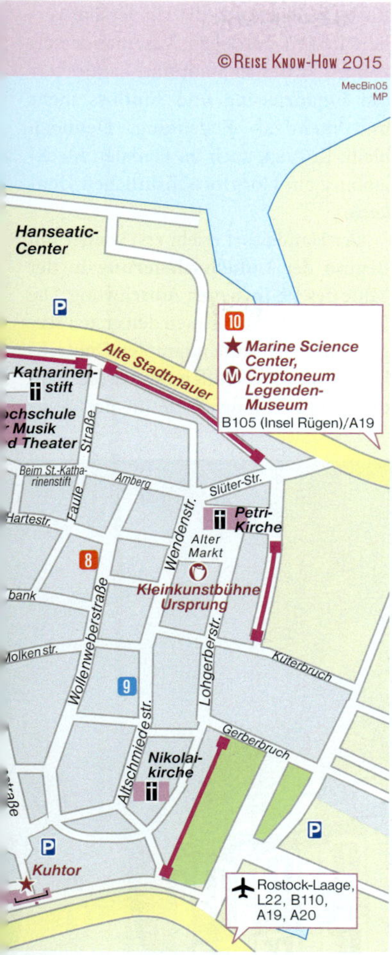

Geschichte

Roztoc, was soviel bedeutet wie „Auseinanderfließen eines Flusses", nannten die Slawen vom Stamme der Kyzziner ihre Siedlung am östlichen Ufer der Warnow. Von ihrer Existenz berichtet erstmals der dänische Chronist *Saxo Grammaticus* 1161, der im Gefolge des Dänenkönigs *Waldemar I.* an dessen Unterwerfungsfeldzug gegen die slawischen Stämme teilnimmt und dabei die Eroberung und Zerstörung der Burg Roztoc erlebt. Ihm folgen deutsche Kaufleute und Handwerker, die den natürlichen Hafen, den die Warnowmündung bildet, schnell zum **bedeutenden Handelsplatz** ausbauen. 1218 verleiht Fürst *Borwin* der Ortschaft das lübische Stadtrecht. Zwischen 1257 und 1265 werden die zusammenwachsenden Siedlungen zur *„universitas civitas"*, zur Gesamtstadt Rostock, vereint und mit einer Stadtbefestigung geschützt. Bei einem Blick auf einen Stadtplan sind die drei Stadtteile noch heute gut zu erkennen.

Vor Übergriffen auf See schützen die Rostocker ihre schwer beladenen Koggen, indem sie sich mit Lübeck und Wismar zu einem Schutzbund zusammenschließen. Der Bund der **Hanse** wird von der Kaufmannsgenossenschaft jedoch auch geschickt dazu genutzt, den gesamten Ostseehandel unter ihre Kontrolle zu bekommen und schließlich zu monopolisieren. Die nach damaligen Verhältnissen ökonomische, aber auch militärische Supermacht Hanse steigt zum unumschränkten Herrscher über den Ostseehandel auf und garantiert ihren Mitgliedern und so auch Rostock prächtige Gewinne.

Auf dem Höhepunkt der Macht erbittet sich die Stadt beim Vatikan die Erlaubnis zur Gründung einer **Universität,** die Papst *Martin V.* am 13.2.1419 genehmigt. Mit 200 Studenten in drei Fakultäten (Jura, Philosophie und Medizin) nimmt die erste Hochschule Nordeuropas ihre Arbeit auf. Bis zum 30-jährigen

Krieg ist die *Alma mater rostochienses* die „Leuchte des Nordens", das geistige Zentrum im Ostseeraum.

Mit der Verlagerung des Fernhandels hat der Handelsplatz Rostock bereits seit Ende des 15. Jh. viel von seiner Bedeutung verloren und ist hinter Kiel und Hamburg zurückgefallen. Unruhen und Aufstände, in denen das erstarkende Bürgertum von den patrizischen Kaufmannssippen mehr Mitbestimmung fordert, die Wirren der Reformation und ständige Streitigkeiten mit den Landesherren, die vom Reichtum der Stadt profitieren möchten, leiten den **Niedergang** Rostocks ein. Auch die Universität verliert in den ständigen Auseinandersetzungen zwischen Stadt und Landesherr um Finanzierung und Einfluss mehr und mehr an Bedeutung. Dennoch bleibt Rostock auch im feudalen Mecklenburg ein Hort fortschrittlichen Denkens.

Der Handelsort erlebt erst wieder mit Beginn der **Industrialisierung** in der Mitte des 19. Jh. neuen Aufschwung. Die Rostocker Werften bauen den ersten seegehenden Schraubendampfer Deutschlands. Mit 378 Schiffen besitzt die Stadt die größte Handelsflotte an der deut-

schen Ostseeküste. Schwere Wunden schlagen im 2. Weltkrieg die alliierten Bombenangriffe in das historische Gesicht der Hansestadt. Fast die Hälfte aller Wohnhäuser und zahlreiche historische Gebäude werden dabei vernichtet. Die Lücken im Stadtbild sind unübersehbar. Auch wenn teilweise das Bemühen erkennbar ist, das historische Stadtbild durch einen speziellen, historisierenden Typus der DDR-typischen Großplattenbauten vom Typ WBS 70 zu reparieren, das historische Gesicht Rostocks bleibt durch hässliche Narben nachhaltig entstellt.

034osk ph

Sehenswertes

Die beiden großen, am Warnowufer gelegenen Parkplätze „Am Stadthafen“ ebendort und „Am Strande“ (am Alten Hafen) sind bestens geeignete Ausgangspunkte, um auf Schusters Rappen gemütlich durch die **Rostocker Altstadt** zu bummeln.

Im **Stadthafen** legen heute keine großen Frachter mehr an. In die gewaltigen alten **Backsteinspeicher** am Osthafen ist nun das **Hanseatic-Center** mit Büros, Restaurants und Disco eingezogen. Das Flanieren auf der Promenade entlang der Warnow wird durch den Verkehr auf der Uferstraße leider erheblich beeinträchtigt. Zwar ist mit der Eröffnung des neuen (mautpflichtigen) Warnow-Tunnels die erhoffte Reduzierung des Durchgangsverkehrs erfolgt, und die ehemalige B103 zur Landstraße L22 zurückgestuft worden, aber eine beschauliche Flaniermeile oder gar Uferpromenade ist sie deshalb noch lange nicht geworden. In einem alten Hafenbecken ist nun ein **Museumshafen** eingerichtet, in dem die Traditionsseglervereinigung historische Boote und Schiffe zeigt. Am **Anleger Kabutzenhof** am westlichen Ende des Stadthafens verkehrt eine Personenfähre über die Warnow hinüber zum Stadtteil Gehlsdorf, von dem man einen herrlichen Panoramablick auf die Hafenanlagen und die Silhouette der Altstadt hat. Hier legen auch die Fahrgastschiffe an und ab.

< Nach schwersten Kriegszerstörungen wurden ganze Straßenzüge originalgetreu wiederaufgebaut

Gallionsfigur eines Traditionsseglers im Museumshafen

Das nördliche **Altstadtviertel** zwischen der Warnow und der Langen Straße ist eine Mischung aus historischer Bausubstanz und historisierenden Neubauten, die sich charakterlich vergleichsweise angenehm in die Häuserfronten einreihen. Wie es im Viertel vor dem letzten Weltkrieg und der Abrisspolitik der SED aussah, lässt sich an der original wieder aufgebauten und restaurierten Häuserzeile an der Wokrenterstraße nachvollziehen. Besonders sehenswert ist das sogenannte **Hausbaumhaus,** ein spätgotisches Kaufmannshaus, das wegen seiner besonderen Konstruktionsweise seinen Namen bekam: Die Balkenstützkonstruktion ähnelt in ihrem Aufbau einem Baum. Obwohl zum historischen Zentrum gehörig, ist das Viertel entlang des Rostocker Stadthafens eigentümlich still und unbelebt. Nur wenige Passanten durcheilen die Straßen und Gassen. Ein Grund dafür ist sicherlich die ebenso breite wie verkehrsreiche Lange Straße, die das Hafenviertel vom geschäftig pulsierenden Zentrum abschneidet. Die breite Verkehrsader säumen große Geschäfts- und Warenhäuser.

Hat man es geschafft, sie zu überqueren, erreicht man nach wenigen Minuten die **Kröpeliner Straße.** Die belebte Fußgängerzone, die die ehemalige Mittel- und Neustadt durchquert, ist die Schlagader des alten Rostock und mit ihrer weitgehend erhaltenen historischen Bebauung sein schönster Straßenzug. Sie beginnt am **Kröpeliner Tor,** einem 54 m hohen spätgotischen Turm.

Nach wenigen Schritten erreicht man den **Universitätsplatz.** Der Platz war einst der Markt der Neustadt, in dessen Mitte das Rathaus stand. Mit dem Bau neuer Universitätsgebäude wurde er umgestaltet und das ab 1265 als **Auditorium Magnum** genutzte Rathaus abgebrochen. In seiner Mitte steht nun das **Blücherdenkmal** aus dem Jahr 1819 (der berühmte Generalfeldmarschall und Bezwinger *Napoleons* bei Waterloo erblickte am 17.12.1742 als siebtes Kind eines Rittmeisters in Rostock das Licht der Welt) sowie der 1980 fertiggestellte **Brunnen der Lebensfreude,** der ob der Darstellung nackter Figuren, insbesonders zweier Brüste und eines vor Lebensfreude prallen Pimmels von der ein-

Das Darwineum – Vom Urknall bis zum Homo sapiens

Der neue Stern an Rostocks Attraktionshimmel ist das Darwineum im Rostocker Zoo. Allein in den ersten drei Monaten nach seiner Eröffnung im September 2012 strömten 120.000 Besucher zu einer spannenden Reise durch die Evolution in den Rostocker Zoo, zu dem das deutschlandweit einmalige Darwineum gehört. Damit hat Rostock eine ähnlich herausragende Adresse wie Stralsund mit seinem Ozeaneum.

Die einmalige, in drei Ausstellungsteile gegliederte Anlage, vereint **Museum und Tierpark** auf das Gelungenste. Der Rundgang führt, nach einer kurzen Einführung in Darwins Evolutionslehre, durch eine **„Zeitschleuse",** die auf über 20.000 qm vom Urknall vor 14 Milliarden Jahren bis zur Entstehung der Erde informiert. Der anschließenden Rundbau mit seinen 8 *Kojen* genannten Räumen illustriert die wichtigsten Schritte der Evolution. So gibt eine Koje Einblicke in die Tier- und Pflanzenwelt des Urozeans: Ein Diorama zeigt, welche Tiere und Pflanzen das Meer vor etwa 500 Millionen Jahren bevölkerten, ein Quallenaquarium, wie es im Urozean aussah.

Für viele besonders spannend ist der Endpunkt des Rundgangs, die großartige **Tropenhalle** mit ihrem riesigen Außenbereich, in der man die Evolution am lebendigen Beispiel der Menschenaffen „live" beobachten kann. Für die einzigartige Naturerlebnis- und Wissenswelt aus Abenteuer, Umweltbildung und Wissenschaft zum Anfassen und Mitmachen sollte man viel Zeit mitbringen – und immer wieder kommen. Denn das Darwineum wird ständig erweitert und verbessert.

■ **Darwineum,** Rennbahnallee 21, Tel. (0381) 20820, www.darwineum-zoo-rostock.de (Mai–Aug. tägl. 9–19 Uhr, Sept./Okt./März/April 9–18 Uhr, Nov.–April. 9–17 Uhr).

schlägigen Presse als „*Pornobrunnen*" bezeichnet wurde. Eine Seite des Platzes bildet das **Universitäts-Hauptgebäude,** ein 1867–1870 errichteter dreigeschossiger Bau, dessen Fassade nach dem Vorbild des Wismarer Fürstenhofs reichen Terrakottaschmuck aufweist. Ihm gegenüber liegt das **Herzogliche Palais** (1714), der **Barocksaal** (1750), in dem heute Konzerte stattfinden und die **Neue Wache** (1823) mit ihrer monumentalen dorischen Säulenvorhalle. Alle drei Gebäude werden heute von der Universität genutzt.

An der Seite des Uni-Hauptgebäudes führt ein unauffälliger Durchgang zum **Kloster zum Heiligen Kreuz.** Die geschlossene, sich um den Innenhof gruppierende Klosteranlage, 1270 vom Zisterzienserorden als Nonnenkloster errichtet, hat fast dörflichen Charakter. Ihr Mittelpunkt ist die **Klosterkirche,** die oft auch als Universitätskirche bezeichnet wird. Der nach den Prinzipien des Bettelordens äußerlich schlicht gehaltene und nur von einem kleinen Dachreiter betürmte Sakralbau birgt in seinem Inneren eine wertvolle Ausstattung. Zu ihr

gehören ein figurenreicher Hochaltar aus dem 15. Jh., ein geschnitzter Sakramentsturm (14. Jh.) und eine Triumphkreuzgruppe (15. Jh.) Sehr interessant sind auch die 50 Grabplatten aus dem 14. bis 16. Jh. mit ihren reichen figürlichen Darstellungen und Inschriften. In der unversehrt erhaltenen Klosteranlage hat das **Kulturhistorische Museum** seinen Sitz. Zu seinen Beständen gehören u.a. eine bedeutende Sammlung niederländischer Malerei sowie eine Kollektion von Werken aus der Schwaaner und Ahrenshooper Künstlerkolonie.

Hinter dem Klosterkomplex hat sich ein langes Stück der alten **Stadtmauer** erhalten. Hinter der Mauer erstrecken sich die ehemaligen **Wallanlagen,** die zu einem besonders bei den Studenten beliebten Park umgestaltet wurden.

Eine weitere Klosteranlage findet man unweit vom Universitätsplatz in der Altbettelmönchstraße. Hier haben die Fratres der halbgeistlichen Kongregation

Die astronomische Uhr in der Marienkirche

037osk ph

der *Brüder vom gemeinsamen Leben* 1480–1488 die **Michaeliskirche** erbaut, der 1502 ein Wohnungs- und Werkstattkomplex angefügt wurde.

Die Kröpeliner Straße endet auf dem zentralen Marktplatz. Auf dem Weg dorthin kommt man am ehem. **Spitalspfarrhaus** (15. Jh.) des Hl.-Geist-Hospitals vorüber, dessen mit Zierfriesen und Reliefmedaillons reichgeschmückter Backstein-Staffelgiebel aus der Häuserfront hervorsticht. Der **Neue Markt** könnte mit seinem historischen Architekturensemble, das ihn umgibt, die Perle Rostocks sein – wäre da nicht die verkehrsreiche Steinstraße, die ihn zerschneidet. Flair hat der Platz deshalb nur an den Markttagen, wenn ihn eine bunte Budenstadt bedeckt.

Dominierendes Gebäude ist das **Rathaus,** das Mitte des 13. Jh. durch die Zusammenfassung dreier Bürgerhäuser entstand. Vor die gotische Giebelfront setzte man 1727 einen Barockvorbau mit Palastfassade, der aber noch von den sieben verspielten Türmchen der alten Schaufront überragt wird – eine architektonische Kuriosität. Das **Kerkhofhaus** (15. Jh.) hinter dem Rathaus ist mit seinem Schmuckgiebel eines der schönsten mittelalterlichen Patrizierhäuser Rostocks.

Überragt wird der Neue Markt von der nahen **Marienkirche.** Die eindrucksvolle Ratspfarrkirche am Ziegenmarkt ist der bedeutendste Rostocker Sakralbau. An der ganzen Ostseeküste findet man nur noch in der Stralsunder Nikolaikirche eine ähnlich reiche Innenausstattung. Mit dem Bau der gotischen Basilika nach westfälischem Vorbild wurde um 1230 begonnen. Schon vor der Fertigstellung stürzte 1398 das Langhaus ein. 1452 wurde sie schließlich vollendet. Der gedrungene, ursprünglich als Zweiturmfront geplante Turm wurde jedoch erst 1796 fertiggestellt. Von der Turmgalerie eröffnet sich ein schöner Blick über die Altstadt und die Hafenanlagen am Warnowufer. Aus ihren vielen bemerkenswerten Schätzen wie dem prachtvollen Orgelprospekt mit Fürstenloge (1766), dem von vier Figuren (Allegorien der vier Elemente) getragenen Bronzetaufkessel (1290), dem aus Eichenholz geschnitzten spätgotischen Rochus-Altar (1530) oder der reichverzierten Kanzel (1574) ist ganz besonders die astronomische Uhr hervorzuheben. Das zweigeschossige Kunstwerk hinter dem Hauptaltar ist eine feinmechanische Meisterleistung des Nürnbergers *Hans Düringer.* Seit 1472 (1641 um das Apostelspielwerk erweitert) zeigen die beiden Zifferblätter Sonnen- und Mondphasen, Tierkreiszeichen, Datum und Stunde an. Bis ins Jahr 2017 wird sie dies auch noch weiter tun. Dann muss eine neue Kalenderscheibe angebracht werden. Punkt 12 Uhr setzt das Werk den Apostelumgang in Aktion.

Verlässt man den Neuen Markt in entgegengesetzter Richtung über die Steinstraße, erreicht man am Steintor die Grenze der Altstadt. Das **Steintor,** 1574–1577 im Renaissancestil errichtet, ist eines von vier erhaltenen der insgesamt einmal 22 Tore, die in die Stadt Einlass gewährten. Unter dem Secretsiegel, dem Großen Stadtsiegel und dem Ratswappen ist dort zu lesen: „*Sit intra te concordia et publica felicitas*" – In deinen Mauern herrsche Eintracht und allgemeines Wohlergehen. Ihm gegenüber erblickt man das **Ständehaus** (1889–93). Die reich dekorierte Schaufassade des neugotischen Klinkerbaus zeigt auch Standbilder der mecklenburgischen Herzöge. Am Steintor ist auch ein Teilstück der alten Stadtbefestigung erhalten, in die der **Lagebuschturm** integriert ist und das mit dem **Kuhtor** (13. Jh.), dem ältesten Torturm Norddeutschlands, abschließt.

Außerhalb der Wallanlagen erblickt man beim Steintor ein klassizistisches weißes Gebäude mit Turm. Hier war bis 2006 das Schifffahrtsmuseum unterge-

Überladene Schatzkiste – die Seemannskneipe „Kogge"

036osk ph

bracht. Heute wird es von der **Societät Rostock maritim** betrieben, die die maritimen Traditionen Rostocks und Mecklenburg-Vorpommerns pflegt und in ihren Räumen u.a. eine große Sammlung von Schiffsmodellen und Modelle von Hafenanlagen von der Hansezeit bis heute zeigt.

Rostocks ältester Kern ist der **östliche Teil der Altstadt** jenseits der tief eingeschnittenen Grubenstraße. Der **historische Kern Rostocks** wird noch von der weitgehend erhalten gebliebenen Stadtmauer umschlossen. Das Viertel liegt auf einer Erhebung und wirkt vernachlässigt. Die holperigen Gassen säumen teils verfallene Häuser, die dem Viertel eine eigentümliche Aura verleihen. In Baulücken sprießen Büsche, auf den Treppen liegen Katzen faul in der Sonne, nur wenige Passanten eilen vorbei. Verwitterte Schriftzeichen und Reklamen erzählen von den einstigen Bewohnern und deren Metier. In der Südostecke des Viertels ragt Rostocks älteste Stadtkirche, die frühgotische, dreischiffige **Nikolaikirche** aus dem 13. Jh. auf. Sie ist ein architektonisches Kuriosum, denn zum einen führt unter ihrem Altar eine Straßendurchfahrt durch einen Schwibbogen. Zum anderen sind – man sieht es an den Fenstern im steilen Dach des Schiffs – 20 Wohnungen eingebaut. Das Schiff wird als Konzertsaal genutzt.

In der Nordecke des Viertels thront auf einer Anhöhe am abschüssigen Alten Markt die **Petrikirche** über Rostocks Zentrum. Ihr im Krieg zerstörter, 117 m hoher und bei klarem Wetter bis Dänemark sichtbare Turm war einst der Orientierungspunkt für Ostseeschiffe. Er ist bereits wieder aufgebaut. Zur Aussichtsplattform in 45 m Höhe geht es entweder zu Fuß 196 Stufen hinauf oder in 26 Sekunden per Lift. Die im Krieg schwer beschädigte gotische Basilika aus dem 14. Jh. wird zurzeit restauriert. Auf dem Petrikirchhof erinnert ein Denkmal an den Rostocker Reformator *Joachim Slüter,* der 1532 angeblich den Gifttod durch Meuchlerhand starb. Auf dem Grabmal des freigeistigen Magister liest

Hanse Sail

In kürzester Zeit zu einem der spektakulärsten Feste entlang der gesamten Ostseeküste überhaupt mit einer weltweiten Ausstrahlung und Anziehungskraft hat sich die Rostocker Hanse Sail entwickelt. 1990 zum ersten Mal abgehalten, hat sich die Hanse Sail zu einem einmaligen Fest mit 200 Groß- und Traditionsseglern, Seefliegertreffen, Traditionssegler-Regatten und anderen spektakulären Highlights mehr gemausert. Mehr als 30.000 Segler treffen sich an den Kais, mehr als 1 Million Besucher strömen in die Stadt. Rings um die prachtvollen Segelschiffe und Regatten findet ein farbiges Volksfest mit vielfältigen Kultur- und Unterhaltungsangeboten statt. Die Hanse Sail ist immer am 2. Wochenende im August. Wer Interesse hat, auf einer der majestätischen Windjammern, romantischen Traditionsseglern oder einzigartigen Zeesboote mitzusegeln oder gar in einem der historischen Wasserflugzeuge mitzufliegen, der wende sich möglichst frühzeitig an das Organisationsbüro.

Büro Hanse Sail, Warnowufer 65, 18057 Rostock, Tel. (0381) 3812950, www.hansesail.com

man den Spruch: „*So steht nun fest und lasset euch nicht in das knechtische Joch fangen*".

Von der Petrikirche führt die Wendenstraße hinab zum Warnowufer, an dem der Weg, vorbei am vierten erhaltenen Stadttor, dem **Mönchentor** (1805) zurück zum Parkplatz an der Fischerbastion führt.

Die Stadt um eine Attraktion reicher hat die **Internationale Gartenausstellung** gemacht, die 2003 in Rostock stattfand. Im Ortsteil Schmarl wartet seither am Ufer der Warnow das weitläufige IGA-Parkgelände mit zahlreichen Themen- und Nationengärten, dem Seezeichenlehrpfad. Auch das Traditionsschiff „Frieden", das einst als „MS Dresden" die Meere befuhr, liegt als Museumsschiff fest vertäut an der Uferpromenade des Parks. Der Maschinenraum mit vier Hauptmaschinen ist im Original zu bewundern. Das Schifffahrtsmuseum in seinem Bauch dokumentiert 1000 Jahre Schiffbau vom slawischen Einbaum zum modernen Hochseefrachter. Zu erreichen ist das IGA-Parkgelände problemlos mit der S-Bahn, mit der man bis zur Haltestelle Lütten-Klein fährt, dann weiter mit dem Bus Nr. 31 bis zum Park-Eingang Nord oder mit dem Bus Nr. 35 bis Schmarl/ Eingang Warnowufer.

Der Warnowtunnel

Der 2003 als Deutschlands erster privat finanzierter Verkehrsweg eröffnete 800 m lange Warnowtunnel ist *die* Abkürzung im Raum Rostock. Wer beispielsweise schnell nach Warnemünde und an die Ostsee will, sich den Stau zur Rostocker Rushhour sparen möchte, in den Rostocker Hafen will oder nordwestlich bzw. nordöstlich von Rostock sein Urlaubsdomizil hat, für den ist der Warnowtunnel die schnellste Route. Auch Richtung Süden (A 19 nach Berlin) spart der Tunnel viel Zeit.

Die Benutzung ist kostenpflichtig! PKW 3–3,70 €, WoMo 3,50–4,70 €.

Info: www.warnowtunnel.de

Info

■ **Vorwahl: 0381**

■ **Tourismuszentrale Rostock & Warnemünde,** Universitätsplatz 6, 18055 Rostock, Tel. 381 2222, www.rostock.de (Mai–Okt. Mo–Fr 10–18 Uhr, Sa/So 10–15 Uhr, Nov.–April Mo–Fr 10–17 Uhr, Sa 10–15 Uhr).

Verkehr

■ **Bus:** Stadtbus/Straßenbahn: RSAG Info/Fahrplan Service-Tel. 8021900, www.rsag-online.de.

■ **Regionalbus:** Regionalverkehr Küste, Kundencenter, Platz der Freundschaft/ZOB, Service-Tel. 4056018, www.rvk-rostock.de.

■ **Flug:** Flughafen Rostock-Laage, Tel. (01805) 007737 (0,14 €/Min.), www.rostock-airport.de (Nähe A 19, ca. 30 km zur City. Flughafenshuttle Buslinie 127 ab ZOB, Fahrzeit ca. 35 Min.).

■ **Fähren:** Personenfähre Kabutzenhof-Gehlsdorf (tägl.), Tel. 8021900. Autofähre Warnow-Hohe Düne, Tel. 519860.

■ **Verkehrsverbund Warnow:** Stadtbus, Regionalbus, S-Bahn und Warnow-Fähre bilden den Verkehrsverbund Warnow. Ein Fahrausweis gilt für alle Verkehrsmittel im Bereich Rostock. Der gemeinsame Tarifbereich umfasst drei Flächenzonen und drei

Fährzonen. Info/Fahrpläne: www.verkehrsverbund-warnow.de.

■ **Warnow-Tunnel,** Service-Tel. 63722-31, www.warnowtunnel.de. Mautpflichtiger Tunnel zwischen Schmarl und Krummendorf (PKW 3–3,70 €, Womo 3,50/4,70 €).

Unterkunft

■ **Hotel Verdi,** Wollenweberstr. 28, Tel. 252240, www.hotel-verdi.de (sympathisches kleines Hotel mitten in der Altstadt bei der Petrikirche, mit Fahrradverleih, HS ab 89 €, NS ab 79 €).

■ **Hotel „Am Hopfenmarkt",** Kröpeliner Str. 20 a, Tel. 4583443, www.am-hopfenmarkt.de (in direkter Nachbarschaft der Bummelmeile Kröpeliner Str., im ruhigen Innenhof Restaurant „Hopfengarten" mit großer Terrasse und Mecklenburger Küche, HS ab 85 €, NS ab 60 €).

MEIN TIPP: **Pension Altes Hafenhaus,** Strandstr. 93, Tel. 4930110, www.altes-hafenhaus.de (200-jährige spätbarocke Stadtvilla, stilvoll eingerichtet mit Galerie u.a., HS 119 €, NS 89–99 €).

■ **Hanse-Hostel,** Doberaner Str. 96, Tel. 2529 9980, www.hanse-hostel.de (preisgünstiges Hostel in 2 Gebäuden ca. 10 Fußminuten von der Altstadt entfernt. EZ/DZ, 3, 4, 6, 8-Bettzimmer. DZ 44 €, Bettwäsche einmalig 3 €, Frühst. 5,50 €. Anfahrt vom Hbf mit Straßenbahn Linie 5 oder 4 bis Haltestelle „Kabutzenhof").

■ **Jellyfish Hostel,** Beginenberg 25/Am Steintor, Tel. 4443858, www.jellyfish-hostel.com (nur wenige Schritte vom Neuen Markt entfernt in denkmalgeschützem Haus. Preiswerte 1–8-Bett-Zi. oder App. mit Bad/WC. Mit Teeküche zum Selbstkochen und Fahrradverleih, Bettwäsche einmalig 2,50 €, DZ HS 62, NS 48–54 €, Frühstück 4 €).

■ **Camping- und Ferienpark,** Budentannenweg 2 im OT Markgrafenheide, Tel. 6610, www.baltic-freizeit.de (ganzjährig geöffnet; 30 ha großer Platz mit Baumbestand direkt an der Ostsee; umfangreiches Sport- und Freizeitangebot).

Gastronomie

■ **Zur Kogge,** Wokrenterstr. 27, Tel. 4934493, www.zur-kogge.de (trad. Seemannskneipe).

■ **Silo 4,** Am Strande 3d, Tel. 4973136, www.silo4.de (moderne Gasträume oben im 7. Stock eines alten Speichers direkt am Stadthafen. Großartige Aussicht über Hafen, Warnow und Altstadt, herrliche Terrasse).

■ **albert & emile,** Altschmiedestraße 28, Tel. 4934373, www.albert-emile.de (*Vraiment une bonne adresse.* Ausgezeichnete französische Küche im betont schlichten, dennoch sehr stilvollen Landhaus-Ambiente. Wechselnde Karte mit Gaumenkitzlern wie Topinambursuppe mit schwarzen Wintertrüffeln, dazu erlesene französische Weine).

MEIN TIPP: **Kaminstube,** Burgwall 17, Tel. 31337, www.kaminstube-rostock.de. Gemütliche Gaststätte mit deutsch-thailändischer Küche. Schöne Dachgarten-Terrasse, in der kalten Jahreszeit kuschelige Atmosphäre am knisternden Kaminfeuer.

Kultur

■ **Kulturhistorisches Museum,** Kloster zum Hl. Kreuz, Tel. 203590, www.kulturhistorisches-museum-rostock.de, Eintritt frei (Di–So 10–18 Uhr).

■ **Schiffbau- und Schifffahrtsmuseum,** IGA-Park, Liegeplatz Schmarl, Tel. 12831364, www.schifffahrtsmuseum-rostock.de (Entwicklung des Schiffbaus an der deutschen Ostseeküste, April–Juni u. Sept./Okt. Di–So 10–18 Uhr, Juli/Aug. tägl. 10–18 Uhr, Nov.–März Di–So 10–16 Uhr).

■ **Nikolai-Kirche,** Tel. 4934115, www.nikolaikirche-rostock.de. Mai–Sept. Mo–Fr 10–13 Uhr, Mi u. Sa. 15–18 Uhr.

■ **Stasi-Gedenkstätte,** Hermannstr. 34b, Tel. 4985651 (Dokumentations- und Gedenkstätte in der ehemaligen Stasi-Haftanstalt, März–Okt. Di–Fr 10–18 Uhr, Sa 10–17 Uhr, Nov.–Febr. Di–Fr 9–17 Uhr, Sa 10–17 Uhr, Eintritt frei).

Robbenstation Hohe Düne

Robben, ob groß oder klein, sind „everybodys darling", denn keiner, ob jung oder alt, kann sich der Magie ihrer sanften Kulleraugen entziehen. Die Begegnung Aug' in Aug' mit Kegelrobben *(Halichoerus grypus)*, diesen lange akut bedrohten Ostseebewohnern, ermöglicht die Robbenstation an der Warnemünder Ostmole am Jachthafen von Hohe Düne.

Drei- bis fünfmal täglich trainieren die Forscher der Universität Rostock ihre Schützlinge, wozu auch ein südafrikanischer Seebär namens „Finn" zählt. Neben ihrer wissenschaftlichen Funktion stellt die Beschäftigung mit den Geräten und Installationen für die Tiere eine Art mentales Training dar. Die Seehunde werden ständig mit neuen Situationen konfrontiert und so geistig und körperlich fit gehalten.

Wer die Robbenstation besucht, kann mit auf die Schwimmpontons, beim Füttern assistieren und die Tiere streicheln. Und Sie haben sogar die Möglichkeit, mit den Seehunden „abzutauchen", um sie in ihrem Element zu erleben. Auch wenn Sie keinen Tauchschein haben, dürfen Sie als Schnorchler mit ins Wasser. Wer mit diesen lustigen Zeitgenossen schwimmen und tauchen möchte, muss sich jedoch rechtzeitig voranmelden!

■ **Marine Science Center,** Am Yachthafen 3A, 18119 Rostock-Hohe Düne, Tel. (0381) 50408181, www.msc-mv.de, tägl. 10–16 Uhr.

■ **Kunsthalle,** Hamburger Str. 40, Tel. 3817000, www.kunsthallerostock.de (Di–So 11–18 Uhr).

■ **Cryptoneum Legenden-Museum:** www.legendenmuseum.de (Rostocks 1. virtuelles Museum, das sich Legenden, Sagen, Mythen, aber auch Magie, Aberglauben etc. von Rostock und der Region widmet).

■ **Marienkirche,** Am Ziegenmarkt 4, Tel. 4923396, www.marienkirche-rostock.de (Mai–Sept. Mo–Sa 10–18 Uhr, So 11.15–17 Uhr, Okt.–Apr. Mo–Sa 10–16 Uhr, So 11.15–12.15 Uhr, Führungen: Mai–Okt. tägl. 11 Uhr).

■ **Petri-Kirche,** Alter Markt, Tel. 21101, www.petrikirche-rostock.de (Mai–Sept. tägl. 10–18 Uhr, Okt.–April tägl. 10–16 Uhr, Turmbesteigung möglich, Aufzug).

■ **Societät Rostock maritim,** August Bebel Str. 1, Tel (0381) 857911, www.srm-hro.de, im ehem. Schifffahrtsmuseum, tägl. 10–18 Uhr.

Aktivitäten

■ **Volkstheater Rostock,** Großes Haus, Doberaner Str. 134/135, Tel. 3814700; Kleine Komödie, Rostocker Str. 8; **Theater im Stadthafen,** Warnowufer 65; www.volkstheater-rostock. de.

■ **Compagnie de Comédie,** Warnowufer 55, Tel. 2036084, www.compagnie-de-comedie.de (freies Theater).

■ **Kabarett ROhrSTOCK,** Engelstraße 14, Tel. 4000717, www.kabarett-rohrstock.de.

■ **Kleinkunstbühne Ursprung,** Alter Markt 16, Tel. 4591983, www.ursprung-rostock.de.

■ **Zoo Rostock,** Rennbahnallee 21, Tel. 20820, www.zoo-rostock.de (im OT Reutershagen, Mai–Aug. tägl. 9–19 Uhr, Sept./Okt./März/April 9–18 Uhr, Nov.–April. 9–17 Uhr, Straßenbahn 3 und 6, Bus 28).

IGA-Park, Schmarl-Dorf 40, im OT Schmarl, Tel. 12831300, www.iga-park-rostock.de (April–Okt. tägl. 9–18 Uhr, Nov.–März tägl. 10–16 Uhr).

☐ Übersichtskarte S. 18, 40

Umgebung

Warnemünde

8 km N

Der Weg von Rostock zu Ostsee und Warnemünde führt vorbei an endlosen monotonen Trabantenstädten. Eine davon ist **Lichtenhagen,** wo 1992 gewaltsame Angriffe auf die zentrale Asyl-Aufnahmestelle hässliche Geschichte schrieben. Auch wenn nichts derartige Ausschreitungen entschuldigt, so kann man doch angesichts der Trostlosigkeit der Wohnmaschinen die Gründe für eine derartige seelische Verrohung erahnen.

„Im Sommer kimmt halw Rostock wol / na Warnemin herunner, / Und baden sick dar, Jung un Oll / Ock meto (manch) Frunslied drunner“, reimte 1812 der Rostocker Kantor *Babst.* Seither ist Warnemünde, das seit 1323 zur Hansestadt gehört, deren Sommerfrische. Aus dem kleinen Fischerdorf am Alten Strom hat sich ein beliebtes Seebad entwickelt. An der Außenküste prägen prächtige Villen und ehemalige mondäne Logierhäuser das Bild. Ganz ländlich ist dagegen das alte Fischerdorf mit seinen malerischen Kaptiänshäusern und Katen am **Alten Strom** geblieben. Der Alte Strom ist die Schlagader Warnemündes. Hier flanieren die Touristen, verkaufen Fischkutter ihren Fang, verkehren Ausflugschiffe, laufen Yachten und Segelboote ein und aus. Die Häuser entlang des malerischen Wasserarms, die früher einmal die *„Vörreeg“* waren, beherbergen heute Cafés, Fischrestaurants und Seemannskneipen. Das südliche der Stadt Rostock zugewandte Ende des Alten Stromes ist etwas ruhiger. Hier trifft die *„Achterreeg“*, heute Alexandrinenstraße, auf die *„Vörreeg“*.

Warnemünde ©Reise Know-How 2015

■ **Essen und Trinken**
2 Café Panorama/ Sky Bar
3 Rest. Meyers Mühle
4 Rest. Klönstuv
6 Rest. Twelinden

■ **Übernachtung**
1 JH Warnemünde, Pension Wilhelmshöhe
2 Hotel Neptun
5 Hotel Zum Kater
7 Hotel Fischerhus
8 aja Resort

0 — 200 m

Von der Alexandrinenstraße führen sogenannte *„Tüschen“*, kleine Gänge (heute Querstraße I bis V), zum Alten Strom. Während dort der Bär los ist, scheint die Zeit in der von niedlich kleinen Fachwerkhäuschen gesäumten, beschaulich stillen Alexandrinenstraße, in der auch das **Heimatmuseum** zu finden ist, stehen geblieben zu sein.

Das **Nachtleben** ist dank der Nähe zur Großstadt turbulent, was nicht alle Gäs-

te mögen. Schon 1892 schrieb die *Rostocker Zeitung: „Manche Badegäste fragen gleich, ob ein Klavier im Hause sei, und gehen weiter, wenn die Frage bejaht wird".* Wahrzeichen Warnemündes ist das legendäre **Hotel Neptun,** das 19 Stockwerke hoch am Strand aufragt und zu DDR-Zeiten dank Disco und Westgästen eine der heißesten Adressen der Republik war. Von ihm führt die Strandpromenade zum **Leuchtturm.** Wer seine 135 Stufen hinaufklettert, kann bei klarem Wetter aus dann 31 m Höhe bis nach Dänemark blicken (Tel. 5192626, www.warnemuende-leuchtturm.de, Ostern–1. Okt. tägl. 10–19 Uhr, Eintritt 2 €). Am Leuchtfeuer vorbei führt der Weg hinaus auf die 530 m lange **Westmole,** der wohl beliebtesten Spazierstrecke Warnemündes. Neben dem Leuchtturm liegt der **Teepott,** eine ähnlich dem Berliner Haus der Kulturen der Welt wagemutige Konstruktion und wie dieses zum Wahrzeichen geworden.

Markenzeichen und Aushängeschild des lebhaften Seebades ist der teilweise über 100 m breite und über 4 km lange, **puderfeine Sandstrand.** Hier ist übri-

gens die Idee zum Bau des Strandkorbes geboren worden – angestoßen von einer Rostocker Dame, die wegen ihres Rheumas Schutz gegen den Seewind suchte.

◁ Malerische Kapitänshäuser im „Achterreeg", der Alexandrinenstraße

Info

- **Vorwahl: 0381**
- **Tourist-Information,** Am Strom 59, 18119 Rostock-Warnemünde, Tel. (0381) 3812222, www.warnemuende.de (Mai–Okt. Mo–Fr 9–18 Uhr, Sa/So 10–15 Uhr, Nov.–April Mo–Fr 10–17 Uhr, Sa 10–15 Uhr, Kurtaxe HS 2,25, NS 1,50 €).

Unterkunft

- **Hotel Neptun,** Seestr. 19, Tel. 7770, www.hotel-neptun.de (direkt am Strand, innen hochkarätiges 5-Sternehaus mit umwerfendem Blick auf Strand und Meer. Alle Zi. mit Meerblick! Thalasso-Vital-Center auf 2400 m², hochkarätige Gastronomie, variable Tagespreise.

MEIN TIPP: **Hotel Fischerhus,** Alexandrinenstr. 124, Tel. 548310, www.hotel-fischerhus.de (charmante, intime Adresse im romantischen Fischerhaus in ruhiger Lage mit nur 8 DZ und 2 EZ sowie App. Das Hausrestaurant *Wellenspiel* und das kleine Café ergänzen das Wohlbefinden in diesem einladenden Haus.HS 135–145 €, NS 69–120 €).

- **Hotel Zum Kater,** Alexandrinenstr. 115, Tel. 548210, www.hotel-zum-kater.de. Gemütliches kleines Hotel in der ruhigen zweiten Reihe mit 19 zweckmäßig eingerichteten Zi., kleinem Restaurant und geselliger „Katers Bierbar". NS 77 €, HS 109 €.
- **Pension Wilhelmshöhe,** Waldweg 1, Tel. 548280, www.pension-wilhelmshoehe.de (ca. 4 km westlich, einmalig direkt über dem Steilufer/Strand inmitten schönster Küstennatur des NSG Stolteraa gelegenes Haus. 21 Zi., meist mit großartiger Aussicht/Meerblick. Von hier aus kann man 4 km am Strand entlang bis Warmemünde spazieren. Mit Restaurant und tollem Biergarten, HS 99–140 €, NS 92–120 €).
- **aja-Resort,** Zur Promenade 2, Reservierungshotline (040) 696352580, www.ajaresorts.de. Erste Reihe, alle 233 Zi. mit Meerblick, dazu Innen- und Panorama-Außenpool und Meerwasser direkt aus der Ostsee, exklusive Wellnesslandschaft auf 4000 qm und ein vielfältiges gastronomisches Angebot. Und das alles ab 39 € pro Person und Nacht. Alle Ex-

Ausflugstipp

Zum Gespensterwald

Er ist wahrlich ein ganz besonderes und auch ein ganz besonders schönes und wildromantisches Stück Küstennatur, der von Mythen und Sagen umrankte „Geisterwald" bei **Nienhagen.** Der alte Buchenmischwald direkt am romantisch zerzausten Ostseekliff ist ein etwa 100 Meter breiter und 1300 m langer Teil des 100 ha großen Nienhäger Forsts. Hier ist es immer einfach nur zauberhaft schön. Je nach Lichteinfall leuchtet der lichte Wald. Besonders schön am Abend, wenn die tiefstehende Sonne den Wald durchflutet und die schlanken Stämme golden erstrahlen lässt. Am allerschönsten aber, wenn das Wetter so ist, dass man eigentlich nicht ins Freie gehen mag. Wenn die Herbststürme die See wild und ungestüm an das kleine Kliff anrennen lassen, durch die Äste heulen, die Stämme schwanken, knarren und ächzen und ihre vom Wind zerzausten, bizarr geformten Kronen sich in Fantasiewesen zu verwandeln scheinen. Wenn die Nebelschwaden sich wie Watte um die Bäume legen und in den Ästen zu irrlichternd umherirrenden Fetzen zerreissen, wenn der einsame Wald in aschfahles Silbergrau getaucht ist – dann erwachen Kobolde, Hexen, Geister und Gespenster und andere Fabelwesen, dann wird der Wald zum wundervoll geheimnisvollen Märchenwald.

Am westlichen Ortseingang von Börgerende-Rethwisch ist ein Parkplatz, von dem aus man zu Fuß (15–20 Min.) oder per Rad durch den Wald hinaus bis zur Küste und zum Gespensterwald gelangt.

■ **Unterkunft:** Hotel Altes Forsthaus, Waldstr. 1, Tel. (038203) 8390. www.altesforsthaus.de. Einsam mitten im Wald gelegene Ferienanlage mit einfachen Appartements, Ferienwohnungen und Ferienhäuschen. NS 50 €, HS 70 €.

tras vom Frühstück bis zur Sauna können dazugebucht werden. Dieses „Volkshotel" mit 4-Sterne-Luxus für alle ist das erste Haus des neuen *aja*-Hotel-Konzepts aus der Stube der AIDA-Erfinder, dem weitere folgen sollen. Ab 39 € p.P., Frühstück 11 €.

■ **JH Warnemünde,** Parkstr. 47, Tel. 548170, (vom Hbf Rostock mit der S-Bahn Richtung Warnemünde bis „Lichtenhagen", dann über den rechten Brückenabgang zum Bus 36 bis Haltestelle „Warnemünde Strand", Ü/F ab 24 €).

■ **Camping Markgrafenheide,** siehe Rostock.

Gastronomie

MEIN TIPP: **Café Panorama/Sky-Bar,** im 19. Stock vom Hotel *Neptun,* Tel. 7770, (mit 64 m das höchst gelegene Café des Landes mit sensationeller Aussicht. Am Wochenende wird es am Abend zur *Sky-Bar.* Der Clou: An warmen Nächten wird das Dach geöffnet und open air unterm Sternenzelt getanzt. *Café Panorama,* tägl. 13–18 Uhr, *Sky-Bar,* Fr/Sa ab 20 Uhr mit Live-Musik).

■ **Meyers Mühle,** Mühlenstr. 44, Tel. 54250, www.meyers-muehle.net. Das Ambiente: eine historische Mühle von 1866. Die Gastronomie: Im EG ist die „Schänke" mit langen Bänken, im 1. OG das Restaurant „Mühlenstein" mitten in der alten Mühlentechnik. Ganz oben zwischen alter Transmissionstechnik der „Kronensaal" für kleine Gesellschaften. Serviert wird zu zivilen Preisen fangfrischer Fisch vom Kutter, Mecklenburger Lamm oder Wild aus der Rostocker Heide.

■ **Twelinden,** Am Strom 85, Tel. 5106223, www.tweelinden.de. Das Haus wird seinem Motto „qualitativ hochwertige Speisen zu günstigen Preisen" voll gerecht. Hinzu kommt seine hervorragende Lage am Alten Strom.

■ **Klönstuv,** Am Leuchtturm 18, Tel. 5192495, www.kloenstuv.de (gemütliche Kneipe zum Klönen, tägl. ab 20 Uhr bis open end).

Museum

■ **Heimatmuseum,** Alexandrinenstr. 31, Tel. 52667, www.heimatmuseum-warnemuende.de (Mai–Sept. Di–So 10–18 Uhr, Okt.–April Di–So 10–17 Uhr).

Aktivitäten

■ **Fähre Warnemünde-Hohe Düne,** Tel. 519860 (verkehrt tägl. rund um die Uhr im Pendelverkehr, PKW bis 3 t bzw. 4 m inkl. Fahrer 3 €, Person 1,40 €).

■ **Kletterwald,** Warnemünder Str. 20, Tel. 0162 4109349, am Ortseingang von Markgrafenheide aus Richtung Warnemünde/Hohe Düne kommend. Juni–Aug. tägl. 9.30–19.30 Uhr, April/Mai/Sept./Okt. Di, Fr, Sa, So 10–19 Uhr.

Ostseeheilbad Graal-Müritz

20 km NO

Es war der mecklenburgische Landesmedizinalrat *Carl von Mettenheimer,* der das einstige Fischer- und Bauerndorf zum ersten Seeheilbad an der Ostsee machte. Bei einem Besuch im Jahr 1877 erkannte der Mediziner die klimatisch besonders günstigen Voraussetzungen für ein Heilbad und eröffnete 1880 das Friedrich-Franz-Seehospiz für skrofulöse (an Haut- und Lymphknotentuberkulose erkrankte) Kinder.

Die gesunde Mischung aus See- und Waldluft, von der sich 1923 auch der tuberkulosekranke Schriftsteller *Franz Kafka* Genesung versprach, verdankt das Heilbad dem 11.000 ha großen Waldgebiet **Rostocker Heide.** Der größte

Umgebung Rostock

geschlossene Wald an der deutschen Küste ist ein herrliches Wander- und Radlerrefugium.

Eingebettet in die Heide liegen mehrere NSG, darunter das seit 1939 geschützte, 274 ha große **Ribnitzer Großes Moor.** Seiner ungewöhnlichen Flora und Fauna kann man auf dem eindrucksvollen **Moorlehrpfad** begegnen. Im nahen Weiler Neuheide bietet das Info-Zentrum „Wald & Moor" Ausstellungen, Führungen und Vorträge an. Direkt daneben liegt die private Naturschatzkammer mit **Edelstein- und Bernstein-Zentrum** und **Pilzmuseum.** Die Schatzkammer zeigt in 10 Bereichen über 60.000 Exponate. 2500 Edelsteinvarianten gibt es im Edelsteinzentrum zu sehen, im Pilzmuseum 250 Arten. Besonders spannend ist die große herbstliche **Frischpilzausstellung,** bei der man bis zu 400 unterschiedliche Arten studieren kann. Neu hinzugekommen ist eine große Muschel- und Schneckensammlung und eine Bernsteinausstellung. Bei Neuheide bietet der **Heide-Naturlehrpfad** Einblick in die botanischen Besonderheiten dieser Landschaft. In der Rostocker Heide liegt auch der 1837 als Teerschwälerei gebaute **Forst- und Köhler-**

hof Wiethagen, der die traditionelle Herstellung von Holzkohle demonstriert. Auch das malerisch im Wald gelegene **Jagdschloss Gelbensande** ist ein lohnendes Wanderziel.

Der **endlose Sandstrand**, der das Waldgebiet zwischen Markgrafenheide und Dierhagen säumt, ist besonders anziehend, darüber hinaus meist fast menschenleer, und deshalb bei Nacktbadern sehr beliebt.

Bei schlechtem Wetter lockt das **Aquadrom** mit vielfältigem Bade-, Sauna- und Wellnessspaß.

Besonders zur Blütezeit lockt der 4,5 ha große **Rhododendronpark** von Graal-Müritz alljärlich zahlreiche Besucher an. Als eine der größten Parkanlagen dieser Art zeigt er über 60 Rhododendron-Sorten und z.T. 10 m hohe Büsche. Besonders schön ist der Besuch im Mai und Juni, wenn die Pflanzen in voller Blüte stehen und Ende Mai auf dem Parkfest die Rhododendronkönigin gekürt wird.

Info

- **Vorwahl: 038206**
- **Tourismus- und Kur GmbH,** Rostocker Str. 3, 18181 Graal-Müritz, Tel. 7030, www.tuk-graal-mueritz.de (1. Mai–30. Sept. Mo–Fr 9–20 Uhr, Sa 9–18 Uhr, So 10–16 Uhr, 1. Okt.–30. Apr. Mo–Fr 9–17 Uhr, Sa 9–12 Uhr, Kurtaxe HS 2 €, NS 1 €).

Unterkunft

- **Hotel Residenz an der Seebrücke,** An der Seebrücke 34, Tel. 674470, www.residenz-hotel-graal-mueritz.de (Akzent-Hotel mit 67 Zi. in ruhiger Lage am Küstenwald rund 200 m vom Strand. Das Haus gibt sich der Kunstszene der Region verpflichtet und zeigt 180 Werke heimischer Künstler, die sämtlich käuflich zu erwerben sind. HS 124 €, NS 70–92 €).
- **Hotel Villa Strandkorb,** Strandstr. 10, Tel. 7000, www.villa-strandkorb.de. Freundlich familiäres 3-Sterne-Haus mit 21 Zi. und Suiten nur wenige Fußminuten vom Strand, von Holidaycheck mit dem Titel „Top Hotel 2012" ausgezeichnet. NS 69–99 €, HS 89–109 €.
- **Pension Villa Baltia,** Fritz-Reuter-Str. 6, Tel. 13681, www.baltia-hotel.de (charmante historischer Villa mit 12 geschmackvoll eingerichteten Zi., teils mit den für die Bäderarchitektur typischen Holzwintergärten, NS 78 €, HS 88 €).

MEIN TIPP: **Pension Witt,** Am Tannenhof 2, Tel. 77221, www.cafestuebchen-witt.de (charmante Adresse unterm Reetdach in ruhiger Ortsrandlage im OT Witt, eingebettet in großen Garten, 16 geschmackvoll eingerichtete Zi., dazu ein reizvolles Caféstübchen und empfehlenswertes Restaurant. Das Schönste: die einladende „Gartenterrasse" im Sommer, locker auf der großen Wiese verteilte Sitzgruppen. Ein Idyll! HS 80–90 €, NS 55–75 €).

Aktivitäten

- **Forst- und Köhlerhof,** bei Wiethagen, Tel. (038202) 2035, www.koehlerhof-wiethagen.de (1.4.–30.9. Di–Fr 9–17 Uhr, Sa/So 10–17 Uhr, 1.10.–16.12. Di–Fr 9–16 Uhr, So 10–16 Uhr). Außerhalb der Öffnungszeiten nach Vereinbarung.
- **Aquadrom,** Buchenkampweg 9, Tel. 87900, www.aquadrom.net (weitläufiges Badeparadies mit Ostseewasser und umfangreichen Angeboten von Entspannungstherapie bis Gourmetbereich, tägl. 11–21.30 Uhr).
- **Natur-Schatzkammer Edelstein-Zentrum/Pilzmuseum,** in Neuheide, Ribnitzer Landweg 2, Tel. 79921, www.naturschatzkammer.de (tägl. 9–18 Uhr).
- **Exkursionen Rostocker Heide,** Stadtforstamt Rostocker Heide, Haus 9b, 18182 Wiethagen, Tel. (038202) 4040.
- **Info-Zentrum „Wald & Moor",** in Neuheide, Ribnitzer Landweg 3, Tel. (038206) 14444 (April–Okt. tägl. 10–17 Uhr oder Absprache, Naturpfad tägl. 9–17 Uhr).

FZ 87

2 Fischland, Darß, Zingst

Die Halbinsel befindet sich noch immer in ständiger Umwandlung. Wütende Stürme und die oftmals aufgepeitschte See fressen am Darßer Weststrand, während das flache Schwemmland am Darßer Ort pro Jahr um 3 Meter wächst.

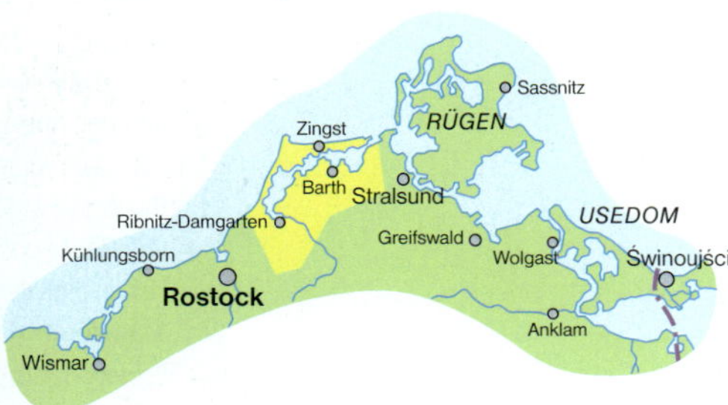

041osk ph

[<] Braune Segel – Ein historisches Zeesboot auf dem Achterwasser bei Ahrenshoop

FISCHLAND, DARSS, ZINGST

Fischland, Darß und Zingst waren früher Inseln, die im Laufe der Jahrhunderte durch den Einfluss von Wind und Wasser zur heutigen Halbinsel geformt wurden. Ausgrabungen bewiesen: Dieses Land war bereits in der Steinzeit besiedelt.

313osk ph

> Reethaus mit Ziehbrunnen

NICHT VERPASSEN!

- Über 1600 Exponate im **Deutschen Bernsteinmuseum** in Ribnitz-Damgarten | **90**
- Fahrt auf einem historischen **Zeesboot** | **92**
- Relikt aus dem Kalten Krieg: der **Bunker 302** in der winzigen Siedlung Eichenthal | **101**
- Seit Generationen Inspiration für Künstler: **Ahrenshoop** | **109**
- Natur pur: Wanderung durch den **Darßer Urwald** | **117**
- Im Frühjahr und im Herbst zu bewundern: der **Zug der Kraniche** im Nationalpark Vorpommersche Boddenlandschaft | **125**

Diese Tipps erkennt man an der gelben Hinterlegung.

Überblick

Wie ein vom Riesen geschleuderter Bumerang liegt die Halbinsel Fischland-Darß-Zingst zwischen den Städten Ribnitz-Damgarten und Stralsund vor der Festlandsküste im Grenzgebiet zwischen Mecklenburg und Vorpommern. Mit einer Ausdehnung von 60 km ist das schmale Land zwischen Meer und Bodden die längste der Inseln, die den Küstenstrich Vorpommerns auf so einzigartige Weise modellieren.

Entstehung der Halbinsel

Schon der eigenartige Dreifachname weist darauf hin, dass da etwas zusammenwuchs, was ursprünglich nicht zusammengehörte. Vor rund 10.000 Jahren, als sich die Gletscher der letzten Eiszeit zurückzuziehen begannen, hinterließen sie an dieser Stelle drei keulenartige Grund- und Endmoränen, die als Landzungen in die See ragten. Als der Meeresspiegel anstieg und die Küstengebiete zu überfluten begann, wurden die Landzungen vom Festland abgetrennt, ihre höchsten Punkte bildeten die Kerne

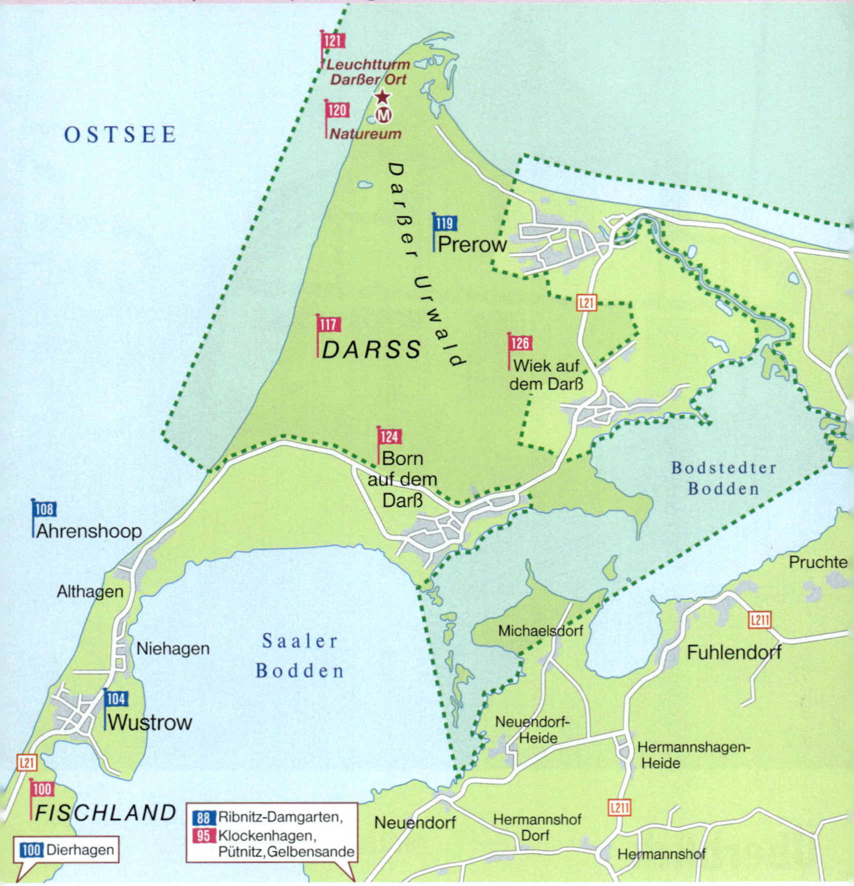

dreier Inseln. Wind und Wellen, Strömung und Brandung begannen, an den Inseln zu nagen und zu formen. An der Außenküste wurde Land abgetragen und mit der Strömung weiter transportiert, um sich an anderer Stelle als Haken und Nehrung wieder anzulagern. Bis ins 15. Jh. dauerte es, bis die Durchlässe zwischen den Inseln verlandeten und aus dem Fischland und dem Darß eine Halbinsel wurde. Der Zingst, von der Mündung des Prerowstroms noch abgetrennt, wurde erst bei einem Sturmhochwasser 1872, das die Mündung verschüttete, angeschlossen. Auch die östlich sich anschließenden Inseln Bock und Hiddensee wären wohl schon längst mit dem Zingst zusammengewachsen, würde der Mensch nicht immer wieder eingreifen und mit Baggern die Fahrrinne nach Stralsund offen halten.

Der Prozess der Umgestaltung ist noch längst nicht abgeschlossen. Nach wie vor arbeitet das Meer, und man kann

ihm dabei in einzigartiger Weise zusehen. Wütende Winterstürme und geduldige Strömung fressen am Darßer Weststrand, der in den letzten 40 Jahren massiv zurückwich, während das flache Schwemmland am Darßer Ort pro Jahr runde 3 m wächst. Auch wenn der Mensch durch Steinwälle und Buhnen versucht, weitere Landverluste zu verhindern, lässt sich der Vorgang nicht endgültig stoppen. Das Gewirr ins Meer gestürzter Bäume zeigt anschaulich, dass die Sturmhochwasser der letzten Winter dem Darßer Weststrand erneut Land entrissen.

Nationalpark „Vorpommersche Boddenlandschaft"

Diese stetige Veränderung und Verwandlung ist es, was die Halbinsel so faszinierend und vielfältig, zu einer amphibischen Landschaft macht, die vielen

Pflanzen und Tieren, insbesondere unzähligen Wasser- und Watvögeln, einen idealen Lebensraum bietet.

Seit 1990 sind große Teile des Darß und Zingst deshalb Teil des rd. 800 km² großen **Nationalparks** *„Vorpommersche Boddenlandschaft"*, der auch die Insel Hiddensee einschließt und bis zur Westküste Rügens reicht. Eine Wanderung zur **Hohen Düne** und **Pramort** auf dem Zingst, durch den Darßer Urwald oder die grandiose Zwitterlandschaft im Übergangsbereich zwischen Land und Wasser am Darßer Ort gehört sicherlich zu den eindrucksvollsten Naturerlebnissen, welche die deutsche Ostseeküste zu bieten hat. Besonders unvergesslich wird es jedem bleiben, der einmal den Zug der Kraniche erleben durfte, die zweimal im Jahr in den flachen Boddengewässern zu Zehntausenden Rast machen (siehe auch Exkurs „Der Zug der Kraniche").

040osk ph

Darßer Ort – wo das Meer Neuland gebiert

Bernsteinstadt Ribnitz-Damgarten

Die knapp 16.000 Einwohner zählende Doppelstadt am Saaler Bodden ist das Handels- und Dienstleistungszentrum der Region und das westliche Eingangstor zum Fischland-Darß-Zingst. Durch die Stadt schlängelt sich das reizvolle Flüsschen Recknitz, das die historische Grenze zwischen Mecklenburg und Vorpommern markiert.

Geschichte

Ribnitz wird zu Beginn des 13. Jh. im Auftrag des Rostocker Fürsten *Borwin III.* planmäßig angelegt und erhält 1257 das lübische Stadtrecht verliehen. 1323 gründet *Heinrich II.* ein Kloster, in dem heute u a. das Bernsteinmuseum untergebracht ist. Das etwas später gegründete pommersche Damgarten wird vom Rügenfürsten *Jaromar II.* 1258 in den Stand einer Stadt erhoben, bleibt aber in seiner Bedeutung hinter dem mecklenburgischen Ribnitz zurück. Die unmittelbare Grenzlage bringt beiden Stadtteilen in ihrer Geschichte viel Leid. Ständig befehden und bekriegen sich die mecklenburgischen und pommerschen Herzoghäuser, sind die Mauern und Tore von Ribnitz und Damgarten umkämpft. Im 30-jährigen Krieg wechselt der Besitzer fast ununterbrochen, wobei beide Orte weitgehend zerstört werden. Ganze fünf Familien zählt man nach dem Krieg noch in Damgarten, das 1648 schwedisch wird. Erst 1950 wird das mecklenburgische Ribnitz mit dem pommerschen Damgarten vereint. 2008 feierte die Doppelstadt ein Doppeljubiläum: 775 Jahre Ribnitz und 750 Jahre Damgarten.

Sehenswertes

Kommt man aus Richtung Westen, gewährt das **Rostocker Tor** Einlass in die kleine historische Altstadt von Ribnitz-Damgarten. Auch wenn viele die Kleinstadt schnell auf dem Weg zur Küste durcheilen, lohnt sich ein Bummel durch die Straßen rings um den Marktplatz.

Auf dem Marktplatz thront die mächtige **Marienkirche** (Tel. (03821) 609003, www.stadtkirche-ribnitz.de), die mit ihrer Silhouette die Stadt wuchtig überragt (Juni–Sept. Mo–Sa 10–16 Uhr, Okt.–Mai Mo–Fr 10–15 Uhr). Seit 1995 dient die Kirche von Juni bis August dem **„Ribnitzer Orgelsommer"** als Konzertsaal (Mi 20 Uhr). Der im 13. Jh. als spätromanische Hallenkirche errichtete Bau wurde bei den Stadtbränden von 1455 und 1759 schwer zerstört und bei den Wiederaufbauten architektonisch verändert. Ihre heutige barocke Innenausstattung erhielt sie 1765–1789. Bei der Besichtigung sollte man es nicht versäumen, den Kirchturm zu besteigen. Nach 215 Stufen oben in 45 m Höhe angekommen, eröffnet sich dem Besucher ein wunderbarer Ausblick auf die Dächer der Stadt und weit hinaus auf die verschlungene Küstenlandschaft.

Der Marienkirche gegenüber begrenzt das klassizistische **Rathaus** (1832–1834) den auffällig großen Marktplatz. Blickt man vom Markt die von alten Bürgerhäusern gesäumte Lange Straße in westlicher Richtung hinab, sieht man das **Rostocker Tor.** Der quadratische Torturm aus dem 15. Jh. mit seinem reich gegliederten Giebel ist das letzte erhaltene der einst fünf Stadttore. Reste der alten Stadtbefestigung haben sich zwischen Stadttor und Mühlenstraße erhalten. Vor den Stadtmauerresten erstrecken sich die vom Klosterbach durchflossenen ehemaligen Klosterwiesen.

Die saftigen Wiesen wurden einst von den Nonnen des **Klarissenklosters** bestellt, das 1323 von Herzog *Heinrich dem Löwen* gestiftet wurde. Grund für die Stiftung war ein Bann, den der Ratzeburger Bischof gegen den Herzog aussprach. Der hatte, um seine leeren Kassen aufzufüllen, auch die Geistlichkeit mit Abgaben belastet, was dem Klerus gar nicht gefiel. Die Äbte der Klöster von Doberan, Dargun und Tempzin verbündeten sich daraufhin zusammen mit dem Schweriner Bischof mit dem Landadel gegen den Herzog. Angesichts dieser so mächtigen wie bedrohlichen Front blieb diesem, um den lieben Frieden wieder herzustellen, nur die versöhnliche Geste einer Klosterstiftung. Bedacht wurde der Klarissenorden. Nach der Reformation wurde das Kloster in ein weltliches Damenstift umgewandelt, in dem die hochgeborenen Töchter des Landes ein stan-

desgemäßes Wohnrecht und Versorgung erhielten. Von den Klosteranlagen ist nur noch die **Klosterkirche** von 1393 erhalten. Das zierlich und filigran wirkende Kirchlein birgt in seinem 1835–40 neugotisch umgestalteten Innenraum neben dem Wandgrab der Herzogin *Ursula* († 1586) die berühmten Ribnitzer Madonnen, 12 sitzende Schnitzfiguren aus dem 14.–16. Jh. von hoher künstlerischer Ausdruckskraft. In der Kirche erzählt die Ausstellung „Dame von Welt, aber auch Nonne" die Geschichte vom Klarissenkloster zum adligen Damenstift.

Im ehemaligen Dominahaus des Damenstifts hat die Institution ihren Sitz gefunden, die die kleine Stadt weit über die Grenzen des Bundeslandes hinaus bekannt machte – das **Deutsche Bernsteinmuseum.** Seine aus über 1600 Exponaten bestehende Sammlung gilt als die schönste Bernsteinausstellung Europas. Auf 1000 m² wird nicht nur über die Entstehung und Gewinnung des fossilen Schmucksteins informiert, sondern auch über die künstlerische Gestaltung des Bernsteins, der als Handels- und Exportobjekt in allen Ostseekulturen eine zentrale Rolle spielte. *„Seine Wertschätzung im Dienste des Luxus ist so groß, dass eine noch so kleine Figur eines Menschen die Preise lebendiger, kräftiger Menschen (sprich Sklaven) übersteigt"*, berichtet uns der Römer *Plinius,* zu dessen Zeit Schmuck aus dem Ostseegold schwer *en vogue* war. Die Blütezeit seiner Wertschätzung erreichte das steingewordene Harz im Barock, in dem ganze Möbel und Altäre aus dem honiggelben Stein gefertigt wurden. So auch die großartigste jemals gefertigte Bernsteinarbeit, das legendäre und seit 1945 verschollene Bernsteinzimmer. Ein Urlaub an der Ostsee ohne einen Besuch des Bernsteinmuseums, das wäre wie nach Athen zu fahren, ohne die Akropolis zu besteigen. Und wer ein für die Region typisches kunsthandwerkliches Reisepräsent sucht, der kann nicht besser liegen als mit einer Bernsteinarbeit aus Ribnitz-Damgarten.

Eine ideale Gelegenheit um Bernsteinschmuck einzukaufen, bietet neben der Bernsteindrechselei und der Bernsteingalerie die am Stadtrand direkt an der B 105 neu errichtete **Schaumanufaktur Ostseeschmuck.** Neben der umfangreichsten Bernsteinverkaufsausstellung Deutschlands bietet das architektonisch sehr interessante, auffallend blaugelb gestreifte Manufakturgebäude mit seiner „gläsernen Produktion" tiefe Einblicke

Ribnitz-Damgarten

in die Verarbeitung von Bernstein und der Gestaltung und Herstellung von Schmuck.

Info

- **Vorwahl: 03821**
- **Stadtinformation,** Am Markt 14, 18311 Ribnitz-Damgarten, Tel. (03821) 2201, www.ribnitz-damgarten.de (15. Mai–31. Okt. Mo–Fr 10–18 Uhr, Sa 10–16 Uhr, So 10–14 Uhr, 1. Nov.–14. Mai Mo–Fr 10–16 Uhr, keine Kurabgabe).

Unterkunft

- **Hotel Perle am Bodden,** Fritz-Reuter-Straße 15, Tel. 2148, www.perle-a-b.de (16 Zi. in ruhiger Lage nahe Hafen/Altstadt, Seezimmer mit herrlicher Aussicht über die „Ribnitzer See", HS 90–125 €, NS 65–85 €).
- **Pension „Schwalbennest",** Zum Wallbach 26, OT Hirschburg, Tel. 813510, www.pension-schwalbennest.de (familienfreundliche Anlage mit Zi. u. FeWo unterm Reetdach in ruhiger Natur ca. 4 km zum Ostseestrand, mit Spielplatz, DZ HS 59 €, NS 39–49 €, Frühstück 6–7,50 €, Kind 4 €).
- **JH,** Am Wasserwerk 10, Tel. 812311, mit Zeltplatz (Ü/F ab 16,50 €).

Gastronomie

- **Hafenschenke,** Am See 1a, Tel. 894830, www.hafenschenke.de (abwechslungsreiche Meeresküche mit Traumblick auf die Ribnitzer See im einst als Atelier der Kunstmalerin *Natali von Modl* errich-

Zeesboote

Ein garantiert unvergessliches Erlebnis ist eine Fahrt mit einem der historischen Zeesboote, die es nur noch in geringer Zahl und nur an der vorpommerschen Boddenküste gibt. Einige Besitzer dieser bildschönen ehemaligen Fischerboote mit den typischen braunen Segeln, die einst in großer Zahl die Bodden und Achterwasser befuhren, bieten Besuchern die Möglichkeit, bei günstigem Wetter eine Segeltour über den Bodden zu machen. Dabei sollte man geeignete Kleidung nicht vergessen. Besonders erlebnisreich und zu empfehlen ist dabei eine Fahrt mit Herrn *Schönthier*, dem Gewinner der meisten Zeesbootregatten, ab Hafen Althagen. Herr *Schönthier* ist nicht nur der wohl erfahrenste und beste Zeesbootsegler, sondern besitzt mit dem FZ 33 „Sannert" und dem FZ „Blondine" zwei herrliche Exemplare dieser seltenen Schiffe.

Nur an einem Platz auf der Welt, auf der „Sannert", hat man heute noch die Möglichkeit, persönlich das traditionelle Fischen, das sogenannte „zeesen", mitzuerleben und durch eigenes Anpacken hautnah kennen zu lernen. Denn Herr *Schöntier* ist der letzte Besitzer einer Berechtigung, auf dem Bodden zu zeesen.

Schön ist der Besuch des Traditionshafens Bodstedt. Dort ist mit dem Hafenmeister, Regattainitiator, Zeesenboot-Obmann und Eigner des Zeesen FZ 9 „Nordstern" *Eckehard Rammin* das Urgestein der Zeesbootszene anzutreffen. Zu-

dem dient der malerische Fleck mehr als 30 dieser bildschönen Holzboote als Heimathafen.

■ **www.braune-segel.de**

Mitsegeln auf historischem Zeesboot

■ **Ahrenshoop:** *A. Schönthier,* Tel. (038220) 6946 (mit FZ 16 „Blondine" und FZ 33 „Sannert"), www.raeucherhaus-ahrenshoop.de;
■ **Barth:** *Martin Burr,* Tel. (0173) 9169911, (mit FZ 30 „Holzerland").
■ **Dierhagen:** P. *Zobel,* Tel. (0170) 4512671 (mit FZ 14 „Hanne Nüte"), www.boddenskipper.de;
■ **Prerow:** *Ralf Lohmeyer,* Tel. (038233) 60206, (mit FZ 89 „Rerik"), www.sternengucker-prerow.de;
■ **Wieck:** *Rudi Hinrich,* Tel. (0171) 6240973 (mit FZ 52 „Marie-Luise");
■ **Wustrow:** *Matthias Voigt,* Tel. (03382) 7078188, www.segeln-lernen.com/zeesboot (mit dem FZ 4 „Bill"), *Peter Eymael,* Tel. (038220) 2017816 (mit der FZ 11 „Butt"), www.zeesboot.de;
■ **Zingst:** *Achim Radke,* Tel. (038232) 15355, (mit FZ 74 „Dorothea").

042osk ph

Zeesboot-Regatten

Ein wunderbares Schauspiel für Auge und Kameralinse sind die Zeesboot-Regatten, zu denen sich im Spätsommer und Herbst viele dieser Traditionsschiffe auf dem Bodden versammeln. Von den insgesamt 106 registrierten (Zeesboot-Register unter www.braune-segel.de) und 99 erhaltenen Zeesbooten stehen derzeit 74 unter Segel. Begonnen hat alles im Jahre 1965, als auf Initiative von *Eckehard Rammin* die erste Bodstedter Zeesenboot-Regatta stattfand. Die Zeesboot-Regatta beginnt Mitte Juni mit der Zingster Zeesboot-Regatta und endet traditionell mit der Althäger Fischerregatta Ende September.

Den Auftakt macht Ende Juni die Zeesboot-Regatta in Zingst, ihr folgt Mitte Juli Dierhagen und am ersten Wochenende im September Bodstedt. Den krönenden Abschluss bildet dann am dritten September-Wochenende die Althäger Fischer-Regatta mit 3-tägigem Hafenfest, Handwerkermarkt und Livemusik rings um den idyllischen Hafen von Althagen.

[<] Selten schöne Schmuckstücke – in der Sonne strahlen die historischen Holzboote wie Bernstein

teten Haus am Hafen. Besonders toll bei Sonnenuntergang!).

■ **Zum Fischland,** Rostocker Straße 31, Tel. (03821) 810127, www.zumfischland.de. Einfache gutbürgerliche Küche, Mecklenburger Spezialitäten, großes Fischangebot im maritimen Ambiente. Fr/Sa von 22–5 Uhr Tanzbar.

Museum

■ **Deutsches Bernsteinmuseum,** Im Kloster 1–2, Tel. 4622, www.deutsches-bernsteinmuseum.de (März–Okt. tägl. 9.30–18 Uhr, Nov.–Febr. Di–So 9.30–17 Uhr).

■ **Schaumanufaktur Ostseeschmuck,** im OT Damgarten, An der Mühle 30, Tel. 88580, www.ostseeschmuck.de (Mo–Fr 9.30–18 Uhr, Sa 9.30–16 Uhr).

Aktivitäten

■ **Bodden-Therme,** Körkwitzer Weg 15, Tel. 390 9961, www.bodden-therme.de (schwimmen und saunieren bei jedem Wetter, Juli/Aug. tägl. 10–22 Uhr, sonst Di/Mi 14–22 Uhr, Do/Fr/Sa/So 10–22 Uhr).

■ **Ribnitzer Bernsteindrechselei,** Lange Str. 48, Tel. 708 675, www.bernstein-drechsler.de. Traditio-

nelle Bernsteinverarbeitung zu Fischlandschmuck, in der man Meister *Schröder* auch mal über die Schulter schauen kann (März–Okt. tägl. 9.30–18 Uhr, Nov.–Febr. 9.30–17 Uhr).

- **Bernstein-Galerie,** Neue Klosterstr. 5, Tel. 815261, www.bernsteingalerie-ribnitz.de. Zeitgenössischer Bernsteinschmuck, gefertigt von internationalen Künstlern (Mo–Fr 10–18 Uhr, Sa 10–14 Uhr).

Die stillen Bodden sind das traditionelle Heimatgewässer der Zeesboote

Umgebung

Freilichtmuseum Klockenhagen

4 km W

Auf 7 ha zeigt das Museum 200 bis 300 Jahre alte traditionelle niederdeutsche Hallenhäuser, Katen und Scheunen und eine Windmühle. Spritzenhaus, Ziehbrunnen, Backhaus und eine Dorfkirche vermitteln den Eindruck eines malerischen Dörfchens. Anhand der Gebäude, ihrer Ausstattungen, Möbel und Gerätschaften erhält man einen Einblick in das ländliche Leben und Wohnen vergangener Tage. Neu angelegt ist der duftende **Kräutergarten** mit seinen über 200 Heil- und Gewürzpflanzen. Ab 5 Personen führt die Diplom-Biologin *Heiderose Grube* durch das Blumen- und Blütenreich und beantwortet gerne Fragen. Ebenfalls neu ist der niedliche **Dorfladen,** in dem die Zeit lebendig wird, als es noch keine Supermärkte gab und „shopping" noch einfach „einkaufen" genannt wurde. Im Sommer dient das Museumsgelände als Kulisse für Bauernmarkt und Folklorefeste, auf denen auch das traditionelle Brauchtum des Tonnenabschlagens gepflegt wird.

- **Info:** *Freilichtmuseum,* Mecklenburger Straße 57, 18311 Klockenhagen, Tel. (03821) 2775, www.freilichtmuseum-klockenhagen.de (1. April–31. Mai und Okt. tägl. 10–17 Uhr, 1. Juni–30. Sept. 10–18 Uhr, Okt.
- **Gastronomie:** *Museumsgaststätte „Up Dei Däl",* Mobil (0171) 9713479 (deftige Bauernkost zum kleinen Preis im Ambiente eines 1671 erbauten Bauernkaten).
- **Dorfbäckerei:** 1. Mai–1. Okt. Di, Mi, Fr, Sa ab 11.30 Uhr Brot und Kuchen im Holzofen backen mit Bäckermeister *Müller.*

■ **Unterkunft:** *Zum Honigdieb,* Bäderstr. 6, Tel. (03821) 706737, www.zum-honigdieb.de (Imkerei mit Schaubereich, Bienen-Ausstellung, Laden und Café, die auch 7 im Landhausstil eingerichtete Zimmer vermietet, HS 89 €, NS 77–84 €).

Gelbensande

Bei dem Dorf an der B 105 versteckt sich im Wald der Rostocker Heide das wunderhübsche **Jagdschloss Gelbensande.** Das als sommerliches Jagdhaus konzipierte Schlösslein wurde vom regierenden Großherzog *Friedrich Franz III.* (1851–1897) Anfang der 80er Jahre des 19. Jahrhunderts in Auftrag gegeben und nach Plänen des mecklenburgischen Hofbaurates *Gothilf Ludwig Möckel* 1885 bis 1887 errichtet. Über die Großherzogin *Anastasia Michailowna* bestanden familiäre Beziehungen zum russischen Zarenhof, die sich im Gebäude widerspiegeln. Es zeigt in seiner verspielten Architektur neben englischem Landhausstil auch Formen und Elemente russischer Schlösser und Bojarenhäuser. Die prachtvoll ausgestattete Repräsentationsetage mit ihren 12 meist original restaurierten Räumen ist Museum. Besonders sehenswert sind die 4 Kamine, das großherzogliche Bad mit originaler Badewanne und die technischen Einrichtungen. In anderen Etagen sind Ausstellungen zur Geschichte, zum Baumeister *G. L. Möckel,* zum Afrikaforscher und Reiseschriftsteller *Herzog Adolf Friedrich*

⌃ Beschauliches Idyll: das Freilichtmuseum Klockenhagen

zu Mecklenburg (1873–1969) sowie eine Sammlung königlich dänischer Porzellan-Teller sowie Kupferstiche und Jagdtrophäen zu sehen.

■ **Info: Jagdschloss Gelbensande,** Am Schloss 1, Tel. (038201) 475, www.jagdschloss-gelbensande.de (tägl. 11–17 Uhr, im Winter bis 16 Uhr).

Pütnitz

In Pütnitz am Bodden, das seit den 1930er Jahren mit nur kurzer Unterbrechung bis 1994 als militärischer Flughafen genutzt wurde, hat in den riesigen Hangars das **Technik-Museum** eine Heimat gefunden. Es zeigt ausschließlich Ostblock-Technik und zwar vom Motorrad bis zum monströsen Raketenwerfer und Kettenfahrzeug. Der Clou: Man kann allerhand Fahrzeuge vom Trabbi bis zum Russen-LKW selbst durchs Gelände steuern. Wer dafür wenig Faible hat, kann sich in der schönen Küstennatur vergnügen.

■ **Technik-Museum,** Pütnitz, Tel. (0170) 2235850, www.technikverein-puetnitz.de (Mai/Juni/Sept./Okt. Mi–So 10–16 Uhr, Juli/Aug. tägl. 10–16 Uhr).

LSG Recknitztal/ Vogelpark Marlow

Das untere Recknitztal zwischen Bad Sülze und Ribnitz-Damgarten ist eine der schönsten Flusstalniederungen in

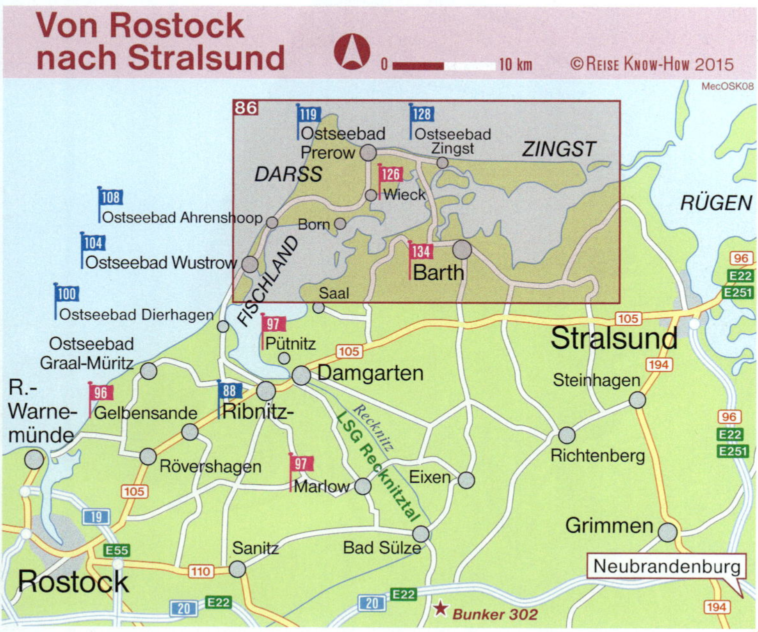

Mecklenburg-Vorpommern. In vielen Kurven und Kehren mäandert das Flüsschen durch eine weitgehend von menschlichen Eingriffen verschonte Auenlandschaft.

Lohnende Ziele für Wanderungen und Radtouren sind der **Eiskeller** bei Pantlitz, ein frühdeutscher Turmhügel, und der nah gelegene slawische **Burgwall.** Das **NSG Grenztalmoor,** ein 15 km^2 großes unwegsames Hochmoor zwischen Bad Sülze und Tribsees, ist ebenso sehenswert wie der 22 ha große, vom Potsdamer Königlichen Hofgärtner *Gustav Meyer* (1816–1877). entworfenen **Landschaftspark** mit dem imposanten **Schloss Semlow,** www.schlosspark-semlow.de, Führungen Tel. (038222) 50766, Herr *Curschmann.*

In dem beschaulichen Dorf **Marlow** wartet neben der **Heimatstube,** der **Denkmalmühle** und dem **Wulfshäger Museumshof,** der im 18. Jh. herzogli-

cher Jagdsitz war, vor allem der 20 ha große **Vogelpark Marlow.** Er zeigt über 150 einheimische und exotische Vogelarten. Neben Eule, Falke, Strauß und Pelikan kann man auch lustige Pinguine bestaunen, ebenso freifliegende Raubvögel wie Adler oder Habicht.

Info

■ **Stadtinformation,** Kölzower Chaussee 1 (beim Vogelpark), 18337 Marlow, Tel. (038221) 429836, www.stadtmarlow.de (April–Okt. tägl. 10–17 Uhr).

213osk ph

Aktivitäten

■ **Vogelpark Marlow,** Kölzower Chaussee 1, Tel. (038221) 265, www.vogelpark-marlow.de (14.3.–1.11. tägl. 9–19 Uhr, sonst tägl. 10–16 Uhr, Schaufütterungen: 10.40 Uhr Pelikane, 11.20 Uhr Keas, 11.30 u. 16 Uhr Pinguine, 12.30 Uhr Lemuren, 15.20 Uhr Weißstörche, 15.30 Uhr Otter; Greifvogelshow: HS tägl. 11 und 15.30 Uhr; Tiershow, in der HS tägl. 13 Uhr, vom 1.7.–30.8. zusätzlich 17 Uhr. Hier zeigen Papageien, Pelikane, Ibisse und andere Tiere, was sie alles können).

■ **Wulfshäger Museumshof,** OT Rostocker Wulfshagen, Kirchstr. 9, Tel. (038224) 80174, www.jswev.de/scheune (Himmelfahrt-Erntedank tägl. 10–12 u. 14–18 Uhr).

Unterkunft/Gastronomie

■ **Recknitztal-Hotel Marlow,** Carl-Kossow-Straße 35–37, Tel. (038221) 42240, www. recknitztalhotel.de (Adresse mit Niveau in der 1900 erbauten ehem. Villa Levermann mit neuem, anspruchsvoll ausgestatteten Anbau. Neben dem Wellnessbereich und den jeweils im Stil eines Kontinents gehaltenen Appartements ist das Hausrestaurant **Villa Kossow** eine Erwähnung wert: Im eleganten historischen Ambiente des Herrenhauses interpretiert der Küchenchef traditionelle regionale Rezepte). HS 99 €, NS 79 €.

Mein Tipp: **Tau'n Borenstecker,** Am Markt 25, Tel. (038221) 387. Kleines urig-gemütliches Lokal mit sehr schmackhafter Küche, die aus frischen regionalen Zutaten zubereitet wird.

◁ Urlaub mit dem Rad – Fischland-Darß-Zingst besitzt ein nahezu perfektes Radwegenetz

Das Fischland

Schon beim Namen Fischland tauchen Vorstellungen von salziger Meeresluft und Hering, kreischenden Möwen, kleinen Kuttern, reetgedeckten Fischerkaten und zum Trocknen aufgespannten Netzen auf. Lange Jahrhunderte war das Fischland Heimat von Fischern, Seefahrern und Schiffsbesitzern. Als sich andernorts bereits die neue Einkommensquelle Sommerfrischler und Kurgast etablierte, mochte niemand in die karge „Wüstenei" Fischland reisen, so endete die befestigte Straße bis in die 1960er Jahre kurz hinter Wustrow.

Dass der Fremdenverkehr auf dem Fischland und Darß sich nicht entwickeln wollte, lag aber auch daran, dass die Kapitäne und Schiffseigner nicht an „Sandhasen" oder „Strandlöper", wie sie die wenigen auswärtigen Badefreunde angesichts deren eigenartiger Verhaltensweisen etwas verächtlich titulierten, vermieten wollten.

Die Menschen, die sich auf dem dünigen, unfruchtbaren Sandland niederließen, lebten von und mit der See. Erst der Niedergang der Segelschifffahrt und die Entdeckung der jungfräulichen Küstenlandschaft durch Maler zum Ende des vorletzten Jahrhunderts lockten die ersten Badegäste auf das Fischland. Einer der ersten „Europäer", wie die Einheimischen jene ihnen unbekannte Spezies der Badegäste nannten, wurde denn auch sogleich verdächtigt, ein dänischer Spion zu sein, da der Kerl bereits acht Tage da sei, ohne zu malen.

Auch wenn die Wustrower hartnäckig behaupten, das Fischland beginne erst bei ihrem Dorfe und das was davor liege, sei maximal als Vorfischland zu bezeichnen, schlagen wir die Gegend zwischen Dierhagen und dem Künstlerort Ahrenshoop zum Fischland. Der Grenzweg in Ahrenshoop zeigt allerdings an, dass Teile des Ortes eigentlich dem Darß zuzurechnen wären.

Hinter den Stranddünen der Außenküste liegen windgeschützt die vielbesuchten Badeorte mit ihren vortrefflichen Stränden. Auf der Boddenseite finden sich kleine, behaglich verträumte Fischerdörfchen. Die liebevoll herausgeputzten Katen, farbenfroh bemalt und von entzückenden Gärtchen umgeben, lassen unschwer erkennen, dass hier oft nicht mehr der schlichte Fischersmann zu Hause ist, sondern gutsituierte Städter ihren Feriensitz aufgeschlagen haben.

Ostseebad Dierhagen

„Es tritt zum ersten Male unter den Badeörtern auf und kann selbstverständlich große Genüsse nicht bieten", schreibt im Mai 1898 die *Rostocker Zeitung*. *„Wer in ungestörter Ruhe, in frischer, reinster Seeluft, bei kräftiger Kost und bescheidenen Preisen Erholung und Stärkung sucht, der möge es mal mit Dierhagen versuchen."*

Das Ostseebad Dierhagen, 1311 in einem dänischen Schutzbrief erstmals als *Deerhagen* (Tierhagen) erwähnt, besteht heute aus fünf voneinander getrennten Ortsteilen. Verteilt zwischen Meer und Bodden und umgeben von Kiefernwald und Wiesen, liegen die einzelnen Ortsteile, deren historischer Kern das boddenseitige **Dierhagen-Dorf** ist. Heute ist der Hauptort das hinter den Dünen an der Außenküste gelegene **Dier-**

hagen-Strand, das mit seinem 7 km langen und 30 bis 40 m breiten Prachtstrand Sandhasen und Strandläufer en masse anlockt. Zu Dierhagen gehört weiterhin das idyllische Boddendorf **Dändorf,** außerdem **Neuhaus,** das sich erst 1930 aus Urlaubshäusern auf der Hohen Düne entwickelt hat, und die kilometerlange Siedlung aus Datschen, Villen und Wochenendhäusern, die sich parallel zum Strand fast bis Wustrow hinzieht und **Dierhagen-Ost** genannt wird.

Verwaltungs- und Versorgungszentrum ist das alte Dierhagen-Dorf. Ebenso wie in Dändorf, das wegen seiner reichen Kapitäne zuzeiten der großen Segelschiffe eines der reichsten Dörfer Mecklenburgs war und deshalb auch „Golddorf" genannt wurde, herrscht in dem schnuckeligen Boddendorf mit seinen teils wunderhübschen Kapitänshäusern auch zu Sommerzeiten eher beschauliches Treiben. Wer einmal dem Trubel der Außenküste entfliehen und in Ruhe angeln, radeln oder dinieren will, dem sei der Besuch der Dörfer am Saaler Bodden empfohlen.

Die reizvolle Dünen- und Kiefernwaldlandschaft rings um Dierhagen und besonders das Küstenhochmoor **NSG Ribnitzer Großes Moor,** mit seinem ausgesprochen sehens- und begehenswerten Moor-Lehrpfad, laden ein zu Spaziergängen und Naturerkundungen. Das **NSG Dierhäger Moor** ist Totalreservat und darf nicht betreten werden.

Info

■ **Vorwahl: 038226**

■ **Kurverwaltung,** Ernst-Moritz-Arndt-Str. 2, 18347 Dierhagen-Strand, Tel. (038226) 201,

Ausflugstipp

Bunker 302 – die letzten Sekunden der Erde

Für Freunde von sinistren und bizarren, geheimnisumwitterten Orten sollten sich aufmachen in die winzige Siedlung Eichenthal nahe Tribsees. Denn dort versteckt sich mit dem „Sonderobjekt 302" ein ganz besonders geheimisvoller Ort tief unter der Erde – der strategische Atombunker, den die DDR zwischen 1983 und 1986 unter allerhöchster Geheimhaltung errichten ließ. Von hier aus sollten im Ernstfall die Befehle gesendet werden, die den Atomkrieg entfesselt würden. 1992 nach dem Ende der DDR abgeschaltet, verplombt und geflutet, wurde er 2004 wieder entdeckt und für den Besucherverkehr hergerichtet. Eine Führung durch dieses gruselige Unterweltsszenario lässt die Welt des kalten Krieges wieder in all ihrer paranoiden Absurdität wieder auferstehen. Und wenn man in der strategischen Nachrichtenzentrale den simulierten Countdown zum Start der Atomraketen miterlebt, wenn die letzten Sekunden der Welt angezählt werden, dann läuft wohl jedem ein eiskalter Schauer des Entsetzens und Grauens über den Rücken.

■ **Info:** *Bunker Eichenthal,* Eichenthaler Weg 7, Langsdorf, OT Eichenthal, Tel. (038320) 649866, www.bunker-302.de. Führungen 45 Min., auf Anmeldung auch individuelle Führungen. Wegen der Temperaturen von ganzjährig ca. 8 Grad entsprechende Kleidung mitbringen. 30. 3.–31. 10. tägl. 10.30–18 Uhr.

Ostseebad Dierhagen

www.ostseebad-dierhagen.de (Juni–Aug. Mo–Fr 9–18 Uhr, Sa/So 10–14 Uhr, Sept.–Mai Mo–Fr 9–16 Uhr, Sa/So 10–13 Uhr), Kurtaxe: HS 2 €, NS 1 €.

Unterkunft

■ **Hotel Blinkfüer,** Dierhagen-Ost, An der Schwedenschanze 20, Tel. 53570, www.hotel-blinkfueer.de (angenehmes, strandnahes 4-Sternehotel mit schönem Wellnessbereich, Wintergarten und empfehlenswertes Restaurant. HS ab 130 €, NS ab 114 €).

Mein Tipp: **Pension Stocker,** im Ortsteil Dorf, Neue Str. 6, Tel. 5080, www.gasthaus-pension-stocker.m-vp.de (prachtvolles, bilderbuchschönes Reetdachgehöft in ruhiger Lage mit einladender Gaststätte in ebenso imposanter wie malerischer Scheune, HS 62 €, NS 55 €).

■ **Pension Haus Windhook,** Amselweg 4, Tel. 80495, www.haus-windhook.de (Reetdachhaus hinter dem Strand; mit Appartements, Kaminzimmer und gutem Restaurant. Angeschlossen das „Haus Seeblick" mit ebensolchem, da nur 20 m vom Wasser direkt auf dem Dünenkamm gelegen, App. NS 55–75 €, HS 85–115 €).

■ **Pension Am Wiesengrund,** Dorfstr. 15, Dändorf, Tel. 80461, www.daendorf.de (Ruhige Lage, Restaurant, Fahrradverleih, HS 70 €, NS 58 €).

■ **Camping An den Stranddünen,** im Ortsteil Dierhagen-Ost, Waldweg 5, www.campingplatz-

ennen.de, Tel. 80492, (vom 1.3. bis 31.10. geöffneter familiärer Platz unmittelbar hinter den Stranddünen gelegen. Angenehm kleine Anlage mit gepflegten Sanitäranlagen und FeWo-Vermietung.Der Chef *Peter Ennen* kann viel zur Rostocker Heide erzählen! Mit Spielplatz, Fahrrad- und Bootsverleih).

■ **Camping Ostseecamp,** im Ortsteil Dierhagen-Strand, E.-M.-Arndt-Str. 1, Tel. 80778, www.ostsee camp-dierhagen.de (vom ADAC mehrfach ausgezeichneter ebener Wiesenplatz mit Busch- und Baumbeständen, zum Strand ca. 5 Min. Fußweg durch Kiefernwald, mit Fahrradverleih, 15. März–31. Okt.).

■ **Camping Neuhaus,** im Ortsteil Neuhaus, Birkenallee 10, Tel. 539930, www.camping-in-neu haus.de (kleinerer, sehr ruhig und von Wald umrahmter, direkt hinter dem Strand gelegener ebener Platz mit lockerem Busch- und Baumbestand, 1.4.–31.10.).

Gastronomie

■ **Windhook,** Amselweg 4, Tel. 80495 (neben seiner idyllischen Eins-mit-Sternchen-Lage direkt in den Stranddünen punktet das Haus Windhook auch noch mit seiner kleinen gemütlichen Kamin-Gaststätte, die als einzige am Ort noch ihre Fische selbst fängt und zubereitet).

■ **Schipperhus,** im Ortsteil Dierhagen-Dorf, Strandstr. 6, Tel. 80211 (schönes Reetdachrestaurant mit Fischländer Flair im ältesten Haus am Ort. Die ausgezeichneten Fischgerichte wie Ostsee-Dorsch mit frischen Kräutern und Meerettich lassen sich auf der schönen Terrasse besonders gut genießen).

■ **Blinkfüer,** im *Hotel Blinkfüer* (exzellente, vom *Gault Millau* ausgezeichnete kreative Küche in stilvollem Gastraum, im Wintergarten oder auf großer Sonnenterrasse).

■ **Meeresrauschen,** Am Badesteig 8a, Tel. 53608, www.meeresrauschen-darss.de. Strandnah gelegen mit großem einladenden Biergarten. Gute frische Fisch- und Wildgerichte sowie vegetarische Angebote, bei denen man schmeckt, dass der Koch sein Handwerk beherrscht und die sorgsam ausgewählten Zutaten aus heimischen Gewässern und Wäldern stammen.

Mein Tipp: **Café Schreiber,** im Ortsteil Dierhagen Ost, Deichweg 8, Tel. 80011 (kleines, nettes Café unterm Reetdach in etwas versteckter Lage direkt an der Ostsee. Hier lässt sich's bei Bier und Eis gut sein, samstags Grillabende, 4 preiswerte Gästezimmer 50 €).

■ **Boddenblick,** im Ortsteil Dierhagen Dorf, am Hafen, Tel. 80166 (regionale Küche mit viel Fisch direkt am kleinen Fischer- und Seglerhafen mit reizvoller Terrasse direkt am Wasser).

Ostseebad Wustrow

Swante Wustrowe, „Heilige Insel", nannten die slawischen Bewohner einst den Ort am Permin. Zur Insel machten ihn die Mündungsarme der Recknitz, die den Ort damals nördlich und südlich umflossen. Der Permin, heute eine Bucht des Saaler Boddens, war noch bis 1395 ein Strom, der den Bodden mit der Ostsee verband. Erst als die Rostocker und Stralsunder Hanseaten gezielt Schiffe in der Wasserstraße versenkten, versandete er. Für die Stadt Ribnitz übrigens ein fataler Vorgang, weil die Hafenstadt dadurch ihren direkten Zugang zum Meer verlor und in ihrer Bedeutung hinter den beiden Städten der Schiffeversenker verschwand.

Wichtige Landmarke – die Kirche von Wustrow

Das goldene Zeitalter Wustrows währte, solange die großen Segler auf allen Meeren der Welt kreuzten und Frachtraum Gold wert war. Und über Frachtraum verfügte das Kapitäns- und Schifferdorf Wustrow reichlich. 1832, als der Ort kaum 1000 Einwohner zählte, waren in Wustrow 132 Schiffe beheimatet. Da jedes der Segelboote durchschnittlich 8 Mann Besatzung hatte, fuhr der Rest des Dorfes als Kapitän, Steuermann oder Matrose auf Große Fahrt. Die malerischen **Kapitänshäuser** mit ihren aufwendig geschnitzten und bunt bemalten Türen erinnern an jene fette Zeiten.

1846 wurde das nautische Wissen, das in Wustrow ansässig war, systematisch genutzt und die Großherzoglich-Mecklenburgische Navigationsschule gegründet. Schon vorher hatten erfahrene Kapitäne und Steuermänner im Winter Kurse zur Erlangung des Steuermannexamens angeboten. 146 Jahre lang bildete die Seefahrtsschule aus, bevor sie 1992 endgültig ihre Tore schließen musste.

Heute zählt das Ostseebad Wustrow 1400 Einwohner und ist damit die größte Gemeinde auf dem Fischland und ist im Sommer fest in der Hand des Badetourismus. Weithin sichtbar thront auf einem Hügel die neugotische **Fischländer Kirche** (Hafenstr. 2, Tel. 338, Kirche 1. Juni–30. Sept. Di–So 10–17 Uhr, Kirchturm 2. Mai–30. Sept. Di–So 10–17 Uhr). Eben an jener Stelle, an der zurzeit der *Swante Wustrowe* ein Heiligtum zur Ehre des Slawengottes *Swantevit* gestanden haben soll. Es ist sehr lohnend, die engen und steilen Stufen des 18 m hohen Kirchturms hinaufzusteigen. Ein überwältigender Blick über die Wasser von Bodden und offener See ist der Lohn der Mühe. Gleich hinter der Kirche liegt der kleine romantische Fischerhafen am Bodden, in dem die Ausflugsdampfer anlegen. Der unwiderstehliche Geruch von geräuchertem Fisch weist den Weg.

Das **Fischlandhaus,** ein entzückendes, unter Denkmalschutz stehendes, 250 Jahre altes Hochdielenhaus; zeigt in 3 Räumen wechselnde Ausstellungen zu Malerei und Fotografie der Region.

Ausnehmend schön ist auch ein Spaziergang am Boddenufer entlang hinaus zum Ortsteil **Barnstorf** auf der Landspitze Hoher Ort. Barnsdorf besteht nur

Wustrow

aus wenigen bildschönen Bauerngehöften. Eines der reizvollen niederdeutschen Hallenhäuser ist die **Kunstscheune,** die im Sommer Ausstellungen mit vorwiegend norddeutschen Künstlern zeigt. Die alten Gehöfte stehen unter Denkmalschutz und sind die am besten erhaltenen historischen Höfe des Fischlands.

Info

- **Vorwahl: 039828**
- **Kurverwaltung,** E.-Thälmann-Str. 11, 18347 Wustrow, Tel. (038220) 251, www.ostseebad-wustrow.de (tägl. 10–17 Uhr, Kurabgabe HS 2 €, NS 1 €, Hund 1 €).

Unterkunft

- **Hotel Sonnenhof,** Strandstr. 33, Tel. 6190, www.sonnenhof-wustrow.de (hübsche Fachwerkhaus-Anlage mit schönem Pool, Wasserfall, Café und stilvollem Restaurant, Spielplatz u. Terrasse, HS 130 €, NS 95–115 €).
- **Landhaus Schlunt,** Osterstraße 30, Tel. 80515, www.landhaus-schlunt.de (zauberhafte Rohrdachkate mit romant.-rustikalem Restaurant, sibirischer Erdsauna, russisch-römischem Dampfbad, finnischer Sauna, Kaminzimmer, Massagen, Solarium, DZ HS ab 55 €, NS ab 44 €, App. HS ab 65 €, NS ab 50 €, Frühst. 10 €).
- **Hof Zeesenblick,** Barnstorf Hufe II, Tel. 6030, www.meinostseetraumurlaub.de (6 FeWo im malerischen Reethaus in wunderbarer Alleinlage auf weitläufigem Grundstück direkt am Wasser mit Privathafen, Sauna, Solarium, FeWo HS 140–220 €, NS 80–178 €).

MEIN TIPP: **Scheune Hufe III,** Barnstorf Hufe 3, Tel. 80354, www.scheune-peters.de (5 Ferienwohnungen in liebevollst sanierter Scheune auf 400 Jahre altem Hofidyll in schönster Lage am Bodden; idyllische Sitzplätze im Garten und am Wasser, Bootssteg, Grillplatz, Sauna, HS 60 €, NS 50–55 €).

- **Surfcenter,** Am Windrad, Tel. 80250, www.surfcenter-wustrow.de (Apr.–Okt., **WoMo-Stellplätze** mit Strom, Wasser auf Parkplatz am Strand, mit Beachbar, Kite- und Surfschule, Shop und Verleih).

Gastronomie

- **Schifferwiege,** K.-Marx-Str. 30, Tel. 80336 (für viele *das* Top-Restaurant der Halbinsel. Herausragende Küche zu fairen Preisen mit Schwerpunkt

regionale Fischspezialitäten, serviert von ausgesucht freundlichem und professionellem Personal. Besonders schön auch der Garten mit Pavillon und alten Walnussbäumen. Eine wirklich zu empfehlende Adresse, deshalb besser Tisch vorbestellen, zumindest in der Saison. Mit angenehmer kleiner Pension.

Mein Tipp: **Schimmels,** Parkstraße 1, Tel. 66500, www.schimmels.de (ein Ort zum Genießen. Qualitativ hochwertige, fantasievolle Küche in gepflegtem Ambiente, die aus regionalen Produkten Gerichte mit kulinarischem Anspruch kreiert wie lauwarmes Zanderfilet auf marinierter Rote Beete).

Kultur

- **Fischlandhaus,** Neue Str. 38, Tel. 80465, Bibliothek, wechselnde Ausstellungen (tägl. 10–16 Uhr).
- **Kunstscheune Barnstorf,** Hufe 4, Tel. 201, www.kunstscheune-barnstorf.de (1.5.–15.10. tägl. 10–13 und 15–18 Uhr, Ostern und Weihnachten tägl. 11–17 Uhr; Malerei, Plastiken, Skulpturen, Keramik, Schmuck).

Ahrenshoop

Ahrenshoop oder „Arneshoop", wie es früher genannt wurde, zieht sich über Kilometer entlang der Straße. Die 1950 eingemeindeten Dörfer Althagen und Nienhagen liegen noch auf dem Fischland, während Ahrenshoop selbst bereits auf dem Darß liegt. Noch heute ist der Grenzgraben am Grenzweg zu erkennen, der einst die beiden mecklenburgischen Dörfer vom pommerschen Ahrenshoop trennte.

„Im Spätsommer 1889 hielt ich mich mit meinem Kollegen, dem Tiermaler Oskar Frenzel, in Wustrow auf dem Fischlande auf, um zu malen. Gelegentlich einer Wanderung am Hohen Ufer lag plötzlich, als wir die letzte Anhöhe erreicht hatten, zu unseren Füßen ein Dorf: Ahrenshoop", erinnert sich der Maler *Paul Müller-Kaempf* an seinen ersten Kontakt mit dem winzigen Fischerdorf, das sich in die karge Dünenlandschaft duckte. *„Wir hatten von seiner Existenz keine Ahnung und blickten überrascht auf dieses Bild*

des Friedens und der Einsamkeit." 1892 ließ der Maler sich endgültig bei den Fischern nieder und eröffnete eine Malschule. Ihm folgten schnell weitere Kollegen, sodass bereits um die Jahrhundertwende unter den 30 Fischerfamilien 16 Maler wohnten. Die Künstlerkolonie Ahrenshoop war entstanden (siehe Exkurs). Auch wenn die Maler nun mehrheitlich von Kunsthandwerkern abgelöst wurden, ist Ahrenshoop bis heute ein beliebter Aufenthaltsort kreativer Menschen.

050osk ph

Das ehemalige Fischerdörfchen hat sich seinen besonderen Charakter bewahren können. An den sandigen Wegen reihen sich, umrahmt von blühenden Gärten, reetgedeckte Häuser von ausgesuchter Schönheit. Auch die Natur, in die der Ort eingebettet ist, zeigt sich von ihrer schönsten Seite. Die Küstenlandschaft bei Ahrenshoop ist so abwechslungsreich und beeindruckend wie an keiner anderen Stelle auf der Halbinsel.

Historischer Kern der Künstlerkolonie Ahrenshoop ist der **Kunstkaten,** der sich seit seiner Eröffnung 1909 mit Ausstellungen, Lesungen und anderen Veranstaltungen den Fischländer Kunstschaffenden widmet. Auch die **Bunte Stube,** das markant rot-weiße Gebäude im Zentrum von Ahrenshoop, das 1922 von *Martha Wegscheider* und dem Maler *Hans Brass* gegründet und 1929 vom Bauhausarchitekten *Walter Butzek* neu gestaltetet wurde, dient neben dem Buch- und Kunsthandwerkverkauf als Austellungsraum.

2013 wurde das große **Neue Kunstmuseum Ahrenshoop** eröffnet, das in Form eines Minidorfs aus einer Gruppe von fünf markanten reetgedeckten Gebäuden besteht, die sich architektonisch sehr gut in das Gesamtbild des Ortes einfügen. Der neue, durch Spendengelder finanzierte Musentempel, ist mit seiner Sammlung und seinen Ausstellungen eine weitere herausragende Adresse in der ohnehin schon vielfältigen Kunst- und Kulturszene des Künstlerorts.

☐ Seit 1909 das herz des Künstlerdorfes – der bildschöne Kunstkaten in Ahrenshoop

Zu dieser spannenden Szene gehört auch die ungewöhnliche **Klanggalerie „Das Ohr“,** die der Komponist und Musiker *Lutz Gerlach* entwarf. Das dem Grundriss eines Ohres inkl. Innenohr nachempfundene Gebäude ist ein einmaliger Ort, an dem das Gehör im Zentrum des sinnlichen Erlebens steht. Neben einer Klanggalerie von LGM-Records kann man hier Konzerte, Klanginstallationen etc. erleben.

Ganz im Stil der Landschaft erbaut ist die **Schifferkirche,** Tel. (038233) 80196. Ahrenshooper Handwerker errichteten sie 1951 in der Form eines kieloben liegenden Fischerbootes, aus Holz des Darßer Urwaldes und aus Schilf vom Bodden. Aus dem Stamm der alten Pappel, die bei ihrem Bau gefällt werden musste, arbeitete die Ahrenshooper Bildhauerin *Doris Oberländer-Seeberg* Kanzel, Taufstein und die Altarrückwand des Kirchleins. Auf dem Friedhof befinden sich Grabstätten der Ahrenshooper Prominenz sowie alte Seemanns- und Kapitänsgräber.

Keinesfalls versäumen sollte man einen Spaziergang entlang der Steilküste am **Hohen Ufer** zwischen Ahrenshoop und Wustrow. Bis zu 20 m fällt hier das gelbleuchtende Steilufer senkrecht ab. An manchen Stellen führen vom Strand Treppen zu der Abbruchkante hinauf, an der sich über Matten von Hornklee, Grasnelken und Mauerpfeffer und durch blühende Weißdornbüsche, silbern flirrender Sanddorn und Buschwindrosenhecken ein Weg schlängelt. Zerzauste „Windflüchter“ zeigen unmissverständlich, woher hier der Wind weht. Ein Stück romantischster Natur voll stiller Harmonie, Fischland von seiner allerschönsten Seite.

Schön ist auch der Abstecher zum kleinen **Fischerhafen von Althagen.** Im Hafen kann man nicht nur historische Zeesboote mit ihren braunen Segeln betrachten, sondern auch einen Trip auf einem dieser malerischen Boote machen (siehe dazu auch Exkurs „Zeesboote“).

Info

- **Vorwahl: 038220**
- **Kurverwaltung,** Kirchnersgang 2, 18347 Ahrenshoop, Tel. (038220) 666610, www.ostseebad-ahrenshoop.de (15. Juni–30. Sept. Mo–Fr 9–18 Uhr, Sa/So 10–15 Uhr, 1. April–14. Juni u. Okt. Mo–Fr 9–17 Uhr, Sa 10–15 Uhr, 1. Nov.–31. März Mo–Fr 9–16 Uhr, Sa 10–15 Uhr, Kurabgabe HS 2,30 €, NS 1,40 €, bis 18 J. frei).

Unterkunft

- **The Grand,** Schifferberg 24, Tel. 6780, www.the-grand.de. *Die* neue Adresse Ahrenshoops. Anstatt des alten hässlichen Kurhauses aus der DDR-Ära erhebt sich nun an selber Stelle das vornehme 4-Sterne-Grand-Hotel. 80 Zimmer und Suiten mit ebenso eleganter wie dezenter und stilvoller moderner Ausstattung und riesigen Panoramafenstern für einen unvergleichlichen Ausblick. Alle Zimmer mit Balkon oder Terrasse. Weitläufiger Wellness- und SPA-Bereich mit 20-m-Pool und Saunalandschaft und Galerie „Kunst im Kurhaus“. 145–350 €.

MEIN TIPP: **Hotel Namenlos, Fischerwiege & Bergfalke,** Schifferberg 2, Tel. 6060, www.hotel-namenlos.de (reizvolles, rohrgedecktes 4-Sterne-Romantikhotel mit sehr schöner Sonnenterrasse mit Meerblick. Angeschlossen sind die beiden bilderbuchschönen, still und idyllisch auf dem Schifferberg gelegenen Rohrdachkaten „Fischerwiege“ und „Bergfalke“. Schöner kann man kaum logieren).

Ostseebad Ahrenshoop
0 100 m
©Reise Know-How 2015
MecOSK11
Prerow
Rad- und Wanderweg
Kunsthaus am Schifferberg
Koppelweg
Dünenhaus
Schifferberg 14,60 m
Schifferberg
Doris-Oberländer-Weg
Schifferkirche
Paetowweg
Dorfstraße
Bunte Stube
Künstlerhaus Lukas
Kunstkaten Ahrenshoop
Strandweg
Hans-Brass-Weg
Strandhalle
Galerie Alte Schule
Klanggalerie Das Ohr
Kirchnersgang
Feldweg
Am Strom
Niemannsweg
Galerie Dornenhaus
Grenzweg
Hans-Kinder-Weg
Edmund-Kesting-Weg
Fritz-Grebe-Weg
Alfred-Partikel-Weg
Dora-Koch-Stetter-Weg
Paul-Müller-von-Kaempff-Weg
Bernhard-Seitz-Weg
Neues Kunsthaus Ahrenshoop
H.-Abeking-Weg
Heinr.-Schlotermann-Weg
Kunstmuseum Ahrenshoop
Weg zum Hohen Ufer
Töpferw.
Hafenweg
Galerie Schnepel III, Althagen/Niehagen
Übernachtung
1 The Grand
2 Hotel Namenlos, Fischerwiege, Bergfalke
3 Pension Nordlicht
6 Pension Bradhering
8 Pension Räucherhaus
Essen und Trinken
1 Panomara Café
4 Restaurant Zur Robbe
5 Café Buhne
7 Restaurant Am Kiel

Die Künstlerkolonie

Begonnen hat der Aufstieg des völlig unbedeutenden und ebenso abgelegenen armen Fischerdorfes zum weitbekannten Künstlermekka im Jahre 1889, als der Maler *Müller-Kaempf* auf einer Wanderung das Dorf und Motiv entdeckte, sich 1892 dort niederließ und eine Malschule eröffnete. Der allererste Künstler war er jedoch nicht. Schon vor ihm logierte der Mecklenburger Landschaftsmaler *Carl Malchin* im nahen Wustrow. Doch mit *Müller-Kaempf* begann der Zuzug von Kollegen und Kolleginnen. Anfänglich wurden die eigentümlichen Künstler- und Bohemiengestalten von den einheimischen Fischern wie exotische Tiere kopfschüttelnd bestaunt. Ein bei sonntäglichen Ausflügen von den Wustrowern vielbestauntes „Kunstwerk" war damals der Flaschenberg, der sich im Garten des Kaempfschen Anwesens (heute *Haus Lucas* in der Dorfstraße) aufstapelte. Da sich Malschüler und Maler überwiegend aus dem weiblichen Geschlecht rekrutierten (was mit seinen Grund darin hatte, dass Frauen damals der Zugang zu Universitäten und Akademien versperrt war) und zur Jahrhundertwende bereits fast so viele Künstler wie Fischer in Ahrenshoop ansässig waren, verbreitete sich der Ruf des Dörfchens mit dem bunten, unkonventionellen Malervölkchen schnell.

Insbesonders die „Malhühner", wie die mit ihren Staffeleien im Dünengras hockenden und von großen Hüten beschatteten Künstlerinnen von der Bevölkerung genannt wurden, waren zunehmend das Ziel von Spott und Witzelei. *„An allen Ecken und Enden vom Darß bis zum Bodden saßen sie und malten"*, erinnert sich eine alte Ah-

046osk ph

renshooperin. In ein Gästebuch notierte ein offensichtlich genervter Sommerfrischler: *„Ich kam hierher ganz ahnungslos, / Das Seebad zu genießen. / Da sah ich Maler, Pilzen gleich, / Rings aus der Erde schießen. / Es gibt an keinem Ort der Welt / Solch Massenheer von Pinseln / auch hört ich hinter jedem Busch / Ein feuchtes Malweib winseln. / Sie streifen hin durch Feld und Flur, / Bald einzeln, bald im Rudel".*

Die Künstlerkolonie wurde zum – oft humoristischen – Thema in Theater und Roman. Das Bemühen der Maler und Malerinnen, neue Motive zu entdecken, stieß angesichts der ungewöhnlichen Populationsdichte kreativen Schaffensdranges und der räumlichen Begrenztheit des schmalen Dünenstreifens zwischen Meer und Bodden schnell an Grenzen. Diese dramatische Motivverknappung und den damit einhergehenden „Kampf ums Motiv" persiflierte der Schriftsteller *Heinz Tevote* in seinem 1906 erschienenen Roman *„Hilde Vangerow".* Alle Motive seien längst bekannt und durchnumeriert, heißt es darin. Der entzückende Schweinekoben trägt die Nr. 64, die Windmühle die Nr. 12, usw. Die guten Motive sind den einheimischen Künstlern vorbehalten, Zugereiste und Schüler müssen sich mit Sekundärmotiven begnügen. Als schließlich so ein Zugereister ein bis dato unbekanntes Motiv, ein paar liebliche Blümelein im Katengarten, entdeckt, kauft er „sein" unregistriertes Motiv für drei Mark von der Fischersfrau und schneidet es ab, damit sich kein Konkurrent daran vergreife. Braune Erdfarbe wird von Türen gekratzt, und Bäume werden umgehackt, damit ja kein fremder Maler die „persönlichen, privaten" Motive stehle und auf die Leinwand banne. Nach Erscheinen des Romans konnte sich *Tevote* in Ahrenshoop nicht mehr blicken lassen.

1909 eröffnete, auf Betreiben von *Müller-Kaempf* und seinem Kollegen *Theobald Schorn,* der Kunstkaten als Ausstellungs- und Schauraum für die Ahrenshooper Künstlerszene seine Pforten. 1922 folgte die Bunte Stube. Der Erste Weltkrieg, die darauf folgendene Wirtschaftskrise und die Inflation beendeten die Existenz der Künstlerkolonie Ahrenshoop, die stets hinter dem bekannteren Worpswede zurückgeblieben war. Während und zwischen den Weltkriegen wohnten nur noch wenige Künstler und Schöngeister in dem Ort. Erst nach Kriegsende zog es wieder vermehrt Kunstschaffende in die herrliche Landschaft. Neben einigen Malern, Bildhauern und Kunsthandwerkern wie Töpfern, Glasbläsern oder Webern siedelten sich zunehmend bekannte Schauspieler, Schriftsteller und andere Prominente der Staatskultur der DDR an.

Seit 2002 gehört Ahrenshoop EURO-Art an, dem Netz der europäischen Künstlerkolonien, zu dessen Gründungsmitgliedern es gehörte. Die derzeitigen Mitglieder Worpswede und Ahrenshoop, Barbizon in Frankreich, Tervuren und Sint-Martens-Latem in Belgien und Oosterbeek in den Niederlanden taten sich zusammen, um die Tradition der Künstlerkolonien, ausgehend von Barbizon, zu bewahren und weiter zu entwickeln, die gegenwärtige bildende Kunst und Künstler zu fördern.

■ **Buchtipp:** *Ruth Negendank,* Künstlerkolonie Ahrenshoop. Eine Landschaft für Künstler, Verlag Atelier im Bauernhaus.

[<] Viele Künstler finden auf der Halbinsel Inspiration

Namenlos NS 150–170 €, HS 190–200 €, *Fischerwiege* NS 130–150 €, HS 170–180 €, *Bergfalke* NS 75–85 €, HS 95 €.

■ **Pension Bradhering,** OT Niehagen, Weg zum Kiel 7, Tel. 414, www.pension-bradhering.de (wohnen bei Fam. *Bradhering* in stiller Boddenlage mit Garten u. Fahrradverleih, DZ HS 85€, NS 60–75 €, App. HS 100–120 €, NS 70–95 €).

■ **Pension Nordlicht,** Dorfstr. 34, Tel. 69610, www.nordlicht-ahrenshoop.de (direkt am Strandzugang Nr. 9, mit Seeblick, DZ HS 90–105 €, NS 60–95 €, App. HS 125 €, NS 95–105 €).

■ **Pension Räucherhaus,** OT Althagen, Am Hafen, Tel. 6946, www.raeucherhaus-ahrenshoop.de (direkt am Fischerhafen, im Restaurant frische Fischspezialitäten, App NS 50–55 €, HS 60–65 €, Fewo NS 55–75 €, HS 70–105 €, ohne Frühst.).

Gastronomie

MEIN TIPP: **Café Buhne,** Grenzweg 12 *(*Hohes Ufer), Tel. 232 (auf dem höchsten Punkt des Steilufers gelegen mit *dem* Postkartenblick von Ahrenshoop auf Reetdächer, Dünen, Strand und Meer. Im Sommer großer schöner Garten mit herrlichem Ausblick, im Winter kleine gemütliche Gaststube mit leckerem Kuchen und handfester Hausmannskost).

Zur Robbe, Hans-Brass-Weg 1, Tel. 80136, www.zur-robbe.de (ein Fischrestaurant der besseren Art. Alteingesessene Adresse im 200 Jahre alten Reetdachhaus mit urgemütlicher rustikaler Einrichtung, dazu schmackhafte Gerichte, vorwiegend Fisch, aber auch Fleischgerichte).

Am Kiel, Boddenweg 12, Tel. 6410, www.amkiel.de. An den Jahreszeiten orientierte, leichte europäischen Küche – von Pasta über Darßer Hirschmedaillon bis zum Ahrenshooper Boddenaal im freundlich, angenehmem Ambiente der im Fischländer Stil eingerichteten Kamingaststätte.

Panorama Café, im *The Grand,* Tel. (038220) 6780. Ein grandioses Ostseepanorama vom Ahrenshooper Hochufer über den wilden Weststrand bis zum Darßer Leuchtturm bei Kaffee und Kuchen oder einem gepflegten Cocktail erwartet auch den Nichthotelgast im schicken Panorama-Café im 5. Stock des Grand Hotels. Ab 17 Uhr wird es zur Bar „Weitblick", um bei einem gepflegten Cocktail im Strandkorb auf der Loungeterrasse den herrlichen Sonnenuntergang über der Ostsee zu geniessen (tägl. ab 12 Uhr, ab 20 Uhr Live-Piano-Musik).

Die Schifferkirche von Ahrenshoop

Kunst und Kultur

Kunstkaten Ahrenshoop, Strandweg 1, Tel. 80308, www.kunstkaten.de (Ausstellungen, Galerie). Der Kunstkaten ist vom 11.4. bis 14.5.2016 wegen umfangreicher Renovierungsarbeiten geschlossen.

Kunstmuseum Ahrenshoop, Weg zum Hohen Ufer 36, Tel. 66790, www.kunstmuseum-ahrenshoop.de, tägl. 11–18 Uhr.

Strandhalle, Dorfstraße 16 b, Tel. 82522 (Ausstellungs- und Veranstaltungshaus).

Künstlerhaus Lukas, Dorfstraße 35, Tel. 6940, www.kuenstlerhaus-lukas.de (Stiftung Kulturfonds).

Neues Kunsthaus Ahrenshoop, Bernhard-Seitz-Weg 3a, Tel. 80726, www.neues-kunsthaus-ahrenshoop.de (Ausstellungen, Lesungen, Konzerte; Juli/Aug. tägl. 10–18 Uhr, Mai, Juni, Sept. Okt. 10–17 Uhr, Nov.–April 10–16 Uhr).

Die **Bunte Stube,** Dorfstr. 24, Tel. 238, www.bunte-stube.de (Juli–Aug. Mo–Sa 10–18.30 Uhr, So 13–17 Uhr, Mai/Juni/Sept./Okt. Mo–Sa 10–18 Uhr, So 13–17 Uhr, Febr.–März Di–Sa 11–18 Uhr, April Di–Sa 10–18 Uhr, Nov.–Jan. Do–Sa 11–17 Uhr).

Galerie Dornenhaus, Bernhard-Seitz-Weg 1, Tel. 80963, www.dornenhaus.de (Galerie im ältesten Haus von Ahrenshoop, tägl. 10–18, Nov.–Dez. 10–17 Uhr).

Klanggalerie „Das Ohr", Hans-Brass-Weg 2, Tel. 66700, www.lgm-records.de (Fr–So 11–13 und 15–17 Uhr, Kartenvorbestellung für LMG-Konzerte im „Ohr" Tel. 66700).

Kunsthaus am Schifferberg, Schifferberg 14d, Tel. 666860, www.kunsthaus-am-schifferberg.de (Werke von Künstlern aus den Kolonien Ahrenshoop, Hiddensee und Schwaan, regelmäßige Kunstauktionen).

Galerie Alte Schule, Dorfstraße 16, Tel. 66330, www.galerie-alte-schule-ahrenshoop.de (ersteigerbare Werke aus dem Bestand der *Ahrenshooper Kunstauktionen GmbH,* Auktionen & Werke unter www.ahrenshoop-kunstauktion.de).

Galerie Schnepel III, Weg zum Kiel 2, OT Niehagen, Tel. (038220) 679575, www.galerie-schnepel.de. Internationale Objekte. Sommer tägl. 16–19 Uhr, sonst nach Vereinbarung, Tel. (0172) 5105014.

Der Darß

Der Darß erstreckt sich von Ahrenshoop bis zum Prerower Strom, der bis zu der schweren Sturmflut von 1872 noch Zugang zum Meer hatte und den Zingst abtrennte. Der Altdarß ist der geologische Kern, das Herzstück vom Fischland-Darß-Zingst. Er liefert mit dem Material, das an seiner Westküste abgetragen wird, den Baustoff, aus dem die langgestreckte Landzunge sich formte und weiter formt. Der Neudarß und der Vordarß sind von den Wellen geborenes Neuland. In ewigem Wirken arbeitet das Meer und spült Strandwall um Strandwall an, schneidet Buchten ab, die dann zu Binnenseen werden, die verlanden. In den Verlandungszonen entstehen Moore, die wiederum von Erlenbruchwald besiedelt werden. Am Darß lässt sich eine **Küstendynamik** beobachten, wie sie an Deutschlands Küsten einzigartig ist. Auf wenigen Quadratkilometern kann man am Darßer Ort die Landentstehung und die schrittweise Besiedlung durch Pflanzen und Tiere wie in einem Lehrbuch Kapitel für Kapitel studieren.

Fast der gesamte Darß ist von einem geschlossenen Wald bedeckt, dem 60 km^2 großen **Darßer Urwald:** knorrige Rotbuchen, vom ständigen Westwind grotesk verformt, dunkle Sümpfe, unwegsame Moore, dichtes Gestrüpp, von wucherndem Waldgeißblatt und Efeu märchenhaft umsponnene Stämme und Äste, trocken-sandige, von Krähen- und Preiselbeere bedeckte Kiefernheiden, meterhohe Farnwälder von berückender Schönheit, umgestürzte Baummethusalems, von weichflauschigen Moosmatten überzogen.

049osk ph

☐ Das kulturelle und gesellschaftliche Zentrum von Ahrenshoop: die Bunte Stube

048osk ph

„Der Wald ist ein Urwald. Große Stürme haben die höchsten Bäume gebeugt und ihre Wurzeln aus der Erde gerissen. Dicke Efeuranken, die ihre Kraft aus Stämmen saugen, liegen geringelt wie Schlangen am Boden. Niemand holt das Holz. Es fault, Schwämme wuchern darin, weiße und braune Pilze, Brombeersträucher ranken sich an den Wurzeln hoch. Windbrüche sind Sümpfe geworden, braunes Wasser steht in den Kuhlen, von faulen Blättern bedeckt." So beschreibt der Schriftsteller *Heinrich Hauser* in seinem Roman *Brackwasser* treffend den Darßwald.

Die einzigartige Natur des Darß mit seinem Urwald, seiner zerrissenen, windgepeitschten **Westküste,** seinen amphibischen Neulandzonen am **Darßer Ort** und seiner besonderen Flora und Fauna stehen seit 1990 unter dem Schutz des **Nationalparks Vorpommersche Boddenlandschaft,** der neben dem Darß auch den Zingst und Bock wie auch die beiden Inseln Ummanz und Hiddensee umschließt.

Ostseebad Prerow

„Eine Tour durch das Dorf gibt einen Vorgeschmack von einer Reise durch die Sahara. Außer in den Hotel, derer drei vorhanden sind, haben wir nur vereinzelt Badegäste gesehen, ich kann mir auch kaum denken, dass man diese Wüste trotz der Zugabe von Wald, dessen Harzgeruch wir übrigens gerne auf unsere Nerven wirken lassen, aufsucht", berichtete 1884 die *Mecklenburger Zeitung* über das alte Fischer- und Seemannsdorf Prerow.

Davon kann heute keine Rede mehr sein. Das Ostseebad Prerow ist eines der meistbesuchten Seebäder der Region. Die touristischen Einrichtungen am Ort lassen kaum einen Wunsch offen. Und die geschmähte Wüste, die Sahara, die Wind und Strömung an der Prerower Bucht angelandet und zu paradiesischen Sand- und Strandlandschaften geformt hat, lockt heute Sonnenanbeter zu Tausenden hierher.

Bis 1872 war Prerow noch weitgehend ein Ort, in dem Fischer, Kapitäne und Matrosen wohnten. Die Prerower Bucht war ein ergiebiger Fischgrund, und der Prerowstrom bot einen sicheren Naturhafen. Die große Sturmflut vom November 1872 drängte in die Strommündung und überschwemmte Prerow und große Teile des Darß. Als das Wasser sich zurückzog, war der Zugang zum Meer durch einen mächtigen Sandwall abgeschnitten. Um kommende Katastrophen dieser Art zu verhindern, wurde die Strommündung endgültig durch einen Seedeich verschlossen, der bis Zingst verlängert wurde. Die Fischerei war am Ende und die Ära der Segelschiffe sowieso. Das Ostseebad Prerow war geboren und stieg zum beliebtesten Seebad der Region Fischland-Darß-Zingst auf.

An die alten Seemannszeiten erinnern noch die vielen bilderbuchschönen alten

‹ Vom Leuchtturm am Darßer Ort eröffnet sich eine grandiose Fernsicht

Kapitänshäuser mit ihren bunt leuchtenden Schnitztüren. Wer wie ich ein Faible für Türen hat, der sollte jedenfalls beim Spaziergang durch Prerow keinesfalls seine Kamera vergessen. Eine Sammlung jener für die Region typischen, mit stilisierten Blumen, Pflanzen und der lebensspendenden Sonne verzierten Türblätter zeigt das **Darß-Museum.** Mit seinen Sammlungen und Präparaten illustriert es die Geschichte, Geologie, Flora und Fauna der Region sehr anschaulich. Ebenso sehenswert ist die 1726 errichtete **Seemannskirche,** ein reizender Backsteinbau mit Holzturm. Im Inneren erinnern geschnitzte Schiffsmodelle an diejenigen, die hier Beistand und Segen für ihre Große Fahrt erflehten. Auf dem Friedhof erinnern alte, verwitterte Grabsteine auch an jene, die die See für immer behielt. Die Kirche liegt etwas versteckt außerhalb von Prerow. Am Ortsausgang Richtung Zingst geht es die Straße gegenüber vom Hafen am Prerowstrom in einen kleinen Wald hinein.

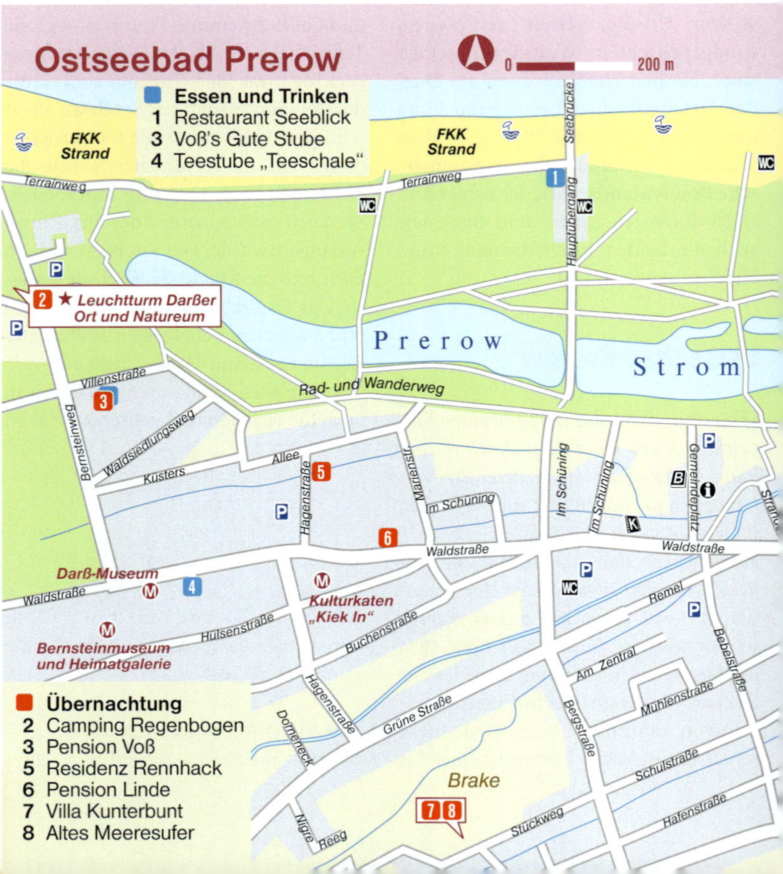

Dank seiner Lage im Zentrum der Halbinsel und am Rande des Darßer Urwalds ist Prerow ein idealer Ausgangspunkt für Erkundungen zu Fuß oder per Fahrrad. Besonders eindrucksvoll ist die **Wanderung** durch den Darßer Wald hinaus **zum Leuchtturm** am Darßer Ort. Der Weg (ca. 5 km) führt durch alle Landschaftsformen, die der Inselkern zu bieten hat. Durch sandigen Kiefernwald und auf Bohlenstegen durch moorige Wiesen zu einem kleinen Hafen, den einst die Nationale Volksarmee mitten im Schutzgebiet gebaggert hat und den nun einheimische Fischer nutzen. Wem der Weg zu Fuß zu weit und wer auch nicht mit dem Rad unterwegs ist, der kann von Prerow aus mit der kleinen „Darß-Bahn" bis zum Nothafen „Darßer Ort" fahren und von dort auf zwei Rundwegen (1,7 km und 3,7 km) bis zum 1849 errichteten und damit dienstältesten Leuchtturm Deutschlands spazieren.

■ **Darß-Bahn,** Hafenstr. 21b, Tel. (038233) 70241, www.darssbahn.de. Zwischen 1.4. und 31.10. 6x tägl. ab Hafen Prerow mit Halt an der Tourist-Info, Darß-Museum, Regenbogen-Camp Eingang und Parkplatz 3 bis Nothafen Darßer Ort.

Draußen am Darßer Ort führen Plankenstege durch die neu entstandene Dünenlandschaft. Beobachtungstürme ermöglichen einen bezaubernden Überblick über das jungfräuliche Land und geben Gelegenheit zur Vogelbeobachtung. Am Leuchtturm unterhält das Stralsunder Meeresmuseum das **NLP-Informationszentrum Natureum** Darßer Ort mit Aquarien. Ein Café, das allerdings nur zu besuchen ist, wenn man den Eintritt für die Ausstellung entrichtet, lädt zur Rast ein, bevor man den letzten Dünenkamm überschreitet und den unberührten Strand betritt. Ein großartiges Fleckchen Erde. Nicht versäumen: die Besteigung des 35 m hohen Leuchtturms! Wer die 125 Stufen hinauf geschafft hat, wird mit einem überwältigenden Rundumblick belohnt.

Auch der **Darßer Weststrand** ist ein herausragendes Ausflugsziel. Quer durch den Darßer Wald führen markierte Wanderwege hin zum wildromantischen Ufer, an dem die berühmten, vielzitierten und gemalten „Windflüchter

auf dem Darß" sich im Kampfe gegen den Wind in den sandigen Boden krallen. Winterliche Stürme und Fluten reißen immer neue Stücke aus dem Ufer und lassen die Bäume herabstürzen. Ein Gewirr von Wurzeln und Stämmen bedeckt den Strand und dient im Sommer vielen Nacktbadern als Blick- und Windschutz.

Das Camperparadies schlechthin an Deutschlands Ostseeküste ist der riesige **Regenbogen-Camp** westlich von Prerow, der schon zu DDR-Zeiten Legende war. Denn der Platz ist die einzige Stelle an der gesamten Ostseeküste, an der man inmitten der Dünen und bis auf den überbreiten Supersandstrand hinaus seine Zelte aufschlagen darf. Dies deshalb, weil hier die Strömung stetig Sand anlandet und so im Laufe der Zeit tatsächlich eine Art „Sahara" geschaffen hat, die an Deutschlands Küste ihresgleichen sucht. Die einzigartige Natur, in die er eingebettet ist, macht den Campingplatz zum vielbesuchten Mekka für FKK und Strandvergnügen. Für den Naturfreund ist bedauerlich, dass zahlreiche Vergnügungseinrichtungen wie beispielsweise Disco und Nachtbar ihn in der Hochsaison zu einer Art Rummelplatz machen.

Info

- **Vorwahl: 038233**
- **Kur- und Tourismusbetrieb,** Gemeindeplatz 1, 18375 Prerow, Tel. 6100, www.ostseebad-prerow.de (1.4.–14.6. Mo–Fr 9–17 Uhr, Sa 10–14 Uhr, 15.6.–30.9. Mo–Fr 9–18 Uhr, Sa/So 10–17 Uhr, 1.10.–31.10. Mo–Fr 9–18 Uhr, Sa 10–16 Uhr, 1.11.–31.3. Mo–Fr 9–16 Uhr, Sa 10–14 Uhr. Kurabgabe HS 2 €, NS 1 €. Zimmervermittlung: Tel. 69201, www.zimmerboerse-prerow.de).

Unterkunft

Residenz Rennhack, Hagenstr. 1, Tel. 7000, www.residenz-rennhack.de (strandnah gelegenes 4-Sterne-Hotel im neuen Reethaus und großzügigem Garten; mit Sauna, Fahrradverleih, Kaminzimmer, Caféterrasse, Bildergalerie, mit eigener Fischräucherei und Fischrestaurant, HS 125–135 €, NS 105–110 €).

Pension Voß, Villenstr. 6, Tel. 60136, www.pension-voss-prerow.eu (schön und ruhig im Wald in Strandnähe gelegen, mit großem Garten und tollem Restaurant, siehe „Gastronomie", HS 90 €, NS 35–70 €).

Villa Kunterbunt, Hafenstr. 41, Tel. (030) 3669 698, www.ostseeparadies-prerow.de (eine ganz besondere Adresse! Ein einziger großer, wunderbarer Märchen-, Fantasie-, und Abenteuerspielplatz ist die ganz auf die Bedürfnisse von Kindern zugeschnittene Ferienanlage in ruhiger Lage. Die Wohnungen heißen „Baumhaus", „Taka Tuka" oder „Räuberleiter" und sind entsprechend gestaltet. Mit Grillplatz und Schwimmbad. FeWo HS 455–700 €/ Woche NS 224–455 €).

Altes Meeresufer, Schmiedeberge 18, Tel. 484, www.altesmeeresufer.de (Nichtraucher-FeWo in zauberhaftem altem Darßer Handwerkerhaus, herrliche Lage auf 1,5 ha großem Garten mit Kräuterwiese direkt am Darßwald. Im Angebot Kurse in Töpfern, Malen, Tai-Chi, FeWo HS 25–70 €, NS 16–50 €).

Pension Linde, Waldstr. 33, Tel. 60245, www.pension-linde.de (preiswerte Herberge mit Garten in zentraler Lage, ca. 10 Min. Fußweg zum Strand, Frühstücksraum mit Kamin, Fahrradverleih, HS 77 €, NS 64 €).

Camping Regenbogen, Tel. 331, www.regenbogen.ag (der Kultplatz der Ostseeküste! Ganzjährig geöffnet, 1. Nov. bis 15. Dez. geschlossen, 35 ha riesiger, einmalig schön direkt am fantastischen Nordstrand und Rand des NLP gelegener Campingplatz mit 1300 Plätzen, davon etwa 600 FKK-Plätze teils mitten in den Dünen. Da sehr sandig, nicht mit PKW befahrbar. Separate Bereiche für Womos. Umfangreiche Ausstattung, Sport- und Freizeitangebote).

Bootshaus am Prerowstrom

Gastronomie

MEIN TIPP: **Voß's Gute Stube,** Villenstr. 6, Tel. 60136, (wunderbar gemütliche familiäre Stube, dazu hervorragende Fischküche, zubereitet nach Omas Rezepten, von Mutter serviert. Ein ebenso versteckter wie einladender Ort, 12–14 und 18–21.30 Uhr, Di Ruhetag).

Seeblick, an der Seebrücke, Tel. 348, www.wolff-prerow.de (Fischrestaurant direkt an der Seebrücke. Neben frischem Fisch aus Ostsee und Bodden auch Wild aus dem Darßer Wald. Besonders schön und angenehm die obere Etage, weil zum guten Essen hier auch noch der schöne Ausblick auf Strand und Meer hinzukommt. In der Saison Reservierung empfohlen).

Teeschale, Waldstr. 50, Tel. 60845, www.teeschale.de (gemütliche u. freundliche Teestube in denkmalgeschütztem Kapitänshaus mit selbstgemachtem Kuchen und kleine Speisen. Im Sommer beschauliche, liebevoll angelegte und blumenreiche Gartenterrasse. Im Laden 130 Teesorten, dazu Konfekt, handgetöpferte Keramik u.a., tgl. 12–22 Uhr).

Museen

Darß-Museum, Waldstr. 48, Tel. 69750 (Mai–Okt. Di–So 10–18 Uhr, Nov.–März Fr–So 13–17 Uhr, Apr. Mi–So 10–17 Uhr).

Kulturkaten „Kiek In", Waldstr. 42, Tel. 61025 (Musik, Theater, Kabarett, Vorträge etc. im Kapitänshaus).

■ **Seemannskirche,** Kirchenort 2, Tel. 69133 (Mo–Sa 10–18 Uhr, So 12–18 Uhr; mit Ausstellungen, Abendmusiken u.a.).
■ **Natureum Darßer Ort,** am Leuchtturm, Tel. 304, www.meeresmuseum.de (Ausstellungen, Aquarium, Café, Mai/Sept./Okt. tägl. 10–17 Uhr, Juni–Aug. 10–18 Uhr, Nov.–April Mi–So 11–16 Uhr).
■ **Bernsteinmuseum & Heimatgalerie,** Waldstr. 54, Tel. 462, www.darsser-ort.de (April–Okt. Mo–Sa 10–17.30 Uhr, Nov.–März Mo–Sa 14–16.30 Uhr, Sa 10–12 Uhr. Eine pittoreske Mischung aus Museum, Heimatgalerie und Kramlädchen).

Born

Das kleine Fischerdorf Born liegt reizvoll zwischen Darßer Wald und Bodden. Es ist das wohl schönste Dorf auf dem Darß. Wunderhübsche Rohrdachhäuser mit malerischen Krüppelwalmdächern und bunt bemalten Holzverschalungen finden sich im Ortsbild. Auf freier Wiese steht die **Fischerkirche.** Der Holzbau mit Rohrdach wird dank der guten Akustik seines Tonnengewölbes im Sommer als Konzertsaal genutzt (Info-Tel. (038234) 69133, Pfarrer *Witte,* Mo–Sa 11–16 Uhr). Eines der ältesten Häuser Borns ist das denkmalgeschützte **Forstamt,** in dem das *Forst- und Jagdmuseum „Ferdinand von Raesfeld"* seinen Sitz hat. In einer **Windmühle** wurde ein Restaurant eingerichtet. Das **Sommertheater,** eine Kleinkunstbühne, unterhält in der Saison Theater, Kabarett, Konzert.

Info

■ **Vorwahl: 038234**
■ **Kurverwaltung,** Chausseestr. 73, 18375 Born, Tel. (038234) 50421, www.darss.org (Mai/Sept./Okt. Mo–Fr 9–18 Uhr, Sa 10–14 Uhr, Juni–Aug. Mo–Fr 9–18 Uhr, Sa/So 10–17 Uhr, Nov. Mo–Fr 9–17.30 Uhr, Kurabgabe HS 2 €, NS 1 €).

Unterkunft

MEIN TIPP: **Walfischhaus,** Chausseestraße, Tel. 55784, www.walfischhaus.de (eine ausgesprochen charmante Adresse! Pension/Café/Restaurant in liebevoll restauriertem alten Kapitänshaus direkt am kleinen Hafen. Der sympathische kleine Familienbetrieb legt Wert auf Nachhaltigkeit, Gastlichkeit und Qualität, was sich in allen Bereichen und Details widerspiegelt. Sei es im lichtdurchfluteten Restaurant mit Kamin und Hafenblick und seiner mit Blüten und Kräutern dekorierten Bio-Küche oder den fünf großzügigen, individuell und stilsicher möblierten Zimmern der kleinen Pension im Hause. NS 98–116 €, HS 120 €).
■ **JH Ibenhorst,** Im Darßer Wald, Tel. 229 (herrliche Lage mitten im Wald, mit Zeltplatz, Ü/F ab 22,40 €).
■ **Regenbogen Resort Born,** Tel. 244, www.regenbogen-resorts.de (April–Okt.), 20 ha großer, ruhiger Platz im lichten Kiefernwald mit kleiner Badebucht am Bodden. Die stille Naturalternative zum Regenbogen-Camp an der Außenküste).

Gastronomie

MEIN TIPP: **Peterssons Hof,** Bäckergang 12b, Tel. 55720, www.peterssons-hof-cafe.de (eindrucksvolles, detailgetreu rekonstruiertes ehemaliges Gehöft mit Kapitänshaus und Scheune. Besonders der Gastraum mit bemalter Kassettendecke und offenem Kamin, in dem sehr schmackhafte Kleinigkeiten wie ein Cremesüppchen aus Strauchtomaten oder die große Fischplatte mit gebratenem Zander-, Barsch- & Dorschfilet mit Garnelenspieß serviert werden.)
■ **Café TonArt,** Chausseestr. 58, Tel. 55957, www.cafe-tonart.de (sehr einladendes, gemütliches Café,

Der Zug der Kraniche

Im Frühling und im Herbst, wenn die Vögel des Nordens ziehen, spielt sich in den seichten Boddengewässern zwischen Zingst und Rügen ein einzigartiges Schauspiel ab. Dann sammeln sich große Teile der nord- und osteuropäischen Population des Grauen Kranichs (wissenschaftlich *Grus Grus)* im Gebiet des Nationalparks *Vorpommersche Boddenlandschaft*. Seit die Rastgebiete an der Müritz von den scheuen Kranichen immer weniger aufgesucht werden, ist die ursprüngliche Boddenlandschaft zwischen Zingst und Rügen das wichtigste Rastgebiet in Europa geworden. Dabei haben sich zwei **Riesenschlafplätze** entwickelt, die Werderbuchten vor Pramort, die Udarser Wiek bei Rügen und der Fitt-Kirr-Bereich vor Zingst. Bis zu 70.000 dieser langbeinigen Großvögel halten sich hier auf, um neue Kräfte für ihre mehrere tausend Kilometer lange Reise zwischen Brut- und Winterquartier zu sammeln. Während sie bei ihrem Zug nach Spanien oft wochenlang verweilen, erfolgt der Frühlingszug meist ohne längeren Aufenthalt. Tagsüber sieht man die Kraniche auf den umliegenden Wiesen und Feldern nach Nahrung suchen. Bei Einbruch der Dämmerung sammeln sie sich dann zum Schlafen im knietiefen Flachwasser, das ihnen Schutz vor Feinden bietet.

Das einzigartige Naturschauspiel (neben den Kranichen nutzen bis zu 104 weitere Zugvogelarten die Bodden als Rast- und Nahrungsraum) ist ein unvergessliches Erlebnis. Da jede Beunruhigung und Störung der Tieredie Nahrungsaufnahme unterbricht und jede Flucht die Energie verzehrt, die sie für ihren kräfteraubenden Zug benötigen, gelten während des Kranichzuges **besondere Verhaltensvorschriften.** Zwei Grundregeln sind dabei unbedingt einzuhalten:

- Halten Sie unbedingt Abstand jenseits der Fluchtdistanz der Vögel! Wenn die Kraniche ihre Köpfe heben, ist das für Sie das Signal, sich weiter zurückzuziehen.
- Tragen Sie unauffällige Kleidung, verhalten Sie sich still!

Die Nationalparkverwaltung hat für die Kranichbeobachtung besondere **Beobachtungspunkte** eingerichtet, die die nötige Distanz garantieren. Verlassen Sie deshalb diese Punkte nicht. Die wichtigsten Beobachtungspunkte auf dem Zingst sind der Pramort und der Turm bei Müggenburg. Auf dem Festland ist es Kinnbackenhaken, auf Rügen Streu und auf Ummanz Tankow. Der Pramort auf Zingst ist nur mit dem Fahrrad zu erreichen und die Zahl der Besucher von der NLP-Verwaltung beschränkt.

Besonders gut kann man die an- und abfliegenden Kraniche von Bresewitz aus sehen. Durch den Ort und hinter den letzten Häusern hinab bis zum Schilfgürtel gehen. Und wer sie vom Bett aus beobachten möchte, der miete sich in der fahrradfreundlichen Pension „Boddenblick" ein, über der sie morgens und abends oft im Tiefstflug hinwegziehen.

- **Nationalparkamt Vorpommersche Boddenlandschaft,** Im Forst 5, 18375 Born, Tel. (038234) 5020, www.nationalpark-vorpommersche-boddenlandschaft.de.
- **Kranich-Informationszentrum,** Lindenstr. 27, Groß Mohrdorf, Tel. (038323) 80540, www.kraniche.de (mit Ausstellungen „Der Graue Kranich" und „Kraniche der Welt", März–Mai tägl. 10–16 Uhr, Juni/Juli Mo–Fr 10–16 Uhr, Aug. tägl. 10–16.30 Uhr, Sept./Okt. tägl. 9.30–17.30 Uhr, Nov. Mo–Fr 10–16 Uhr).
- **Unterkunft:** *Pension Boddenblick,* Zur Oie 9, Bresewitz, Tel. (038231) 81758, www.pension-boddenblick.de (HS 70–85 €, NS 55–65 €). Hier fliegen die Kraniche am Morgen und Abend direkt über Tisch und Bett!

053osk ph

Tee- und Weinstube mit Töpferwaren der freundlichen Gastgeberin *Anka Köhlmann.* Hier lässt es sich, ob drinnen oder draußen, prima sitzen und lecker Kuchen aus eigener Herstellung naschen. Man wünscht sich mehr von solch gastlichen Stuben!).

Kultur

■ **Forst- und Jagdmuseum „Ferdinand von Raesfeld",** Alte Oberförsterei, Chausseestr. 64, Tel. 30297 (mit NLP-Ausstellung „Darß-Wanderung" bei der Oberförsterei, geöffnet Mai–Okt. Di–So 10–16 Uhr).

■ **Sommertheater,** Chausseestr. 90, Tel. 50421 (Apr.–Okt. Theater, Kabarett, Lesungen u.a.).

Wieck

Auch das kleine Boddendorf Wieck, das sich als **„Biomodelldorf Wieck"** für gesunde Ernährung, ökologischen Landbau und regionale Wirtschaftskreisläufe einsetzt, bezaubert durch seine nostalgisch romantischen Fischerkaten, die sich an den Sandwegen des Ortes aufreihen. „Natur erleben – Natur verstehen" ist das Motto des **NLP-Infozentrums „Darßer Arche".** In dem außergewöhnlichen Holzbau in Form eines großen Schiffes befinden sich neben dem NLP-Besucherzentrum mit Ausstellung und Multivisionsschau auch die Galerie *Künstlerdeck* und ein Bio-Café mit Laden.

Info

Kur- und Tourist GmbH, Bliesenrader Weg 2, 18375 Wieck, Tel. (038233) 201, www.erholungsort-wieck-darss.de (Juni–Sept. tägl. 9–17 Uhr, Mai/Okt. tägl. 10–17 Uhr, Nov.–April Do–Mo 10–16 Uhr, Kurabgabe HS 2 €, NS 1 €).

NLP-Infozentrum Darßer Arche, Bliesenrader Weg 2, 18375 Wieck, Tel. (038233) 70380, www. darsser-arche.de (Öffnungszeiten wie Info).

Unterkunft

Hotel Haferland, Bauernreihe 5a, Tel. (038233) 680, www.hotelhaferland.de (eines der besten Häuser der Region. Gepflegte 4-Sterne-Reetdach-Anlage, eingebettet in 25.000 m² Garten in stilller Boddenlage am kl. Seglerhafen. Umfangreiches Angebot von Gesundheitsscheune über Pool bis Kochkurse beim Sternekoch, DZ 153–173 €, App. 168–192 €, im Winter jede 4. Nacht frei, Frühstücksbuffet für Langschläfer bis 13 Uhr!).

Teekaten, Brake 5, mobil: (0173) 2093577, www. darsser-teekaten.de (4 individuell gestaltete FeWo im bildschönem Reetdachkaten, der einst als Teestube bekannt war, HS 72–127 €, NS 46–105 €, jew. zzgl. Endreinigung 35–60 €).

Gastronomie

Fischers Hof, Nordkaten 1, Tel. (038233) 491 (Fischrestaurant mit Fischladen beim Boddenfischer. *Ludwig* und *Christian Permin* sind ausgebildete Fischer in 5. bzw. 6. Generation, tägl. ab 10 Uhr).

☐ Fischerkirche in Born

Der Zingst

Das Wandern ist des Sandes Lust. Auch der Zingst, jene Landzunge, die sich östlich des Darß auf einer Länge von 20 km erstreckt, ist ein Werk von Wind und Wellen. Angelandete Sande füllten nach und nach Senken zwischen den drei eiszeitlichen Landkernen. Auf den Strandwällen und flachen Sandplatten entwickelten sich Röhrichte, in die die Bauern ihr Vieh trieben. Durch Beweidung und regelmäßige Überflutung entstanden allmählich die großen, für das Landschaftsbild des Zingst typischen Salzwiesentorfe. Die flunderflachen, von Wassergräben durchzogenen Salzwiesen bedecken große Teile des Zingst.

Es wird vermutet, dass sich der Name Zingst von *seno,* dem slawischen Wort für Heu, ableitet. Die Zingster Wiesen werden jedenfalls seit mehr als 700 Jahren als Weideland genutzt. Heute, nachdem sie zum Nationalpark gehören, werden sie extensiv beweidet. Das Fleisch der Zingster Rinder unterliegt strengsten Qualitätskontrollen und landet vor allem in den Gläschen von Baby- und Kindernahrung. Größtes zusammenhängendes Waldstück ist der 800 ha große Osterwald im Zentrum der Halbinsel.

Bei Pramort am Ostzipfel wächst die Landzunge weiter in das flache Windwatt hinein und wird sich eines nicht zu fernen Tages mit dem Großen Werder verbinden. An der schnurgeraden Außenküste zieht sich auf ihrer ganzen Länge ein breiter, feinsandiger Strand bis zur Hohen Düne. Hier weht der Wind den Sand zu bis 13 m hohen Dünenwällen auf.

Der gesamte Zingst ist weitestgehend unbesiedelt. Der einzige größere Ort ist das Ostseebad Zingst. Bis auf den Bereich von Zingst und den beiden benachbarten Weilern Zingsthof und Müggenburg gehört der gesamte Zingst zum Nationalpark Vorpommersche Boddenlandschaft. Die flachen Salzwiesen, die seichten Boddengewässer und die Wattlandschaften der Inseln **Kirr, Oie** und **Großer** und **Kleiner Werder** sind ein einzigartiges Vogelparadies und einer der wichtigsten Rastplätze für Zugvögel. Während der Zugzeiten bevölkern große Schwärme verschiedener nordischer Gänse- und Entenarten und über 30 verschiedene Watvogelarten die flachen Gewässer und Wiesen. Ein besonders schönes Erlebnis ist der **Zug der Kraniche.** Bis zu 60.000 der scheuen, grazilen Vögel rasten dann im Windwatt um die Werderinseln.

Angesichts seiner schmalen, langgezogenen Form und dem Umstand, dass die Kerngebiete des Nationalparks und damit die schönsten Naturplätze nicht mit dem Auto befahren werden dürfen, ist das Fahrrad für den Zingst ideal. Leihen kann man sich eines in Zingst oder am Parkplatz beim „Schlösschen“ an der Sundischen Wiese.

Zingst

„Wo de Ostseewellen trecken an den Strand, /Wo de gele Ginster bleugt in'n Dünensand, / Wo de Möven schriegen grell in't Stormgebrus, / Da is mine Heimat, da bün ick to Hus ...“ Wer kennt es nicht, das Lied, das die Küstenbewohner der Ostsee von Lübeck bis Ahlbeck zu ihrer Nationalhymne erhoben haben – und das es, etwas umgedichtet, auch als Nordseehymne gibt. Doch ureigentlich ist es das Lied der Zingster. Denn ihre Heimatdichterin, die in Barth geborene und nach einem schweren, leidvollen Leben in Zingst begrabene *Martha Müller-Grählert* (1876–1939) hat es verfasst.

Mit seinen 3200 Einwohnern ist Zingst der größte Ort auf der Halbinsel. Entstanden ist er durch die Zusammenlegung mehrerer Dörfer. Seine lockere, weitläufige Ausdehnung zwischen Außenküste und Bodden erinnert an seine Entstehungsgeschichte.

„Ostseebad Zingst, auf der gleichnamigen Insel gelegen, ist nach übereinstimmendem Urteil der Reisenden eines der schönsten Ostseebäder der ganzen deutschen Ostseeküste.“ Auch wenn – angesichts des wenig gefühlvoll mitten in den Ort geklotzten, großen neuen Steigenbergerkomplexes und der wildwuchernden Ferienhaussiedlungen – mancher gegen diese Anpreisung des Bade-Comités von 1881 heute vehement Einspruch erheben dürfte, noch stimmt, was das Comité damals über den Zingster Strand zu sagen wusste: ein *„fester, völlig steinfreier Sandstrand mit prächtigem Wellenschlag“*. Hinzuzufügen ist noch, dass er 18 km lang ist und deshalb auch in den Sommermonaten, wenn die Einwohnerzahl sich verzehnfacht, ein ruhiges Plätzchen zu finden ist.

Neben den für das Schifferdorf typischen, malerischen Reetkaten ist die Zingster **Dorfkirche** einen Besuch wert. Das vom Schinkelschüler *Friedrich August Stüler* 1860 errichtete Backsteinkirchlein besitzt keinen Turm. Dies deshalb, weil Kirchtürme zugleich Orientierungspunkte für die Schifffahrt waren und in den Seekarten der Kirchturm von

Barth als „Kennewarde“ eingezeichnet war. Auf dem Friedhof liegt die bereits erwähnte Heimatdichterin *Müller-Grählert* begraben. Von der Geschichte des Ortes und dem Leben der Dichterin berichtet das im malerischen *Haus Morgensonne* untergebrachte **Heimatmuseum.**

Das Haus Morgensonne und die daneben liegenden Pommernstube sind Teile des **Museumshofs Zingst,** einem weitläufigen, in einen schönen Garten eingebetteter Komplex mit zahlreichen Einrichtungen. Hier findet man neben dem **Heimatmuseum** im Haus Morgensonne und der **Schaumanufaktur** in der Pommernstube nun auch die **Museumsbäckerei** mit dem **Café Alt Zingst,** eine **Bernsteinwerkstatt,** ein **Bernsteinzimmer** und eine **Festscheune.** Zahlreiche Veranstaltungen, Märkte, Konzerte und Feste, der regelmäßige Bio- und Regionalmarkt und Kursangebote wie Malstunden oder arbeiten mit Ton machen den Museumshof zu einem attraktiven Treffpunkt.

Nur wenige Schritte davon entfernt erwartet Freunde der Fotografie mit dem **Max-Hünten-Haus** ein besonderer Le-

Soweit das Auge reicht – der endlose Strand von Zingst ist auch in der Hochsaison nicht überfüllt

055osk ph

ckerbissen. Das nach dem Forschungsreisenden und Fotografen *Max Hünten* (1869–1936), der sich während des 1. Weltkrieges in Zingst ansiedelte, benannte Haus, widmet sich ausschließlich der Kunst der Fotografie. Dazu gehört die aus 2000 Bänden bestehende Sammlung „Bücher zur Fotografie" des Publizisten *Klaus Tiedge*.

Für Jung und Alt eine ebenso spannende wie unterhaltsame und lehrreiche Sache ist das neue **Experimentarium,** das Naturgesetze hautnah erleben und begreifen lässt. Lauschen Sie dem Klang einer Ionenorgel, drehen Sie an der Plasmascheibe, werfen Sie einen Blick in die Unendlichkeit. Mit vielen Workshops, Innen- und Außenbereich und Bistro.

Für Ornithologen ein Leckerbissen sind die beiden **Vogelinseln Kirr und Oie,** die wie Fettaugen auf dem Boddenwasser vor Zingst liegen und von seltenen Vogelarten wie Säbelschnäbler, Alpenstrandläufer, Kiebitz oder Kampfläufer bevölkert sind. Beide Inseln sind jedoch Schutzgebiete und dürfen nur mit Genehmigung betreten werden.

Für jedermann, allerdings nur zu Fuß oder per Fahrrad erreichbar ist der **Pramort** an der Ostspitze der Zingst, von dem man einen wundervollen Blick über das vogelreiche Windwatt hinüber zum Großen und Kleinen Werder hat. An der Außenküste hat der Wind den Sand an der **Hohen Düne** zu einem faszinierenden Sandmeer aufgeblasen, dessen höchste „Welle" 13 m misst; die höchste Weißdüne an der deutschen Küste. Am Parkplatz *„Sundische Wiese"* beim Hotel-Restaurant „Schlösschen" gibt es eine Fahrradverleihstation. Hier unterhält die Nationalparkverwaltung ein **Informationszentrum** mit der Ausstellung *„Lebensräume"*. Bis zur Düne sind es noch etwa 10 km (8 km Straße, 2 km auf dem Deich entlang).

Info

- **Vorwahl: 038232**
- **Tourist-Information,** Kurhaus, Seestraße 56, Tel. (038232) 81580, www.zingst.de, tägl. 9–21 Uhr;
- **Tourist-Information,** Max Hünten Haus, Schulstraße 3, Tel (038232) 165110, tägl. 10–18 Uhr;
- **Zimmervermittlung,** Am Bahnhof 1, Tel. (038232) 81521, Mo, Fr 10–12 und 13–18 Uhr.

Unterkunft

- **Hotel Schlösschen,** Sundische Wiese, Tel. 8180, www.hotelschloesschen.de (4-Sterne-Haus in herrlicher Alleinlage am Eingang zur NLP-Kernzone, draußen preiswerter Biergarten mit Bier und Wurst, drinnen, auf Terrasse und im Wintergarten Restaurant mit gehobener feiner Küche aus frischen Produkten der Region. HS 135–145 €, NS 95–105 €).

■ **Hotel Marks,** Weidenstr. 17, Tel. 16140, www.hotel-marks.de (sehr gut ausgestattete, sehr ruhig auf 9000 m² Waldgrundstück gelegene Anlage mit Boddenblick, 1. Preis als „Nationalparkfreundliches Hotel", HS 115–159 €, NS 79–124 €).

■ **Pension Fischer's Hus,** Bahnhofsstraße 7, Tel. 15634, www.pension-fischers-hus.de (preiswerte Pension Garni in zentraler Lage mit modern ausgestatteten 1–3 Zi.-App, HS 79–169 €, NS 59–139 €).

■ **Hostel Haus 54,** Hanshägerstraße 3, Tel. 848 484, www.haus54.de (einziges Hostel auf der Halbinsel. Moderner Neubau am Ortsrand mit 1–4-Bettzimmern zum günstigen Preis. 24-Std-Rezeption. NS 60–80 €, HS 80–90 €).

■ **Ferienwohnungen:** die Gemeinde Zingst bietet die mit Abstand meisten Ferienwohnungen auf der Halbinsel an.

■ **Avest Vermietungsservice,** Sünnenkringel 70, 18374 Zingst, Tel. 84960, www.avest.de (140 FeWo u. ca. 30 Doppelhaushälften, komf. Ausstattung, Sparangebote, Mo–Do 10–12 Uhr, 16–19 Uhr, Fr 12–18 Uhr, Sa 12–19 Uhr).

■ **JH,** Glebbe 57, Tel. 15465, (Ü/F ab 21,40 €).

■ **Camping Am Freesenbruch,** Tel. 15465, www.camping-zingst.de (der rund 6 ha große Wiesenplatz ist das ganze Jahr über geöffnet und von Wald umrahmt, am Strandzugang 16. Es gibt einen extra Wohnmobilhafen. Außerdem mit Wellness- und Fitnesscenter und Restaurant).

■ **Wellness-Camp Düne 6,** Inselweg 9, Tel. 17617, www.wellness-camp.de (ganzjährig geöffnet, 10 ha großer Platz mit rd. 3000 m² Wellnessbereich und Süßwasserschwimmhalle, ein Steakhouse ist angeschlossen).

056osk ph

Gastronomie

■ **Strandkate,** Klosterstr. 8, Tel. 15259 (charmantes altes Reethaus. Leckerer Fisch in rustikalem Ambiente des kleinen Gastraums oder im Garten. Beliebt, deshalb besser Tisch reservieren!)

■ **Zingster Ostseeklause,** Seestr. 81, Tel. 15243, www.zingster-ostseeklause.com (Fisch und Fleisch gleich hinterm Deich. Mit Sonnenterrasse und sehr gemütlicher Sofa-Ecke).

■ **Wachsmuth,** Stortebeker Str. 7b, Tel. 172258. Das etwas versteckt in einer Seitenstraße gelegene Restaurant überzeugt in Sachen Service und Küche gleichermaßen. Empfehleswerte bügerliche Küche zu einem guten Preis-Leistungsverhältnis.

■ **Café Rosengarten,** Strandstr. 12, Tel. 84704, www.caferosengarten.net (uriges, gemütliches Café mit netter Bedienung. Kuchen wie bei Oma. Ob drinnen am knisternden Kamin oder draußen auf der Terrasse im romantisch angelegten Garten, gemütlicher sitzen zu Kaffee und Kuchen geht kaum. Ab 18 Uhr Speisekarte mit Fisch-, Fleisch und Pastagerichten).

■ **Wirtshaus im Alten Bahnhof,** Am Bahnhof 1, Tel. 16860, www.wirtshaus-zingst.de. Deutsche und internationale Küche im hist. Bahnhofsgebäude, was sich in der Einrichtung widerspiegelt.

■ **Weinbistro „Düne 10",** Seestraße 46, Tel. 12161 (romantisches Bistro, mediterrane Weine und Gerichte bei Kerzenschein und romantischer Musik).

Kultur

■ **Museumshof Zingst,** Strandstraße 1–3, Tel. 15561:

– **Haus Morgensonne / Heimatmuseum**
April–Okt. tägl. 10–18.00 Uhr, Nov–März Do.–So. 10–16 Uhr.

– **Bernsteinwerkstatt „Strandgut"**
April–Okt. Mo–Sa 10–18 Uhr, Nov.–März Do–So 10–16 Uhr.

– **Museumsbäckerei/Café Alt Zingst,** Tel. 0151-18253220 (tägl. 7–18 Uhr, Febr./März 7–11 und 14–16 Uhr, Mi Ruhetag). Schaubacken, für Kinder zum Mitbacken.

– **Bio- und Regionalmarkt** (immer Do, April–Okt. 10–14 Uhr.

– **Pommernstube – Kreatives aus Naturmaterial** (Öffnungszeiten wie Heimatmuseum).

– **Räuchertag,** immer Mo Mai–Okt. 11–13 Uhr.

■ **Max Hünten Haus,** Schulstraße 3, Tel. (038232) 165121, www.erlebniswelt-fotografie-zingst.de (tägl. 10–18 Uhr mit Foto-Galerie, Fotoschule, Foto-Bibliothek, Print-Studio).

■ **NLP-Info-Zentrum:** Sundische Wiese, Tel. 5020 (Ausstellung „Lebensräume", Jan.–März u. Okt.–Dez. tägl. 10–16 Uhr, Apr.–Sept. tägl. 10–17 Uhr).

■ **Experimentarium,** Seestr. 76, Tel. 84678, www.experimentarium-zingst.de (Jan.–März und Sept.–Dez. Di–So 10–16 Uhr, April–Juni Di–So 10–17 Uhr, Juli/Aug. tägl. 10–18 Uhr).

Hafen

■ **Kranich-Boddentour,** Reederei Oswald, Mühlenstr. 13, Tel. 16677 (14. Sept.–24. Okt., nur Mi) Abfahrt Hafen Zingst: 16.30 Uhr, Ankunft Hafen Zingst: 20 Uhr bzw. 20.30 Uhr (mit an Bord der Kranichexperte *Prof. Scheufler* vom Kranichinformationszentrum Groß Mohrdorf).

■ **Fähre:** von April bis Okt. verkehrt zw. Zingst und Barth eine Fußgänger- und Fahrradfähre. Info u. Fahrzeiten: Reederei *Poschke,* Tel. 239, www.reederei-poschke.de.

☐ Biergarten beim Schlösschen in den Sundischen Wiesen

Barth

Das östliche Zugangstor zu Fischland-Darß-Zingst führt über die 9000 Einwohner zählende Stadt Barth. Die Barther Einwohner sind erfreulich rege und pfiffig. So haben sie ihr Städtchen in den vergangenen Jahren **schön herausgeputzt** und für Besucher interessante neue Plätze wie am Hafen und Markt geschaffen. Am Hafen steht das Hotel Speicher, das in einem historischen Kornspeicher untergebracht ist und dank seines außergewöhnlichen Innenlebens eine echte Sehenswürdigkeit ist. Besonders aber haben die Barther sich flugs den Namen „Vineta“ schützen lassen und nutzen nun den Bekanntheitsgrad der untergegangenen Stadt. Das **Vineta-Museum** ist im ehemaligen Rathaus von 1780 untergebracht.

In Barth selbst ist die gotische **Marienkirche** (erbaut 1325) mit ihrem weithin sichtbaren 80 m hohen Turm zu nennen. Er kann bestiegen werden und bietet eine tolle Aussicht über den Bodden auf Darß-Zingst und Hiddensee. Von den ursprünglich vier Stadttoren ist das **Dammtor,** ein Mitte des 14. Jahrhunderts errichteter 35 m hoher Torturm, erhalten. Teil der Stadtbefestigung ist der 10 m hohe **Fangelturm** aus dem 16. Jh., ein mit Zinnen gekrönter, runder Wehrturm.

Info

- **Vorwahl: 038231**
- **Barth-Information,** Am Markt 3, 18356 Barth, Tel. (038231) 2464, www.stadt-barth.de (Mo–Fr 10–13 und 14–18 Uhr, Sa 10–14 Uhr geöffnet).

163osk ph

Unterkunft

■ **Hotel Speicher,** Am Osthafen 2, Tel. 63300, www.speicher-barth.de (außergewöhnliches 4-Sterne-Haus im historischen Getreidespeicher am Hafen. Neben dem einzigartigen Ambiente und einer großartigen Aussicht lädt ein Restaurant zu feiner bodenständiger Küche und ein Weinkeller zu edlen Tropfen aus aller Welt, DZ HS 140 €, NS 80–120 €).

■ **Pension Sur la mer,** Am Westhafen 24, Tel. 77536, www.sur-la-mer.net (kleine familiäre Pension mit 7 modern und gemütlich eingerichteten Zimmern. Von der Sonnenterrasse tolle Aussicht auf den Barther Bodden).

■ **Pension Vineta,** Wallstraße 25, Tel. (038231) 83282, www.inbarth.de (ruhige Lage mit 5 geschmackvoll eingerichteten Zi. Gemütliches Oma-Sessel-Café (tägl. 12–18 Uhr), HS 60–80 €, NS 50 €, Frühstück 7,50 €).

■ **JH,** Glöwitz 1, Tel. 2843 (mit Zeltplatz und Reiterhof, Ü/F ab 19,40 €).

■ **Naturcamp Pruchten,** Am Campingplatz 2, Tel. 2045, www.naturcamp.de (Apr.–Okt., am Bodden in reizvoller Heide gelegener 5-ha-Platz mit Badestelle, zur Ostsee 6 km).

Kultur

■ **Barther Boddenbühne,** Trebin 35a, Tel. 66380, www.boddenbuehne.de.

■ **Vineta-Museum,** Lange Str. 16, Tel. (038231) 81771, www.vineta-museum.de (Mo–Fr 10–17, Sa/So 11–17 Uhr).

■ **Museum Alte Zuckerfabrik,** Am Wirtschaftshafen 3, Tel. (038231) 77382 (Apr.–Okt. tägl. 10–18 Uhr, Nov./Febr./März Sa, So 11–17 Uhr, neben Oldtimern u.a. eine Ausstellung zur *Titanic*).

■ **Marienkirche,** Tel. (038231) 2785 (Mai–Okt. Mo–Fr 10–18 Uhr, Sa 10–17 Uhr, So 11–13 Uhr, Nov.–April Mo–Fr 10–16 Uhr, Sa 10–15 Uhr mit Turmbesteigung).

Hafen

■ **Pers.-Fähre:** Apr.–Okt. tägl. Fähre von/nach Zingst, Tel. (038234) 239, www.reederei-poschke.de (ideal für Ausflügler und Radwanderer, Fahrzeit 45 Min.).

■ **Hiddensee:** Juni–Sept. So Ausflugsschiff nach Hiddensee, ab Barth. Fahrzeit nach Vitte ca. 4 Std.

■ **Darß-Boddentour,** Reederei *Oswald,* Tel. (038232) 16677 (Barth – Zingst – Ahrenshoop – Dierhagen – Ribnitz).

Aktivitäten

■ **Rundflüge und Flugschule, Ostsee-Flughafen,** Flughafenallee, Tel. (038231) 89551, www.ostseeflughafen-stralsund-barth.de (Rundflug ab 99 € für drei Personen/15 Minuten, Ausbildung zum Motorflugzeugpiloten).

☒ Fischland-Darß-Zingst ist auch im Winter wunderschön

BAA-03

Rügen –

auf den Spuren der deutschen Romantik

zu den

berühmten

Kreidefelsen,

mondänen Seebädern

3 Rügen und Hiddensee

und Bilderbuch-Badeparadiesen.

Hiddensee –

die autofreie Insel vor der Insel –

ein Ort der Sehnsucht, voller Magie

und Inspiration, ein Mekka für Künstler

und Kreative.

201osk ph

◁ Romantisches Rügen –
Fischerboote am Strand von Baabe

RÜGEN UND HIDDENSEE

Seit der Rügener Privatgelehrte *Johann Jacob Grübke* 1805 seine „Streifzüge durch das Rügenland“ niederschrieb und wenig später der Greifswalder Maler *Caspar David Friedrich* Impressionen seiner Rügenwanderungen in Landschaftsbildern festhielt, verbreitete sich die Kunde von der mannigfaltigen Insel ebenso schnell, wie die Zahl ihrer Besucher und Bewunderer anwuchs.

Mit seinen verschiedenen Inselteilen ist Rügen eigentlich eine ganze Inselwelt. Kein Teil gleicht dem anderen, jeder hat seinen ganz individuellen Charme.

Das *„söte Länneken“*, die autofreie Insel Hiddensee, ist nicht von ungefähr Bestandteil des Nationalparks Vorpommersche Boddenlandschaft.

Trotz nunmehr 200 Jahren Fremdenverkehr sind Rügens und Hiddensees Natur und ihre Bewohner zwar nicht unberührt, aber in höchst erstaunlichem Maße unbeschädigt geblieben.

134osk ph

[>] Rügen hat mehr als nur Strände – Blick auf Kap Arkona

NICHT VERPASSEN!

- Unbedingt besteigen: den **Turm der Marienkirche** in Stralsund mit Blick über die Stadt und den Strelasund | **148**
- Eine Fahrt mit dem **„Rasenden Roland“** | **166**
- Rügens Rimini mit endlosem Strand: das **Seebad Binz** | **177**
- **Jagdschloss Granitz** mit seiner 154-stufigen Wendeltreppe aus Gusseisen | **184**
- Sehenswert: die **Seebrücke** von Sellin | **186**
- Traumhaft schön: ein Spaziergang über den **Nordperd-Rundweg** beim Seebad Göhren | **192**
- Die **Kreidefelsen** am Hochuferweg zum **Königsstuhl** | **203**
- Trotzt Wind und Wetter: die **„Luchte“,** Hiddensees südlicher Leuchtturm | **234**

Diese Tipps erkennt man an der gelben Hinterlegung.

Überblick

„Oh Land der dunklen Haine, / Oh Glanz der blauen See, / Oh Eiland, das ich meine, / Wie tut's nach Dir mir weh! / Nach Fluchten und nach Zügen, / Weit übers Land und Meer, / Mein trautes Ländchen Rügen, / Wie mahnst du mich so sehr!" Auch wenn man kein geborener Rügener wie der Verfasser dieser wehmütigen Verse, der bei Garz geborene *Ernst Moritz Arndt,* ist: Wer einmal auf Rügen war, wird sie mit dem Herz verstehen.

Wie soll man Rügen beschreiben? Rügen ist mit einer Gesamtfläche von 976 km² die größte Insel Deutschlands. Die Gesamtlänge ihrer Küstenlinie misst 570 km, die größte Ausdehnung von Ost nach West 43 km, die von Nord nach Süd 49 km. Kein Ort ist mehr als 7 km vom Wasser entfernt. Auf der Insel wohnen rund 74.000 Menschen.

Mit solchen statistischen Zahlen erfährt man durchaus etwas über die Insel, aber um die Schönheit, den Reiz, die Seele Rügens zu erfassen, bedarf es weit mehr. Auch weit mehr, als dieses Buch

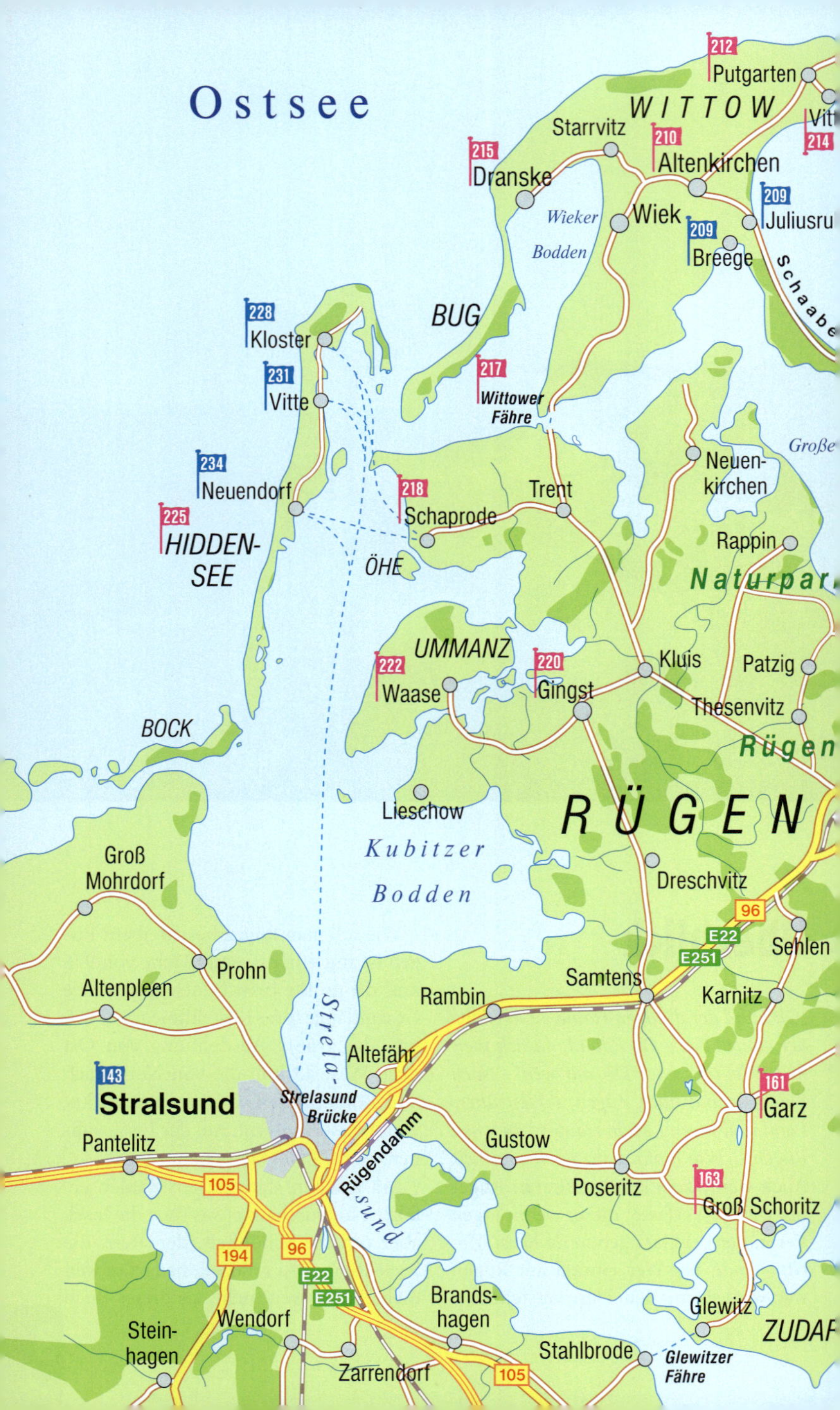

Ostsee
212
Putgarten
WITTOW
Starrvitz
210
Altenkirchen
214
215
Dranske
Wieker
Bodden
Wiek
209
Breege
209
Juliusru
Schaabe
BUG
228
Kloster
231
Vitte
217
Wittower
Fähre
Große
Neuen-
kirchen
234
Neuendorf
218
Schaprode
Trent
225
HIDDEN-
SEE
ÖHE
Rappin
Naturpar
UMMANZ
222
Waase
220
Gingst
Kluis
Patzig
Thesenvitz
Rügen
BOCK
Lieschow
RÜGEN
Kubitzer
Bodden
Dreschvitz
Groß
Mohrdorf
96
E22
E251
Sehlen
Prohn
Altenpleen
Samtens
Rambin
Karnitz
Strela-
Altefähr
143
Stralsund
Strelasund
Brücke
161
Garz
Rügendamm
Pantelitz
Gustow
Poseritz
105
163
Groß Schoritz
sund
194
96
E22
E251
Brands-
hagen
Glewitz
Stein-
hagen
Wendorf
ZUDAR
Stahlbrode
Glewitzer
Fähre
Zarrendorf
105

Rügen und Hiddensee
0
10 km
© Reise Know-How 2015
RuegenU2_MP_DS
Trelleborg,
Kopenhagen
Bornholm
Klaipėda (Litauen)
St. Petersburg (Russland)
212
Kap Arkona
Tromper
Wiek
205
Lohme
207
Glowe
203
Königsstuhl
Hertha-
see
Herthaburg
208
Dinosaurierland
206
Schloss
Spyker
JASMUND
Sagard
asmunder
Bodden
200
Sassnitz
96
96b
E22
E251
Mukran
Neu-Mukran
223
Ralswiek
Lietzow
196a
SCHMALE HEIDE
Kleiner
Jasmunder
Bodden
182
Prora
Prorer
Wiek
Ostsee
Naturerbe-
zentrum Rügen
171
Bergen
177
Binz
184
Jagd-
schloss
Granitz
196
Zirkow
GRANITZ
184
Sellin
190
Baabe
Schmalspurbahn
„Rasender Roland“
164
Putbus
170
Vilmnitz
Groß
Stresow
Lancken-
Granitz
191
Göhren
Kasnevitz
169
Lauterbach
Reddevitzer Höft
Alt
194
Middelhagen
Vreechen
Neuen-
dorf
194
Reddevitz
Lobbe
Backen-
berg
194
Gager
MÖNCH-
GUT
169
VILM
194
Groß
Zicker
195
Thiessow
Rügischer Bodden
Klein
Zicker
99
Ortsbeschreibung
auf Seite 99
99
Ortsbeschreibung auf
Seite 99, mit Stadtplan

leisten kann. Rügen muss man selbst erleben.

Rügen, dessen Umriss einem freundlichen Gespenstlein ähnelt, das in den Wellen der Ostsee flattert, ist ein schönes Fleckchen Erde, das mit allem aufwartet, was die nordische Küste an Natur- und Landschaftsformen anzubieten hat. Was hier Wind, Wellen, Gezeiten und Strömungen im Zusammenspiel hervorgebracht haben, das ist wahrlich ein Meisterstück. Wilde, zerklüftete Steilküsten, von schwerer Brandung erschüttert und oft sturmumtost. Kilometerlange Nehrungen mit langen goldgelben Badestränden, weiße Felsen in grünem Wasser, abgeschiedene Seen und dunkle alte Wälder. Stille Buchten, urwüchsige Moore, schattige Haine, trockene Heidelandschaft, verwoben mit der zerlappten Küstenlinie. Turbulente, traditionsreiche Seebäder mit ihrer mondänen, nostalgischen Bäderarchitektur der *Belle Epoque* und winzige, abgeschiedene Fischerdörfchen mit geduckten Rohrdachkaten. Mittelalterliche Dorfkirchen und prächtige Jagdschlösser, steinzeitliche Großsteingräber und slawische Burgwälle. Uralte Alleen, die grünen Tunneln gleichen, und aufragende Leuchtfeuer. Kleine Fischerhäfen, in denen von alters her Hering angelandet wird, und große Fährhäfen. Und durch die schönsten Inselteile schnauft und tutet der legendäre *Rasende Roland,* eine historische Schmalspurbahn.

Nicht umsonst ist Rügen so etwas wie ein Synonym der deutschen Romantik geworden, jener Sehnsucht nach dem Einfachen und Reinen, dem Bäuerlichen und Heimatverbundenen, der großen Mutter Natur, die den Menschen in sich aufnimmt. Untrennbar mit der Insel ist der Name *Caspar David Friedrich* verbunden, der mit seinen Rügenbildern ihre Schönheit bekannt machte und dem unzählige Malerkollegen und Vertreter der Kulturwelt folgten.

Seit es Ende des 19. Jh. in Mode kam, in die Sommerfrische zu reisen, ist Rügen eines der meistbesuchten Ziele. Zu Zeiten der DDR war es für ihre Bürger geradezu ein Lebensziel, einmal einen Ferienschein für Rügen zu ergattern. Auch im vereinten Deutschland hat die Anziehungskraft Rügens nichts verloren. In den Sommermonaten wälzt sich daher ein mächtiger Besucherstrom über die brandneue Rügenbrücke auf die Trauminsel. Dann ist Rügen weitgehend ausgebucht. Was für die Gewerbetreibenden durchaus ein Segen ist, ist für die landschaftliche Schönheit, für die unverbaute und intakte Natur Rügens eine Belastung und Gefahr. Es wird sich zeigen, ob das Kleinod zum zementierten Vergnügungsviertel mit Meerblick degeneriert oder das bleibt, was es heute noch ist – eine Perle der deutschen Ostseeküste.

Literaturtipp: *Elizabeth auf Rügen.* Ein Reiseroman von Elizabeth von Arnim, List TB 2002 (Herrlich zum Einstimmen auf die Insel oder zum Lesen während des Urlaubes.)

Landschaft

Schon ein Blick auf die Landkarte zeigt, wie vielgestaltig Rügen ist. Die Insel besteht eigentlich aus einer ganzen Reihe von Inselkernen und Eilanden, die durch kilometerlange Sandnehrungen miteinander verbunden sind. Die Küstenlinie ist derart stark zergliedert, dass sich mit den Buchten, Landzungen, Bodden, Wieken und Nehrungen fast 600 km Küste ergeben. Meer und Land sind eng miteinander verwoben, sodass *Max Dreyer* 1924 beim Anblick des Mönchguts begeistert feststellte: „Nur ein Gestade gibt es auf der ganzen Welt, das diesem ähnlich ist, so zerklüftet, mit so wunderbar wechselnden weichen und scharfen gerissenen Linien, und ebensolche Zwiesprache hält mit dem Himmelslicht: die griechische Küste."

Doch nicht nur die Küste, sondern auch die Landschaft Rügens ist höchst vielgestaltig. **Westrügen** ist flach und um den Hauptort Bergen hügelig. Diese Region wird überwiegend landwirtschaftlich genutzt. Hier fühlt man sich stark an das Mecklenburger Binnenland erinnert. Im Norden auf **Jasmund** und **Wittow** steigt die Landscholle bis auf 160 m an, um in der Stubbenkammer mit ihren berühmten Kreidefelsen und am Kap Arkona als steiles Kliff abrupt ins Meer abzufallen. Die schmalen Landbrücken **Schmale Heide** und **Schaabe,** die Jasmund, den Balkon Rügens, und Wittow, das Windland, mit dem „Muttland", dem Inselkern, verbinden, sind Strandwälle aus Sand und Kies, die erst im Laufe der letzten Jahrtausende von der Meeresströmung geboren wurden. Hier findet man lichte Kiefernwälder und endlose Badestrände, die die Note 1A verdienen. Ganz außergewöhnlich präsentiert sich das **Mönchgut** mit seiner besonders zerlappten Küstenlinie. Die sanften Höhenrücken der trockensten Region Rügens bedecken Wacholder- und Ginsterheiden und magerer, intensiv duftender Trockenrasen. Die Niederungen sind Salzwiesen oder sumpfige Rohrschilffelder, auf denen die „Dachziegel" für die Katen geerntet werden. Die Außenküste mit ihrem kilometerlangen Strand und der starken Brandung ist ein Mekka der Surfer.

Vor der Küste Rügens liegen die Kronjuwelen der Königin Ostsee im Wasser. *Erich Honeckers* und Co. ehemalige Privatinsel, der klitzekleine, aber atemberaubend schöne **Vilm,** der allerdings nur im Rahmen einer Führung betreten werden darf. Und das *Söte Länneken,* die autofreie Insel **Hiddensee,** Traum- und Sehnsuchtsziel so vieler Ostseefahrer.

Stralsund

Das Tor zu Rügen

„Meerstadt ist Stralsund, vom Meere erzeugt, dem Meere ähnlich. Auf das Meer ist sie bezogen in ihrer Erscheinung und in ihrer Geschichte", bemerkt die Schriftstellerin *Ricarda Huch. „Die Stralsunder richteten sich auf der Insel ein, wie auf einem Schiff, dessen Masten die Kirchtürme waren, überraschend hoch, weithin sichtbar in der Wildnis des Meeres."*

Nähert man sich Stralsund, so künden bereits von Ferne die **gewaltigen Türme** der drei Stadtkirchen von der einstigen Macht und dem Reichtum der Hafenstadt. Die historische Altstadt liegt wie eine Insel zwischen den Wassern des Strelasundes und des Greifswalder Boddens. Die verkehrstechnische Schlüsselposition, der geschützte Hafen und der Umstand, dass seit alters her der kürzeste und sicherste Zugang nach Rügen bei Stralsund lag, bescherte der **Hansestadt** großes Ansehen, viel Macht und Reichtum, aber auch viel Neid, Missgunst und Krieg. Denn *„wer Stralsund hat und (damit) Rügen, der hat die Ostsee"*, stellte schon 1632 der schwedische Reichstag fest. Und zur Blütezeit der Hanse war die Beherrschung der Ostsee sozusagen die Lizenz, Geld zu drucken. Der **ungeheure Wohlstand,** den die Hanse in die Taschen der Stralsunder Kaufleute und Händler spülte, spiegelt sich in den Häusern der mittelalterlichen Altstadt wider. Von wehrhaften Stadtmauern und Toren umschlossen, reihen sich an den engen, verwinkelten Straßen und Gassen prunkvolle Kaufmanns- und Patrizierhäuser aneinander. Alte Speicherhäuser, repräsentative Verwaltungssitze und imposante Sakralbauten machen das historische Stralsund zu einer architektonischen **Perle mittelalterlichen Städtebaus.** Die Altstadt mit ihrer annähernd geschlossenen mittelalterlichen Bebauung wurde deshalb im Sommer 2002 in die Welterbeliste der UNESCO **„Kulturerbe der Menschheit"** aufgenommen.

Geschichte

Der kometenhafte Aufstieg vom winzigen Fischerdorf zu der neben Lübeck mächtigsten Hansestadt beginnt im Jahre 1203. In diesem Jahr gründet der Rügenfürst *Jaromar I.* neben dem Fischerdorf eine neue Siedlung für deutsche Kaufleute und nennt sie *Stralow.* Sein Nachfolger *Witzlaw I.* verleiht dem Handelsplatz schon 1234 das **Stadtrecht,** mit dem weitreichende Vergünstigungen wie die Zollfreiheit und das Fischereirecht verbunden sind. Die überaus günstige Lage am Strelasund und die massive Förderung durch die Rügenfürsten lassen

0 100 m
©Reise Know-How 2015
MecOSK01
Strandbad
Nordmole
Sundpromenade
Fahrgasthafen der Weiße Flotte
Jachthafen
STRELASUND
Rügenkai
Personenfähre nach Altefähr (Rügen) und Hiddensee
Schill-Denkmal
Seestr.
Seestraße
Olof-Palme-Platz
Fährwall
Johannischorstr.
Theater
Kniepertor
Johanniskloster
Schillstr.
Fußgängerbrücke
An der Fährbrücke
Gorch Fock 1
Scheele-Haus
Knieperstr.
Külpstr.
Wulflam-Haus
Dielenhaus
Fähr- str.
Alter Markt
Hafenstr.
Hansakai
Hafen
Am Fährkanal
Fährkanal
Wasserstr.
Neue Semlower Str.
Ozeaneum
Steinerne Fischbrücke
Rathaus
Semlower Str.
Bechermacherstr.
St. Nikolai-Kirche
Ravensberger-straße
Mauerstr.
Fischmarkt
Semlowerkanal
Am Sem. Kan.
Neue Badenstr.
Olthofsches Palais
Ossenreyerstr.
Badenstr.
Kleinschmiedstr.
Badenk.
Querkanal
Am Querkanal
Mönchstr.
Speicher
Am Fischmarkt
Jacobiturmstr.
Heilgeiststr.
Heilgeistk.
Heilgeiststraße
Museumsspeicher
St. Jacobikirche
Am Langenwall
Holzstr.
Hafenstr.
Schwedenkai
Heilgeistbastion
Papenstr.
Jacobichorstr.
Langenstr.
Badstüberstr.
Am Heilgeistkloster
Langenkanal
Böttcherstr.
Filterstraße
Heilgeistkloster
Klosterstr.
Apollonienmarkt
Museumshaus
Judenstr.
Frankenstr.
Prieglitz
Nautineum,
Marinemuseum Dänholm,
Ziegelgrabenbrücke,
Segelzentrum Dänholm,
Rügendamm
Langenstraße
Cinestar
Blauturmstr.
Frankenwall
Blaue Turmbastion
„Schiffercompagnie"
Lobshagen
St. Marienkirche, Apollonienkapelle
Weingartenbastion
Frankenhof
Stadion der Freundschaft
Marienchorstraße
FRANKENTEICH
Frankendamm
Hafenstraße
Weidendamm
Rügen, Greifswald, Dänholm
L.-Steinwich-Denkmal
Greifswald, Insel Rügen, Dänholm
Karl-Marx-Str.

215osk ph

die junge Stadt schnell gedeihen. Das mächtige Lübeck sieht einen missliebigen Konkurrenten heranwachsen. Um sich die Pfründe zu sichern, überfallen die Lübecker 1249 Stralsund und zerstören es. Seine immer bedeutender werdende Rolle im **Ostseehandel** können sie damit aber nicht verhindern. So schließen sie sich 1278 zum gemeinsamen Wohle im Bund der Hanse zusammen. Das einflussreiche Kartell versteht es, durch Gründungen von Stützpunkten im gesamten Ostseeraum die Handelsrouten unter seine Kontrolle zu bringen. Stralsund steigt nach dem Ausschalten seiner größten Widersacher, den Dänen, nach Lübeck zur bedeutendsten Hansestadt auf.

Mit dem Niedergang der Hanse sinkt auch Stralsunds Stern. 1628 marschiert *Wallenstein* auf Stralsund zu und will die strategisch wichtige Stadt erobern. *„Und wenn die Stadt mit Ketten an den Himmel gebunden wäre, ich will sie herunterholen"*, soll er geschworen haben. Doch die Stralsunder können sich, unter ihrem Bürgermeister *Steinwich* vereint und von schwedischen Truppen unterstützt, erfolgreich gegen die Belagerung wehren. Doch nun fordern die Schweden die Belohnung für ihre Hilfe. 1648 wird im Westfälischen Frieden ganz Vorpommern und Stralsund den Schweden zuerkannt. Es bleibt, mit kurzen Unterbrechungen, bis zum Wiener Kongress 1815 schwedisch. Die **lange Schwedenzeit** hat in der Stadt viele Spuren hinterlassen.

1807 fällt Stralsund im Zuge der napoleonischen Eroberungskriege den Franzosen in die Hände, wird aber 1809 von dem draufgängerischen Freiheitskämpfer *Ferdinand von Schill* im Husarenstreich befreit. Doch nach wenigen Tagen gelingt es den Dänen und Holländern, das **Schillsche Freiheitscorps** zu schlagen und Stralsund zu besetzen. *Schill* fällt in den Kämpfen, wird aber von den patriotischen Einwohnern als Held verehrt. *„So ziehet der tapfere, mutige Schill, / Der mit den Franzosen sich schlagen will. / Ihn sendet kein Kaiser, kein König aus, / Ihn sendet die Freiheit, das Vaterland aus"*, besingt *E. M. Arndt* den kühnen Patrioten, an den heute ein Denkmal erinnert.

Ein wichtiges Datum für die jüngere Geschichte der Stadt ist der **Bau des Rügendamms 1931–1936,** der die Insel erstmals direkt mit dem Festland verbindet. Mit der Eröffnung der Zugstrecke via Sassnitz nach Schweden wächst die Bedeutung Stralsunds als Handelsdrehscheibe wieder.

Auch durch die Eröffnung (2007) der neuen, parallel zum alten Rügendamm verlaufenden 2. Strelasundquerung mittels einer spektakulären, über 4 km langen **Brücke** ist die Bedeutung der Stadt für Handel, Tourismus und Verkehr weiter gewachsen.

Sehenswertes

Um es gleich vorwegzunehmen: Die Altstadt Stralsunds ist ein kulturhistorisches Kleinod, das eine solche Fülle an Sehens- und Erwähnenswertem bietet, dass es an dieser Stelle nicht in erschöpfendem Maße gewürdigt werden kann.

☐ Kunstvolle Giebel – Stralsunds Altstadt ist „Kulturerbe der Menschheit"

Denn allein die UNESCO-Liste enthält über 800 Einzeldenkmäler, die unmöglich alle hier gewürdigt werden können. Wer nach Stralsund kommt, der sollte also genügend Zeit und Muße mitbringen, um sich durch die Gassen und über die Plätze des historischen Zentrums treiben zu lassen und die kleinen, unerwähnten Schönheiten dieser mittelalterlichen Hafenstadt zu entdecken. Am Thema Interessierte finden im **Olthofschen Palais,** einem sanierten Barockpalais in der Ossenreyer Straße, die Ausstellung „Welterbestadt Stralsund".

Vom Parkhaus Weingartenbastion am Frankenteich erreicht man nach wenigen Schritten den **Neuen Markt,** an dem sich mit beeindruckender Wuchtigkeit die größte der drei Stralsunder Stadtkirchen, die **St. Marienkirche** erhebt. Mit ihrem 100 m langen und 32 m hohen Schiff ist die im 14. Jh. errichtete Kirche eine der größten Backsteinkirchen Norddeutschlands und das Hauptwerk der niederdeutschen Backsteingotik. Finanziert hat den Bau die aufstrebende Stralsunder Handwerkerzunft. Mit der Größe und insbesondere der Turmhöhe wollten die Handwerker die Konkurrentin, die Kaufmanns- und Ratskirche am Alten Markt, für jedermann sichtbar übertrumpfen. Wer es auf sich nimmt und über 366 Stufen den 104 m hohen Marienkirchturm ersteigt, wird mit einem herrlichen Rundblick über die Stadt und den Sund belohnt. Neben der Kirche steht die achteckige **Apollonienkapelle,** die 1416 als Sühnebau errichtet wurde. Beim „Papebrand am Sunde" hatten sich die Bürger nach vorhergegangenen Plünderungen unter geistlicher Führung drei Pfaffen geschnappt und auf dem Markt angezündet.

Vom Neuen Markt geht die **Mönchstraße** ab. Der Straßenzug hat weitgehend seinen historischen Charakter bewahrt. Das prächtig restaurierte, über 600 Jahre alte gotische Giebelhaus in der Mönchstraße 38, eines der ältesten Häuser Stralsunds, ist das vom Kulturhistorischen Museum genutzte **Museums-Haus.** Eine ähnlich geschlossene Bebauung mit prachtvollen Patrizierhäusern aus Gotik, Barock, Renaissance und Klassizismus besitzen auch die Fähr-, Schill-, Mühlen-, Baden-, Külp- und Knieperstraße. Die Mönchstraße führt, am Museum für Meereskunde und Fischerei und am Kulturhistorischen Museum vorbei, Richtung Alter Markt und Rathaus. Auf dem Wege dorthin erblickt man durch die Heilgeiststraße das **Kütertor** (1466), eines von zwei erhaltenen der einst elf Stadttore. Küter nannte man früher die Fleischer und Schlachter. Beim Kütertor steht auch die **Alte Wasserkunst,** die zwischen 1680 und 1894 die Stadt mit Wasser versorgte. Vom Kütertor wenige Schritte entfernt liegt in der Mühlenstraße der **Kampische Hof.** Der um einen Hof errichtete Gebäudekomplex mit Wohnhaus und Speicher von 1319 diente einst dem Zisterzienserkloster Neuenkamp als Stadtquartier.

Der **Alte Markt** ist nicht nur das historische Herz Stralsunds, sondern auch sein architektonischer Mittelpunkt. Das Ensemble, das den Markt umschließt, zählt zu den schönsten Anlagen im Norden Deutschlands. Dominant erhebt sich die filigrane Schmuckfassade des **Rathauses,** des Wahrzeichens Stral-

> Prachtvolles Portal der Nikolaikirche

Hir ist nichts anders den
Gottes Haus
und hie ist die
Pforte des Himmels
GEN. XXVIII V: 17.
135osk ph

064osk ph

sunds, am Platz. Das Gebäude, im Kern ursprünglich als Kaufhaus errichtet, ist ein buntes Durcheinander an Stilen und Epochen. Seine ältesten Teile datieren von 1278. Die großartige Schaufassade, die das Rathaus zu einem der schönsten Profanbauten Nordeuropas macht, soll einst mit Lösegeldern finanziert worden sein, welche die von den Bürgern im nahen Hainholz gefangenen Fürsten für ihre Freilassung entrichten mussten. Sie sollte den ungeliebten direkten Konkurrenten, die Hansestadt Lübeck, deren Rathaus über eine ähnliche üppige Schmuckfassade verfügt, ausstechen. Die Lübecker, mit den Stralsunder Hansebrüdern eh in permanente Eifersüchteleien verstrickt, reimten auf den Versuch gehässig: *„Dat Stralsunner Rathus is as sinne Kinner, hoch hinaus und nix dahinner.“* Der von Säulen getragene Rathausdurchgang verbindet seit 1680 zwei ehemals getrennte Gebäude. In der Galerie erblickt man die Büste von Schwedenkönig *Gustav Adolf II.* Auch das neben dem Rathaus stehende klassizistische grau-weiße **Commandanten-Hus** erinnert an die Herrschaftszeit der skandinavischen Nachbarn. Es ist die ehemalige Schwedische Stadtkommandantur.

◁ Das Stadtwappen von Stralsund

Hinter dem Rathaus erhebt sich die **St. Nikolaikirche.** Sie ist dem Schutzpatron der Seefahrer, dem heiligen Nikolaus, geweiht. Dem 1270–1350 erbauten gotischen Backsteingebäude diente (wie sonst) die Lübecker Marienkirche als Vorbild. Da es die Kirche der Ratsherren und Patrizier war, ließen diese sich bei ihrer Ausschmückung nicht lumpen. Die frisch renovierte Kirche glänzt mit einer prachtvollen Innenausstattung. Kostbarste Schätze sind beispielsweise der geschnitzte Hochaltar (15. Jh.), der Schneideraltar oder der Bergenfahreraltar. An den Arkaden des Mittelschiffs sieht man den Altar der Riemer-Innung, und hinter dem Hochaltar hängt ein besonders wertvolles Stück, die Astronomische Uhr von 1360. Für die Nikolaikirche sollte man sich Zeit nehmen. Dann entdeckt man auch solche Nettigkeiten wie die Inschrift unter einem Keulenschwinger am Gestühl der Kramerkompanie. *„Dat ken Kramer ist, de blief da buten oder ick schla emp up de schnuten“*, wird da unmissverständlich darauf hingewiesen, wer hier Platz nehmen darf.

Dem Rathaus direkt gegenüber steht eines der schönsten Patrizierhäuser der Stadt, das **Wulflam-Haus.** Dieses spätgotische Giebelhaus verdankt Stralsund seinem ehemaligen Bürgermeister *Bertram Wulflam,* der es sich um 1350 erbauen ließ.

Nördlich des Alten Markts liegt zwischen Schill- und Fährstraße das **Johanniskloster.** Die Kirche des 1254 vom Franziskanerorden erbauten Klosters wurde 1624 bei einem Brand zerstört. Auch während der Bombenangriffe 1944 wurde das Kloster schwer getroffen. In 23-jähriger Rekonstruktionsarbeit wurden wesentliche Teile der Anlage weitgehend originalgetreu wiederhergestellt. Die Fassaden der Kirchenruine dienen in den Sommermonaten als würdevolle Kulisse für Konzerte. Der stille, von einem kleinen Rosengarten geschmückte Innenhof, in dessen Mitte die nach der *„Pieta"* von *Ernst Barlach* gefertigte Bronzeplastik an das Elend des Krieges mahnt, strahlt eine ganz besondere, kontemplative Atmosphäre aus. Eine Oase der Ruhe, in der man sich vom Stadtrundgang erholen und seinen Gedanken nachhängen kann.

Ebenfalls vom Alten Markt führt die Knieperstraße schnurstracks zum **Kniepertor.** Das 1293 erstmals genannte und nach der Familie Knieper benannte Stadttor birgt einen Gedenkstein, der an den treuen Kampfgefährten *Ferdinand von Schills,* den Schweden *Petersson,* erinnert. Dieser wurde an dieser Stelle von den Franzosen füsiliert. Durchschreitet man das Kniepertor und überquert den Olof-Palme-Platz, erblickt man rechter Hand eine kleine Grünanlage, die das zu seinem 100. Geburtstag vom Berliner Bildhauer *Hans Weddo von Glümer* im Mai 1909 aufgestellte **Schill-Denkmal** umrahmt. Das Grab des verehrten Draufgängers liegt auf dem St.-Jürgens-Friedhof in der Kniepervorstadt (vom Denkmal ca. 10 Min. zu Fuß).

Die Stelle, an der *Schill* am 31.5.1809 im Kampfe fiel, kennzeichnet eine in den Bürgersteig eingelassene Gedenkplatte in der Fährstraße 21. Nicht weit davon fällt ein weiteres architektonisches Kleinod ins Auge, das **Scheele-Haus.** Das Doppelhaus, das von polnischen Restauratoren vorbildlich saniert wurde, ist nach dem Entdecker des Sauerstoffs, *Carl Wilhelm Scheele,* benannt, der hier 1742 das Licht der Welt erblickte. Am Ende der Fährstraße tritt man unvermittelt aus der historischen Altstadt heraus und steht vor dem **Hafen am Strelasund.** Links sieht man die Anlegestelle der Weißen Flotte, die von hier aus zu Ausflugsfahrten startet. Auch die Fähre nach Hiddensee und die kleine Personenfähre hinüber nach Altefähr legen von dieser Stelle ab.

Wenige Schritte davon entfernt liegt die stolze **Gorch Fock 1,** also die originale Gorch Fock, die 1933 vom Stapel lief, 1945 im Strelasund versenkt und 1948 auf Befehl der Russen gehoben und wieder instand gesetzt wurde. Ab 1951 befuhr sie unter russischer Flagge und dem Namen „Towarischtsch" (Kamerad) die Weltmeere, bis sie, völlig heruntergekommen und schwimmunfähig, 2003 von *Tall-Ship Friends e.V.* erworben und nach Stralsund gebracht wurde. Der prächtige Dreimaster kann besichtigt werden. Die Gorch Fock der Bundesmarine ist ein Nachbau von 1958.

Stralsunds dritte Stadtkirche ist die **St. Jakobikirche** in der Jakobiturmstraße. Das im 14. Jh. zur Basilika umgebaute Gotteshaus erhielt bei dem Luftangriff vom 6.10.1944 einen Treffer und erlitt schwerste Beschädigungen. 1968 wurde die Kirche geschlossen und als Baustofflager genutzt. Erst nach der Wende und einer Sanierung erhielt sie ihre neue Bestimmung als Kulturkirche.

Wer etwas über die Arbeit der hanseatischen Kaufleute im Mittelalter erfahren will, sollte einen Abstecher in die Mühlenstraße 3 machen. Hier steht das **Dielenhaus,** ein mittelalterliches Kaufmannshaus. Das gotische Giebelhaus ist ein typischer Vertreter eines sogenannten Wohnspeichers. Während der Kaufmann die untere Etage mit seiner Fami-

164osk ph

lie bewohnte, wurden auf den Speicheretagen die Produkte und Waren gelagert, die der Kunde dann im direkten „Kauf vor Augen“ erstand. Heute wird das Speicherhaus für Ausstellungen genutzt.

Eine ganz besondere Stralsunder Institution liegt in der Frankenstraße, die vom Neuen Markt hinunter zum Hafen führt. Dort steht mit dem Haus Nr. 9 das Bruderschaftshaus der **Schiffercompagnie,** der 1488 gegründeten und ohne Unterbrechung bis heute aktiven Vereinigung der „Fahrenslüd“. Seit mehr als 500 Jahren organisieren sich die „Schiffbrüder“ (erst 1979 wurde die erste „Schiffschwester“ in den Verein aufgenommen!), in einer Art Selbsthilfeprojekt. Von Großer Fahrt heimgekehrt, nahmen sie hier Quartier. Die vielen Reiseandenken, die sie von ihren Weltreisen im Laufe der Jahrhunderte mit nach Hause brachten, sind nun in der Schiffercompagnie zusammengetragen und ausgestellt. Doch die Compagnie ist kein Museum, sondern ein aktiver Verein. Wenn über dem Portal die Vereinsfahne weht, dann tagen die rund 70 Mitglieder.

Am Ende der Wasserstraße trifft man auf das **Heilgeistkloster.** Eigentlich war die 1256 erstmals urkundlich erwähnte Anlage nie ein Kloster, sondern ein von der Stadt gegründetes Siechenhospital.

Die Gorch Fock 1 liegt immer in Stralsund, weil sie nicht mehr seetauglich ist

Das Hospitalgelände, einst als „kleine, in sich abgeschlossene Stadt mit sauberen Gängen und malerischen Häusern" beschrieben, wurde nach 40 Jahren Verfall nun bildschön saniert und ist jetzt wieder ein ebenso malerisches wie idyllisches Kleinod der Stadt, dessen Besuch man nicht versäumen sollte. Einfach niedlich!

Museen

Jüngstes und zugleich berühmtestes Kind in der Galerie der Museen Stralsunds ist das **Ozeaneum,** das für üppige 60 Mio. € in einem Neubau auf der Hafeninsel entstand. Ob der hypermoderne, weiße Komplex in die historische Backstein-Umgebung passt, ist strittig.

Unstrittig ist jedoch das, was sich in ihm verbirgt. Das Ozeaneum ist eine Liebeserklärung an die Meere dieser Welt. Mit seiner Eröffnung 2008 setzte ein nicht abreißender Besucheransturm ein, der das spekakuläre Ozeaneum heute zum meistbesuchten Museum des Landes macht. Es lockt führwahr mit Superlativen: **50 Aquarien,** darunter das größte Aquarium **„Offener Atlantik"** (2,6 Mio. Liter) mit seiner 5x10 m großen Panoramascheibe, in dem auch mächtige Haie ihre Runden drehen. Dazu die vier Ausstellungen „Weltmeer – Die Vielfalt des Lebens", „Die Ostsee", „Erforschung und Nutzung der Meere" und „Die Riesen der Meere", die Wale in Lebensgröße zeigt, darunter einen Pottwal im Kampf mit einem Riesentintenfisch.

217osk ph

Zwischen der Mönchstraße und der Stadtmauer am Knieperteich erstreckt sich das Gelände des ehemaligen **Katharinenklosters.** Das 1251 geweihte Dominikanerkloster war eine der größten mittelalterlichen Klosteranlagen an der Ostseeküste. Es ist einer der wenigen fast vollständig erhaltenen Bauten seiner Art in Norddeutschland. Seine Mauern dienen nun zwei bedeutenden Kulturtempeln als Heimstatt: dem Kulturhistorischen Museum und dem Meeresmuseum.

Das **Deutsche Meeresmuseum** ist in der ehemaligen Klosterkirche untergebracht. Der gelungene Versuch, Backsteingotik und Museum architektonisch

[<] Scheele Haus – das Giebelhaus aus der Spätrenaissance wurde bereits im 14. Jahrhundert als Dielenhaus errichtet

216osk ph

zu verbinden, ist schon für sich den Besuch wert. Mittelpunkt sind aber die originell gestalteten Ausstellungen zum Thema Lebensraum Meer und Fischerei. Zu den Attraktionen zählt neben den großen tropischen Aquarien das 16 m lange Skelett eines Finnwals, der 1825 an der Westküste Rügens gestrandet war.

Das **Kulturhistorische Museum** zeigt auf zwei Etagen Ausstellungen über die Geschichte Stralsunds und Vorpommerns, Sammlungen sakraler Kunst und mittelalterlicher Zunftgegenstände. Besonders interessant sind die umfangreichen ur- und frühgeschichtlichen Gegenstände, die man u.a. bei der Öffnung von Großsteingräbern auf Rügen fand. Nicht nur Kinder erfreuen sich an der großen Spielzeug- und Puppensammlung.

Der **Speicher,** eine Außenstelle des Museums in der Böttcherstraße 23, widmet sich der Volkskunst und dem traditionellen Handwerk sowie der Lebensweise und dem Brauchtum der Bevölkerung vom Darß und dem Mönchgut auf Rügen. Eine Außenstelle des Museums ist das **Marinemuseum Dänholm** auf der Sternschanze. Es pflegt die Schifffahrtsgeschichte der Stadt, der Festung Stralsund und der Preußischen Marine, als deren Wiege der Dänholm gilt.

◁ Der originale Windjammer Gorch Fock 1

Auf der Insel Dänholm liegt auch das **Nautineum.** Die Außenstelle des Meeresmuseums zeigt auf dem 2 ha großen, direkt am Wasser gelegenen Gelände vom Alten Tonnenhof Ausstellungen zu Fischereifahrzeugen, -methoden und -geräten, Meeres- und Fischereiforschung (mit dem Unterwasserlabor „*Helgoland*"), Schifffahrt auf Ostsee und Bodden (mit Seezeichen) und Schiffbau in Stralsund. Zum Nautineum fährt vom Stadthafen ein Shuttleboot.

Info

- **Vorwahl: 03831**
- **Tourismuszentrale Stralsund,** Alter Markt 9, 18439 Stralsund, Tel. 24690, www.stralsundtourismus.de (Mai–Okt. Mo–Fr 10–18 Uhr, Sa 10–16, So 10–14 Uhr, Nov.–April Mo–Fr 10–17, Sa 10–14 Uhr).
- **Stadtführungen:**

– Mai–Okt. tägl. 11 Uhr: **Altstadt-Rundgang.**

– Mai–Okt. Di und Fr 21 Uhr: **Nachtrundgang** mit dem Nachtwächter und allerhand Moritaten über Diebe, Mörder und Huren.

– Mai–Okt. Mo 16 Uhr: **„Kulinarischer Stadtrundgang".** Eine Tour durch die Altstadt mit 5 kulinarischen Stationen. Dauer: 3 Std. 34 € p.P. Anmeldung erforderlich!

– Mai–Okt. Mi 16 Uhr: **„Maritime Stadtführung".** Auf den Spuren der Hanse durch die Meerstadt am Sund. Dauer: 2 Std, 7 € p.P.

Unterkunft

- **Hotel Hiddenseer,** Hafenstraße 12, Tel. 2892 390, www.hotel-hiddenseer.de (schöne zentrale Lage im Hafen beim Ozeaneum mit freiem Blick über den Strelasund auf Rügen. 25 modern im maritimen Stil eingerichtete Zimmer, entweder mit

080osk ph

schönem Blick auf die Altstadt oder Hafen. Herausragend das beidseitig voll verglaste Atelierzimmer im obersten Stock (kein Fahrstuhl) mit einmaligem Panoramablick. Einer der schönsten Aussichtspunkte in Stralsund. NS 80–125 €, HS 130–164 €, Atelierzimmer NS 111–149 €, HS 194 €).

MEIN TIPP: **Altstadt Hotel Peiß,** Tribseer Straße 15, Tel. 303580, www.altstadt-hotel-in-stralsund.de (kleines ebenso einladendes wie fahrradfreundliches Hotel in der Altstadt wenige Schritte vom Neuen Markt. Sehr gastfreundliches und hilfsbereites Besitzerehepaar. 12 individuell und geschmackvoll gestaltete Zi., alle mit kostenlosem WLAN. Gutes Frühstück. Mit gemütlicher Weinstube, in der man sich selbst bedient und – wo gibt es so viel Vertrauen noch – seinen Verzehr selber aufschreibt, NS 65–105 €, HS 85–135 €).

■ **Haus Wullfcrona,** Heilgeiststraße 30, Tel. 303 970, www.haus-wullfcrona.de (ein echtes Kleinod! Perfekte Symbiose aus Historie und Moderne. Bildschöne und stilvolle Herberge im barocken Giebelhaus von 1743 in zentraler Altstadtlage, in dem einst die traditionsreiche *„Wullfcronasche Weinhandlung“* ihren Sitz hatte. 15 mit viel Sinn für Eleganz und Harmonie individuell gestaltete Zi., NS ab 85 €, HS ab 95 €).

Das Walskelett im Meeresmuseum

Pension Altstadt-Mönch, Mönchstr. 60, Tel. 444671, www.pension-altstadtmoench.de (denkmalgeschützes, mit viel Liebe zum Detail restauriertes und eingerichtetes Haus in der Altstadt nur 50 m vom alten Markt. 5 freundliche, geschmackvoll möblierte Zi. mit Flair. Sehr gutes Frühstück, familiäre Atmosphäre. NS 62–74 €, HS 79–85 €).

Hotel Norddeutscher Hof, Neuer Markt 22, Tel. 293161, www.norddeutscher-hof.de (kleines Familienhotel mit 13 Zimmern, gemütlichem Restaurant und lauschigem Biergarten. Tagesvariable Preise).

Alter Hafenspeicher, Am Querkanal 3a, Tel. 703676, www.hafenspeicher-stralsund.de (*Apart Hotel* im alten Hafenspeicher wenige Schritte vom Ozeaneum; großzügige DZ, App. und Suiten mit Blick auf Hafen und Altstadt oder Strelasund. Mit Restaurant und Bio-Sauna. Tagesvariable Preise.

Younior-Hotel Stralsund, Tribseer Damm 78, Tel. 278299, www.younior-hotel.de (preiswert und zentral gelegen. Hostel mit JH-Charakter direkt beim Hauptbahnhof, besonders für Jugendliche und Gruppen, 60 zweckmäßig eingerichtete Zi. Einzelreisende NS 25 €, HS 30 €. Backpacker 20 €, Einzelzimmer-Zuschlag 7 €).

JH Devin, OT Devin, Strandstr. 21, Tel. 490289, (ca. 8 km außerhalb am Greifswalder Bodden, Straße Richtung Greifswald, vom Hbf Stralsund mit Linienbus Nr. 3 bis Devin, Ü/F ab 21,70 €).

Sund-Camp, Am Kurpark 1, Tel. (038306) 75483, www.sund-camp.de (ganzjährig geöffnet, 2 ha großer familiärer Platz in Altefähr am Strelasund mit einmaligem Blick auf die Stralsunder Altstadt, Boots-, Fahrradverleih, Fischräucherei, Anfahrt über Rügenbrücke oder Personenfähre ab Hafen (nur Mai–Okt.).

Gastronomie

MEIN TIPP: **Nur Fisch,** Heilgeiststraße 92, Tel. 306609 (*fast fish* vom Feinsten! Tolles kleines Fischbistro, in dem man zu kleinem Preis gekonnt zubereiteten frischen Fisch von der Fischbulette über die Fischsuppe bis zum gebratenen Zander erhält. Besonders hervorzuheben, weil so selten: die ausgezeichneten Bratkartoffeln).

Wulflamstuben, Alter Markt 5, Tel. 291533, www.wulflamstuben.de (regionale Gerichte und Spezialitäten im historischen Ambiente).

Speicher 8, Hafenstraße 8, Tel. 2882898. www.speicher8.de (Das Restaurant gilt vielen als Stralsunds beste Adresse. Gehobene Gastronomie im historischen Speicher. Im distinguiert geschmackvoll gestalteten Gastraum werden Klassiker wie Zanderfilet an Scharlottenjus, getrüffeltem Rahmkraut und Passionsfruchtpolenta, aber auch Mediterranes wie Pasta „Toskana, Picatta von der Hähnchenbrust mit Tomaten-Oliven-Tagliatelle serviert).

Külp-Stube, Külpstr. 11, Tel. 280160 (uriges kleines Restaurant, Hausmannskost à la Rindsroulade mit Rotkohl).

Knieper-Eck, Schillstraße 34/Ecke Knieperstraße, Tel. 207254, www.kniepereck.de (kultivierte Atmosphäre mit klassischer Musik. Kleine gemütliche Wein-und Teestube am Knieper-Tor. Dazu hervorragende Suppen. Mit Teeladen).

Zur Fähre, Fährstraße 17, Tel. 297196, www.zurfaehre-kneipe.de (gemütliche Bierkneipe im besten Sinne! Hier wurde bereits im Jahr 1332 das Schankrecht erteilt. Heute geführt von der Stralsunder Kneipenlegende *Hannelore Höpner,* stadtbekannt als „Hanni". Der perfekte Ort für den stimmungsvollen Absacker oder auch 2 oder 3. Tägl. ab 18 Uhr).

Museen

Ozeaneum, Hafenstraße 11, Tel. 2650610, www.ozeaneum.de (Okt.–Mai tägl. 9.30–18 Uhr, Juni–Sept. tägl. 9.30–20 Uhr).

Olthofsches Palais / Ausstellung Welterbe, Ossenreyerstraße 1, Tel. 252316, tägl.10–17 Uhr, Eintritt frei, Do 16 Uhr Führung in den Hackertschen Tapetensaal.

Fischhandel H. Rasmus – der Erfinder des Bismarckherings

MEIN TIPP: Der seit 1871 bestehende Fischhandel *H. Rasmus* ist nicht nur für Stralsund eine Institution, sondern auch für alle, die den sauer eingelegten Hering lieben. Bei *Rasmus* gibt es den einzig originalen und wohl auch **besten Bismarckhering der Welt,** denn hier wurde er 1873 vom Urgroßvater *Rasmus* erfunden und wird seither von der Familie nach dem Urrezept hergestellt. Butterzart und einfach köstlich!

■ Heilgeiststr. 19, Stralsund, Tel. (03831) 2815 38, www.bismarckhering.com.

■ **Deutsches Meeresmuseum,** Katharinenberg 14–17, Tel. (03831) 265010, www.meeresmuseum.de (Juli–Okt. tägl. 10–17 Uhr, Nov.–Juni tägl. 10–17 Uhr).

■ **Nautineum,** Kleiner Dänholm, Tel. 288010 (Mai–Okt. tägl. 10–16, Juni–Sept. tägl. 10–18 Uhr).

■ **Kulturhistorisches Museum,** Mönchstr. 25/27, Tel. 253617, www.museum.stralsund.de (Di–So 10–17 Uhr).

■ **Dielenhaus,** Mühlenstraße 3, Tel. 297888 (Mai–Sept. Mo–Sa 10–17 Uhr).

■ **Museumshaus,** Mönchstraße 38, Tel. 28790 (Di–So 10–17 Uhr).

■ **Museumsspeicher,** Böttcherstr. 23, Tel. 28790, leider dauerhaft geschlossen.

■ **Marinemuseum Dänholm,** Sternschanze, Haus 10 (Am Rügendamm), Tel. 297327 (Mai–Okt. Di–So 10–17 Uhr).

■ **Schiffercompagnie,** Frankenstr. 9, Tel. 298510 (museales Vereinshaus, auf Anfrage).

■ **Gorch Fock 1,** An der Fährbrücke, Tel. 666520, www.gorchfock1.de (April–Okt. tägl. 10–18 Uhr, Nov.–März 10–16 Uhr).

Kirchen und Klöster

■ **St. Marienkirche,** Neuer Markt, Tel. 298965 (April–Okt. tägl. 9–18 Uhr, Nov.–März Mo–Fr 10–12 und 14–16 Uhr, Sa/So 10–12 Uhr. Gewölbeführung mit Turmaufstieg Di 15 Uhr, Do 15.30 Uhr oder nach Anmeldung, mobil: (0172) 3125491 (ab 5 Pers.).

■ **St. Nikolaikirche,** Alter Markt, Tel. 297199 (April/Okt. Mo–Sa 10–18 Uhr, So 12–16 Uhr, Mai/Sept. Mo–Sa 9–18 Uhr, So 12–16 Uhr, Juni–Aug. Mo–Sa 9–19 Uhr, So 12–16 Uhr, Nov.–März Mo–Sa 10–16 Uhr, So 13–16 Uhr).

■ **Johanniskloster,** Schillstr. 27, Tel. 253640 (Mo–Do 9–17 Uhr).

■ **Kulturkirche St. Jacobi,** Jacobiturmstr. 3, Tel. 309696 (tägl. 10–18 Uhr).

■ **Heilgeistkirche/Heiliggeistkloster,** Wasserstr., Tel. 290446 (April–Okt. Mo–Sa 10–17 Uhr, So 14–17 Uhr).

Aktivitäten

■ **Theater,** Olof-Palme-Platz 6, Tel. 2646150.

■ **Tierpark,** Barther Str., Tel. 253480, www.zoo.stralsund.de (März–Okt. tägl. 9–18.30 Uhr, Nov.–Febr. 10–16 Uhr).

■ **Weiße Flotte,** Fährstr. 16, Tel. 26810, www.weisse-flotte.de.

■ **Personenfähre Stralsund-Altefähr,** Tel. 26810 (15. April–31. Okt. tägl. ab 10 Uhr 3–5 x tägl.).

■ **HanseDom,** Grünhufer Bogen 18–20, Tel. 37330, www.hansedom.de (großer Freizeit- und Erholungspark mit Wasser-, Saunawelt, Wellnesscenter und anderen Vergnügungsmöglichkeiten. Seestern-Therme So–Do 9.30–21 Uhr, Fr/Sa 9.30–23 Uhr, Saunawelt tägl. 9.30–23 Uhr).

Rügendamm

Von Stralsund führt der 1936 eröffnete Rügendamm hinüber auf die vielbesuchte Insel. An dem Nadelöhr – lange Zeit der einzige und nach wie vor der wichtigste Zugang nach Rügen – muss besonders zu Reisezeiten mit längeren Staus gerechnet werden. Erschwerend kommt hinzu, dass die **Ziegelbrücke eine Klappbrücke** ist, die zeitweise, um große Schiffe durchzulassen, hochgeklappt werden muss. Zu ihrer Entlastung wurde 2004 mit dem Bau einer neuen 4 km langen Strelasundbrücke begonnen, die parallel zum Rügendamm verläuft und Ende 2007 dem Verkehr übergeben wurde.

■ **Schließzeiten Ziegelgrabenbrücke:** jeweils max. 20 Min., tägl. 2.20 Uhr (bei Bedarf), 5.20 Uhr, 8.20 Uhr, 12.20 Uhr, 15.20 Uhr (bei Bedarf), 17.20 Uhr, 21.30 Uhr.

Süd-Rügen

„Unbekanntes Mesoboddamien" nennen spöttische Mäuler die Region Südrügen, die sich zwischen Kubitzer und Rügischem Bodden erstreckt und rund ein Viertel des *Muttlands,* des Inselkerns, bedeckt. Das wellige Südrügen ist überwiegend landwirtschaftlich genutzt und hat keine mondänen Seebäder vorzuweisen. Deshalb rauscht der Besucherstrom auch meist auf der Bäderstraße nonstop durch Rügens Süden. Wer aber nach Ruhe sucht, nach langen Spaziergängen an stillen Boddenufern, durch wogende Felder und pappelgesäumte Weiden in kleinen Bauernschenken einkehren möchte, der ist hier ganz richtig.

Hauptort ist das dörfliche wirkende Städtchen **Garz** mit der slawischen Wallburg *Charenza* und dem Ernst-Moritz-Arndt-Museum. Dieser Sohn Rügens erblickte im nahen Weiler Groß-Schoritz das Licht der Welt. Die spektakulärste Sehenswürdigkeit der Region ist natürlich **Putbus,** die „Weiße Stadt am Meer", die sich Fürst *Malte* repräsentativ auf die grüne Wiese bauen ließ.

Garz

Auf halber Strecke zwischen Altefähr und Putbus liegt Rügens älteste Stadt, Garz. Früher war das Landstädtchen der Mittelpunkt der Insel. Von der Hauptburg *Charenza* regierten die Slawenfürsten ihr Inselreich. Hier stellte *Witzlaw I.* im Jahr 1234 die Urkunde aus, die Stralsund das Stadtrecht verlieh. Garz selbst bekam diese im Jahr 1317.

Die mächtige **Wallburg Charenza,** in der einst den Gottheiten *Rugivit, Porenut* und *Porivit* gehuldigt wurde, liegt am südlichen Ortsrand. Auf dem Weg dorthin kommt man am **Ernst-Moritz-Arndt-Museum** vorbei. Es widmet sich dem Leben und Werk des Schriftstellers, Politikers und Patrioten, der sich gegen die Leibeigenschaft einsetzte. Geprägt von den Idealen der Französischen Revolution, musste *Arndt* nach der Veröffentlichung seines Buches *„Versuch einer Geschichte der Leibeigenschaft in Pommern und Rügen"* 1803 nach Schweden fliehen. In den Befreiungskriegen gegen *Napoleon* wird *Arndt* zur „neuen Stimme Preußens". Nach der Niederlage des Korsen setzt er sich mit der Forderung *„Was ist*

Hier ist E.M. Arndt am 26. Dez. 1769 geboren
22
Ernst-Moritz-Arndt-Haus
Sitz der
E.-M.-Arndt-Gesellschaft e.V.

218osk ph

des Deutschen Vaterland? Das ganze Deutschland soll es sein!" für die Einheit des zerstückelten Deutschland ein. Während der Bürgerlichen Revolution 1848 zieht er als Abgeordneter der Nationalversammlung in die Paulskirche ein. 91-jährig stirbt *Arndt* 1860 in Bonn.

Unterkunft/Gastronomie

■ **Am Wiesengrund,** Am Wiesengrund 23, Tel. (038304) 347, www.ruegen-hotel-am-wiesengrund.de (Neubau in ruhiger Lage, im Restaurant gutbürgerliche Küche, HS 80 €, NS 60–70 €).

■ **Pension Forsthaus,** Klein Stubben 1, Tel. (038307) 40043, www.pension-forsthaus-garz.de (ehem. Forsthaus in waldumrahmter Alleinlage nur wenige Schritte von klarem Waldsee, mit Liegewiese, Grill, Fahrradverleih, HS 60–72 €, NS 52–62 €).

■ **Herrenhaus Poppelvitz,** Poppelvitz 8, Tel. (038304) 629806, www.natururlaub-ruegen.de (4 Fewo in einem weitläufigen parkähnlichen Garten eingebetteten, direkt am Schoritzer Wieck gelegenen Gutshaus, das im Jahr 1894 von der Familie *von Normann* errichtetet wurde. Fewo mit 2 Pers. NS 40–75 €, HS 55–85 €, weitere Pers. 7,50 €).

Museum

■ **Ernst-Moritz-Arndt-Museum,** In den Anlagen 1, Tel. (038304) 12212 (Mai–Okt. Di–Sa. 10–16 Uhr, Nov.–Apr. Mo–Fr 11–15 Uhr).

☒ Garz: Hier erblickte der Dichter und Patriot Ernst Moritz Arndt 1769 das Licht der Welt

Groß-Schoritz/Zudar

Von Garz führt ein schmales Sträßlein Richtung Bodden. In dem abgeschiedenen Weiler Groß-Schoritz sticht ein neu restauriertes, weiß gestrichenes altes Herrenhaus heraus. Es ist das **Geburtshaus von Ernst Moritz Arndt,** in dem er am 26. 12. 1769 zur Welt kam. Es unterliegt der Federführung der **„E.-M.-Arndt-Gesellschaft“,** die dort ihren Sitz hat. Der Gutspark lädt mit seinen neu angelegten Wegen, Ruhepunkten und Aussichten zum Spazieren und auf den Spuren von *Arndt* zum neuen „Nachdenken über Deutschland“ ein. Im Haus finden monatlich (meist Sa. 15 Uhr) die **„Begegnungen bei Arndt“** statt.

Die Halbinsel Zudar ist vom Wasser des Schoritzer und Puddeminer Wiek fast vom Lande abgeschnürt. Nur ein schmaler Landstreifen verbindet die fast baumlose Halbinsel mit dem Festland. In den Feldern liegen steinzeitliche **Hügelgräber.** Bei Zicker verbirgt sich ein Campingplatz in einem kleinen Wäldchen am Ufer. Die Straße endet in Glewitz.

Von hier verkehrt die **Fähre Glewitz – Stahlbrode** – eine Alternative für den Weg über den Rügendamm. Wo die Straße nach Glewitz von einer herrlichen Lindenallee gesäumt ist, liegt das **Gut Losentitz.** Es gehörte einst dem schwedischen Generalmajor *Moritz Carl Ulrich von Dycke.* Das Herrenhaus mit Park bietet nun Unterkunft in stiller Lage.

Museum

■ **E.-M.-Arndt-Geburtshaus,** Dorfstraße 22, 18574 Groß-Schoritz, Tel. (038304) 515, www.ernst-moritz-arndt-gesellschaft.de.

306rh ph

Unterkunft

- **Altes Gutshaus Losentitz,** Losentitz, Dorfstr. 11, Info/Buchung Mobil (0171) 7809807 (FeWo im Gutshaus und adrettem Neubau, idyllische Lage mit schöner Terrasse und Liegewiese, HS 75–95 €, NS 60–75 €, Bettwäsche 8 € p.P.).
- **Camping Pritzwald,** Zudar, Tel. (038304) 829114, www.ruegen-campingplatz-pritzwald.de (April–Okt., idyllische Lage im lichten Kieferwald mit 700 m Sandstrand).

Fähre

- **Glewitz – Stahlbrode,** mobil: (0172) 7526836 (1.4.–31.10. tägl. 6–20.10 Uhr alle 20–30 Min., Juni–Sept. bis 21.40 Uhr).

Wallfahrtskirche in Zudar

Putbus

„Sollten einige Handwerker und andere Genüge haben, sich hierselbst niederzulassen, so können Ihnen Hausplätze angewiesen werden. Es können jedoch nur Personen unterhandelt weden, die ordentliche Beweise eines ordentlichen und stillen Betragens beybringen können." Mit dieser Zeitungsannonce suchte Fürst *Malte* (1783–1854) Einwohner für seine neue Stadt, die er höchstselbst am Reißbrett entworfen hatte und sich auf die grüne Wiese stellen ließ. Übrigens meldete sich kein einziger Interessent auf die Anzeige.

Anlass für den Bau von Putbus war die Erhebung des Grafen *Malte* in den Fürstenstand durch den Schwedenkönig *Gustav Adolf.* Und ein Fürst braucht nun mal einen repräsentativen Sitz.

Nach dem Vorbild von Heiligendamm entstand eine weitläufige klassizistische Anlage. Architektonisches Zentrum der Weißen Stadt ist der (viel zu groß geratene) **Circus,** eine kreisrunde, von repräsentativen Bauten gesäumte Anlage, in deren Mitte sich ein Obelisk erhebt. Vom Circus führt die Lindenallee schnurgerade zum Markt und Schlosspark hin. Am irgendwie auch zu groß geratenen Markt steht das klassizistische **Theater.** Seit seiner Eröffnung 1821 ist es der kulturelle Mittelpunkt von Rügen mit Oper, Operette, Konzert, Musical und Schauspiel. Wenige Schritte vom Markplatz in der Alleestraße 13 liegt das **Historische Uhren- und Musikgeräte-Museum.** In dem Privatmuseum kann man unter sachkundiger Führung des Sammlers und Besitzers *Franz Sklorz* über 600 Objekte bestaunen und dem Uhrmacher bei der Arbeit zuschauen.

Gegenüber dem Theater breitet sich auf 75 ha der **Schlosspark** aus, 1810–1825 nach dem Vorbild englischer Landschaftsgärten angelegt. Am Eingang steht die **Orangerie,** in der die Putbus-Information, eine Galerie und ein Café ihren Sitz haben. Im Schlosspark wachsen Büsche und Bäume, die der Fürst aus der ganzen Welt herbeischaffen ließ. Sein **Schloss** ist leider nicht mehr vor-

Der „Rasende Roland"

Von Lauterbach auf der Insel Rügen dampft der Roland – eine 1895 eröffnete Schmalspurbahn auf 24,1 km über Putbus durch die Granitz zu den Seebädern Binz, Sellin, Baabe und Göhren. Mit bis zu 30 km/Std. rauscht er durch die reizvolle Landschaft Rügens, was ihm den Beinamen der „Rasende" eingetragen hat. An der Steilstrecke die Südflanke der Granitz hinauf hat er tüchtig zu schnaufen. Das drückt den Schnitt, sodass der Roland für die 24 km eine gute Stunde braucht. Fahrradmitnahme ist für 1,50 € möglich.

Die Kleinbahn verkehrt ganzjährig nach Fahrplan (von Anfang Mai bis Ende Sept. auch ab Lauterbach Mole). Im Sommer bis zu 12-mal am Tag, im Winter 6-mal. Gruppen können den Roland auch chartern und große und kleine Jungs sich den Lebenstraum vom Lokführer erfüllen. Ein Tipp für Fotofreunde: Wenn man den *Roland* in voller Fahrt ablichten möchte, stellt man sich am besten auf die Wiese an der Haltestelle Garftitz am Weg zum Jagdschloss (Parkplatz vorhanden) und wartet, bis er aus Richtung Göhren kommt. Aus Putbus kommt die Bahn immer rückwärts.

■ **Rügensche BäderBahn,** Bahnhofsatr. 14, Putbus, Tel. (038301) 884012, www.ruegensche-baederbahn.de.

219osk ph

handen. Nur die Reste der Pergola am Schwanenteich erinnern noch an den Standort der Fürstenresidenz. Die ließ die „Partei", sprich SED, 1962 sprengen. Im Park verstreut stehen viele Bauwerke, Denkmale und Denksteine. Das **Malte-Denkmal** findet man nahe der Kastanienallee. Nahe dem Circus liegt im Park die **Villa Löwenstein,** in der nach seiner Sanierung nun wieder das bekannte **Rosencafé** zu Kaffee und Kuchen mit Blick auf den Rosengarten einlädt. Hier logierten einst prominente Zeitgenossen wie *Otto Graf von Bismarck*, der hier bei seinem Aufenthalt 1866 die Verfassung für den Norddeutschen Bund ausarbeitete. Im Affenhaus zwischen Schwanenteich und Kastanienallee ist das **Rügener Puppen- und Spielzeugmuseum** untergebracht. Was viele Besucher zunächst für das Schloss halten, ist die **Schlosskirche.** Ursprünglich als Kurhaus erbaut, wurde der Bau 1892 zur Kirche umgestaltet. Hinter der Kirche liegt das 8 ha große Wildgehege, in dem Hirsche herumwandern. Wer Hirsch auch gerne als Braten mag, der begebe sich in die **Jägerhütte** am Südrand des Geheges. Dort gibt es im Forsthausambiente Wildgerichte. Ein beschaulicher Spaziergang durch das Parkidyll führt zu manch anderen Malteschöpfungen. Die zweite große Attraktion von Putbus ist der **„Rasende Roland"**, der fahrplanmäßig zwischen Putbus und Göhren verkehrt.

Info

- **Vorwahl: 038301**
- **Putbus-Information,** Orangerie/Alleestraße 35, 18581 Putbus, Tel. 431, www.ruegen-putbus.de (Jan.–März und Okt.–Dez. Mo–Fr 10–16 Uhr, April/Sept. Mo–Sa 10–16 Uhr, Mai–Aug. tägl. 10–17 Uhr, Kurabgabe HS, 1,50 €, NS 1 €).

Unterkunft

- **Landhotel Ulmenhof,** im Ot Vilmnitz, Chausseestr. 5, Tel. 88280, www.landhotel-ulmenhof.de (4-Sterne-Haus in ruhiger Lage, spez. Radlerangebote, HS 89–99 €, NS 79–95 €).
- **Pension Gutshaus Krimvitz,** in Krimvitz, Dorfstr. 4, Tel. 641264, www.krimvitz.de (restauriertes Gutshaus, in dem einst Fürst Franz zu Putbus das Licht der Welt erblickte, in stiller, idyllischer Lage in kleinem Park, schöne Park-Restaurantterrasse, Weinstube im Gewölbekeller, Reitmöglichkeit, Nov.–März geschl., HS 99 €, NS 85 €).

Gastronomie

- **Jägerhütte,** am Tierpark, Tel. 510, www.jaegerhuette-ruegen.de (Wildspezialitäten im Fosthausambiente, am Wildgehege.
- **Villa Löwenstein/Rosencafé,** Bahnhofstr. 1, Tel. (038301) 887290, www.rosencafe-putbus.de (Kuchen und Torten aus der eigenen Konditorei. Idyllische, überdachte Terrasse mit Blick in den Rosengarten).

Museen

- **Rügener Puppen- und Spielzeugmuseum,** Kastanienallee/Affenhaus, Tel. 60959, www.puppenmuseum-putbus.de (ganzjährig tägl. 10–18 Uhr).
- **Hist. Uhren- und Musikgeräte-Museum,** Alleestr. 13, Tel. 60988, www.uhrenmuseum-putbus.de (Mai–Okt. tägl. 10–18 Uhr, Nov.–Apr. tägl. 11–16 Uhr).
- **Orangerie/Galerie,** Alleestr. 35, Tel. 889797 (Mai– Okt. tägl. 10–17 Uhr, Nov.–April Di–Fr 10–16 Uhr, Sa 10–14 Uhr).

055rh ph

■ **Museum Putbus/Welt der Experimente/ Historium,** Lauterbacher Straße 9a, Tel. (038301) 898336, www.museum-prora.de (das ehemalige „Museum zum Anfassen" der ehemmaligen Museumsmeile Prora hat nun in Putbus einen neuen Standort gefunden. Historium mit Multivisionsschau zu „200 Jahre Putbus", April– Okt. tägl. 10–18 Uhr, Nov.–März 10–16.30 Uhr).

Kultur/Aktivitäten

■ **Theater,** Markt 13, Tel. 8080, www.theater-putbus.de, Theaterkasse (038301) 808330, Di–Fr 10–13, 16–18 Uhr.

■ **Schlosskirche,** im Schlosspark, Tel. 436, www.kirche-putbus.de, tägl. 9–17 Uhr (Juli/Aug. Konzerte im „Putbuser Konzertsommer").

■ **Pirateninsel,** Lauterbacher Str. 10, Tel. 898366, www.pirateninsel-ruegen.de (2000 m² große Spielwiese unter dem Dach zum Austoben, ein (Schlechtwetter-)Paradies für Kinder (Mo–Fr 13–19 Uhr, Sa/So 10–19 Uhr).

◁ Das Malte-Denkmal im Schlosspark

Lauterbach und Insel Vilm

Eine herrliche Lindenallee führt von Putbus hinunter an den Bodden zum kleinen Fischerhafen **Lauterbach.** Etwas außerhalb des Ortes liegt der landschaftlich sehr reizvolle, buchenbestandene Goor. Am Rande des alten Buchenwaldes leuchtet das **Badehaus Goor** schneeweiß aus dem Grün. Das beeindruckende klassizistische Badehaus mit seiner 50 m langen, von 18 mächtigen dorischen Säulen getragenen Fassade ließ Fürst *Malte* 1818 errichten. Das exklusive **„Friedrich-Wilhelmbad",** für das der ehrgeizige Fürst sogar Carrara-Mamor aus Italien herbeischaffen ließ, wurde nach langem Leerstand und Verfall 2007 endlich als Hotel der gehobenen Art wieder eröffnet. Ausnehmend schön ist ein Spaziergang am **Hochufer des Goor,** von dem sich bezaubernde Aussichten über den Bodden hinüber zum Mönchgut und zur Insel Vilm eröffnen. Am Weg hinaus zum Goor weist ein Schild auf den **Semkors** hin, ein sehr schön erhaltenes steinzeitliches Großsteingrab (300 m von der Straße).

Im Fischereihafen von Lauterbach kann man den Fischern bei ihrer Arbeit zuschauen und frischen oder frisch geräucherten Fisch erstehen. Einen Abstecher wert sind auch die benachbarten malerischen Fischerdörfchen **Neuendorf, Wreechen** und **Neukamp.**

Die große Besonderheit von Lauterbach ist jedoch die **Insel Vilm,** die in Sichtweite im Rügischen Bodden liegt. *„Ich kann sagen, ich habe kaum jemals wieder das Gefühl so ganz reinen, schönen und einsamen Naturerlebnis gehabt wie damals auf dem kleinen Eilande",* berichtet der Dresdner Maler *Carl Custav*

Carus 1819 in seiner „*Rügenreise*". Das können wir ohne Abstrich unterstreichen. Das winzige Eiland ist von eindrucksvoller Anmut, eine „*solch reiche, kräftige Urnatur des Nordens*", dass keine Worte sie beschreiben können.

Dieses kleine Paradies blieb auch dem Ministerrat der DDR nicht verborgen. Obwohl die Insel bereits seit 1936 unter strengem Naturschutz stand, bauten sich die Herren ihre Ferienhäuser und eine große Antenne für die Westprogramme in das Kleinod. *Honeckers* Privatinsel war völlig abgeschirmt, schwer bewacht und deshalb dementsprechend legendenumwoben. Heute residiert in der Anlage die *Europäische Naturschutzakademie*. Der Vilm ist NSG und darf nicht betreten werden. Anlegen ist ebenfalls untersagt. Doch verzichten braucht man nicht auf das Erlebnis der bis zu 700 Jahre alten Bäume (seit 1538 wurde kein Holz mehr geschlagen). Im Rahmen einer fachkundigen Führung kann das Juwel besichtigt werden. Die Gruppen sind jedoch stark begrenzt. Es finden zwei Fahrten am Tag mit jeweils max. 30 Personen statt. Die Exkursion, die auch einen 3 km langen Rundwanderung um den Vilm einschließt, dauert insgesamt 3 Stunden. Voranmeldung ist obligatorisch, festes Schuhwerk zu empfehlen! Die Mitnahme von Hunden ist verboten.

Info

■ **Vorwahl: 038301**

■ **Exkursion „Insel Vilm"**, Fahrgastreederei *Lenz*, Lauterbach/OT Freetz, Tel. 61896, www.vilmexkursion.de, und am Infokiosk am Hafen (Dauer 3–4 Std., Erw. 18 €, Kind (4–12 Jahre) 9 €. Keine Haustiere! März–Okt., Beginn 10 Uhr ab Hafen).

Unterkunft

■ **Badehaus Goor**, Fürst-Malte-Allee 1, Lauterbach/Putbus, Tel. 88260, www.hotel-badehaus-goor.de (first class im hist. Badehaus von Fürst *Malte*, wunderschöne Alleinlage, großzügige helle Zi., mehr als 600 m^2 Wellnesssbereich mit Pool. HS 136–162 €, NS 86–142 €).

■ **Hotel Nautilus**, Dorfstr. 17, in Neukamp, Tel. 830, www.ruegen-nautilus.de (12 geschmackvoll, dezent, nautilusmaritim möblierte DZ und 14 Suiten, der Clou: Das Restaurant ist Kapitän *Nemos* U-Boot *Nautilus* aus dem Roman von *Jules Verne* nachgebaut. Es gibt Spezialitäten aus *Nemos* Kombüse, HS 88–95 €, NS 75–85 €).

■ **Wreecher Hof**, in Wreechen, Tel. 850, www.wreecher-hof.de (die schön gelegene, reetgedeckte Anlage kann zur gehobenen Kategorie gerechnet werden; mit Sauna, Solarium, Dampfbad, Schwimmbad, im Restaurant sehr gute regionale Küche, HS 79–119 €).

■ **Villa Schulenburg**, Marienstraße 3, Tel. 890 952, www.villa-schulenburg-putbus.de (einst eleganter Sitz des *Gebhard Graf von der Schulenburg*, dann Stasi-Zentrale und Mietshaus, nun 3 individuell eingerichtete FeWo nahe am Circus, HS 69–120 €, NS 65–100 €).

Vilmnitz

Malerisch steht die kleine mittelalterliche **Dorfkirche Maria Magdalena** auf einem Hügel. Nicht nur, weil hier in der **Fürstengruft** Fürst *Malte* und 26 weitere Familienmitglieder begraben liegen, lohnt sich der Abstecher dorthin. Im Sommerhalbjahr finden in dem Kirchlein jeden Donnerstag um 19.30 Uhr **Abendmusiken** statt, die sehr zu empfehlen sind (Info in der Putbus-Information oder Ev. Pfarramt, Tel. (03831) 590 oder www.kirche-putbus.de).

Bergen – Rügens Hauptstadt

Ziemlich exakt in der geografischen Mitte der Insel liegt Bergen, Verwaltungszentrum, Hauptstadt und mit 15.000 Einwohnern Rügens größter Ort. *„In Bergen selbst ist nichts merkwürdiges"*, stellte schon 1769 *Wilhelm von Humboldt* fest. Von der historischen Bausubstanz der nahezu 800 Jahre alten Stadt ist nicht viel zu sehen. Sie wurde bei vielen Stadtbränden nahezu gänzlich zerstört. *Gora* (Berg) nannten die slawischen Bewohner ihren Ort, an dem 1193 ihr bekehrter Fürst *Jaromar I.* ein Benediktinerkloster gründete, das 1230 die Zisterzienser übernahmen. Auch Bergen war Standort einer wichtigen Slawenburg, die oben auf dem Berg Rugard stand und von der aus, abwechselnd mit der Charenzaburg, das rügische Ranenreich regiert wurde. Größtes Problem der Stadt auf dem Berge war der Wassermangel. Deshalb wurde sie immer wieder von vernichtenden Stadtbränden eingeäschert.

Das bedeutendste der wenigen Bauwerke, die die Feuersbrünste überstanden, ist die **Marienkirche** (Mai–Okt. Mo–Sa 10–18 Uhr, sonst Schlüssel im Kirchenverwaltungsamt gegenüber, Führungen nach Vereinbarung, Tel. (03838) 253524). Die 1185 von *Jaromar I.* erbaute gotische Kirche ist die älteste auf Rügen und zählt zu den bedeutendsten Denkmälern der dänisch-norddeutschen Backsteinarchitektur. Einmalig ist ihre im Kern vom Jahr 1200 datierende Ausmalung, die 1896 freigelegt und ergänzt wurde. Im Innenraum ist ein Standbild des Kirchenstifters *Jaromar* zu sehen. An der Außenmauer neben dem Hauptportal ist der sogenannte **Svantevitstein** eingelassen, ein slawischer Kultstein aus vorchristlicher Zeit mit dem Abbild des Obergottes *Svantevit.* Eine Kuriosität ist die **Kirchturmuhr** an der Nordseite des Turmes. Das Ziffernblatt zeigt statt 60 Minuten 61 Minuten. Wie es dazu kam? Die Handwerker hatten sich bei einer Reparatur 1983 schlicht um ein Loch verbohrt.

Im romantischen Klosterhof hinter der Kirche haben das **Stadtmuseum** und die **Schauwerkstatt** ihren Sitz. In der Schauwerkstatt kann man einheimischen Handwerker bei ihrer Arbeit über die Schulter schauen und in den kleinen Läden rügentypische Produkte wie Keramik, Kerzen und Konfitüren erwerben. Besonders schön ist der Besuch zu einem der Floh- und Handwerkermärkte, die von Mai bis Sept. monatlich im Klosterhof stattfinden. Das älteste Haus Bergens ist das **Benedixhaus.** Die am Querbalken eingekerbte lateinische Jahreszahl berichtet von 1538 als Baujahr. Vom Markt führt die Vieschstraße hinauf auf den Rugard.

Etwa 10 Min. Fußmarsch, und man steht vor dem Wall der **Slawenburg Rugard.** In den Resten der Burg erhebt sich der **Ernst-Moritz-Arndt-Turm.** Der 27 m hohe Turm wurde zum Gedenken an *Arndts* 100. Geburtstag 1868 begonnen, konnte mangels Geld jedoch erst 1877 fertiggestellt werden. Den Entwurf stifteten „patriotische deutsche Architekten", die Steine der wohlbekannte Fürst *Malte von Putbus,* und eine eigens für den Turm initiierte Lotterie brachte schließlich das nötige Bare. Der Weg hinauf lohnt sich unbedingt. Von dem Turm hat man einen der schönsten Bli-

Bergen

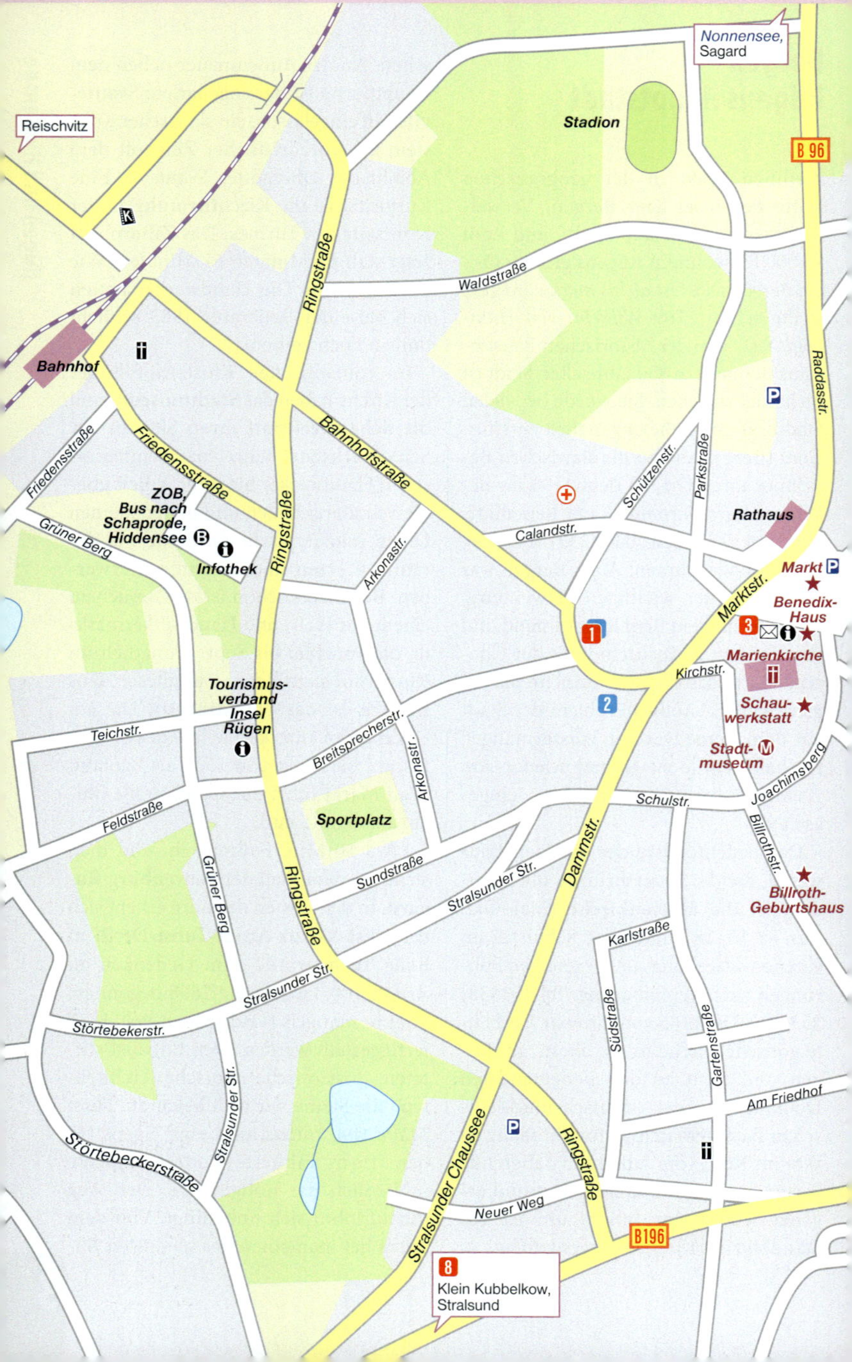

Nonnensee,
Sagard
Reischvitz
Stadion
B 96
Ringstraße
Waldstraße
Bahnhof
Raddastr.
Bahnhofstraße
Friedensstraße
Friedensstraße
Schützenstr.
Parkstraße
ZOB,
Bus nach
Schaprode,
Hiddensee
Infothek
Grüner Berg
Calandstr.
Rathaus
Arkonastr.
Markt
Marktstr.
Benedix-
Haus
Marienkirche
Kirchstr.
Tourismus-
verband
Insel
Rügen
Teichstr.
Breitsprecherstr.
Schau-
werkstatt
Stadt-
museum
Joachimsberg
Arkonastr.
Feldstraße
Sportplatz
Schulstr.
Billrothstr.
Dammstr.
Grüner Berg
Sundstraße
Stralsunder Str.
Billroth-
Geburtshaus
Karlstraße
Stralsunder Str.
Störtebekerstr.
Südstraße
Gartenstraße
Am Friedhof
Stralsunder Str.
Störtebeckerstraße
Stralsunder Chaussee
Ringstraße
Neuer Weg
B196
8
Klein Kubbelkow,
Stralsund

0
400 m
©Reise Know-How 2015
Ruegen05
MP
Freilicht-
bühne
Ernst-Moritz-
Arndt-Turm
Rugard
Rugardstr.
Rugardstraße
Stedaer Weg
Rugardweg
Am Burgwall
Vieschstr.
Am Fischersteig
Camper Weg
Mühlenstr.
Am Mühlenheck
Granitzblick
Am Tannengrund
Panoramablick
Königsstraße
Clementstr.
Teteler Landweg
Teteler Landweg
Gadmundstr.
Weidenstr.
Weidenstr.
Königsstr.
Boddenblick
Binz, Göhren,
Buschvitz
B196
Übernachtung
1 Hotel Kaufmannshof
3 Sagen- und Märchenhotel
6 Hotel Am Rugard
8 Gutshaus Kubbelkow
Essen und Trinken
1 Kontor
2 Restaurant Tüffelhus
Sonstiges
4 Sommer-Rodelbahn
5 Kletterwald
7 Go-Kart- und Buggybahn

cke über die Insel (Tel. (03838) 254167, Nov.–Ostern tägl. 10–16 Uhr, Ostern–Okt. tägl. 10–18 Uhr).

Info

■ **Vorwahl: 03838**

■ **Touristen-Information,** Markt 23, 18528 Bergen, Tel. 811206, www.stadt-bergen-auf-ruegen. de (Mo–Fr 10–18 Uhr, Juli/Aug. zus. Sa 10–13 Uhr).

■ **Tourismuszentrale Rügen,** Ringstraße 113–115, Tel. 807780, www.ruegen.de, Mo–Fr 8–18 Uhr.

■ **RPNV: Busbahnhof InfoThek** (Auskunft, Fahrscheine), Friedenstraße 24, Tel. 202955, www.rpnv.de (u.a. Busse nach Schaprode zur Fähre nach Hiddensee Mo–Fr 8.30–12.30 und 13–17 Uhr).

Unterkunft

■ **Hotel Kaufmannshof**, Bahnhofstr. 6–8, Tel. 80450, www.kaufmannshof.de (4-Sternehotel mit viel Nostalgie bei Einrichtung und Ausstattung, das Restaurant *„Kontor"* im historischen Kaufmannsladen mit Originaleinrichtung, idyllischer Biergarten unter einer Hoflinde (DZ 90–140 €, App. 110–150 €).

■ **Hotel Am Rugard,** Rugardweg 10, Tel. 20190, www.rugard.de (charmantes Haus in schöner, ruhiger Waldlage am Weg zum E.-M.-Arndt-Turm. Einladende Terrasse unter alten Eichen mit Blick auf den Turm, HS 93 €, NS 59–73 €).

■ **Sagen- und Märchenhotel,** Markt 28, Tel. 2010669, www.maerchenhotel-ruegen.de (25 geschmackvoll dezent im Retrostil gestaltete Zi. direkt am Marktplatz. Besonderheit des Hauses: regelmäßige Sagen und Märchen-Abende mit Künstlern und Literaten. Rügener Märchensommer: ab Ende Mai Mi 18.30 im hist. Gewölbe des Mönchskellers, Dauer ca. 1½ Std, HS 119 €, NS 59–79 €).

MEIN TIPP: **Gutshaus Kubbelkow,** Im Dorfe 8, in Klein Kubbelkow, Tel. (03838) 8227777, www.kubbelkow.de (elegantes Schlosshotel in einem herrschaftlichen, von einem weitläufigen Park umgebenen Herrenhaus in wundervoll stiller, idyllischer Lage mit Herren- und Kaminzimmer und Bibliothek. Gutsherrenbad mit Bio- und finnischer Sauna, Sanarium, Erlebnisdusche, Aroma- und Dampfbad. Das Hausrestaurant offeriert eine kleine aber feine Karte, die im *Gault Millau* 14 Punkte erhielt. Standesgemäßer Shuttleservice mit einem nachtblauen Bentley S2 Standard Saloon).

Gastronomie

■ **Tüffelhus,** Dammstr. 1, Tel. 22332, www.tueffelhus.de (kleines gemütliches Restaurant mit frisch zubereiteter Hausmannskost zum anständigen Preis; mit sehr schöner Sonnenterrasse. Vom kundigen Wirt gibt es bei Bedarf allerlei gute Tipps für den Rügenurlaub).

■ **Kontor,** Bahnhofstr. 8, Tel. 80450 (mit historischen Interieur ausgestattetes Hotelrestaurant mit anspruchsvoller regionaler Küche. Mit Wintergarten und einladendem Biergarten unter der Hoflinde).

Aktivitäten

■ **Rodelbahn,** Rugardweg 7, Tel. 828282, www.inselrodelbahn-bergen.de (tägl. Nov.–März 13 Uhr–Dämmerung, April–Juni, Sept./Okt. 10–18 Uhr, Juli/August 10–19 Uhr).

■ **Kletterwald,** Rugardweg 9, Tel. (0152) 0490 3263, www.kletterwald-ruegen.eu (April–Juni u. Sept./Okt. Mo–Fr 11–17 Uhr, Sa/So 10–18 Uhr, Juli/Aug. tägl. 10–18 Uhr).

[>] Relikt aus vorchristlicher Zeit: der Svantevitstein in der Marienkirche

137osk.ph

310rh ph

Museum

■ **Stadtmuseum,** im Klosterhof, Tel. 252226, www.stadtmuseum-bergen-auf-ruegen.de (Mai–Okt. Di–Sa 10–16.30 Uhr, Nov.–Apr. Di–Fr 11–15 Uhr, Sa 10–13 Uhr).

■ **Schauwerkstatt,** im Klosterhof, Tel. 828356 (Apr.–Okt. Mo–Fr 10–18 Uhr, Sa 10–16 Uhr, Nov.–März Mo–Fr 10–16 Uhr, Sa 10–13 Uhr).

Die Granitz

Bis zu 107 Meter steigt das hügelige Moränenland der Granitz an, das sich zwischen Prorer Wiek, Strasower Bucht und dem Kleinen Jasmunder Bodden ausbreitet. Ein schmaler, verschilfter Wassergraben zieht die historische Grenze zum benachbarten Mönchgut.

Die Granitz ist eine der landschaftlich anmutigsten Regionen Rügens und mit ihren traditionsreichen Seebädern eine der meistbesuchten. Die lichten Buchenwälder, die die Hügel bedecken, sind das größte zusammenhängende Waldgebiet der Insel. Sanfte Wiesentäler durchbrechen den schattenspendenden Wald, aus dem auf der höchsten Erhebung, dem Tempelberg, das majestätische **Jagdschloss** des Fürsten *Malte* herausragt. Ein Netz von **Wanderwegen** durchzieht die Granitz und macht sie zum Wanderparadies. Bis unmittelbar an die Abbruchkante der steilen, gelb leuchtenden Kliffe reicht das satte Grün der Bäume. In den Wiesen und Feldern liegen steinzeitliche Gräberfelder wie die sehr gut erhaltenen **Großsteingräber** bei Lancken-Granitz. Durch die liebliche Natur schnauft der **Rasende Roland** von Putbus über Binz nach Göhren. Bis zur Seebrücke des mondänen Seebades Binz reicht die **Schmale Heide,** eine kilometerlange Sandnehrung, heran. Mit ihrem Traumstrand ist sie Rügens beliebtestes Badeparadies. Nach Rügen zu fahren heißt deshalb für viele, in die Granitz zu fahren.

◁ Bietet einen Panoramablick über die ganze Insel – der Ernst-Moritz-Arndt-Turm

Seebad Binz

Vor Westwinden geschützt, liegt Rügens Rimini touristisch ideal zwischen der Ostsee, den Wäldern der Granitz und der Schmalen Heide mit ihrem überbreiten bis an den Horizont reichenden Strand. Wer anders als der spleenige Fürst Malte von Putbus könnte der Vater des bekannten Seebades sein. Er war es, der um 1825 die ersten Badekarren aufstellen ließ. Wegen seiner Lage abseits der Verkehrswege wollte das fürstliche Bad jedoch nicht recht gedeihen, obwohl Malte den Gästen sein prächtiges Jagdschloss als Logierhaus andiente. Das änderte sich erst, als 1895 die Schmalspurbahn eingeweiht wurde, die Binz mit Putbus verband. Mit dem Geld von Berliner Bankiers wurden feine Hotels, prächtige Villen und elegante Logierhäuser gebaut, die noch heute das Gesicht des Seebades bestimmen.

Die Attraktion von Binz ist natürlich der endlose **Strand** in Verbindung mit

Seebad Binz

einem lebenslustigen Ort, der nebst der höchsten Bettenzahl die höchste gastronomische Dichte sowie die meisten Vergnügungseinrichtungen auf Rügen vorweist. Wer einmal am alten **Kurhaus** an der **Strandpromenade** saß und dem Treiben auf der Flanier- und Promeniermeile zugesehen hat, wird den Vergleich mit mediterranen Schaumeilen verstehen.

Jüngste Attraktion des Seebades ist der als Außenstelle der IGA in Rostock geschaffene **Park der Sinne,** ein ebenso reizvolles wie inspirierendes Parkgelände am beschaulichen Schmachter See. Erfreulich belebt hat sich in den letzten Jahren die Kunstszene in Binz. Besonders die Margarethenstraße hat sich zu einer Art **Kunstmeile** gemausert. Neben der alteingesessenen Galerie *Jahreszeiten* haben sich hier eine ganze Reihe von Galeristen und Kunsthandwerker angesiedelt, darunter die Galerie *Robert De-*

nier – Fotografien & Malerei, die Galerie für Kunst und Schmuck *„new creations"* oder auch Keramikerin *Kathrin Grünke* mit ihrer Narrenkeramik.

Info

- **Vorwahl: 038393**
- **Kurverwaltung,** Heinrich-Heine-Str. 7, 18609 Binz, Info-Hotline: 148148, www.ostseebad-binz.de (Febr.–Okt. Mo–Fr 9–18 Uhr, Sa/So 10–18 Uhr, Nov.–Jan. Mo–Fr 9–16 Uhr, Sa/So 10–16 Uhr, Kurabgabe HS 2,60 €, NS 1,50 €, Hund 0,50 €).
- **Fremdenverkehrsverein,** Wylichstraße 13, Tel. 665740, www.gastgeber-binz.de (März/Apr./Okt. Mo–Fr 9–17 Uhr, Mai Mo–Fr 9–18 Uhr, Sa/So 12–16 Uhr, Juni–Sept. Mo–Fr 9–18 Uhr, Sa/So 11–15 Uhr, Juli/Aug. Sa/So bis 18 Uhr, Nov.–Febr. Mo–Fr 10–16 Uhr).

Unterkunft

- **Hotel Kurhaus Binz,** Strandpromenade 27, Tel. 6650, www.travelcharme.com/hotels/kurhaus-binz.html (mit 5 Sternen eines der besten Häuser an der gesamten Ostseeküste, exklusive Lage direkt an der Seebrücke im hist. Kurhaus, 126 Zi. und Suiten im Ambiente der Goldenen 1920er, Innen- und Außenpool, Sauna, großzügiger Wellness-Bereich, erstklassige Gastronomie, tagesflexible Preise).
- **Villa Meeresgruß,** Margaretenstr. 19, Tel. 3820, www.villa-meeresgruss.de (hist. Bädervilla in zentraler Lage nur wenige Minuten vom Strand, Einkaufs- und Bummelmeile, HS 80–110 €, NS 57–73 €).
- **Villa Neander,** Hauptstr. 16, Tel. 5280, www.glasner.de (angenehmes Hotel in schmucker Villa direkt in der Fußgängerzone nahe Seebrücke, mit Gästehaus „Getreuer Eckhart", HS ab 99 €, NS ab 89 €).
- **Hotel Im Schwedischen Hof,** Sonnenstr. 1, Tel. 2549, www.im-schwedischen-hof.de (Ensemble aus drei schwedischen Landhäusern mit einladendem Galerie-Konzert-Lese-Café mit Kulturprogramm, Gourmet-Kamin-Restaurant und Malschule, HS 100–130 €, NS 60–90 €).
- **Pension Villa Seefrieden,** Schmachter-See-Str. 4, Tel. 32310, www.villaseefrieden.de (ruhig am See gelegen, Pool, 5 Min. zum Stand, Zi. teils mit tollem Seeblick, HS ab 85 €, NS 55–65 €).
- **JH,** Strandpromenade 35, Tel. 32597 (Ü/F ab 22,40 €).

■ **Camping Meier,** in Prora, Proraer Chaussee 30, Tel. 2085, www.camping-meier-ruegen.de (Apr.–Okt., vom ADAC ausgezeichneter 4-Sterneplatz in windgeschützter Lage, ca. 1,5 km von Binz bei Prora Ost, 800 m vom Strand).

Gastronomie

■ **Omas Küche,** Proraer Chaussee 2a, Tel. 13556, www.omas-kueche-binz.de (handfestes von der Kartoffelsuppe bis Bauernsepp-Schnitzel, Frühstück ab 8 Uhr, besonders lecker das selbst gebacken Holzofenbrot! Der spezielle Hausservice: innerhalb von Binz kostenloser Transfer im „Omas-Küche"-Oldtimer-London-Taxi, Tel. (0700) 08154711. Vorsicht Hundeallergiker: Das viebeinerfreundliche Haus bietet eine eigene „Hundekarte" an, es ist also mit gehäuftem Auftreten dieser Spezies zu rechnen. 365 Tage geöffnet!).

■ **Strandhalle,** Strandpromenade 5, Tel. 31564, www. strandhalle-binz.de (delikate Fisch-Gerichte, kreiert von EuroToques-Mitglied *Toni Münsterteicher,* serviert von freundlicher Hand im charmanten Ambiente der Jahrhundertwende. Dazu hausgebackenes Brot und fantasievolle Desserts wie „kara-

mellisierte Scheiterhaufen" oder feine Brände von der Edeldestillerie auf Ummanz).

Meersalz, Schillerstraße 8, Tel. 663-0, www.meersinn.de (das Restaurant Meersalz im Hotel Meersinn ist **Rügens einziges Bio-Restaurant.** Die Küche hat sich ganz und auf hohem Niveau der gesunden Ernährung verschrieben. Hier müssen auch Totalverweigerer wie Veganer nicht hungrig nach Hause gehen. Gourmet-Qualität zu fairen Preisen).

Das Kurhaus am Stand von Binz

138osk ph

MEIN TIPP: **Fischräucherei Kuse,** Fischerstrand, Tel. 2970 (eine Institution in Binz. Die Fischerfamilie *Kuse* offeriert seit nunmehr 4 Generationen tägl. ab 9 Uhr leckeren Fisch frisch und geräuchert zum anständigen Preis).

Kolonial-Stübchen, Zeppelinstr. 7, Tel. 147074, www.kolonialstuebchen.de (das besondere Lokal: gehalten ganz im Kolonialstil mit gemütlicher Genießerstube, mit Ladengeschäft, 300 Teesorten, Schokoladen, Pralinen u.a.).

Kunst und Kultur

Museum Ostseebad Binz, Bahnhofstraße 54 (im Kleinbahnhof), Tel. 129793, April–Okt. tägl. 10–17 Uhr, Nov.– März Di–So 10–16 Uhr.

Walentowski Galerie im Elisenhof, Hauptstraße 10, Tel. 13030, www.walentowski-galerien.de (Mo–Sa 10–20 Uhr, So 11–18 Uhr, im Winter Mo–Sa 10–18 Uhr).

Galerie Grünke, im Haus Karoline, Margaretenstraße 22, Tel. 33724, www.narrenkeramik.de (Mo–Fr 14.30– 17.30 Uhr, Sa 11–13 Uhr u. 14–17 Uhr).

KIK – Kunst im Klünder, Strandpromenade 12, Tel. 5320, www.hauskluender.de (Forum für einheimische Künstler).

Galerie Jahreszeiten, Margaretenstraße 20, Tel. 436312, www.galerie-jahreszeiten.de (Apr.–Okt. Di–So 10–18 Uhr, Nov.–März Di–So 10–16 Uhr).

Galerie Robert Denier, Strandpromenade 29, mobil: Tel. (0162) 9248869, www.robert-denier.de (Fotografie).

Galerie new creations, Margaretenstraße 20, Tel. 137803, www.n-creations.de (Mo–Sa 10–18 Uhr).

Tonicum, Margaretenstr. 20, Tel. 436312, www.tonicum-keramik.de (Gebrauchs- und Gartenkeramik).

Wellenkuenst, Margaretenstraße 18, mobil: (0172) 2791653, www.wellenkuenst.de (Kunsthandwerk aus dem ganzen Ostseeraum, Mo–Fr 11–13 u.14–18 Uhr, Sa 11–16 Uhr).

Glasbläserei Binz, Schillerstraße 11, Tel. 439 300, www.blumberg-glas.de.

Schmale Heide/Prora

Strand, Strand, Strand, so weit das Auge reicht. Entlang der gesamten 13 km langen Außenküste der Schmalen Heide zieht sich ein extrabreiter, feinkörniger Sandstrand. Dem Bilderbuchstrand folgt ein Streifen mit Dünen und Sandverwehungen. Lichter, in der Sonne harzig duftender Kiefernwald spendet an heißen Tagen willkommenen Schatten.

Auf der Nehrung kann man eine Begegnung der besonderen Art machen. Hier hat die NS-Organisation *„Kraft durch Freude"* das längste Haus der Welt, die gigantomanische Ferienanlage Prora im doppelten Wortsinn in den Sand gesetzt. Sie wurde nie fertiggestellt, und die „Volksgenossen", die sich hier in der Sonne aalen sollten, krepierten dafür in der afrikanischen Wüste und im russischen Eis. Eigentlich wollte an dieser Stelle *Wernher von Braun* sein Raketenversuchsgelände errichten, das dann jedoch bei Peenemünde auf Usedom entstand.

Nach dem Abzug der NVA nach der Wiedervereinigung wurde viele Jahre vergeblich versucht, das 6 km lange Monster zu verkaufen. Selbst zu Spottpreisen fand sich kein Interessent. Nun wurde die Anlage stückweise verkauft, und um die letzten noch nicht verkauften Teile liefern sich Investoren eine Bieterschlacht. In Block 1 entstanden 280 Eigentumswohnungen, in Block 2 Appartements und ein Hotel, Block 4 wird derzeit zu Eigentumswohnungen umgebaut und in Block 5 hat Deutschlands größte Jugendherberge ihren Sitz. Nur Block 3 ist noch unberührt und ohne Nutzungskonzept.

In Block 5 ist auch die Museumsmeile **Kunststatt Prora** zu finden, die unter ihrem Dach auf 4000 m² u.a. das **Rügen-Museum,** das **NVA-Museum** und das **KdF-Museum** vereint. Sehenswert im sogenannten „all in one"-Museum des neuen Eigentümers *Meyer* ist die nostalgische Ausstellung **Motorradwelt DDR.**

Neu ist das von der Stiftung Neue Kultur ins Leben gerufene **Dokumentationszentrum Prora,** das mit seiner Dauerausstellung „MACHTUrlaub" und begleitenden Wechselausstellungen Prora als historisches Denkmal zu erhalten und es in einer der historischen Bedeutung angemessenen Weise zu entwickeln und zu nutzen versucht.

Neben dem Dokumentationszentrum Prora bietet der neu eröffnete **Seilgarten** großen und kleinen Tarzans und Janes Gelegenheit (Kinder ab 8 Jahren), sich durch die Baumgipfel zu schwingen. In

038rh ph

dem 40.000 m² großen Gelände bieten 9 Höhenparcours mit 80 Übungen Kletterabenteuer. Für die ganz Kleinen steht ein 100 m² großer Spielplatz mit Betreuung zur Verfügung.

Naturerbe Zentrum Rügen / Alte Försterei Prora

Eingebettet in eine 1900 Hektar große geschützte Naturerbefläche liegt das Naturerbe Zentrum Rügen mit Baumwipfelpfad und Erlebnisausstellung. Eine wirklich einmalige Sache ist der 1250 m lange **Baumwipfelpfad,** der in bis zu 20 m Höhe durch die Kronen der Bäume führt und vom „Adlerhost", dem höchsten Punkt, aus 82 m Höhe eine einfach umwerfende Aussicht bietet.

Die große Teile der Schmalen Heide umfassende Naturerbefläche umfasst auch das **NSG Feuersteinfelder** am Nordende der Schmalen Heide. Die Flächen und Wälle aus Feuersteinknollen sind ein in Europa einzigartiges Naturphänomen. In der geschützten Zone dürfen die markierten Wege nicht verlassen werden. Achtung: beim Besuch der Feuersteinfelder im Sommer gegen Mücken schützen.

Naturerbe Zentrum Rügen, Forsthaus Prora 1, Tel. (038393) 662200, www.nezr.de, Mai–Sept. tägl. 9.30–19.30 Uhr, April/Okt. 9.30–17.30 Uhr, Nov.–März 9.30–16.30 Uhr.

Unterkunft

■ **Jugendzeltplatz Prora,** Mukraner Straße 12, 18609 Prora, Tel. (038393) 133880, www.prora.jugendherberge.de (großer Zeltplatz am Nordende des Hausmonsters in Toplage direkt am Strand mit modernen Sanitäranlagen. 12. Apr.–31. Okt., Ü/F ab 13,90 €).

■ **JH Prora,** Mukraner Str., Gebäude 15, Tel. (038393) 66880, http://prora.jugendherbergen-mv.de, Ü/F ab 23,50 €.

Die Feuersteinfelder auf der Schmalen Heide

Museen

- **KulturKunststatt Prora,** Objektstr., Block 3 TH 2 (NVA-, Rügen-, KdF-Museum, Bilder-Galerie, Motorradwelt DDR), Tel. (038393) 32696, www.kulturkunststatt.de, mit Wiener Kaffeehaus (im Sommer tägl. 9–19 Uhr, im Winter tägl. 10–16 Uhr).
- **Dokumentationszentrum Prora,** Objektstraße 1, Block 3, Tel. (038393) 13991, www.proradok.de (tägl. März–Mai u. Sept./Okt. 10–18 Uhr, Juni–Aug. 9.30–19 Uhr, Nov./Jan. 10–16 Uhr, Febr. 10–17 Uhr, Führungen, Dauer etwa 90 Min.).
- **Eisenbahn- und Technikmuseum,** am Bahnhof, Tel. (038393) 2366, www.etm-ruegen.de (Apr.–Okt. tägl. 10–17 Uhr).

Aktivitäten

- **Seilgarten Prora,** Strandstraße TH 52/Block 3, mobil: (01520) 3647424, www.seilgarten-prora.de (April, Mai, Okt. Di–So 10–17 Uhr, Juni–Sept. 10–18 Uhr).

Jagdschloss Granitz

Auf dem Tempelberg inmitten der schönen Granitz thront das **Jagdschloss Granitz.** Das schmucke Schlösschen mit seinen vier Ecktürmen und seinem mittigen Aussichtsturm ließ, wer sonst, der Fürst *Malte von Putbus* 1835–1846 durch den Schinkelschüler *Steinmeyer* unter maßgeblicher Mitwirkung des Meisters errichten. In dem neu renovierten Schloss wurde ein **Jagdmuseum** eingerichtet. Hauptgrund, auf den Tempelberg zu pilgern, ist jedoch die grandiose Aussicht, die sich vom Hauptturm über die Granitz bietet. Die 154-stufige Wendeltreppe ist eine filigrane, durchbrochene Gusseisentreppe. Besser nicht nach unten gucken!

Das Jagdschloss erreicht man von Binz aus problemlos zu Fuß, mit dem Jagdschloss-Express ab Seebrücke Binz oder dem Rasenden Roland bis Station „Jagdschloss".

- **www.jagdschloss-granitz.de**

Museum/Gastronomie

- **Jagdmuseum und Aussichtsturm,** Tel. (038393) 66710 (Mai–Sept. tägl. 9–18 Uhr, Okt./April tägl. 10–16 Uhr, Nov.–März Di–So 10–16 Uhr).
- **Gastronomie: Alte Brennerei,** im Jagdschloss, Tel. (038393) 32872, www.alte-brennerei.com (ritterlich-rustikales Gewölbe mit Speise- und Getränkekarte).

Ostseebad Sellin

„Sellin ist ein ausgedehntes Dorf und Gut, welches sich teils am See gleichen Namens, teils am Waldrande, den Ausläufern der Granitz erstreckt. Dieser Ort ist wegen seines schönen Strandes zur Anlage eines Seebades sehr geeignet", schrieb 1886 ein Rügen-Reiseführer. Sellin ist das zweite Seebad der Granitz. Es liegt am Steilufer, hoch über der See. Mit der

[>] Das Jagdschloss Granitz ist ein beliebtes Ausflugsziel

139osk ph

Eröffnung der Schmalspurbahnverbindung 1895 stieg das Fischerdorf zur vielbesuchten Sommerfrische auf, in der sich besser Betuchte ihre prächtigen Villen im Bäderstil bauten. Auch die SED ließ sich hier ein luxuriöses Domizil, das *Cliff-Hotel,* errichten, in dem all das vorhanden war, was die Bevölkerung nur im Westfernsehen sah.

Die Flaniermeile Sellins ist die von schmucken alten Villen und Hotels gesäumte Wilhelmstraße. Der Boulevard führt schnurstracks bis zum Steilufer, wo die **Himmelsleiter** hinab zum 2,5 km langen, windgeschützten Badestrand führt. Dort strahlt nun wieder der Glanzpunkt des anmutig nostalgischen Seebads, die 400 m lange und bildschöne **Seebrücke.** Zu diesem ihrem historischen, 1942 vom Eis zerstörten Vorbild mit Palmengarten, Kaiserpavillon und Balticsaal originalgetreu nachempfundenen Schmuckstück kann man Sellin nur gratulieren.

Neueste Vergnüglichkeit ist die **Tauchgondel** an der Seebrücke, mittels derer auch Wasserscheue trockenen Fußes zum Meeresgrund fahren und dabei die Unterwasserwelt studieren können.

Beim Seepark liegt **das Inselparadies.** Ein riesiges Erlebnisbad mit 600 m² Wasser drinnen und draußen, 106 m langer Wasserrutsche mit Lasereffekten, Garten, Gastronomie und vielem mehr.

Bei jedem Wetter und jeder Jahreszeit einfach zauberhaft ist der Spaziergang auf dem 6 km langen **Hochuferweg** zwischen Sellin und Binz.

Auch der Ortsteil **Moritzdorf** ist ein sehr lohnendes Ausflugsziel. Zu dem bezaubernd am Bodden liegenden Dörfchen muss man, von Sellin her kommend, von Baabe Bollwerk aus mit einem Ruderboot über den schmalen Ausfluss des Selliner Sees übersetzen. Mit 49 m ist dies die **kürzeste Fährline Deutschlands.** Der Fährmann nimmt auch Fahrräder mit. In Moritzdorf lädt die Ausflugsgaststätte **Moritzburg** zur Rast mit betörendem Blick über die verwobene Land- und Wasserlandschaft ein. Direkt am Selliner See liegt das kleine **Museum Seefahrerhaus,** das mit seiner Ausstellung vom Leben und Arbeiten der Fischer und Seefahrer erzählt.

Im Ortsteil **Altensien** erwartet Sie der **Mühlenpark** mit einer Bockwindmühle und Ausstellung im Gerätehaus zur

141osk ph

3

Mühlengeschichte der Insel, die um 1900 noch über 200 Windmühlen zählte. Jeden Do und Fr wird ab 14 Uhr im Holzbackofen köstliches Brot gebacken.

Info

Vorwahl: 038303

Kurverwaltung, Warmbadstr. 4, 18586 Sellin, Tel. (038303) 160, www.ostseebad-sellin.de (Jan.–Apr. und Okt.–Dez. Mo–Fr 8.30–16.30 Uhr, Mai–Sept. 8.30–18 Uhr, Sa/So. 10–14 Uhr, Kurabgabe HS 2,80 €, NS 1,40 €, auch in den OT Moritzdorf, Altensien, Neuensien, Seedorf).

Infopoint Sellin, Seeparkpromenade 1, Tel. 16222. Mai–Okt. tägl. 10–18 Uhr, Nov.–April Mo–Fr 9–17 Uhr, Sa/So 9–14 Uhr.

Unterkunft

MEIN TIPP: **Hotel Bernstein,** Hochuferpromenade 8, Tel. 1717, www.hotel-bernstein.de (elegante 4-Sterne-Superior-Herberge am höchsten Punkt über dem Steilufer mit einmaliger Aussicht auf Strand,

Nach historischem Vorbild wieder auferstanden – die Seebrücke Sellin

Seebrücke und Meer und gutem Preis-Leistungsverhältnis. Mit gesondertem Appartementhaus, Wellness- und SPA-Bereich. Üppiges und sehr abwechslungsreiches Frühstücksbüffet. Auch das Restaurant ist zu empfehlen. Verleih von E-Bikes, NS 53–90 €, HS ab 76–99 €).

■ **Waldfrieden,** Wilhelmstraße 5, Tel. 8930, www.hotel-waldfrieden-ruegen.de (angenehmes Haus in verspielter hist. Bädervilla von 1907 im Herzen Sellins, 400 m zu Seebrücke und Strand. 2 DZ und 11 App. meist mit Balkon. NS 75 €, HS 100 €, 1–2-Raum-App. NS 80–100 €, HS 120–140 €).

■ **Hotel Moritzdorf,** im OT Moritzdorf, Dorfstr. 15, Tel. 186, www.hotel-moritzdorf.de (kleines Hotel aus 3 Reethäuschen, Alleinlage am Ufer; einheimische Küche, HS 92–148 €, NS 60–100 €).

■ **Pension Tatjana,** Wilhelmstr. 28, Tel. 1450, www.pension-tatjana.de (Russisch auf Rügen; sympathisches Haus mit künstlerisch gestalteten Zimmern, Teestube und russ. Speisen, HS 69–85 €, NS 67–78 €).

■ **Pension Ari,** Seestr. 18, Tel. 86022, www.pension-ari.de (reizendes, komplett renoviertes Reethaus in ruhigster Lage auf einem Wassergrundstück direkt am Selliner See, mit Grillplatz und Gäste-Ruderboot, HS 67–88 €, NS 57–72 €).

■ **Pension Seeblick,** in Neuensien, Tel. 86597, www.ferienpension-seeblick.de (landschaftlich sehr schön und still in Alleinlage direkt am Neuensiener See gelegene Pension in altem Gehöft unterm Reetdach. Mit Liegewiese am Wasser, Restaurant mit idyllischer Seeterrasse. Mit Ruderboot- u. Fahrradverleih, NS 49–77 €, HS 53–99 €).

MEIN TIPP: **Haus Borussia,** Wilhelmstr. 37, Tel. 135135, www.ruegen-und-meer.de (Bäderstilvilla mit Etagendusche, dafür sehr günstigen Preisen, Sauna, großer Garten mit Grill, 3 Min. zum Strand, DZ ab 25 €, einfache App. ab 34 €/Tag).

■ **JH Sellin,** Kiefernweg 4, Tel. 95099, (Ü/F ab 24 €).

Gastronomie

MEIN TIPP: **Moritzburg,** im OT Moritzdorf, Tel. 95884, www.moritzburg-ruegen.de (Terrasse mit einmaliger Aussicht über das Mönchgut, geöffnet Mai–Aug. tägl. 10.30–20.30 Uhr, März/April/Sept./Okt. 10.30–19 Uhr).

■ **Fischerhütte,** im OT Moritzdorf, Tel. (038303) 909333, www.fischerhütte-moritzdorf.de (rustikales Gasthaus mit ebenso preiswerten wie guten Fischspezialitäten, bei den Einheimischen sehr beliebt, deshalb möglichst Tisch reservieren).

■ **De Seedörper,** in Seedorf, am Hafen, Tel. (038303) 87974 (hier gibt es im beschaulichen Hafenambiente Fischbrötchen, gebratenen, geräucherten sowie sauer eingelegten Fisch, alles frisch verarbeitet und zubereitet. Entweder im kleinen Imbiss oder auch zum Mitnehmen).

Museum

■ **Bernsteinmuseum,** Granitzer Str. 43, Tel. 87279, www.bernsteinmuseum-sellin.de (Mo–Fr 10–12 und 14–17.30 Uhr, Sa 10–12 Uhr).

■ **Museum Seefahrerhaus,** Seestraße 17b, Tel. (038303) 371105 (März–Okt. tägl. 10–16 Uhr, Nov.–Febr. Di–Sa 10–16 Uhr, Eintritt frei).

Aktivitäten

■ **Inselparadies,** Badstr. 1, Tel. 1230, www.inselparadies.de (März–Okt. tägl. 9–22 Uhr, Nov.–Febr. 14–21 Uhr).

■ **Tauchgondel,** Seebrücke 2, Tel. 92777, www.tauchgondel.de (April/Mai/Sept./Okt. 10–19 Uhr, Juni–Aug. 10–21 Uhr, Nov.–März 11–16 Uhr).

▷ „Fährmann hol över!" Vom Bollwerk Baabe wird man durch Läuten der Glocke oder auf Zuruf noch mit Muskelkraft hinüber nach Moritzdorf gerudert

Das Mönchgut

„*Nun ist aber kaum etwas mehr geeignet, das Bedeutungsvolle der Linie so recht zur Empfindung und Anschauung zu bringen als das Studium solcher Küstengegenden*“, schreibt der Maler *Carl Gustav Carus,* der mit *C. D. Friedrich* 1819 durch Rügen reiste. *Max Dreyer* schwärmte 1924 von „*so wunderbar wechselnden weichen und scharf gerissenen Linien und solcher Zwiesprache mit dem Himmelslicht*“. Und *Ferdinand von Schill,* der 1842 über das Mönchgut streifte, stellte begeistert fest, „*dass auf den Höhen von Groß Zicker eine Seenlandschaft sich darstellt, wie sie die gerühmtesten Küsten des südlichen Italien nicht haben*“.

Das Mönchgut ist in jeder Hinsicht eine ganz besondere Landschaft. Die extrem zergliederte Küstenlinie mit weit vorspringenden Landzungen und tief ins Land drängenden Boddenbuchten ist von atemberaubender Schönheit und Anmut. Sanft ansteigende Höhen, überzogen mit duftendem Trockenrasen und Holunder- und Ginsterheide, machen das niederschlagsarme Mönchgut zu Rügens Romantikzimmer. Schon 1803 schwärmte *Johann Jacob Grümbke* in seinem Buch *Streifzüge durch das Rügenland: „... zog ich in Gedanken eine gerade Linie von Putbus über Cirow nach Prora. Was jenseits derselben ostwärts liegt, ist das wahre Paradies von Rügen.“* Eben diese Linie griff auch die letzte DDR-Regierung auf und wies die Region um die gesamte Granitz und das Mönchgut

222osk ph

als **Biosphärenreservat Südost-Rügen** aus.

Auch historisch nahm das Mönchgut einen Sonderweg. Jahrhundertelang gehörte der Inselzipfel zum Kloster Eldena bei Greifswald. Die strengen Klosterregeln schränkten den Kontakt mit der „Außenwelt", dem restlichen Rügen, auf das Allernotwendigste ein. So konnte sich auf dem Mönchgut altes Brauchtum und Tradition besonders gut erhalten. Auch die kleinen Fischerdörfchen haben sich ihr traditionelles Gesicht mit geduckten, reetbedeckten Fischerkaten oft unverfälscht bewahrt. Nach wie vor fühlen sich seine Bewohner als Mönchguter und nicht als Rügener.

Ostseebad Baabe

Baabe ist das kleinste der vier Ostseebäder Binz, Sellin, Baabe und Göhren. Es liegt am Eingang zum Mönchgut. Der alte **Mönchgraben,** den das Eldenaer Kloster zwischen Bodden und Meer quer durch als Grenzmarkierung ausheben ließ, ist noch gut zu erkennen. Er verläuft unmittelbar vor dem Bahnhof Baabe und ist heute durch eine große, hölzerne Eingangspforte, durch die die Straße führt, markiert.

Die Strandstraße, eine breite von 500 Linden gesäumte Allee führt zum steinfreien Badestrand und der Strandpromenade, auf der man bis ins benachbarte Göhren oder Sellin spazieren kann. Ein Unikum ist der Fährmann, der seit 40 Jahren auf den Ruf „Fährmann hol över" Gäste vom Baaber Bollwerk hinüber nach Moritzdorf rudert. Von Seedorf führt ein reizvoller Spazierweg zur Ausflugsgaststätte Moritzburg (s. Kapitel Sellin). Wenige Schritte vom Bollwerk informiert das kleine Küstenfischermuseum über das traditionelle Mönchguter Handwerk.

Info

- **Vorwahl: 038303**
- **Kurverwaltung/Haus des Gastes,** Am Kurpark 9, Tel. 1420, www.baabe.de (Mai/Juni Mo–Fr 9–18 Uhr, Sa/So 10–18 Uhr, Juli–Sept. tägl. 9–18 Uhr, Okt. Mo–Fr 9–18 Uhr, Sa 10–18 Uhr, So 10–12 Uhr, April/Nov./Dez. Mo/Mi/Do 10–17 Uhr, Di/Sa 10–18 Uhr, Fr 10–16 Uhr, So 10–12 Uhr, Kurtaxe HS 2,30 € (Tagesgäste 2,80 €!), NS 0,50–1,15 €).
- **Info-Pavillon,** Strandstr., Tel. 14242 (Mai–Okt. Mo–Fr 9–14 Uhr).

Unterkunft

- **Hotel Solthus,** Bollwerkstr. 1, Tel. 87160, www.solthus.de (first class in ruhiger Lage am Bollwerk mit Boddenblick in architektonisch gewagter Verbindung zw. Moderne und Tradition, behaglich, stilvoll, unter Reet, ausgezeichnete Küche und großzügiger Wellnessbereich, HS 146–156 €, NS 89–136 €).
- **Villa Fröhlich,** Göhrener Weg 2, Tel. 86191, www.villa-froehlich.de (Komforthotel in alter Bädervilla, mit Spezialitätenrestaurant, HS 72–80 €, NS 44–68 €).
- **Hotel Birkenhof,** Birkenallee 7, Tel. 86431, www.birkenhof-ruegen.de (familiär und gastfreundlich geführtes 3 Sterne-Hotel in ruhiger Lage mit 18 Zi. und App., 800 m zum Strand, 300 m zum Selliner See, HS 85–99 €, NS 60–88 €).

Das Heimatmuseum in Göhren

Am Meer Pension garni, Strandstraße 40, Tel. 1330, www.am-meer-ruegen.de (familiär geführte Pension an der Promenade nur wenige Schritte vom Strand. 12 DZ teils mit Seeblick. Zum Haus gehört auch Baabes kleinste Gaststätte (siehe „Gastronomie"), Ü/F NS 60–70 €, HS 90 €).

Gastronomie

Aalkate, Am Aalkaten 14, Tel. 87540, www.aalkate-baabe.de (tägl. ab 10 Uhr frischer und frisch geräucherter Fisch bei *Fischer Benno un sin Sohn*).

Zum kleinen Leuchtturm, Strandstr. 40, Tel. 1330, www.am-meer-ruegen.de (mit nur 14 Plätzen Baabes kleinstes Lokal. Gute Fischgerichte in reizvoll intimer Atmosphäre im rustikalen Gastraum oder draußen auf der Terrasse).

Museum

Küstenfischermuseum, Bollwerkstraße, Tel. 1420 (Freigelände).

Ostseebad Göhren

Göhren ist der größte Ort auf dem Mönchgut und mit seinen Museen auch sein kultureller Mittelpunkt. Es liegt landschaftlich besonders reizvoll auf einer weit ins Meer vorspringenden Nase, dem Nordperd. Das Ortsbild des traditionsreichen Seebades prägen herrliche alte Villen und Logierhäuser in der Bäderarchitektur der Jahrhundertwende. Die Fassaden, oft von filigranen, reich verzierten Holzveranden geschmückt, strahlen in ihrem frischem Weiß eine sonnige Leichtigkeit und heitere Lebensfreude aus, wie man sie an der nordischen Küste gar nicht vermutet. Inmitten der Ortschaft liegt das **Mönchgut-Museum,** das mehrere Außenstellen umfasst. Haupthaus ist das **Heimatmuseum,** ein malerischer Rohrdachkaten. Nur wenige Schritte davon entfernt liegt der **Museumshof,** eine bäuerliche Hofanlage aus dem 18. und 19. Jh. Auch das **Rookhus,**

316rh ph

ein wunderschöner schornsteinloser Rauchkaten mit einem Zuckerhutrohrdach, gehört zum Museumskomplex. Das Freigelände des Museums liegt hinter den Dünen am Strand. Rund um das **Museumsschiff Luise** lässt sich an den ausgestellten Bootstypen die Mönchguter Fischerei studieren.

Gegenüber vom Rookhus führt die Friedrichstraße zur Max-Dreyer-Straße und dem dortigen **Drachenhaus,** einst Heimstätte des Dichters Max Dreyer. Heute befindet sich im Drachenhaus die Werkstatt des Keramikers *Peter Beyer.*

Zum Mönchgut-Museum gehört auch das 1720 erbaute **Pfarrwitwenhaus** in Groß Zicker, ein bilderbuchschönes niederdeutsches Hallenhaus mit spitzem „Zuckerhut"-Rohrdach. Dazu gehört das **Schulmuseum** in Middelhagen.

Göhrens **Badestrand** umschließt das Nordperd von beiden Seiten. Jeweils 4,5 km lang, völlig steinfrei und windgeschützt, sind seine beiden Seiten jedoch unterschiedlich. Während der Nordstrand mit Volleyball-, Tennisplatz, Kegelbahn, Surfschule und FKK-Bereich den sportlichen Aktivitäten gehört, ist der Südstrand mit seinen Fischerbooten ruhiger. Im Wasser vor dem Nordstrand liegt der gewaltigste Findlingsblock Rügens, der 1600 Tonnen schwere **„Buskam"** mit einem Volumen von 600 m^3. Der Name *Buskam* leitet sich vom Altslawischen „bogis kamien" – Gottesstein, ab. Der gewaltige Findling diente schon in der Bronzezeit als Kultstätte. Früher ließen sich ganze Hochzeitsgesellschaften auf ihm ablichten, heute ist das Anschwimmen wegen der gefährlichen Strudelbildung aber verboten.

Ein wunderschöner Spaziergang ist der **Nordperd-Rundweg.** Der Pfad führt durch lichten Wald meist unmittelbar an der Abbruchkante des bis zu 50 m hohen Kliffs entlang und eröffnet herrliche Aussichten, die bei gutem Wetter bis zum polnischen Wolin reichen. Traumhaft schön!

Info

- **Vorwahl: 038308**
- **Kurverwaltung,** Poststr. 9, 18586 Göhren, Tel. 66790, www.goehren-ruegen.de (Mai–Sept. Mo–Fr 9–18 Uhr, Sa 9–12 Uhr, Okt.–Apr. Mo/Mi/Do 9–12 Uhr u. 13–16.30 Uhr, Di 9–12 Uhr u. 13–18 Uhr, Fr 9–15 Uhr, Kurabgabe HS 2,80 €, NS 1,50 €).
- **Infostelle am Seebrückenhaus** tägl. 10–13 Uhr.

Unterkunft

- **Hotel Hanseatic Rügen,** Nordperdstr. 2, Tel. 515, www.hotel-hanseatic.de (einmalig schön auf dem höchsten Punkt des Nordperd gelegenes 4-Sterne-Wellness-Hotel, umwerfender Meeresblick, den vom Aussichturm mit Café auch Nicht-Hausgäste genießen können, großzügige Wellnesswelt mit tollem Schwimmbad, Beauty-Studio, breites Behandlungsangebot – ein wahrer Vital-Tempel, HS 186–230 €, NS 122–192 €. Das Highlight des Hauses ist der Turm, in dem sich auf 2 Etagen überaus charmante Lesezimmer mit Bibliothek befinden. Darüber liegt in der 4. Etage das kleine feine Turmcafé mit tollem Ausblick. Ganz oben dann erwartet den Besucher ein Bellevue, der wie das Café auch für Nicht-Hotelgäste offen ist und von dem der Blick über halb Rügen schweift. Nicht versäumen!)

Eine Augenweide – das Pfarrwitwenhaus in Groß-Zicker

■ **Haus am Hövt,** Hövtstr. 8, Tel. 5570, www.hoevt.de (FeWo bei Kapitän *Helmut Jupitz* im östlichsten Haus Rügens, sehr schöne und ruhige Lage am Orts-, Waldrand auf dem Nordperd, 150 m zum Südstrand, Fahrradverleih, HS 100–115 €, NS 70–95 €).

■ **Pension Schwanensee,** An der alten Försterei 8, Tel. 91068, www.pension-schwanensee.de (zauberhaftes Reethaus in ruhiger Alleinlage mit Teich und kleinem Vogelpark, mit vier 1–2-Raum-App. und 2 Ferienhäuschen, NS 35–60 €, HS 65–92 €, Frühst. 7,50 €).

■ **Pension Zum Fischer Franz,** Thiessower Str. 23, Tel. 2340, www.pension-fischer-franz-goehren.de (preiswerte Unterkunft bei alteingesessener Fischerfamilie, im Hausrestaurant zaubert Frau *Franz* Fischgerichte nach originalen Mönchguter Rezepturen, während Fischer *Franz* seine Gäste betreut und mit ihnen schnackt, DZ 52–56 €).

■ **Camping Regenbogen Resort,** Tel. 90120, www.regenbogen-camp.de (ganzjährig, mit 18 ha sehr weitläufiger und naturräumlich ebenso schöner wie abwechslungsreicher, sehr gut ausgestatteter Platz direkt hinter den Dünen am Nordstrand. Freundliche Leitung, 500 m² Wellnesscenter und tolle Lage – sehr beliebt, deshalb in der HS rechtzeitig buchen).

Gastronomie

MEIN TIPP: **Strandhaus 1,** Nordstrand 1 Tel. (038308) 25097, www.strandhaus1.de (1a-Lage am Nordstrand mit Blick auf denselben. Wildromantisch in üppiges Grün eingewachsene Terrasse, teils überdacht und mit Windschutz. Einfache, aber richtig schmackhafte Küche).

■ **Mönchgut,** Friedrichstr. 15, Tel. 91034, www.pension-moenchgut.de (Göhrens ältestes Gasthaus. Uriges Restaurant mit pommerscher und ostpreußischer Küche, Biergarten und eigener Fischräucherei).

■ **Zum Leuchtfeuer,** Max-Dreyer-Straße 6, Tel. 25296 (frische Fisch- und Fleischgerichte nach

142osk ph

Hausmannsart mit herrlichem Blick auf das Mönchgut).

- **Bellevue,** Nordperdstr. 2, Tel. 515 (Kaffee und Kuchen im Turmcafé. Der wohl aussichtsreichste Platz Rügens, um sich im stilvollen Ambiente der allseits beliebten Beschäftigung hinzugeben und dabei den Fernblick bis Usedom und zu den Kreidefelsen zu genießen, herrlich!).

Museen

Wegen umfangreicher Umstrukturierungsmaßnahmen können derzeit alle Mönchguter Museen nur **provisorische Öffnungszeiten** für einen eingeschränkten Zeitraum nennen. Besucher wenden sich bitte vor Ort an die Museums- oder Kurverwaltung.

- **Verwaltung Mönchguter Museen,** Thiessower Str. 7, Tel. 2175, www.moenchguter-museen-ruegen.de.
- **Heimatmuseum,** Strandstr. 1
- **Museumshof,** Strandstr. 4
- **Rookhus,** Thiessower Str. 7
- **Museumsschiff Luise,** Am Südstrand.

Middelhagen/Gager/ Groß-Zicker

Middelhagen liegt landschaftlich sehr reizvoll zwischen Schilffeldern, Salzwiesen und Höhenzügen. Das Dorf besitzt einen außerordentlich schönen historischen Ortskern. Seit Jahrhunderten unverändert ist das Ensemble um die 1400 errichtete **Mönchskirche** mit ihrem sehr bemerkenswerten Schnitzaltar. Das schilfgedeckte ehemalige Küsterhaus beheimatet das **Schulmuseum,** das Schülern von heute erschließt, wie gut sie es doch haben. Ergänzt wird das Ensemble durch ein 1606 erbautes Hallenhaus, das mit seiner historischen Kulisse anschaulich aus dem früheren entbehrungsreichen Leben im Mönchgut berichtet.

Eines der schönsten Ausflugsziele der Insel ist das **Reddevitzer Höft** mit dem Fischerdorf **Alt-Reddevitz,** eine schmale, von Ginsterheide bedeckte Landzunge, deren Höhen herrliche Aussichten gewähren und das **Zickersche Höft** mit dem Fischerdorf **Groß-Zicker.**

Der von Trockenrasen und Heide überzogene, weit in den Bodden hinausragende Landarm gipfelt im 66 m hohen **Bakenberg,** von dem der Rundum-Panoramablick über das gesamte Mönchgut mit seiner zerfledderten Küstenlinie reicht. In **Groß-Zicker,** einem Postkarten-Dörfchen, ist neben dem gesamten Ortsbild das 1727 erbaute **Pfarrwitwenhaus** mit seinem Zuckerhutrohrdach ein Fest für Auge und Kamera. Die bereits 1360 von den Eldenaer Mönchen errichtete **Dorfkirche** ist das älteste Gebäude des Mönchguts.

Die Außenküste bei **Lobbe** schmückt ein perfekter Sandstrand, der sich bis hinunter nach Thiessow an der Südspitze des Mönchguts hinzieht. Da dies die einzige Stelle an der Ostsee war, an der zu DDR-Zeiten das chronisch im Verdacht der Republikflucht stehende Surfen erlaubt war und dazu noch die beste Brandung und ideale Windverhältnisse herrschen, nannte der Volksmund diesen Strand das „Hawaii der DDR".

Info

- **Vorwahl: 038308**
- **Kurverwaltung,** Dorfstr. 4, 18586 Middelhagen, Tel. 2153, www.middelhagen.de (April/Okt. Mo–Fr 9–15 Uhr, Mai/Sept. Mo–Fr 9–16 Uhr,

Juli/Aug. Mo–Fr 9–17 Uhr, So 10–13 Uhr, Juni Mo–Fr 9–16 Uhr, So 10–13 Uhr, Nov.–März Mo–Fr 9–14 Uhr, Kurabgabe HS 1,50 €, NS 0,75 €).

Kurverwaltung Gager/Groß Zicker, Zum Höft 15a, 18586 Gager, www.mein-moenchgut.de, Tel. 8210 www.gager.de (Mai–Sept. Mo–Fr 9–18 Uhr, Sa/So 9–12 Uhr, Okt.–April Mo–Fr 8–12 Uhr, zus. Di 12–17 Uhr, Do 12–15 Uhr , Kurabgabe HS 1,50€, NS 0,75€).

Unterkunft

MEIN TIPP: **Mönchguter Hofbrennerei Zur Strandburg,** Alt Reddevitz Nr. 36, Tel. 34105, www.hofbrennerei-strandburg.de (zauberhaft mit Panoramasicht. Alleinlage. Hier gibt es Kräuterliköre, Säfte und Brotaufstriche. Dazu 3 FeWo., NS 65–89 €, HS 100–110 €. Hofladen Öffnungszeiten: April–Okt. tägl. 10–18 Uhr, Nov.–März 11–16 Uhr. Führungen, Verkostung jeden Mi April–Okt. 16 Uhr, Nov.–März 15 Uhr).

Having-Hof, Alt Reddevitz 49, Tel. 5500, www.having-hof.de (1–3 Zi-FeWo in reizvoller 3-Seiten-Hofanlage direkt am Naturstrand, gemütliche Gaststube, HS 80–145 €, NS 62–120 €).

Boddenhus, Gager, Zum Höft 30a, Tel. 8338, www.boddenhus-gager.de (Reetdachhof in idyllisch ruhiger Lage am Bodden mit großem Garten, 1–2 Zi.-App. HS 69–89 €, NS 46–76 €).

Camping Dat Stranddörp, in Lobbe, Tel. 2314, www.campingruegen.de (Apr.–Okt., 6 ha großer Platz direkt am Strand, Fahrradverleih, FKK-Strand).

Camping „Am Bodden", Gager, Tel. 30199, www.campingplatz-ruegen.de (Apr.–Okt., Bungalows).

Gastronomie

Kliesows Reuse, Alt-Reddevitz, Dorfstr. 23a, Tel. 2171, www.kliesows-reuse.de (sehr empfehlenswertes Fischrestaurant in 450 Jahre alter Scheune mit eigener Hausbrauerei und FeWo).

MEIN TIPP: **Zum Froschkönig,** in Middelhagen, Dorfstr., Tel. 25663 (Brasserie/Café in schnuckeligem weißem Holzpavillon direkt am Radweg. Ausgesprochen aufmerksame und freundliche Bedienung, gute Küche, faire Preise. Herausragend die selbst gebackenen Kuchen – für mich mit die besten auf Rügen, besonders die Mohntorte mit Schokodecke für 3,50 €. Meist sehr gut besetzte Terrasse im charmanten, bunt blühenden Bauerngarten mit Blick auf die Dorfkirche. Geöffnet April–Okt. Di–So 12–18 Uhr).

Kaisers Gaststuben, in Groß Zicker, Boddenstr. 43, Tel. 30091 (Mönchguter Fisch- und Wildgerichte unterm Reetdach, Wintergarten und Terrasse mit Boddensicht).

Museen

Schulmuseum & Hallenhaus Middelhagen, Middelhagen, Dorfstr. 1, Tel. 2478 (April/Mai und Sept./Okt. Mo–Sa 10–17 Uhr, So 13–17 Uhr, Juni–Aug. Mo–Sa 10–18 Uhr, So 13–18 Uhr, Winter auf Anfrage, hist. Schulstunde Mi 10 Uhr, Juli/Aug. zus. Di. 10 Uhr, April 11 Uhr).

Pfarrwitwenhaus Groß Zicker, in Groß Zicker, Boddenstr. 21, Tel. 8248 (April/Okt. Di–So 11–15 Uhr, hist. Schulstunde Mi 11 Uhr, Mai/Sept. Di–So 10–16 Uhr, hist. Schulstunde Mi 10 Uhr, Juni–Aug. Di–So 10–17 Uhr, hist. Schulstunde Mi 10 Uhr, Juli/Aug. zus. Di 10 Uhr).

Thiessow

Am südlichsten Zipel des Mönchguts liegt das Lotsendorf Thiessow. An seine Blütezeit als Lotsenort erinnert das kleine **Lotsen-Museum** im *Haus des Gastes.*

Hier am Südperd und Endhaken vereinen sich die Ausprägungen der Mönchguter Landschaft auf engstem Raum.

Rügenmarkt

Von Mai bis Ende Oktober findet jeweils Dienstag und Donnerstag am Hafen von Thiessow von 9 bis 16 Uhr der Rügenmarkt statt. Der Besuch lohnt sich, denn hier versammeln sich unter freiem Himmel und dem Motto **„regional – köstlich – kunterbunt"** rund 80 einheimische Produzenten, Künstler und Kunsthandwerker.

www.ruegen-markt.com

Gleich von drei Seiten ist das Dorf vom Wasser umspült. Von hohen Dünen und flachen Salzwiesen, von steilen Kliffs und flachen Sandstränden, von sanften Grashügeln bis zum lichten Kiefernwald spannt sich der Thiessower Landschaftsbogen. Die Brandung am **Thiessower Höft,** früher eine Gefahr für die Schiffe und Einkommensquelle für die Lotsen, zieht heute Surfer an. Man kann sie vom **Lotsenberg** auf dem Südperd beobachten. Auf der 36 m hohen Hügelkuppe erhebt sich der 1909 erbaute, dann abgerissene und 2001 nach historischem Vorbild wieder aufgebaute 11 m hohe Lotsenturm, der eine einmalige Sicht auf das Meer und die Inseln Ruden und Oie bietet. Im Erdgeschoss des Turms und in der alten Lotsenwache erzählt eine Ausstellung über das Lotsenwesen. Die Straße endet in **Klein Zicker,** das auf einem keulenartigen Landvorsprung zwischen Greifswalder Bodden und Zickersee liegt. Wer bis hierher gekommen ist, der sollte es nicht versäumen, durch den Ort zu spazieren und weiter bis zum nahen wildromantischen Hochufer, zu dem eine kurze Treppe hinabführt. In den lehmigen Klippen sieht man zahllose Löcher – es sind die Nist- und Bruthöhlen der seltenen Uferschwalbe.

321rh ph

> Strand am Südperd

Info

Kurverwaltung/Lotsen-Museum, Hauptstr. 36, 18586 Thiessow, Tel. (038308) 8280, www.ostseebad-thiessow.de (Mo, Mi, Do 8–16 Uhr, Di 9–18 Uhr, Fr 8–12 Uhr, Juni–Sept. zusätzlich Sa 10–12 Uhr, Kurabgabe: HS 2 €, NS 1 €).

Unterkunft

Hotel Godewind, De niege Wech 7, Tel. (038308) 3420, www.godewind-thiessow.de (Haus mit schönem Mönchgutblick, regionale Küche in Kamin-Restaurant mit Wintergarten; Sauna, Fahrradverleih, HS 98–106 €, NS 70–85 €).

Haus Mönchgut, Hauptstraße 45, Tel. (038308) 34010, www.wild-east.de/firmen/moenchgut (Hotel Garni in ruhiger Lage nur wenige Schritte vom Ufer. NS 48–58 €, HS 70–80 €).

Pension Wahnfried, Hauptstr. 9, Tel. (038308) 8216, www.pension-wahnfried.de (kleine Pension mit nur 8 Zi. in einer 1930 erbauten Villa mit lauschigem Garten. HS 76 €, NS 64–68 €).

Camping Thiessow, Hauptstr. 4, Tel. (038308) 669585, www.campingplatz-thiessow.de (1. Apr.–31. Okt., landschaftlich sehr reizvoll gelegener, 5 ha großer Platz, FKK-Strand).

■ **Surf-Oase,** an der Straße nach Klein Zicker, Tel. (038308) 30125, www.thiewaii.de (28. März–31. Okt., Surferplatz direkt am Strand, mit WoMo-Stellplatz).

Gastronomie

■ **Zum trauten Fischerheim,** in Klein Zicker, Tel. 30152, www.kleinzicker.de (Fisch- und Grillgerichte, Sonnenterrassen-Strandkorb-Café mit Wasserblick, ganzjähriger Pensionsbetrieb, DZ 60–70 €).

■ **Mönchguter Fischerklause,** Hauptstr. 48, Tel. 30397 (Fisch, Fleisch und vegetarisch im Sinne des Projektes „Regionale Esskultur", tägl. ab 11.30 Uhr).

Die Wiege der deutschen Romantik – Kreidefelsen am Hochuferweg zum Königsstuhl

Jasmund

Die 135 km² große **Halbinsel Jasmund** ist der Balkon Rügens. Gewaltige Kräfte und Verwerfungen haben die Landscholle nach oben gedrückt. Sanft, aber stetig steigt die mächtige Kreideplatte an, um an der Nordküste dann steil und schroff in weißen Kliffen senkrecht ins Meer abzufallen. Hier liegen sie, die Kreidefelsen von Rügen, die die Insel weltweit bekanntgemacht haben. Hier leuchtet der weltberühmte Königsstuhl aus dem tiefen Grün der Stubnitz, des herrlichen alten Laubwalds, der Rügens nordöstlichsten Teil bedeckt. Hier war es, wo der große Maler der Romantik, *Caspar David Friedrich* das fand, was er für seine malerische Inspiration brauchte: die Harmonie mit dem Kosmos. Seine eindrucksvollen Bilder der weißen Felsen machten Jasmund zum ersten Ausflugsziel auf Rügen. Zehntausende strömen heute auf den Spuren *C D. Friedrichs* hin zu den Kreideklippen, um das berauschend schöne Zusammenspiel von grünem Wald, blauem Meer und weißen Klippen zu genießen. Seit 1990 steht die einzigartige Natur der Stubnitz mit ihren Kreidefelsen unter dem besonderen Schutz des **Nationalparks Jasmund.**

143osk ph

Zwei kilometerlange Sandwälle verbinden die einstige Insel Jasmund mit dem *„Muttland"*, wie die Rügener den Inselkern nennen. Die **Schmale Heide** und die **Schaabe,** die herrlichsten Badestrände, die man auf Rügen finden kann. Hauptort auf Jasmund ist die Hafenstadt Sassnitz. Die großen Skandinavien- und Baltikumfähren fahren vom nahen Hafen Neu-Mukran, der in den 1980er Jahren mit immensem Aufwand und größter Geheimhaltung aus dem Boden gestampft wurde. Eigentlich war die Anlage für das ökonomische Überleben der DDR gedacht: Sie sollte die lebenswichtige Verbindung zur Sowjetunion sichern und den Landweg durch das renitente Solidarnosc-Land Polen ersetzen. Letztlich fand der Fährhafen seine

historische Erfüllung darin, dass über ihn große Teile der abziehenden Westgruppe der Roten Armee verschifft wurden.

Sassnitz

Auf einem schmalen Landstreifen zwischen Meer und den Crampaser Bergen eingeklemmt liegt die mit 12.000 Einwohnern größte Stadt auf Jasmund. Kilometerlang zieht sie sich an der Hauptstraße hin. Vergeblich schaut man sich nach einem Marktplatz, einem gewachsenen Zentrum um. Auch die als neues modernes „Zentrum" gedachte, neuerbaute Einkaufsmeile **„Rügen-Galerie"** vermag den Mangel einer Mitte kaum zu beheben. Ihr Fehlen erklärt sich daraus, dass Sassnitz 1906 aus der Zusammenlegung der beiden Fischerdörfer Crampas und Sassnitz erwuchs. „Nach Rügen reisen heißt nach Sassnitz reisen", lässt *Fontane* seine *Effie Briest* sagen. Tatsächlich war Sassnitz der erste Badeort auf Rügen. Davon zeugen die nun wieder prachtvoll restaurierten, schneeweiß erstrahlenden Villen und Logierhäuser zwischen der Berg- und Rosenstraße an der Sassnitzer Seebrücke, zu der vom Hafen aus die Standpromenade führt. Das kleine Villenviertel stellt zusammen mit dem bunten Fischerhafen und dem ehemaligen Fährhafen, in dessen Gebäuden sich gleich eine ganze Anzahl von Museen, Läden und gastronomischen Einrichtungen angesiedelt hat, die Schokoladenseite der Stadt dar. Um die beiden städtischen Zentren Rügengalerie und Hafen miteinander zu verbinden, wurde eine lange, elegant geschwungene **Fußgänger-Hängebrücke** zwischen den beiden Polen errichtet. Von der gewagten Konstruktion, die im Glasbahnhof im ehemaligen Fährterminal endet, hat man eine großartige Aussicht über den Hafen und hinaus aufs Meer.

Als erstes trifft man auf den malerischen **Fischereihafen,** in dem eine große Kutterflotte farbenfroh und fotogen an der Mole dümpelt. Das **Fischerei- und Hafenmuseum** gewährt Einblick in die maritime Geschichte. In einem der denkmalgeschützen ehemaligen Fährabfertigungsgebäude der nach Mukran verlegten „Königslinie" hat das **Museum für Unterwasserarchäologie** seine Heimat gefunden. Es zeigt mit Fundstücken aus der Ostsee vor Mecklenburg-Vorpommern 6000 Jahre maritime Kulturgeschichte, z. Zt. die Sonderausstellung „100 Jahre Königslinie". Darauf erwartet Sie im Stadthafen noch das **U-Boot-Museum** in Form eines engl. U-Boots der Oberon Klasse mit dem Namen OTUS. Seine Länge beträgt 90,70 m.

Ein Spaziergang hinaus auf die 1,5 km lange **Hafenmole** bietet einen guten Blick auf das Hafengelände. Und die Hafenstraße lockt mit ihren guten Fischrestaurants und Cafés. Vom Hafen starten Ausflugsboote zu Königsstuhl-Rundfahrten. Wer die Kreidefelsen fotografieren will, sollte eine solche Rundfahrt machen. Denn nur vom Meer her gibt es den wirklichen Postkartenblick. Die Hafenstraße geht in die **Strandpromenade** über und führt zum Findlingsblock *„Klein-Helgoland"*. Hier beginnt, wofür es sich unbedingt lohnt, nach Sassnitz zu reisen: der **Hochuferweg** zum Königsstuhl. Die rund 12 km lange Wanderung durch den Nationalpark entlang der Abbruchkante der Kreidekliffs ist mit das Schönste, was Rügen zu bieten hat. Ein schönes Ziel bei jedem Wetter ist der **Schmetterlingspark,** in dem Aberhunderte dieser filigranen Flugtierchen umherfaltern.

Eine Sehenswürdigkeit der besonderen Art ist der **Schlosspark Dwasieden** am Südende der Stadt. Lange von der NVA genutzt und damit im militärischen Sperrbezirk gelegen, ist der in einem romantischen Wäldchen am Meer versteckte und derzeit noch zugewachsene Schlosspark mit seinen Bauten und Ruinen nun wieder zugänglich. Errichtet hatte den neoklassizistischen Punkbau 1873–1877 Geheimrat *Adolph von Hansemann,* Inhaber der Disconto-Gesellschaft in Berlin und damit einer der reichsten Männer seiner Zeit. Wer sich für die Anlage und ihre Geschichte interessiert, der sollte an einer der Führungen teilnehmen, die der Dwasieden-Forscher und Autor des Buches „Das Weiße Schloss am Meer", *Ralf Lindemann,* anbietet.

Literaturtipp: *Lindemann, Ralf,* „Das Weiße Schloss am Meer", Reprint-Verlag Rügen, über www.dwasieden.de bestellbar.

Der Untergang der Wissower Klinken

Die viel besuchten Wissower Klinken, jene pittoresken, unverwechselbaren Kreidezacken die der Landschaftsmaler *Caspar David Friedrich* durch eines seiner Bilder weltberühmt machte, gibt es nicht mehr. Die malerischen Kreidefelsen, an deren Anblick sich Millionen Menschen ergötzten, wurden am 24.2.2005 Opfer eines gewaltigen Abbruchs, bei dem 50.000 Tonnen Kreide in die Ostsee stürzten. Mit ihnen die charakteristischen, 20 m hohen Hauptzinnen, die dabei einen Strandwanderer in den Tod rissen. Die Zinnen sind weg, doch der weiße Kreidefels und der herrliche Ausblick aufs Meer sind geblieben – Grund genug, dennoch zu den Ex-Wissower Klinken zu pilgern.

Info

- **Vorwahl: 038392**
- **Tourist-Service,** Strandpromenade 12, Tel. 6490, www.insassnitz.de (Mo–Fr 9–18 Uhr, Sa/So 10–17 Uhr, Kurabgabe: HS 1 €, NS 1,50–1 €).

Unterkunft

- **Hotel-Pension Villa Seestern,** Mühlenstr. 5, Tel. 33257, www.villa-seestern.info (hist. Bädervilla, ruhig und doch zentral direkt über dem Steilufer gelegen, alle Zi. mit herrlichem Seeblick, HS ab 95 €, NS ab 80 €).

Mein Tipp: Waterkant, Walterstraße 3, Tel. 50941, www. hotel-waterkant.de (Hotel garni in sehr schöner Lage oberhalb des Hafens mit herrlichem Panoramablick. Blumenreicher weitläufiger Garten mit Rosengarten, Liegewiese, Freiterrasse und Springbrunnen. 16 Zi., 8 mit Balkon und Seeblick. NS 50–75 €, HS 70–95 €).

- **Hotel Zum Hafen,** Hafenstr. 3, Tel. 22306, www.hotel-zum-hafen.de (familiäre Hotelpension am Hafen mit Eiscafé und Kellerklause im hist. Gewölbekeller, HS 79–89 €, NS 65–79 €).

Gastronomie

- **König Gustav,** Hauptstr. 10a, Tel. 22359, www. koenig-gustav.de (die 1. Adresse in Sassnitz, gehobenes Restaurant mit delikaten nordischen Fischspezialitäten).
- **Harbours,** Hafenstraße 5, Tel. 374520, www. harbours5.de (noch eine Seltenheit auf Rügen – *fingerfood at its best.* Spanische Tapas, italienische Antipasti, deutsche Häppchen, internationale Suppen und Salate usw., dazu über 100 verschiedene Weine und Cocktailbar).
- **Zur Alten Bank,** Hafenstraße 19, Tel. (038392) 373436, www.zur-alten-bank.de (die Herkunft des Namens wird beim Anblick des alten, in die Einrichtung integrierten Tresors und der Geldscheine an den Wänden schnell klar. Übersichtliche Karte mit unkomplizierten und dazu noch preisgünstigen Gerichten, die aber alle frisch zubereitet werden und richtig lecker schmecken. Mit Pension, DZ NS 75 €, HS 85 €.

[>] Majästetisch und weltberühmt – der Königsstuhl von der Viktoria-Sicht

Museen/Aktivitäten

- **Fischerei- und Hafenmuseum,** Am Stadthafen, Tel. 57846, www.sassnitz-museum.de (Jan./Febr. Di–So 10.30–16 Uhr, März–Okt. Di–So 10.30–17.30 Uhr, Nov./Dez. geschl.).
- **Landesmuseum für Unterwasserarchäologie,** Alter Fährhafen, Tel. 32300 (Apr.–Okt. tägl. 10–18 Uhr, Nov.–März tägl. 10–17 Uhr).
- **U-Boot-Museum,** Hafenstr. 12, Tel. 677888, www.hms-otus.com (tägl. Mai–Okt. 10–18 Uhr, Nov.–April 10–16 Uhr).
- **Tierpark,** Am Steinbachtal, Tel. 22381, www.tierpark.sassnitz.de (Apr.–Sept. tägl. 10–18 Uhr, Okt. 10–17 Uhr, Nov.–März 10–16 Uhr).
- **Alaris Schmetterlingspark,** Straße der Jugend 6, Tel. 66442, www.alaris-schmetterlingspark.de (April–Okt. tägl. 9.30–17.30 Uhr).

Der Königsstuhl

„Mit eins öffnete sich der Wald, wir stehen an den jäh abstürzenden Kreideklippen des Königstuhls. Wie jemand, der mit viel Sinn für Musik sich immer an den leichten Melodien und heiteren Gesängen hat begnügen müssen und dem nun mit einemmal eine große vollständige Beethovensche Symphonie ins Ohr dröhnt, so war mir.“ So beschreibt der Maler *Carl Gustav Carus* seine erste Begegnung mit dem Königsstuhl auf seiner Wanderung über Rügen, die er 1819 mit *Caspar David Friedrich* unternahm. Solche Gefühlswallungen werden sich allerdings angesichts heutiger Besuchermassen nur noch schwerlich einstellen.

348rh ph

Die schiere Masse der Königsstuhl-Wallfahrer gefährdet den Nationalpark Jasmund. Um den Strom zu kanalisieren, wurde die Straße zum Königsstuhl gesperrt. Beim *Baumhaus Hagen* ist Schluss. Von hier aus verkehren Pendelbusse zum 2 km entfernten Königsstuhl. Um die Stubnitz zu schonen, sollte jeder, der kann, sein Auto in Sassnitz oder in Lohme abstellen und sich auf Schusters Rappen oder per Rad auf den Weg machen. Diese Art der **Anreise** ist dazu noch ungleich eindrucksvoller!

Auf dem Königsstuhl angekommen, muss man erst einmal Eintritt zum Gelände des Nationalpark-Zentrums bezahlen, um überhaupt bis zu dem legendären Kreidefels zu gelangen. Dort wird man dann feststellen, dass man den imposanten, 117 m hohen Kreidefels von oben eigentlich gar nicht zu Gesicht bekommt. In seiner vollen Pracht zeigt er sich nur von der See her oder der Viktoriasicht am Hochuferweg. Durch die **Golchaschlucht** führt ein steiler Trampelpfad über Knüppel-

Kreide

Das Wort „Kreide" kommt aus dem Lateinischen und leitet sich von *terra creta* ab, was soviel wie „gesiebte Erde" bedeutet. Kreide ist ein weißer, zerreibbarer und abfärbender Kalkstein aus kohlesaurem Kalk, der vorwiegend aus Mikrofossilien besteht. Hauptmineral der Kreide ist Kalkspat, dem unter anderem Ton (Kreidemergel), Glaukonit und Brauneisen beigemengt sind.

Entstanden sind die Kreideschichten vor 50–100 Millionen Jahren im Mesozoikum, als durch Erwärmung Gletscher abschmolzen und den Meeresspiegel ansteigen ließen. Das so entstandene Kreidemeer überschwemmte ganz Nordeuropa bis zu den Alpen. Die Wasserläufe, die in das Meer mündeten, trugen eine feine Kalklösung ein, die allmählich das Wasser bis zum Sättigungsgrad anreicherte. Der ausgefällte Kalk sank zum Grund und lagerte sich in dicken Schlammschichten ab. Mit dem Kalk bauten Myriarden von Kleinstlebewesen, Krebse, Schnecken, Muscheln u.a. ihre Skelette, Schalen und Panzer. Nach ihrem Absterben sanken sie ebenfalls auf den Meeresgrund und versanken in der Schlammschicht. Im Laufe der Jahrtausende wurde diese Kalkschlammschicht 200–400 m mächtig. Faltungen und Verschiebungen brachten an manchen Stellen, wie z.B. auf Rügen, die Kreideschicht an die Erdoberfläche.

Die Rügener Kreide ist besonders weiß und rein. In dem Ort Klementelvitz bei Sassnitz wird die Kreide, auch das „Weiße Gold Jasmunds" genannt, industriell abgebaut. Verwendung findet sie bei der Herstellung von Farbe, Kitt, Medikamenten, Zahnpasta oder in der Porzellan- und Glasherstellung. Nahe Gummanz bei Neddesitz ist ein alter Kreidebruch zum Kreidemuseum Gummanz umgestaltet worden. Das Freilichtmuseum besitzt neben hist. Originalgeräten des Kreideabbaus und deren Verarbeitung u.a. einen schönen Lehrpfad, der vom Bruch in ca. 10 Minuten zum 60 m hohen „Kleinen Königsstuhl" führt.

■ **Kreidemuseum Gummanz,** Tel. (038302) 56229 (Ostern–Okt. tägl. 10–17, Nov.–Ostern Di–So 10–16 Uhr, Führung nach Vereinbarung, www.kreidemuseum.de).

dämme hinab zum Strand. Die letzten Meter muss man schließlich über eine Leiter zurücklegen. Die wilde Schönheit des von Steinen, Feuersteinknollen und Schwemmgut übersäten Ufers und der Blick von unten auf den majestätisch aufragenden Königsstuhl machen den Abstieg unvergesslich.

Vom Königsstuhl durch den Wald landeinwärts liegen der sagenumwobene **Herthasee** und der 10 m hohe Burgwall der slawischen **Herthaburg.**

Info

Nationalpark-Zentrum Königsstuhl, Stubbenkammer 2 (direkt am Königsstuhl), 18546 Sassnitz, Tel. (038392) 661766, www.koenigsstuhl.com (Ostern–Okt. tägl. 9–19 Uhr, Nov.–Ostern tägl. 10–17 Uhr).

Lohme

Das kleine Fischerdorf Lohme liegt unmittelbar am Nationalpark Jasmund. Da der Wanderweg von Lohme an der 70 m hohen Steilküste entlang zur Stubbenkammer und dem Königsstuhl viel weniger frequentiert ist als die anderen, ist er für Menschen, die nach Ruhe suchen, die ideale Alternative. Das kleine Dörfchen ist auch ein guter Ausgangspunkt für Wanderungen durch die Wälder der Stubnitz und die kleinen, vom Fremdenverkehr unberührten Dörfer Jasmunds.

Kurzum: Wer Ruhe sucht, ist in Lohme richtig. Ebenso der, der nach einem typischen Souvenir sucht. Der **Steinmüller,** eine Steinmanufaktur (Am Teufelsberg 52, Tel. (038302) 90109), in der am Steilufer und Strand gefundene Steine aller Art zu interessanten Unikaten verarbeitet werden, bietet außergewöhnliche Stücke.

Info

- **Vorwahl: 038302**
- **Touristik Lohme GmbH,** Arkonastr. 31 (im Haus „Linde"), 18551 Lohme, Tel. 88855, www.lohme.de (April–Okt. Mo–Sa 10–12 und 15–17 Uhr, Sa 10–12 Uhr, Nov.–März Mo–Sa 10–12 Uhr. Kurtaxe HS 0,75 €, NS 0,50 €).

Unterkunft

MEIN TIPP: **Panoramahotel,** An der Steilküste 8, Tel. 9110, www.lohme.com (am Steilufer gelegenes Hotel mit großartigem Panoramablick hinaus auf die See und Kap Arkona. Im Restaurant engagierte Küche zwischen Moderne und Tradition. Bei Sonnenuntergang auf der Restaurantterrasse bei schönem Wetter, gutem Essen und Wein zu sitzen gehört zum Schönsten, was Rügen diesbezüglich zu bieten hat. HS 89–99 €, NS 59–69 €).

- **Schloss Ranzow,** Schlossallee 1, Ranzow, Tel. 8891-0, www.hotel-schloss-ranzow.de (eine der tollsten Adressen auf ganz Rügen. Romatik pur. Kleines, bilderbuchschönes Schloss von 1886 mit 6 DZ und 14 Studios in denkbar schönster Alleinlage. Alle Zi. mit individuellem Grundriss und Design, geschmackvoll im distinguierten Ambiente zwischen Bauhaus und Barock, meist mit Traumblick auf Ostsee und Kap Arkona. Modernes Gästehaus mit 18 sehr eleganten Einraumstudios im zeitlos modernen Design. Hervorragende Küche, gepflegter Wellnessbereich. 30 Min. zu Fuß zum Königsstuhl, Verleih von E-Bikes. Appartmenthaus NS 95–155 €, HS 120–220 €, Schloss NS 120–230 €, HS 170–260 €).
- **Krüger Naturcamping,** in Nipmerow, Jasmunder Str. 5, Tel. 9244, www.ruegen-naturcamping.de

(Ostern–Okt., der einzige Campingplatz auf Jasmund, einfacher kleiner Waldplatz in idyllischer Lage, einfachste Sanitäreinrichtungen, täglicher Bus-Shuttle nach Sassnitz und Glowe/ Strand).

Gastronomie

■ **Traditions-Räucherei,** Dorfstr. 22, Tel. 9205 (täglich Aal, Heilbutt, Sprotten, Flundern und mehr frisch aus dem Rauch, Imbiss mit Fassbier und Direktverkauf). Mo–Sa 10–17.30 Uhr.

Schloss Spyker

Umgeben von einem Park, liegt das Schloss Spyker allein für sich an der stillen Spykersee. Der rote Bau mit seinen vier gedrungenen Ecktürmen entstand in seiner heutigen Form 1660–1665. Einst war er Sitz der Herrschaft Spyker. 1650 zog der schwedische Marschall *Carl Gustav Wrangel* ein. Nach dem Tode *Wrangels* 1676 kam das Schloss in den Besitz des Fürsten *Malte von Putbus.* Zu Zeiten der DDR verbrachten Rentner in dem idyllisch gelegenen Anwesen ihren Lebensabend. Nach einer Renovierung erwartet das noble Schlosshotel jetzt Gäste in den historischen Mauern.

Unterkunft/Gastronomie

■ **Schlosshotel Spyker,** Schlossallee 1, 18551 Spyker, Tel. (038302) 770, www.schloss-spyker.de (Frühstück im Saal „Vier Jahreszeiten" unter pracht-

144osk ph

vollen frühbarocken Stuckdecken. Im Restaurant ein gelungenes crossover von mecklenburger und mediterraner Küche im spätgotischen Kellergewölbe, im idyllischen Park ein Bier- und Kaffeegarten, DZ zu tagesaktuellen Preisen).

Glowe/Schaabe

Am Eingang zur 8 km langen Sandnehrung, die Jasmund mit Wittow verbindet, liegt das ehemalige Fischerdorf Glowe. Das Badeparadies der Schaabe, an deren Außenküste sich ein 50 m breiter Superstrand entlangzieht, hat aus dem Fischerdorf einen Ort gemacht, der vom Fremdenverkehr lebt. Die von lichtem Kiefernwald bestandene Landbrücke zählt in den Sommermonaten Tausende von Badegästen. Der kinderfreundliche, weil flach abfallende Strand ist bei FKK-Freunden beliebt. Der Kiefernwald mit seinen moosigen Kuhlen bietet Schattenplätze und lauschige Schmuseecken. An der Boddenküste führt ein ruhiger Wanderweg von Glowe hinüber nach Juliusruh auf Wittow. Glowe selbst dient ganz der Versorgung und Unterbringung der Schaabe-Besucher und ist außerhalb der Saison fast ausgestorben. Die einzige Sehenswürdigkeit von Glowe ist der markante dreieckige **Spannbetonbau,** der unübersehbar direkt am Strand aufragt. Der wegen seiner Form „Muschel" genannte Bau aus dem Jahre 1868 (heute Restaurant Ostseeperle) ist ein Werk des Architekten *Ulrich Müther* aus Binz, von dem auch der berühmte Teepott in Warnemünde stammt.

Info

- **Vorwahl: 038302**
- **Touristikbüro,** Hauptstr. 73, 18551 Glowe, Tel. 889939, www.glowe.de (Juli–Sept. Mo–Fr 8–12 u. 14–18 Uhr, Sa 9–13 Uhr, Okt.–Juni Mo, Mi, Do 7.30–16 Uhr, Di 7.30–17 Uhr, Fr 7.30–12.30 Uhr, Kurabgabe HS 1 €, NS 0,75 €).

Unterkunft

- **Hotel Meeresblick,** Waldsiedlung 129a, Tel. 7440, www.meeresblick-ruegen.de (strandnah, freundlicher Familienbetrieb mit 31 Zi, 10 mit Seeblick und 7 davon mit Balkon. Restaurant, HS 65–105 €, NS 60–90 €).
- **Haus Gräuntwig am Meer,** in Nardevitz, Am Ufer 4, Tel. 9300, www.haus-graeuntwig-ammeer.de (entzückendes Öko-Reethaus in idyllischer Lage auf 25.000 m² großem Grund am Steilufer; mit Terrasse, Spielplatz, Liegewiese, 1 DZ und 3 Fewo, HS ab 60, NS ab 35 €).
- **Haus Svantekahs,** Hauptstr.19, Tel. 71100, www.haus-svantekahs.de (freundliche Pension fast direkt am Strand. Zi. und App. meist mit Balkon oder Terrasse, teils mit Meerblick. DZ NS 59–64 €, HS 66–84 €, Frühst. 9 €).

☒ Zu DDR-Zeiten Altersheim, jetzt elegantes Hotel – das Schloss Spyker

Jurassic Park auf Rügen

Unweit von Glowe liegt das **Dinosaurierland.** Die urzeitlichen Großechsen üben seit jeher eine große Faszination auf Jung und Alt gleichermaßen aus. Durch den „Jurassic Park" von Rügen führt ein 1 km langer Rundweg, der die Entwicklung vom ersten Lebewesen im Wasser bis zur Evolution der Wirbeltiere und die Eroberung der Luft durch Flugsaurier und Vögel erläutert. Ein 90-Min.-Dinofilm wird ebenso geboten wie die Erstellung eigener Gipsabdrücke oder auch die fachgerechte Freilegung eines (nachgebildeten) Saurierskelettes. Ergänzt wird das Angebot durch einen Fossiliensuchplatz mit echten Fossilien aus der Kreidezeit, ein Steinzeitdorf, drei Abenteuerspielplätzen und Veranstaltungen wie Lagerfeuer mit Grillen im Steinzeitdorf (Grillen: Juli/Aug. Di 19 Uhr).

■ **Dinosaurierland Rügen,** Am Spyker See 2a, 18551 Spyker, Tel. (038302) 719874, www.dinosaurierland-ruegen.de (Juni–Aug. 10–18 Uhr, April/Mai/Sept./Okt. tägl. 10–17 Uhr, März/Nov. 10–15 Uhr, Fr. geschl.

Gastronomie

■ **Fischerhus,** Hauptstr. 53, Tel. 5235, www.fischerhus-ruegen.de (rustikal-maritime Gaststube mit guter regionaler Küche, bes. natürlich Fischgerichte).

■ **Ostseeperle,** Am Strand, Tel. 563888 (extravaganter dreieckiger Spannbetonbau aus den 1970ern direkt am Strand. Zu mediterraner Küche im Restaurant oder auf der Terrasse schöner Blick auf Strand, Meer und Kap Arkona).

Wittow

Wie ein Bollwerk ist Wittow der Kerninsel Rügens vorgelagert. Ebenso wie das benachbarte Jasmund war es vor langer Zeit einmal eine Insel. Eine Landbrücke hat es aber nur hinüber nach Jasmund. Vom „Muttland" ist Wittow durch den Breetzer Bodden abgetrennt, über den eine kleine Autofähre pendelt.

Wittow ist Windland. Weit in die raue Ostsee vorgeschoben, ist die weitgehend waldlose Hochfläche den vorherrschenden Nordwestwinden schutzlos ausgeliefert. „*Sturmtief über der Ostsee*", meldet in den Wintermonaten häufig die Wettervorhersage. Ihre Daten bezieht sie oft von der meteorologischen Station am **Kap Arkona,** dem deutschen Nordkap. Die besonders harten klimatischen Bedingungen an diesem nördlichsten Zipfel Rügens dienten zu DDR-Zeiten als eine Art Materialprüfungsanstalt. Man legte die zu testenden Materialien einfach am Kap ins Freie und beobachtete über einen bestimmten Zeitraum, wie sie die extremen Witterungsverhältnisse am Kap überstanden. Größere Orte gibt es auf Wittow keine. Die windige Steilküste ist zum Baden denkbar ungeeignet. Nur an der Westküste nahe Dranske am Bakenberg lockt ein sehr schöner Sandstrand.

Dennoch ist Wittow natürlich eine Reise wert. Der mächtige Burgwall der **Jaromarsburg** am Kap war einst das größte Heiligtum der Rügenschen Slawenbevölkerung. Hier stand der Tempel des vierköpfigen Hauptgottes *Svantevit.* Ganz in der Nähe duckt sich das romantischte Heringsdorf **Vitt** tief in eine Kuhle. Und die schönste Dorfkirche der Insel ist in **Altenkirchen** zu bewundern. Schließlich und nicht zuletzt kann man sich auf Wittow auch einfach nur die frische, salzige Seeluft um die Nase wehen lassen und durch die wogenden Felder streifen, die das flache Land bedecken.

Seebad Breege/Juliusruh

Breege liegt am Anfang der Schaabe. Der Ort besteht aus zwei Teilen. Nicht nur rein geografisch gesehen, sondern auch vom Charakter, der unterschiedlicher kaum sein könnte. An der Außenküste liegt der Badeort **Juliusruh,** der wie Glowe ganz auf die Badegäste eingestellt ist, die zur Schaabe pilgern. Mit dem Bau der Aquamaris Strandresidenz Rügen im Kiefernwald am Strand der Schaabe erhofft man sich Gäste über die Sommersaison hinaus. Seine Existenz hat das Seebad dem Spleen des einst größten Gutsbesitzers auf Wittow, *Julius von der Lancken* zu verdanken. Der Edelmann ließ 1795 auf dem sandigen und sumpfigen, völlig unfruchtbaren Ödland zwischen Schaabe und Breeger Bodden einen 40 ha großen **Landschaftspark** im französischen Stil mit Schloss anlegen. Das Schloss ist zwar schon lange weg, der Park ist allerdings immer noch da. Er liegt etwas versteckt an der Straße Richtung Breege. Nach 100 m liegt rechts ein Parkplatz direkt am Parkeingang. Ganz anders zeigt sich das am Bodden liegende **Breege.** Das Fischerdörflein mit seinen Rohrdachkaten ist von großem Reiz und auch zur Hoch-

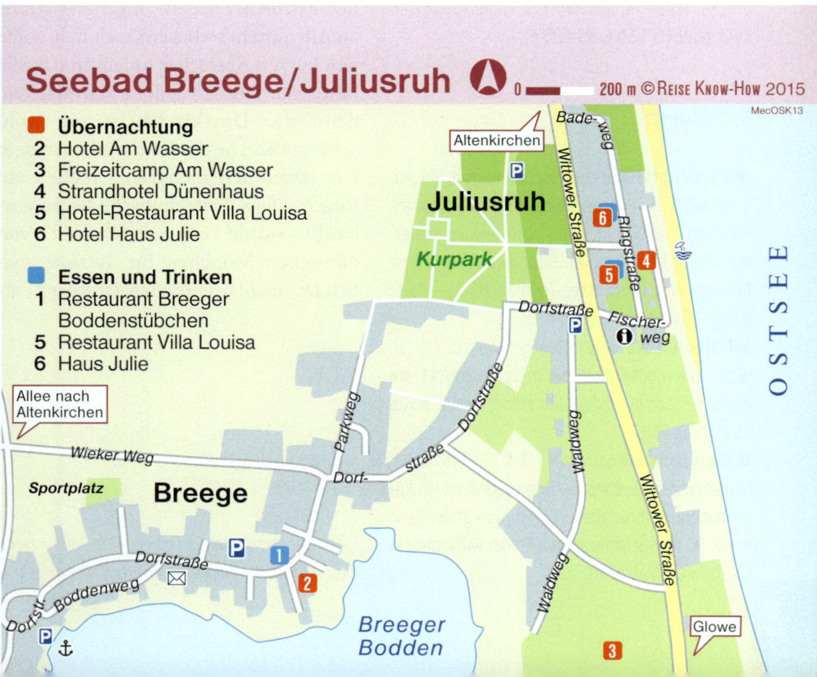

saison, im Vergleich zur Außenküste, ruhig und beschaulich. Im Hafenbecken dümpeln die kleinen Fischkutter, mit denen die Breeger „Fischerslüd" Tag für Tag auf Fischzug gehen. In der Blütezeit der Segelschifffahrt war Breege das reichste und angesehenste Dorf Rügens, was man den schönen Kapitäns- und Fischerhäusern noch immer ansieht. An die Segeltradition will das Dorf nun wieder anknüpfen. Die vielen Jachten und Sportboote, die im Sommer im kleinen Hafen vor Anker liegen, zeigen das Gelingen an.

Info

- **Vorwahl: 038391**
- **Informationsamt,** Wittower Str. 5, 18556 Juliusruh, Tel. 311, www.ostseebad-breege.de (15. Juni–15. Sept. Mo–Fr 8–12 u. 13–18 Uhr, Sa 9–13 Uhr, 16. Sept.–14. Juni Mo–Fr 8–12 u. 13–16 Uhr, Kurabgabe HS 1,50 €, NS 1,20 €).

Unterkunft

- **Strandhotel Dünenhaus,** in Juliusruh, Ringstr. 5, Tel. 4070, www.duenenhaus.im-web.de (nomen est omen – unmittelbar am Strand gelegen, seeseitige Zi. mit herrlichem Ausblick, gemütliches Restaurant mit großer Ostsee-Terrasse, HS 85–145 €, NS 60–85 €).
- **Hotel Am Wasser,** in Breege, Dorfstr. 79, Tel. 4020, www.hotelamwasser.m-vp.de (direkt am Bodden, Fahrrad-, Ruder-, Motorbootverleih, HS ab 75 €, NS ab 55 €).
- **Haus Julie,** Ringstraße 15, Tel. 764748, www.haus-julie.de (das Ehepaar *Eggers* vermietet ein Appartement in ihrer alten Villa; ruhige grüne Lage nur 50 m vom Schaabestrand, Kinder willkommen! HS ab 75 €, NS ab 55 €).
- **Freizeitcamp Am Wasser,** in Juliusruh, Wittower Str. 1, Tel. 43928, www.freizeitcampamwasser.m-vp.de (April–Okt., 20 ha großer Platz im Küstenschutzwald mit Wiesenarealen 100 m vom Strand, mit Textil- und FKK-Bereich).

Gastronomie

- **Breeger Boddenstübchen,** Dorfstr. 76, Tel. 12375 (kleines, gemütliches Restaurant mit Biergarten, preiswerte und gute Fisch- und Fleischgerichte ohne Schnick-Schnack).
- **Restaurant Villa Louisa,** Ringstr. 3, in Juliusruh, Tel. 70237 (kleines Hotel-Restaurant mit abwechslungsreicher Küche von mediterran bis traditionell lokal und großer Sonnenterrasse).

Altenkirchen

Der Weg hinaus zum Kap Arkona führt heute dank der neuen Umgehungsstraße an Altenkirchen vorbei. Doch man sollte den kurzen Abstecher hinein in das 800 Jahre alte Dorf in jedem Fall machen, denn die **Dorfkirche** ist die wohl schönste Kirche der Insel und nach dem Gotteshaus in Bergen die zweitälteste auf Rügen. Die schiefe, hübsche Backsteinbasilika wurde 1185 wahrscheinlich von dänischen Mönchen für *Tetzlaw,* den Bruder des Slawenfürsten *Jaromar I.,* als

[>] Rügens schönstes Gotteshaus – die 1185 erbaute Dorfkirche in Altenkirchen

076osk ph

Hofkirche errichtet und 1215 geweiht. Turmlos und schlicht, ist sie mit ihrer formvollendeten Apsis ein Kleinod der norddeutschen Backsteinkunst. Im südlichen Chorbau ist ein slawischer Kultstein eingelassen, der einen bärtigen Mann mit Füllhorn, wahrscheinlich das Abbild des Obergottes *Svantevit,* zeigt. An der Kirche wirkte von 1792 bis 1808 der Pfarrer, Dichter und Humanist *Ludwig Theobul Kosegarten.* Das Grab des Goethefreundes findet man auf dem kleinen Friedhof bei der Kirche.

Unterkunft

■ **Campingplatz Drewoldke,** im Ot. Drewoldke, Tel. (038391) 12965, www.camping-auf-ruegen.de (Apr.–Okt., reizvoll gelegener Platz im lichten Kiefernwald am Strand mit eigenem Caravanbereich, gepflegte Sanitäranlagen, Kite- und Tauchschule, Abenteuerspielplatz, Fahrradverleih).

Gastronomie

MEIN TIPP: **Hofcafé,** Karl-Marx-Platz 4–6, Tel. (038391) 89701, mobil: (0160) 94920706 (super nettes Schönwetter-Café im idyllischen Hof mit sehr leckeren Fischbrötchen und anderen Leckereien wie selbstgebeiztem Lachs oder Omas Apfel-Zimt-Streusel mit Bourbonvanilleeis. Mit Fischräucherofen, Di und Do Räucherfisch-Abend. Ostern–Sept.).

Putgarten/Kap Arkona

In Putgarten, der nördlichsten Gemeinde auf Rügen, endet die Straße zum Kap Arkona. Um das **Flächendenkmal Kap Arkona** vor den sommerlichen Besucherströmen zu schützen, wurde die direkte Zufahrt zum Kap und zum Dörfchen Vitt gesperrt. Vor Putgarten wurden große Parkplätze eingerichtet, von denen die Arkonabahn und Pferdekutschen die Besucher zu den Leuchttürmen und der Jaromarsburg weiterbefördern. Ein Fahrradverleih ist ebenfalls vorhanden.

Bevor man hinauswandert zum Kap, sollte man es nicht versäumen, dem **Gutshof Arkona** einen Besuch abzustatten. Die attraktive Hofanlage ist eine Art Kulturzentrum. Hier werden Handwerker- und Bauernmärkte abgehalten, Kohl-, Fischer-, und Erntefeste gefeiert und im Sommer Theater gespielt. Dazu gibt es einen Töpfer, einen Bernsteinschleifer, eine Glasbläserei, eine historische Druckwerkstatt, eine Fischräucherei, einen Rügen-Kost-Laden, ein gemütliches Café und manches mehr.

Von Weitem sieht man schon die Wahrzeichen von Kap Arkona, die beiden **Leuchttürme.** Der kleinere Leuchtturm ist der ältere der beiden. Der viereckige, 19 m hohe Turm wurde im Jahre 1827 von *Karl Friedrich Schinkel* errichtet. Von der Aussichtsplattform, zu der kunstvolle, gusseiserne Treppen hinaufführen, hat man einen prächtigen Rundblick über die Halbinsel Wittow. Im **Schinkelturm** sind Ausstellungen zu den Themen „Schinkels Schaffen", „Leuchttürme an der deutschen Ostseeküste" und „Seenotrettung – gestern und heute" zu sehen.

Der runde, 36 m hohe Leuchtturm ersetzte 1901 den Schinkelturm. Im Leuchtturmwärterhaus werden u. a. Ausstellungen zu den Themen Schifffahrtsgeschichte und eine Multivisionsshow über das Kap und die Insel gezeigt. Auf dem Weg vom Schinkelturm zur **Kö-**

nigstreppe, die mit 230 Stufen über 42 m steil zum Ufer hinabführt, kommt man an der **Nebel-Signalstation** vorbei. Daneben öffnen sich die Eingänge zu den **Bunker-Anlagen,** die Wehrmacht und NVA hier hinterließen. Der kleinere, meist als **Arkona-Bunker** bezeichnete, stammt noch von der Wehrmacht. Der größere Bunker wurde 1979–1986 errichtet und diente der auf dem Bug stationierten 6. Flottille der Volksmarine als Gefechtsstand. Der Arkona-Bunker beherbergt nun eine Kunstgalerie und der **NVA-Bunker** eine Ausstellung über die Volksmarine.

An der Königstreppe vorbei noch etwa 600 m weiter und man steht am sogenannten **Gellort,** dem nördlichsten Punkt Rügens.

Der dritte, runde Turm ist kein Leuchtturm, sondern ein ehemaliger **Funkpeilturm** der Kriegsmarine. Er dient heute Künstlern als kreative Klausur. Die Turmtür ist immer offen, sodass der Besucher den Künstlern beim Arbeiten zusehen kann. Vom Aussichtskranz des Turms erkennt man die Ausmaße und Anlage der Jarmarsburg besonders gut. Die Wälle der mächtigen Slawenfestung, die zu großen Teilen schon Opfer der Winterstürme wurden und das Kliff hinunterstürzten, können wegen akuter Abbruchgefahr leider nicht mehr betreten werden.

Info

Informationsamt Kap Arkona, 18556 Putgarten, am Parkplatz, Tel. (038391) 4190, www.kap-arkona.de (Mai–Sept. Mo–Sa 9–18 Uhr, So 12–18 Uhr, Okt.–Apr. Mo–Sa 10–17 Uhr, So 12–16 Uhr, Kurabgabe HS 1,50 €, NS 0,75 €).

Unterkunft

Rügenhof, Dorfstr. 22, Tel. (038391) 4000, (liebevoll restaurierter Gutshof mit rustikalen Ferienwohnungen, HS 50–125 €, NS 40–90 €).

Pension Kap Arkona, Dorfstr. 22a, Tel. (038391) 4330, www.zum-kap-arkona.de (Zi. teilweise mit Blick auf Tromper Wiek zu tagesaktuellen Preisen).

Gastronomie

MEIN TIPP: **Café & Kultur,** Dorfstraße 16, Tel. (038391) 431007, www.helene-weigel-haus.de (malerischer 200-jähriger Bauernkaten, den *Helene Weigel* einst als Ferienhaus für sich und *Bertholt Brecht* erworben hatte. Frisch restauriert und saniert, bietet er nun von Mai bis Okt. tägl. von 15 bis 18 Uhr ein Café mit originalen alten Tischen der legendären Kantine des Berliner Ensembles, mit lauschigem Garten, dazu gibt es eine Ausstellung mit *Weigel*-Fotografien, Mai–Okt. 13–17 Uhr, Sa Ruhetag).

Gasthaus Nobbin, in Nobbin, Tel. (038391) 12088, www.gasthausnobbin.de (empfehlenswerte regional-typische Küche, Fisch-, Fleisch- und Wildgerichte, mit Hotel-Pension, HS 80 €, NS 60–70 €).

Museen

Arkona-/NVA-Bunker, Tel. (038391) 434660 (Öffnungszeiten Nov.–März 12–15 Uhr, Apr./Mai 12–16 Uhr, Juni 11–16 Uhr, Juli/Aug. 11–17 Uhr, Sept. 11–16 Uhr, Okt. 12–16 Uhr).

Schinkel-Turm, Tel. (038391) 12115 (tägl. Nov.–März 11–16 Uhr, April/Mai/Okt. 10–17 Uhr, Juni/Sept. 10–18 Uhr, Juli/Aug. 10–19 Uhr).

Peilturm, Tel. (038391) 12610 (tägl. April, Mai, Oktober 11–16 Uhr, Juni, Sept. 11–17 Uhr, Juli, Aug. 11–18 Uhr).

Vitt

Von der Jaromarsburg führt ein **Wanderweg** (Länge 1,5 km) entlang der fast 50 m senkrecht ins Meer abfallenden Steilküste zum entzückendsten Dörflein auf Rügen. Auch wenn Sie weit und breit kein Dorf erblicken, es ist da. Erst unmittelbar bevor man es erreicht, zeigt es sich. Es duckt sich tief in die *Grote Vitte,* eine Senke an der Küste. Seine 13 reetgedeckten Katen, die sich mit ihren grauen, moosbewachsenen Schilfdächern der Umgebung anpassen, bieten ein romantisches Bild. Das Dörflein steht unter UNESCO-Denkmalschutz.

Der Hafen von Vitt mit Fischräucherei, im Hintergrund Kap Arkona

145osk ph

Die Bucht war früher eine der bedeutendsten *Vitten* auf Rügen, wie man die Plätze nannte, an denen sich zu Zeiten der großen Heringszüge die Fischer versammelten. Genießen kann man den Ostseefisch in der 1646 erstmals erwähnten **Dorfschänke Goldener Anker.** Oberhalb an der Senke steht eine kleine, achteckige **Kapelle.** Erbaut wurde sie von *Kosegarten,* der während der Heringszeit zu den Fischern kam und unter freiem Himmel Gottesdienste abhielt. Da diese Gottesdienste aus Wettergründen immer wieder unterbrochen werden mussten, ließ er 1806 die Schutzkapelle errichten. Das Altargemälde ist eine Kopie des *Phillip-Otto-Runge*-Gemäldes „Petrus auf dem Meer". Der Pfarrer von Altenkirchen, *Herr Rüß,* hat die alte Tradition der „Strandpredigten" wieder aufgenommen. Viermal im Jahr predigt der Pastor seitdem gemeinsam mit einem katholischen Priester an der Küste von Vitt.

Gastronomie

- **Zum goldenen Anker,** Vitt, Tel. (038391) 12134, www.gasthof-vitt.de (natürlich frischer Ostsee-Hering drinnen und draußen).

Dranske/Bug

Am Eingang zum Bug, einem ständig weiter ins Meer hinauswachsenden Sandhaken, liegt zwischen den Wassern von Meer und Bodden der Ort Dranske. Hätte der Mensch nicht eingegriffen, wäre der Bug längst mit Hiddensee zusammengewachsen. Grund für den Eingriff war das Militär, das sich seit Kaiserzeiten auf dem Bug eingenistet hatte. Im Nazireich entstand hier ein Fliegerhorst. Die NVA unterhielt einen Schnellbootstützpunkt, für den die Fahrrinne freigebaggert wurde.

Heute gehört der mehr als 80 Jahre lang völlig gesperrte Bug zum Refugium des **Nationalparks Vorpommersche Boddenlandschaft.** Wer fachkundig über den Bug geführt werden möchte, kann an einer Exkursion zum Südbug teilnehmen, die das Nationalparkamt anbietet.

Literaturtipp

■ **Rügens geheime Landzunge – Die Verschlußsache Bug,** Ch. Links Verlag, 176 S. (die Geschichte und die Geheimnisse um die 80 Jahre lang verschlossene Halbinsel – gelüftet und kenntnisreich erzählt vom Dransker Privatforscher und Gründungsmitglied der BI Bug, Herrn *Marten Schmidt).*

Dranske selbst ist als ehemalige Garnisonsstadt nicht besonders reizvoll. Das Militär ist nun weg, was dem Bug zugute kommt, den Einwohnern aber eine schwindelerregende Arbeitslosenrate beschert hat. Den vorherrschenden Winden verdankt der Ort seine Entwicklung zum **Top-Surf-** und **Kitespot,** in dem sich nicht nur von der Schule bis zur preiswerten Unterkunft eine Infrastruktur um die Fun-Sportarten entwickelt hat, sondern regelmäßig Wettkämpfe und nationale wie internationale Meisterschaften stattfinden. Etwas Licht ins Dunkel der Geschichte bringt das **Marinehistorische- und Heimatmuseum Dranske/Bug.**

Das beliebteste Ziel von Dranske versteckt sich am **Bakenberg** im einzigen Wald auf Wittow, der **Schwarbe.** Hier liegt Wittows schönster Badestrand. Der feine Sandstrand und der von zerzausten Windflüchtern bestandene Dünengürtel sind bei den FKK-Anhängern besonders beliebt. Zwei Drittel des Strandes gehören den Nackedeis. Im lichten Kiefernwald dahinter verbergen sich gleich ein Dutzend große Ferienhüttendörfer. Das große, schön im Kiefernwald gelegene *Regenbogen Ressort* bietet Campern Platz.

Info

■ **Vorwahl: 038391**

■ **Fremdenverkehrsamt,** Karl-Liebknecht-Straße 41, 18556 Dranske, Tel. 89007, www.gemeinde-dranske.de (Juni–Aug. Mo–Fr 9–12 u. 13–17 Uhr, So 10–13.30 Uhr, Sept. Mo–Fr 9–12 u.13–16.30 Uhr, Okt.–Mai Mo–Fr 9.30–12 u. 13–16 Uhr, Kurabgabe HS 1 €, NS 0,50 €).

Unterkunft

■ **Strandhotel Dranske,** Hafenstraße 4, Tel. 43480, www.strandhotel-dranske.de (modernes 4-Sterne-Haus in ruhiger Lage direkt am Bodden, 58 Zimmer, Appartements und Suiten, alle mit Wasserblick und im schlichten und gradlinigen Design ausgestattet. Gutes Frühstücksbuffet, im Restaurant mediterrane crossover-Küche der besseren Art. Mit Wellness-Center, tagesaktuelle Preise).

■ **NoHotel,** Karl-Liebknecht-Str. 58, Tel. 439757, www.ustruegen.de (einfach und ohne Zimmerservice, aber zweckmäßig, preiswert, sauber und gut. 19 Schlafräume in ehem. Militärblock, darunter 6 DZ. Das Hostel wird von der daneben liegenden Surfschule *Uni Surf Team Rügen* betrieben. Entsprechend ist auch das Publikum. 14–16 € Pers./ Nacht bei Selbstverpflegung, DZ 39–45 €, FeWo 47–55 €, auch HP und VP möglich).

■ **Camping Regenbogencamp,** Tel. 89032, (Apr.–Okt., 20 ha großer, sehr schön gelegener Platz im lichten Kiefernwald am Strand).

■ **Luigi's Caravansereail,** Tel. 89488, www.ruegen-holiday-fun.de (ganzjährig; sympathischer kleiner Wohnmobilplatz mit Sanitäreinrichtungen, Ristorante/Pizzeria, nur Juni–Aug.).

■ **Caravancamp Ostseeblick,** Seestr. 39a, Tel. 8196, www.caravancamp-ostseeblick.de (April–Okt., 50 Plätze auf einer Wiese am Ufer, Blick auf Hiddensee, FKK-Strand).

■ **Camping Küstencamp,** Nonnevitz 23, Tel. (038391) 939070, www.kuestencamp.de (kleiner, modern ausgestatteter Platz auf ebenem Wiesengelände mit Baumreihen. Mit separatem Wohnmobil-Stellplatz, Kiosk, 15 Fußminuten zum Sandstrand. April–Okt.).

Gastronomie

■ **Schifferkrug,** in Kuhle, Tel. 938845, www.schifferkrug-kuhle.de (urige und älteste Gaststätte Rügens, Ausschank seit 1455, in entzückendem Reethaus. Fisch und Fleisch nach Saison und regionaler und internationaler Rezeptur zubereitet im gepflegt gediegenen Ambiente drinnen oder draußen).

■ **Schreibers Fischhütte,** Nonnevitz, beim Regenbogen-Camping, mobil: (0162) 3334314 (entspannt essen und trinken mit Selbstbedienung im Garten vor dem kleinen gelb-blauen Häuschen. Im Sommer bei gutem Wetter regelmäßig Live-Musik).

Aktivitäten

■ **Wanderungen Südbug,** Treff Do 19 Uhr (jew. 15 Min. vorher) am Eingangstor zum Bug (April–Okt. Di, Fr 9.15 Uhr, Anm. Tel. (038391) 89007, Mi 10 Uhr Anm. Tel. (038300) 86041, Juli/Aug. Do Dämmerungswanderungen, Juli. 19.15 Uhr, Aug. 18.45, Anm. Tel. (038391) 89007).

Museen

■ **Marinehistorisches- und Heimatmuseum Dranske/Bug,** Schulstr. 19, Tel. 89007, www.bug-wittow.de (April–Okt. Mo–Sa 11–16 Uhr).

Wittower Fähre

Über den 350 m breiten Wasserarm des Breetzer Boddens verkehrt eine kleine **Autofähre.** Sie erspart den großen Umweg zurück über die Schaabe nach Westrügen. Da sie jedoch nur wenige Autos fasst, ist in der Saison hier mit Wartezeiten zu rechnen. Und wer zu spät kommt, muss bis zum nächsten Morgen warten. Man kann in der Pension Wittower Fähre absteigen, in deren Gaststätte sich auch Wartezeiten überbrücken lassen. Sicherheitshalber jedoch nach den saisonalen Fahrzeiten erkundigen!

Info

■ **Wittower Fähre,** Tel. (0172) 7526836 (tägl. ca. zw. 6 u. 19 Uhr im Pendelverkehr, im Sommer bis 21 Uhr).

Unterkunft/Gastronomie

■ **Zur Wittower Fähre,** Tel. (038391) 70334, www.pension-wittow.de (mit Seeterrasse und finn. Sauna, HS 65–75 €, NS 60–70 €).

■ **Landhotel Herrenhaus,** in Bohlendorf, Tel. (038234) 770, www.bohlendorf.de (renoviertes altes Herrenhaus in Alleinlage, beschaulich und ruhig in großem Park gelegen, schönes und gutes Restaurant, 79–99 €).

West-Rügen

Flach erhebt sich in West-Rügen das Land aus dem Meer, um langsam in sanften Hügeln anzusteigen. Alte Badeorte oder Bilderbuchstrände findet man hier nicht. Die Region ist ländlich geprägt. Fast könnte man beim Anblick der weitläufigen Landschaft mit ihren von kleinen Wäldern durchbrochenen Wiesen und Feldern vergessen, dass man auf einer Insel ist. Das Land mit seinen Dörfchen und Weilern, oft nur durch Sandpisten mit der Außenwelt verbunden, erinnert stark an das Mecklenburger Land. Wenn da die flachen Randseen und Buchten nicht wären, die tief ins Land drängen und die See ins Gedächnis zurückrufen. Besonders die Binnenküste am Großen Jasmunder Bodden ist von den Touristenströmen fast unberührt. Die kurze Fahrt vom Rügenschen Rimini, von Binz nach Rappin ist wie eine Reise mit der Zeitmaschine. Dort mediterranes Sommerspektakel und hier stilles Bauernland. Große „Renner" wird man im Westteil Rügens nicht finden. Mit einer Ausnahme: In **Ralswiek** mit seinem prachtvollen Schloss findet in den Sommermonaten das dollste Spektakel Rügens statt, die **Störtebeker-Festspiele.**

Schaprode

Schaprode ist das **Tor nach Hiddensee.** Von hier verkehren fahrplanmäßige Personenfähren und Wassertaxis. Da Hiddensee autofrei ist, steht Hiddenseeurlaubern gegen Gebühren ein eingezäunter, bewachter Parkplatz zur Verfügung. Für Tagestouristen wurde am Ortseingang ein großer Parkplatz einge-

146osk ph

richtet. Der Campingplatz ist in den Sommermonaten oft überfüllt. Auch die Schaproder haben zwischenzeitlich die Parkplatzfrage als Einkommensquelle entdeckt und offerieren gegen Bares ihre Wiesen und Gärten als Stellfläche, was dem Ortsbild nicht gerade zum Vorteil gereicht.

Wer auf die Fähre warten muss und sich etwas die Beine vertreten will, der sollte zur **Dorfkirche** spazieren. Der schöne Backsteinbau ist eine der ältesten Kirchen auf Rügen. Man vermutet, dass er bereits um 1200 begonnen wurde. Wer sich lieber einen Kaffee oder ein Bier gönnen will, dem sei ein Besuch im ehemaligen *Keils Gasthof,* jetzt **Schillings Gasthof,** am Hafen empfohlen. Im kleinen, aber wohl sortierten Hofladen kann man sich mit Öko-Öhe-Rind-Salami und anderen Leckereien verproviantieren und auf der Terrasse des Gasthofs bei Kaffee und selbst gebackenem Kuchen dem bunten Treiben im Hafen zusehen.

Unterkunft

■ **Hotel Zur Alten Schmiede,** Poggenhof 25, Tel. (038309) 70500, www.ruegen-schmiede.de (ebenso schöne wie ruhige Lage, einladendes Kaminzimmer und Sonnenterrasse. Restaurant mit Kachelofen, in dem norddeutsche Küche und Spezialitäten der Region angeboten werden, HS 93–146 €, NS 73–114 €).

Gastronomie

Mein Tipp: **Schillings Gasthof,** Hafenweg 45, Tel. (038309) 1216, www.schillings-gasthof.de, www.insel-oehe.de (einst als *Gasthaus Keil* als legendäre „Eierschänke" bei allen Hiddenseefahrern berühmt und berüchtigt, weil es beim knorrig-kauzigen Wirt nur Rührei mit Bratkartoffeln oder Rührei ohne Bratkartoffeln gab, hat sich die Lokalität unter seinen neuen Wirtsleuten, der *Familie Schilling,* in einen Tempel des guten Geschmacks und der guten Küche verwandelt. Die *Schillings* sind Besitzer und einzige Bewohner der vorgelagerten Insel Öhe, auf der sie Öko-Rinder züchten. Auf der Terrasse mit Blick auf das Hafentreiben oder im behutsam neu gestalteten Gastraum, in dem noch viel von *Keils* Einrichtung erhalten ist, gibt es nun z.B. ebenso gesunden wie leckeren Öko-Burger vom Öhe-Rind oder auch fangfrischen Fisch, den die Hiddenseer Fischer tägl. anliefern. Immer gut besucht, deshalb besser Tisch vorbestellen. Die *Schillings* vermieten in einem niedlichen kleinen, von einem blühenden Garten umrahmten Reetdachhaus direkt hinter dem Gasthof 2 Zi. und 1 Fewo – und zwar ohne TV! Ideal, um in aller Muße zu speisen und zu trinken und dann direkt ins Bett zu fallen. **Öffnungszeiten Gasthof:** im Sommer tägl. ab 12 Uhr, im Winter ab 17 Uhr; **Öffnungszeiten Hofladen:** Sommer tägl. 7.30–18.30 Uhr, Winter Do–So 8–16 Uhr).

Mein Tipp: **Hof Kranichstein,** Silenz 9, bei Kluis, Tel. (038305) 169752, www.hof-kranichstein.de (eine Oase der Stille und Regeneration abseits aller Hektik. Wunderschön gelegener alter Fachwerkhof, der neben geschmackvoll dezent möblierten Zi. und Fewo auch Yoga-Ferien anbietet. Mit Sauna und Yogaraum. In Sachen Preis/Leistung eine der besten Adressen der Insel. DZ HS 75 €, NS 40–50 €, App. Mindestaufenthalt 3 oder 5 Nächte HS 85–100 €, NS 40–75 €).

☐ Immer eine Pause wert – Schillings Gasthof und Hofladen am Hafen

Fähren

Reederei Hiddensee/Wassertaxi (24 Std.), Achtern Diek 4, 18565 Vitte, Tel. (038300) 210, www.reederei-hiddensee.de.

Gingst

Das bescheidene Angerdörfchen, übrigens die erste Gemeinde Rügens, die dank ihres Pfarrers *Picht* 1774 das schwere Joch der Leibeigenschaft abschütteln konnte, besitzt eine wunderschöne **Dorfkirche.** Hinter der ursprünglich um 1300 errichteten und nach einem Brand 1726 im barocken Stil wiederaufgebauten Backsteinkirche steht eine alte **Mordwange** von 1524. Sie ist im 19. Jh. überarbeitet und mit einer neuen Inschrift versehen worden, sodass vom Originaltext nichts mehr zu sehen ist. Sie erinnert an einen Priestermord, der großes Leid über Gingst brachte. Als

147osk ph

Strafe verlor der Flecken sein Marktrecht und damit seine Haupteinnahmequelle.

Eines der charmantesten Museen auf Rügen sind die **Historischen Handwerkerstuben** von Gingst. Liebevoll zusammengetragen und eingerichtet, präsentieren sich die Werkstätten alter Zünfte und Gewerke. Original eingerichtete Werk- und Wirkungsstätten von Schuhmacher, Schneider, Apotheker, Glaser, Weißnäher und Friseur veranschaulichen lebendig das Handwerkerleben vergangener Zeiten. In der malerischen Museumsscheune warten ein nettes Café und ein kleiner Laden mit Rügener Produkten unterm Schilfdach. Von Mai bis Ende September findet immer samstags von 10 bis 14 Uhr auf dem Gelände des Museums der **Grüne Markt** statt (www.gruener-markt-gingst.de). Mitte Juli präsentiert der **Büchermarkt** (www.buecherdorf-gingst.de) drei Tage lang Gedrucktes und Mitte August der **Kunsthandwerkermarkt** Beschauliches.

Eine Attraktion von Gingst ist der **Rügen-Park,** in dem man die Insel Rügen, den Koloss von Rhodos, den Berliner Reichstag, die Sphynx von Gizeh und 70 andere Miniaturmodelle im Maßstab 1:25 bewundern kann. In der 40.000 m² Parklandschaft, durch die das Züglein „Emma" verkehrt, gibt es zudem ein 6000 m² großes Spielparadies mit einer Superrutsche, Seilbahn, und vielem mehr.

Einladend – das museale Café mit Hofladen der Handwerkerstuben

Info

- **Tourismusverein West-Rügen,** Karl-Marx-Str. 19, 18569 Gingst, Tel. (038302) 535862, www.westruegen.net (Juli–Aug. Mo–Fr 8–18 Uhr, Sa 9–12 und 15–18 Uhr, Sept.–Juni Mo, Mi, Do 8–16 Uhr, Di 8–17 Uhr, Fr 8–12.30 Uhr).

Unterkunft

- **Boldevitzer Rügenkaten,** Dorfstraße 17 in Boldevitz, Tel. (03838) 313976, www.ruegenkaten.de (ein lebendiges Freilichtmuseum! FeWo der gehobenen Klasse in mehreren bildschönen Reetdachkaten, die sich locker und weitläufig um das schlossartige Herrenhaus am Teich gruppieren, umfangreiche Ausstattung mit Tennis, Reithalle, Sauna, etc., 4- u. 5-Sterne-FeWo für 2–6 Pers., HS 85–170 €, NS 65–130 €).

■ **Camping Haidhof,** Haidhof 2, Tel. (038305) 344, www.rwolf.de (ganzjährig Platz mit 15 Stellplätzen, Wohnmobil-geeignet, Entsorgung, Fahrradverleih).

Gastronomie

■ **Alte Post,** Markt 14, Tel. (038305) 539837, www.altepost-ruegen.de. Gemütliche Weinstube mit Café und Weinhandlung. Leckerer Flammkuchen.

Museen

■ **Hist. Handwerkerstuben,** Karl-Marx-Straße 19, Tel. (038305) 304, www.historische-handwerkerstuben-gingst.de (Juni–Aug. tägl. 10–17 Uhr, Mai,Sept. Mo–Sa 10–17 Uhr, Sept., Okt. Mo–Sa 10–16 Uhr, Nov.–April Mo–Fr 10–17 Uhr).

■ **Rügen-Park,** Mühlenstr. 22b, Tel. (038305) 55055, www.ruegenpark.de (April–Juni Di–So 10–18 Uhr, Juli/Aug. tägl. 10–19 Uhr, Sept./Okt. Di–So 10–17 Uhr).

Waase/Ummanz

Alte Reisebeschreibungen schildern die 19 km² große **Insel Ummanz** als „das Ende der Welt", deren Bewohner vier Feinde hätten: den Regen, das Hochwasser, die Wildschweine und die wilden Vögel.

Das Hochwasser ist für die Insel auch heute noch ein Feind. Die wilden Vögel aber sind zu der großen Attraktion von Ummanz geworden. In riesigen Schwärmen fallen sie beim großen Vogeltreck von und nach Süden auf der Insel und in den umliegenden, seichten Boddengewässern ein. Besonders die majestätischen Kraniche bieten bei ihrem Aufenthalt ein unvergessliches Schauspiel (siehe Exkurs „Der Zug der Kraniche"). Die gesamte Insel gehört als besonders wichtiges Brut- und Rastgebiet für zahlreiche Wasser- und Watvogelarten zum *Nationalpark Vorpommersche Boddenlandschaft.* Es ist ein faszinierendes Naturerlebnis, bei Suhrendorf auf den Dünen zu sitzen und die Dämmerung über sich hereinbrechen zu lassen. Über dem **Udarser Wiek** erhebt sich dann ein vielstimmiges Schnattern, Tucken, Kreischen und Gurren.

Zur Vogelinsel führt eine 250 m lange Brücke. Jenseits der Landverbindung liegt das Fischer- und Bauerndorf **Waase.** Die kleine Dorfkirche St. Marien birgt als besonderen Schatz den berühmten **Waaser Schnitzaltar** (Pfarrer Ohm, Tel. (038306) 75231, Mo 12–14 Uhr, Di–Fr 11–15 Uhr, Sa/So 14–15 Uhr). Der prunkvolle, kunsthistorisch bedeutende Flügelaltar wurde 1520 in den Antwerpener Schnitzwerkstätten gefertigt. Bis 1707 stand er im Stralsunder Heilgeistkloster, dem die Insel Ummanz von 1341 bis zur Bodenreform von 1945 gehörte. Mit der Geschichte von Waase und Ummanz kann man sich mit der in der **Alten Küsterei** untergebrachten Ausstellung „Westrügen" vertraut machen.

Im kleinen Weiler Lieschow wartet in einem denkmalgeschützten Hof die 1. Rügener **Edeldestillerie** auf Liebhaber edler Feindestillate und Liköre aus heimischem Obst. Durch Bauer *Lange,* einen jener geschäftstüchtigen Agronomen, die hinter der fragwürdigen Fassade vom glücklichen, kerngesunden Landleben eine Art von jahrmarktsähnlichem Riesenzirkus um ihren Hof aufziehen, hat nun auch Rügen solch einen lärmenden Event-Bauerhof. Wer's mag ...

Hier findet man aber auch den romantischen **Landgasthof Kiebitzort,** der nicht nur idyllische Unterkunft, sondern auch einen der schönsten Biergärten Rügens bietet.

Info

- **Vorwahl: 038305**
- **Ummanz-Information,** Neue Str. 63, 18569 Waase, Tel. (038305) 53481, www.ruegeninsel-ummanz.de (Mai–Okt. Mo–Fr 11–17 Uhr, Nov.–Apr. 10–13 Uhr).

Unterkunft

- **Landgasthof Kiebitzort,** Lieschow 26, Tel. 55166, www.kiebitzort-ruegen.de (Hotel, Bungalows, FeWo ruhig gelegener ehem. DDR-Promi-Anlage; mit Restaurant und idyllischem Biergarten, DZ 74–94 €).
- **Surfhostel,** Haide, Tel. (038305) 55018, www.surfen-auf-ruegen.de (2–4-Bett-Zimmer mit Etagenbad und 2–8-Bett-Bungalows mit Stockbetten. Preiswerte Unterkunft und Surfertreff an Deutschlands größtem Stehrevier. Neben Surf- und Kitekursen werden auch Kanutouren, Baumklettern, Reiten oder Bogenschießen angeboten. Mit Disco, Chill-Lounge, Karibik-Bar. 15–29 € p.P. im 1-, 2- oder Mehrbettzimmer, Frühst. 6,50 €).
- **Camping Suhrendorf,** Tel. 82234, www.ostseecamp-suhrendorf.de (1. Mai–31. Dez., 100 ha großer 4-Sterne-Platz auf der Wiese direkt am kleinen Strand).

Gastronomie

- **Hofrestaurant Café Kliewe,** in Mursewiek, Tel. 8130, www.bauernhof-kliewe.de (einladendes Restaurant mit „regionaler Esskultur", Spezialitäten vom Geflügel aus eigener Zucht, dazu Hofladen, Ferienwohnungen, tägl. 9–22 Uhr).
- **Holzerland,** Focker Strom 17, Tel. (038305) 8159, www.ummanz-ruegen.de (Fischrestaurant mit eigener Fischräucherei an der Brücke. Man sitzt direkt am kleinen Hafen und genießt die Aussicht, den Sonnenuntergang und die Fischspezialitäten, mit Bootsverleih). Mit Pension (DZ ab 50 €).

MEIN TIPP: **Café Zuckerkuss,** in Wusse, Dorfstr. 11, Tel. (038305) 53901, www.kubitzerbodden.de (ein verstecktes Idyll! Kleines Gartencafé in stillromantischer Lage direkt am Kubitzer Bodden. Neben selbst-gebackenen Kuchen und Torten und Kaffee- und Teespezialitäten lädt ein kleiner Verkaufsladen ein, in einem Sammelsurium von Antikem und Neuem zu stöbern. Mit Weinverkostung und Verkauf von Blumensträußen, Marmeladen, Obst und Gemüse aus dem eigenen Garten. April–Okt. Mi–So 12–18 Uhr).

Aktivitäten

- **Alte Küsterei,** Mobil (0173) 2472717 (Nationalpark-Ausstellung „West-Rügen", Mai–Okt. tägl. 10–16 Uhr).
- **1. Rügener Edeldestillerie,** Lieschow Nr. 17, Tel. 55300, www.edeldestillerie.de (Mo–Fr 10–16 Uhr, in der Saison auch Sa).
- **Bauer Lange,** Hof Nr. 37, Tel. (038305) 55117, www.bauerlange.de (Öffnungszeiten Hofladen: März–Okt. tägl. 9–18 Uhr).

Ralswiek

Nahe der verkehrsreichen B 96 verbirgt sich in einer still gelegenen Bucht am

Großen Jasmunder Bodden das winzige Dorf Ralswiek. Von den 40 m hohen Schwarzen Bergen führt ein Sträßlein steil hinab in das kleine Idyll. Über der Bucht thront das feudale **Schloss Ralswiek.** Das von einem großen Park umgebene Schloss im Stile der Neurenaissance ließ sich 1893 der Großgrundbesitzer Graf Douglas errichten. Bei der Restaurierung und Umbau des Schlosses entdeckte man zahlreiche Spuren und Arbeiten des Douglasfreundes, Künstlers und Urhebers des Jugendstils *Henry Van der Velde,* die dieser wohl bei der Umgestaltung des Schlosses 1913/14 hinterließ. Vor dem Schloss fällt ein sanfter Wiesenhang hinab zum Ufer des Jasmunder Boddens. Von Ende Juni bis Anfang September dient der Hang als Tribüne für die spektakulären **Störtebeker-Festspiele.** Mit großem Menschen- und Materialaufwand wird dann auf der Freilichtbühne am Ufer des Jasmunder Boddens das Leben des legendären Piraten Klaus Störtebeker inszeniert. Das imposante Spektakel ist ein echtes Erlebnis für die ganze Familie. Am Vormittag gibt es die Adlershow „Könige der Lüfte".

[>] Das Schloss Ralswiek ist ein Relikt aus Rügens Feudalzeit

Info

- **Störtebeker-Festspiele,** Am Bodden 100, Info/Karten: Tel. (03838) 31100, www.stoertebeker.de (Vorstellungen Mitte Juni–Anfang Sept. Mo–Sa 20 Uhr, Adler-Vorführung Mo–Sa 11 Uhr).

Unterkunft/Gastronomie

- **Schlosshotel Ralswiek,** Parkstr. 35, Tel. (03838) 20320, www.schlosshotel-ralswiek.de (vorbildlich restauriertes Märchenschloss in traumhaft schöner Lage, mit Bibliothek, Schwimmbad, Wellness-Bereich und empfehlenswertem Restaurant, tagesaktuelle Preise).
- **Pension Zum Likedeeler,** Am Bodden 21, Tel. (03838) 31130, www.zumlikedeeler.de (ordentliche Pension mit 14 Zi. und Restaurant. Das Schönste ist der boddenseitige Wintergarten mit herrlichem Blick aufs Wasser, HS 96 €, NS 67 €).

MEIN TIPP: **andernorts,** in Rappin, Dorfstr. 8, Tel. (03838) 600, Herberge Tel. (015233) 540969, www.andernorts-auf-ruegen.de (für Zivilisationsflüchtlinge. Abgelegen von der Welt im malerischen Weiler Rappin liegt das restaurierte Gehöft, das neben einer Herberge, einem Landgasthof und Lädchen auch Seminarräume bietet. Im Gasthof Vollwert-Gerichte aus regionalen Produkten der Saison. Fewo NS 60–80 €, HS 90–110 €, Zi. für 1–8 Pers., 1 Pers. NS 30 €, HS 35 €, 2 Pers. NS 25 €, HS 28 €, 3 oder mehr Pers. NS 16 €, HS 20 €).

- **Camping Banzelvitzer Berge,** bei Banzelvitz am Boddenufer, Tel. (03838) 31248, www.banzelvitz.de (Apr.–Okt., 7 ha großer Platz am Großen Jasmunder Bodden, teils leicht terrassiert, mit Wiesenstrand).

Hiddensee

Überblick

„Ein Schiff aus der Urzeit. Vom Sturm der Jahrtausende übersehen, fährt es gen Norden. Vorn felsig gegen Wasser und Himmel aufgestellt, hinten flach und gelb hängend wie ein zerfetztes und verlorenes Segel. Das ist meine Insel Hiddensee.“ Alle, die es einmal gesehen haben, das *„Söte Länneken“* Hiddensee, geraten in ähnliche Verzückung wie *Wilhelm Schmidtbaum,* von dem diese Zeilen stammen. Gleich welches Büchlein über Hiddensee man aufschlägt, sie alle enthalten schwärmerische Hymnen auf das kleine Eiland vor Rügens Westküste. *„Diese Klarheit! Dieses stumme und mächtige Strömen des Lichts!“,* schreibt begeistert der Wahlhiddenseer *Gerhart Hauptmann.* Und der Pfarrer *Arnold Gustavs* beginnt seine *Aufzeichnungen eines Inselpfarrers* mit den Worten: *„Dieses Buch ist ein Hohelied der Liebe, der Liebe zu einem unsagbar schönen Fleckchen Erde – zu der Insel Hiddensee.“*

So vielfältig und überschwenglich die Hohen Lieder auf Hiddensee auch sind, sie greifen alle zu kurz. Zu einmalig ist es, um seine Aura mit Vergleichen einzufangen, zu einzigartig seine herbe nordische Natur, um sie in Worten zu beschreiben, zu unbeschreiblich seine Wirkung auf Sinne und Seele, um sie in Sätze zu pressen.

148osk ph

Auf den Spuren der Dichter und Denker

Literarische Führungen auf Hiddensee

Die Autorin und Verlegerin *Ute Fritsch* führt auf den Spuren der zahlreichen Künstler und Gelehrten, die auf Hiddensee weilten, durch Kloster, Vitte und Neuendorf. Mit Geschichten, Gedichten, Bildern und Anekdoten erläutert sie dabei an Stationen wie dem ehemaligen Gasthof „Schlieker" oder der legendären „Lietzenburg" plastisch und detailreich die Inselaufenthalte von VIP's wie *Albert Einstein, Thomas Mann, Carl Zuckmayer, Billy Wilder, Max Reinhardt, George Grosz, Gottfried Benn, F.W. Murnau, Joachim Ringelnatz, Günther Grass* und vielen anderen.

Die thematisch unterschiedlichen Führungen finden von Mitte Mai bis September statt. Dauer ca. 2½ Std. Für Gruppen nach Vereinbarung.

Wer Hiddensee auf eigene Faust nach Künstlerspuren durchstreifen will, der lege sich die von Frau *Fritsch* erstellte und herausgegebene, ebenso kurzweilige wie interessante „Künstlerkarte Hiddensee" zu. Sie führt zu vielen Orten und Plätzen, wo die Berühmtheiten einst logierten, badeten, malten, tranken, schrieben und es trieben. Die Karte lohnt, sie hat echt Spaßfaktor! Neben ihren Führungen veranstaltet Frau *Fritsch* auch mehrtägige „Literarische Reisen"– nach Hiddensee. Jedem zu empfehlen ist Frau *Fritsch's* neues Buch „Mit Ringelnatz auf Hiddensee" mit vielen lustigen Gedichten und Geschichten.

■ **Information/Anmeldung/Künstlerkarte:** *Ute Fritsch,* Verlag Jena 1800, Wörther Str. 17, 10405 Berlin, Tel. (030) 44050222 oder Mobil (0170) 4125277, www.kuenstlerinsel-hiddensee.de

Am 29. Juli 1885 betritt *Gerhart Hauptmann* zum ersten Mal Hiddenseer Boden. Sofort in Bann geschlagen, kehrt er immer wieder zurück und lässt sich schließlich 1921 endgültig nieder. Ihm folgen so ziemlich alle großen Namen, die die deutsche Geisteswelt aufzubieten hatte. Alle waren sie da, von *Einstein* bis *Freud,* von *Brecht* bis *Kafka,* von *Kandinsky* bis *Macke,* von *Morgenstern* bis *Ringelnatz.* Hiddensee wurde der Wallfahrtsort der großen Denker und Dichter, Musiker und Maler, Schauspieler und Komponisten, Wissenschaftler und Architekten, Tänzer und Theatermacher.

Landschaft

Wie ein in der sanften Dünung treibendes, zartgliedriges Seepferdchen liegt die schmale Insel vor der Westküste Rügens. Von Kopf bis Fuß nicht mehr als gute 17 km lang und am Bauche gerade einmal knapp 4 km breit. So klein und doch so unglaublich abwechslungsreich. Struppig und zackig ist sein Nackenkamm, der **Dornbusch** mit seinem steil abfallenden Hochufer. Von dornigen Büschen bedeckt, geht der Kopf zur Boddenseite in sanfte Hügel über, die duftende Wacholderheide überzieht. Am **Bessin,** dem Kopf unseres Seepferdchens, wächst das flache Schwemmland immer weiter dem benachbarten Bug zu. Der struppige Nacken läuft aus in das gelbe Band des Sandstrandes, der sich einem Rückgrat gleich an der Außenküste bis hinunter zum **Gellen,** dem schmalen, grazilen Schwanz, hinzieht. Auch der Gellen ist Neuland, das von Jahr zu Jahr dem Bock entgegenwächst. Gellen wie Bessin sind wichtige Brut- und Rastgebiete für viele Vogelarten und dürfen deshalb nicht betreten werden. Die Mitte der Insel zwischen Vitte und Neuendorf bedeckt herrliche **Dünenheide.**

Anreise

Wer einen Ausflug oder Urlaub auf Hiddensee plant, muss bei der **Vorbereitung** einige wichtige Dinge berücksichtigen. Hiddensee ist (fast) autofrei! Das Auto muss also zurückgelassen werden. Auch bei der Ankunft kann man sich kein Taxi rufen, sondern muss sein Gepäck bis zur Unterkunft selbst tragen, im Hafen Handkarre oder Radanhänger mieten oder einen Pferdewagen bestellen. Auf Hiddensee geht man zu Fuß oder radelt. Bedenkenswert ist weiterhin, dass Hiddensee weder Campingplätze noch große Hotels besitzt. Zelten ist grundsätzlich nicht erlaubt. Die Anzahl der Betten ist klar begrenzt, weshalb man sich schon frühzeitig um eine Übernachtungsgelegenheit kümmern sollte.

Regelmäßige **Fährverbindungen** gibt es nur ab Stralsund und Schaprode (ganzjährig). Wer mit der Bahn bis Stralsund anreist, kann sein Gepäck vom DB-Haus-zu-Haus-KurierService (Tel. (01805) 996633, 20 ct/Min.) für 17,50 € pro Gepäckstück direkt bis zur Unterkunft auf Hiddensee befördern lassen. Wer den Kurierservice nutzt, sollte gleich für die Rückreise buchen, da dies von Hiddensee aus nicht möglich ist! Das gilt auch für Zugticket und Platzreservierung!

Ab Hafen Schaprode übernimmt die Hiddenseer Logistik GmbH auf Wunsch den Transport von Personen und Gepäck (Tel. (038300) 50300). Direkt am Hafen Schaprode steht für Hiddenseegäste ein eingezäunter und bewachter Parkplatz zur Verfügung, der zw. 20 und 8 Uhr verschlossen wird. Der Platz ist jedoch häufig völlig belegt. Dann muss man den eigentlich für Tagesgäste vorgesehenen kostenpflichtigen Parkplatz benutzen, von dem es nur wenige Fußminuten zum Hafen sind. Wer den Fußweg bis zum Hafen scheut, kann für 1 € (Kind 0,50 €) den Hafenexpress nutzen. Beide Plätze kosten 3,50 € Tag/Pkw, ab 2 Tagen 2 €, Wohnmobil 5,50 €. (Parkplatz–Info Tel. (038309) 1209.

Während der Sommersaison fahren von verschiedenen anderen Orten wie z.B. von Zingst, Wiek, Dranske oder Breege **Ausflugsboote** nach Hiddensee.

Außerdem gibt es noch einige **weitere Regeln** auf Hiddensee zu beachten. **Hunde** sind im Nationalparkgebiet, in den Naturschutzgebieten und in den Ortslagen grundsätzlich **an der Leine** zu halten. An den bewachten Badestränden besteht generelles Hundeverbot. Ausgewiesene Hundestrände gibt es auf Hiddensee nicht. Feuermachen ist nicht gestattet. Die Einschränkungen, die in den verschiedenen Schutzzonen des Nationalparks gelten, sollte man unbedingt beachten.

Denn *„Hiddensee ist schön, schön zu jeder Jahreszeit und bei jedem Wetter. Besonders schön, wenn im August der wilde*

Thymian blüht. Schön im Herbst, wenn die Klashanicks schreien. Schön im hellen Sonnenschein oder auch, wenn uns der Sturm das Haar zerzaust. Schön in dunkler Nacht, wenn sich die gewaltig ausgreifenden Lichtarme des Leuchtturms über unserem Haupt drehen." (Arnold Gustavs, Inselpfarrer 1903–1946)

Info

■ **Insel-Information Hiddensee,** Achtern Diek 18a, 18565 Vitte, Tel. (038300) 608684, www.seebad-hiddensee.de (Juni–Sept. Mo–Fr 9–17.30 Uhr, Sa/So 9.30–13.30 Uhr, Okt. Mo–Fr 9.30–17 Uhr, Sa/So 9.30–12.30 Uhr, Jan.–März u. Nov./Dez. Mo–Fr 9–15.30 Uhr, April Mo–Fr 9–17.30 Uhr, Sa/So 9.30–12.30 Uhr, Mai Mo–Fr. 9.30–17.30 Uhr, Sa/So 9.30–13.30 Uhr, Kurabgabe HS 1,50 €, NS 1 €).

■ **Führungen:**
siehe „Aktivitäten, Nationalparkhaus".

■ **Fähre:** Reederei Hiddensee, Achtern Diek 4, Vitte, Tel. (038300) 210, www.reederei-hiddensee.de.

■ **Wassertaxi:** Hiddenseer Taxiring, Tel. (038300) 210.

■ **Gepäcktransport: Fuhrmann Neubauer,** Hafenweg 10, Kloster, mobil: (0171) 7153809 (zus. Kutschfahrten, Reiten); **Tiburtius,** Achtern Diek 27, Vitte, Tel. (038300) 68015 (auch Kutsch- und Kremserfahrten); **Fuhrunternehmen Mach,** Neuendorf, Dörpstraat 23, Tel. (038300) 50196.

■ **Fahrradverleih. Neuendorf,** Freizeit-Laden, Schaulbarg 7, Tel. (038300) 477; **Vitte, Verleih Kula,** Süderende 6, Tel. (038300) 472; **Kloster Verleih Pehl,** Hafenweg 4, Tel. (038300) 437).

■ **Inselbus:** verkehrt Mo–Fr 8x tägl. (Winter 6x) zwischen 7–17 Uhr (Winter bis 15 Uhr) zwischen allen Orten. Tageskarte 4,30 €, Halbtag 3,10 €. Keine Mitnahmegarantie, da der Bus eigentlich der Schulbus der Insel ist. Gruppen nur nach Anmeldung!

Kloster

Kloster ist das nördlichste der drei Dörfer Hiddensees. Es zieht sich vom Boddenufer am Hang hinauf zum Dornbusch. Hier begann auch die offizielle Geschichte der Besiedlung von *Hithis*

Oe, von „*Hithins Insel*“, wie das Eiland zurzeit der Christianisierung Rügens genannt wurde. 1296 schenkte *Witzlaw II.* die „rings vom Salzmeere umflossene“ Insel dem Kloster Neuenkamp. Die Zisterzienser errichten etwa dort, wo heute das Hotel *Hitthim* steht, ein Kloster. Das Kloster verfiel, nachdem es im Zuge der Reformation um 1534 säkularisiert worden war. Heute erinnert nur noch der Ortsname daran. Nach wie vor ist Kloster jedoch das kulturelle Zentrum Hiddensees. Hier steht die Inselkirche, hier liegen die Insulaner begraben. Hier hat sich das Inselmuseum niedergelassen, und hier ist *Gerhart Hauptmanns* Villa, die einst der geistige und gesellschaftliche Mittelpunkt der Künstler- und Kulturszene war. *Hauptmann* war übrigens wegen seiner arroganten Gutsherrenmanier bei den Insulanern wenig beliebt. In Hauptmanns original eingerichteter Sommerresidenz *Haus Seedorn* erinnert das **Gerhart-Hauptmann-Museum** an den großen Dramatiker. Das mit einem Findling versehene und von Efeu eingewachsene **Hauptmann-Grab** liegt auf dem kleinen, schönen Friedhof bei der **Inselkirche.** Die Inselkirche ging aus einer 1332 von den Mönchen errichteten Wegkapelle hervor. Besonders schön ist das Innere. In Weiß und Blau getüncht, mit ihrer mit Rosen ausgemalten Gewölbedecke vermittelt sie einen frischen, heiteren Eindruck. Von der Decke hängt eine pummelige Putte, die einen beschränkten Gesichtsausdruck hat. (Direkt drunter stellen und hochgucken!) An der Chorwand ist die Grabplatte des 1466–1475 als Abt am Kloster wirkenden *Johannes Runenberg* eingelassen.

Das kleine **Heimatmuseum** der Insel Hiddensee ist am Ortsausgang Richtung Vitte in der ehemaligen Seenotrettungsstation zu finden. Zu seinen Schätzen gehört unter anderem ein Duplikat des berühmten Hiddenseer Goldschatzes, der von schweren Sturmfluten 1872/74 am Strand von Neuendorf freigespült wurde. Das Original befindet sich im Stralsunder Kulturhistorischen Museum. Am Hang hinauf zum Dornbusch fällt ein schlossartiges Backsteingebäude auf. Es ist die **Lietzenburg,** die 1904 der Maler *Oskar Kruse* bauen ließ und in der dann seine Schwester, die berühmte Puppenmacherin *Käthe Kruse,* wohnte. Auch *Kruses* Haus sah viele illustre Gäste und Gesellschaften. Nach jahrelangem Leerstand und Verfall ist die frisch sanierte Lietzenburg nun ein Gästehaus mit Ferienwohnungen.

Von Kloster führen verschiedene Wanderwege hinauf zum **Dornbusch.** Einer führt direkt am bis zu 70 m hohen Kliff an der Abbruchkante entlang, von dem zwei lange, steile Treppen (gute Schuhe sind angebracht!) hinab zum geröllübersäten Ufer führen. Andere schlängeln sich über die wacholderbestanden Wiesenhügel hinauf zum **Leuchtturm** (Tel. (038300) 6420, Mai–Okt. tägl. 10.30–16 Uhr, Nov./Dez. Do 11–15 Uhr, April Di–Sa 10.30–16 Uhr, nur bei guter Witterung!). Achtung: sehr enger und steiler Aufstieg, für kurzatmige und klaustrophobische Charaktere nicht zu empfehlen! Für Kinder unter 6 Jahre verboten!). Eine großartige Aussicht über ganz Hiddensee bis hinab zum Gellen und hinüber nach Rügen macht die kleine Wanderung und das Ersteigen des Turms zum Erlebnis. Oben auf dem Dornbusch wartet dann die Ausflugsgaststätte **Zum Klausner** auf müde Wandersleut.

149osk ph

Info

Vorwahl: 038300

Hafencenter, Hafenweg 15, 18565 Kloster, Tel. 608685 (April Mo–Fr 9.30–16 Uhr, Sa/So 9.30–12 Uhr, Mai–Sept. Mo–Fr 9.30–12.30 u. 13.30–17.30 Uhr, Sa/So 9.30–12.30 Uhr, Okt. Mo–Fr 9.30–15 Uhr, Sa/So 9.30–12.30 Uhr, Nov./Dez. Mo–Fr 11–15 Uhr, Jan.–März Mo–Fr 11–15.30 Uhr).

Unterkunft/Gastronomie

Haus Hiddensee, Kirchweg 31, Tel. 335, www.haus-hiddensee.de (in der Ortsmitte bei der Inselkirche, 75–110 €).

Pension Zum Klausner, auf dem Dornbusch, Tel. 6610, www.klausner-hiddensee.de (idyllische Alleinlage oben auf dem Balkon Hiddensees, mit Restaurant, HS 60–72 €, NS 60 €).

MEIN TIPP: **Pension Wieseneck,** Kirchweg 18, Tel. 316, www.wieseneck-hiddensee.de (Pension mit Gaststube, in der sich die Inselgäste oft und gern nach Sonnenuntergang, wenn die Tagesgäste weg sind, zum Essen, Trinken und Klönen treffen, 70–95 €).

Hotel Zum Enddorn, in Grieben, Dorfstr. 6, Tel. 460, www.enddorn.de (im ca. 2 km entfernten Weiler Grieben am Fuße des Enddorn, Sauna, Solarium, Boots-, Angelverleih, Restaurant, HS ab 135 €, NS ab 108 € inkl. Halbpension).

Pension Inselidyll, Birkenweg 2, Tel. 234, www.inselidyll-hiddensee.de (gastfreundliche Pension mit 9 DZ in ruhiger Hanglage ca. 8 Fußminuten vom Hafen. Das Inselidyll ist eine Büchertauschpension, d.h. man kann mitgebrachte Bücher eins zu eins tauschen. Mit Liegewiese, HS ab 90 €, NS ab 64 €).

Museen

Gerhart-Hauptmann-Museum, Kirchweg 13, Haus Seedorn, Tel. 397, www.hauptmannhaus.de (Mai–Okt. Mo–Sa 10–17 Uhr, So 13–17 Uhr, Jan.–März Di–Sa 11–15 Uhr, April Di–Sa 11–16 Uhr).

Heimatmuseum der Insel Hiddensee, Kirchweg 1, Tel. 363, www.heimatmuseum-hiddensee.de (Jan.–März u. Nov./Dez. Do–Sa 11–15 Uhr, April–Okt. tägl. 10–16 Uhr).

Vitte

Vitte ist das größte Dorf der Insel und Sitz der Inselverwaltung. Das Dorf entwickelte sich aus einer sogenannten *Vitte,* einem Heringsfangplatz, der nur in der Zeit der Heringszüge bewohnt war. Das Dorfbild von Vitte ist uneinheitlich. Neben alten, reetbedeckten Rauchkaten stehen schmucke, aber auffällige Villen und Sommerhäuser exzentrischer Filmdiven.

Gleich am Weg von Kloster nach Vitte fallen am boddenseitigen Ortsrand zwei eigenartige Gebäude auf. Dem einen sitzt das Dach so schief auf, dass es herunterzurutschen scheint. Es ist unter dem Namen **Henny-Porten-Haus** bekannt. Die UFA-Diva *Henny Porten* besaß jedoch nie ein Haus auf Hiddensee noch hat sie in dem Haus je gewohnt. Das unter ihrem Namen bekannte nied-

◁ Die „Luchte" – der Leuchtturm am Südende von Hiddensee

lich-skurrile Häuslein wurde von dem Architekten *Max Taut* 1923 für den Berliner Fabrikanten **Karl Wiedemann** errichtet. Anfang der 1930er Jahre ging es in den Besitz der Familie *Delius* über, in der es sich noch heute befindet. Das „Henny-Porten-Haus" wird fälschlicherweise häufig für die Sommerresidenz der dänischen Filmschauspielerin *Asta Nielsen* gehalten. Das **Asta-Nielsen-Haus** ist jedoch der entzückende Bau mit „runden Ecken" direkt daneben, das Karussell, das besichtigt werden kann. Im alten Ortskern von Vitte steht die **Blaue Scheune,** der letzte auf Hiddensee erhaltene Katen. Dieser schornsteinlose Reetkaten war einst die typische Hausform der Insel. Der blau gestrichene, wunderbar eingewachsende Rauchkaten, den 1920 die Malerin und Mitbegründerin des Hiddenseer Künstlerinnenbundes *Henni Lehmann* erwarb, die es blau anstreichen ließ und für Austellungen nutzte. Heute finden die Ausstellungen im **Henni-Lehmann-Haus** statt, das der Schweriner Architekt *Paul Ehmig* 1907 entworfen hatte und bis 1937 von der Familie *Lehmann* als Sommervilla genutzt wurde.

Zwischen Vitte und Neuendorf bedeckt die **Dünenheide** auf 120 ha das Süderland. Besenheide und Krähenbeere wachsen auf dem welligen Dünenrelief, das der Wind immer aufs Neue durch Sandverwehung gestaltet. Der boddenseitige Teil der Heide darf nicht betreten werden. Es gibt einen **Lehrpfad,** an dem Informationstafeln die Besonderheiten dieser Landschaft erläutert.

Unterkunft/Gastronomie

- **Hotel Godewind,** Süderende 53, Tel. (038300) 6600, www.hotelgodewind.de (zentrale Lage, das einladende Restaurant mit Biergarten des einst als „Pension Schluck" bekannten Hauses ist heute wie damals ein beliebter Treff. HS 105–135 €, NS 59–129 €, DZ mit Etagendusche/WC 39–65 €).
- **Heiderose,** In den Dünen 127, Tel. (038300) 630, www.heiderose-hiddensee.de (Hotel, kleine

☒ Das Karussell von Asta Nielsen

Reetferienhäuser mit Fischräucherei, Restaurant, Backhaus in der Dünenheide, HS 87–105 €, NS 57–89 €, FeWo HS 98–130 €, NS 47–67 €).

■ **Inselreif,** Süderende 9, Tel. (038300) 263, www.hiddensee-inselreif.de (der „regionalen Esskultur" verpflichtetes Fischrestaurant, in dem der Chef noch selbst in der Küche steht und für Qualität bürgt).

Mein Tipp: **Feuerstübchen,** Süderende 192, Tel. (038300) 438, www.feuerstuebchen.de (kleine, gemütliche Gaststätte direkt an der Strandpromenade, ganzjährig geöffnet).

■ **Zum Hiddenseer,** Wiesenweg 22, Tel. (038300) 419, www.hiddenseer.de (leckere Fischgerichte im rustikal gehaltenen Gastraum oder draußen im Garten. Auch vegetarische Gerichte. Mit Pension, DZ 80 €).

Aktivitäten

■ **Nationalparkhaus,** Norderende 2, Tel. (038300) 68041 (April–Okt. tägl. 10–16 Uhr, Jan.–März und Nov./Dez. tägl. 10–15 Uhr, Ausstellung „Panta Rhei", Vorträge, naturkundliche Inselführungen, geführte Wanderungen, Info-Tel. (038300) 68041). Eintritt frei.

Geführte NLP-Wanderungen:
- *Steiluferwanderung* mit Leuchtturm ab Heimatmuseum, Dauer 3 Std., Jan.–Apr. u. Okt.–Dez. Mi 11 Uhr, Mai–Aug. Fr 17 Uhr, Sept. Fr 16 Uhr;
- *Wanderung durch die Dünenheide* ab Gaststätte Heiderose, Dauer 2 Std., Apr.–Okt. Di 10 Uhr;
- *Wanderung auf dem Alten Bessin* ab Eingangstor zum Alten Bessin, Dauer 3 Std. Apr.–Sept. Mi 15 Uhr, Okt. Mi 14 Uhr.

■ **Theater, Seebühne Hiddensee,** Wallweg 2, Tel. (038300) 60593, www.hiddenseebuehne.de (Apr.–Okt., Puppen-Figurentheater, Lesungen u.a. für Kinder und Erwachsene).

■ **Zeltkino,** Achtern Diek 21 (am Hafen Vitte), mobil: (0176) 61382113, www.zeltkino-hiddensee-aktuell.com (Mai–Sept.).

■ **Henni-Lehmann-Haus,** Wiesenweg 2, Tel. 60760 (Mai–Sept. Mo–Fr 11–16 Uhr, Okt. Mo–Fr

334rh ph

10–15 Uhr, Nov./Dez. Mo 11–14 Uhr, Di, Fr 10–15 Uhr).

■ **Asta-Nielsen-Haus,** Zum Seglerhafen 7, Tel. (038300) 64210, www.asta-nielsen-haus.de (Mo, Di, Do–Sa 11–16 Uhr, Führungen Di, Do 10 Uhr, Sa 16 Uhr).

Neuendorf/Plogshagen

Ganz im Süden liegt Neuendorf, das viele für das schönste Dorf Hiddensees halten. Nähert man sich mit dem Schiff, so wirken die auf aufgeschütteten Sandhügeln stehenden Häuser, als schwämmen sie auf dem Wasser. Zum Bodden hin liegt Neuendorf, das viel ältere Plogshagen befindet sich an der Außenküste. Da die Insel hier bereits sehr schmal ist, liegen die beiden Ortsteile nebeneinander. Die schwere Sturmflut von 1872 hat die Insel an dieser Stelle in zwei Hälften zerrissen. Zusammengenäht wurde sie wieder mit einem Damm, dem sogenannten „Dicken Faden".

■ **Übernachtung**
1 Appartementhaus Am Windflüchter
2 Fischerhaus
3 Pension Zur Boje
5 Süderhaus

■ **Essen und Trinken**
3 Restaurant Zur Boje
4 Café Rosi

Zu den weißgetünchten Häusern Neuendorfs führen nur schmale, sandige Trampelpfade, und es steht wegen seines am ursprünglichsten erhaltenen Ortsbildes unter Denkmalschutz. Auch die Einwohner haben die Arbeit ihrer Väter und Großväter noch nicht vergessen. Obwohl in Neuendorf die Feriengäste ebenfalls eine wichtige Einnahmequelle sind, fahren Fischer noch Tag für Tag hinaus. Auch die sogenannten **Hausmarken** sind hier noch an jeder Haustür zu sehen. Die Hausmarken sind Symbole, die sich, wie man annimmt, aus altgermanischen Runen entwickelt haben. Sie ersetzen den Familiennamen. Jede Familie hat ihr eigenes Symbol, mit dem früher auch die zum Haushalt gehörenden Geräte markiert wurden. Über Fischerei, Hausmarken und anderes aus der Alltagsgeschichte des Dorfes informiert das neu eröffnete **Fischereimuseum.**

Südlich von Neuendorf steht die *Luchte,* der südliche **Leuchtturm** von Hiddensee. Bilderbuchschön weiß-rot gestreift, ragt er, von bizarren Windflüchtern umgeben, auf dem Strandwall auf. Der feinsandige Strand am abgelegenen Leuchtturm ist bei den Nacktbadern besonders beliebt. Wenig hinter dem 12 m hohen Leuchtturm beginnt der **Gellen.** Die langgezogene Sandbank ist Vogelschutzgebiet und darf nicht betreten werden.

338rh ph

Unterkunft/Gastronomie

■ **Am Windflüchter,** Pluderbarg 1, Tel. (038300) 364, www.appartementhaus-windfluechter.m-vp.de (komfortable Appartements an der Außenküste, HS 72–89 €, NS 52–69 €).

■ **Süderhaus,** Plogshagen 35, Tel. (038300) 66640, www.suederhaus-hiddensee.de (familiengeführte Anlage mit 12 hellen, geschmackvoll möblierten App. unterm Reetdach, teils mit Terrasse inmitten eines großen Naturgartens mit Sonnenterrasse. Liegewiese und Grillplatz. Finnische Sauna. Es werden Fasten-, Ayurveda- und, Rasayana-Kuren und Yoga angeboten, 118–145 €/2 Pers.).

■ **Fischerhaus,** Krämerstraat 7, Tel. (038300) 277, www.fischerhaus-hiddensee.de (schmucker Reetdachkaten-Neubau 150 m vom Strand, mit 2 App., die laut Eigenaussage „für Kinder und Haustiere ungeeignet" sind. NS 50–65 €, HS 85 €, zzgl. 40 € Endreinigung, von Mitte April bis Mitte Okt. nur wochenweise Vermietung).

■ **Zur Boje,** Königsbarg 18, Tel. (038300) 6520, www.zur-boje-hiddensee.de (3 DZ und 3 App., Pension und Restaurant, DZ 84 €, App./2 Pers. 94–140 €).

MEIN TIPP: **Café Rosi,** Pappelallee 11, Tel. (038300) 50168, www.cafe-rosi.de (hier trifft man sich am Abend im Restaurant oder Biergarten. Ebenso traditionsreiche wie gemütliche Adresse zum Essen und Klönen mit Fisch- und Sanddornspezialitäten).

Museen

■ **Fischereimuseum,** Pluderbarg 7 (April–Okt. Mo–Sa 14–17 Uhr, Eintritt frei).

Hafen von Neuendorf

326
318
342
346

4

Ruhe und Natur lassen den Besucher Vorpommerns den

Vorpommern

Alltagsstress schnell vergessen. Ausgedehnte Spaziergänge und Fahrradtouren führen durch eine der ländlichsten Regionen Deutschlands. Die Universitätsstadt Greifswald, mit seiner gut erhaltenen historischen Altstadt sowie viele kleine Dörfchen mit Landschlösschen und Herrensitzen der alten Gutsherren laden zum Besuch ein.

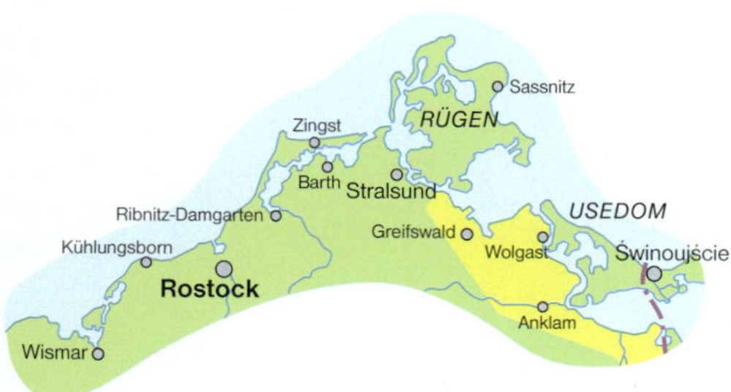

603omv ph

< Perfektes Badeparadies – Die Strände Vorpommerns sind die Badewanne der Nation

VORPOMMERN

Der Fremdenverkehr und die Landwirtschaft sind derzeit die Haupteinnahmequellen Vorpommerns. Vor allem der Tourismus verzeichnet seit Jahren beachtliche Zuwachsraten, nicht zuletzt wegen des kontinuierlichen Ausbaus der Infrastruktur. Die Besucherzahlen belaufen sich alljährlich auf bis zu 26 Mio. Gäste.

NICHT VERPASSEN!

- Schlendern über den **Marktplatz von Greifswald** | 244
- Eine spannende Ausstellung zur Entwicklung der Luftfahrt bietet das **Otto-Linlienthal-Museum** in **Anklam** | 254
- Rund 400 km ausgeschilderte Wander- und Radwege in der **Ueckermünder Heide** | 260

Diese Tipps erkennt man an der gelben Hinterlegung.

Stilles Idyll am Haff

Überblick

„Maikäfer flieg, dein Vater ist im Krieg, deine Mutter ist in Pommerland, Pommerland ist abgebrannt, Maikäfer flieg!“ Jedes Kind kennt den Reim, doch vom nach 1945 geteilten Pommernland wissen nur noch wenige. So bekannt und vielbesucht die Küste Vorpommerns mit ihren Inseln Fischland-Darß-Zingst, Rügen, Hiddensee und Usedom ist, so unbekannt und unbeachtet ist das Hinterland der Region.

Historisch bestand das Gebiet aus Schwedisch-Vorpommern, das sich zwischen den Flussläufen der Trebel und der Oder erstreckte, und Preußisch-Vorpommern, das der Lauf der Peene vom schwedischen Teil trennte. Diese Teilung weist schon auf das geschichtliche Schicksal des Landstrichs hin. Vorpommern ist **Grenzregion,** heute wie vor langer Zeit. Und Grenzgebiete sind umkämpfte Gebiete. Der Vers vom abgebrannten Pommernland stammt aus dem Dreißigjährigen Krieg, der den Landstrich besonders schwer verheerte. Doch auch der letzte große Krieg suchte die Bewohner und Orte Pommerns mehr als schwer heim. Die Feuerwalze der Front überrollte, nicht selten mehrmals, ganz Pommern in aller Wucht und löschte viele seiner kleinen Städte und Dörfer fast völlig aus. Die oft kaum vernarbten Wunden im Gesicht seiner Ort-

Vorpommern

0 20 km ©Reise Know-How 2015

schaften sind auch heute noch unübersehbar.

Vorpommern ist nicht nur Deutschlands vergessenster Landstrich, sondern auch einer seiner ländlichsten. Die größte Stadt ist Greifswald mit 55.000 Einwohnern. Sonst findet man in dem stillen **Bauernland** nur kleine, unspektakuläre Landstädtchen. Dafür kann man in vielen der Dörfchen kleine Landschlösschen und Herrensitze der alten Gutsherren entdecken. Vor allem aber findet man in Vorpommern sehr viel Ruhe und Natur und deutlich niedrigere Preise als an der touristisch geprägten Küste.

Greifswald

Überblick

„Ziemlich groß. In sehr antikem Geschmack gebaut, doch große und ansehnliche Häuser. Vorzüglich ist am Markt ganz gotische Bauart. Sehr viele Zieraten, und die Giebel, die fast alle nach der Straße zu stehen, in eine Menge von Stockwerken abgeteilt." Es war der Sprachforscher, Dichter und Staatsmann Wilhelm von Humboldt, der solcherart knapp seinen 1796 auf einer Pommernreise gewonnenen Eindruck von Greifswald wiedergibt.

Wie beim Nachbarn Stralsund tauchen lange vor der Ankunft die mächtigen Türme der drei Greifswalder Stadtkirchen am Horizont auf und zeugen vom einstigen Reichtum der alten Hansestadt. Doch sonst vermittelt Greifswald auf den ersten Blick das Bild einer betulichen Provinzstadt. Aber der Eindruck trügt. Greifswald ist Universitätsstadt. Die **Ernst-Moritz-Arndt-Universität** ist die zweitälteste *Alma mater* Norddeutschlands. Ähnlich wie an anderen Orten, deren Geschichte jahrhundertelang eng mit Universitäten verknüpft ist, ist auch Greifswalds Charakter davon geprägt. Viele junge Leute bevölkern die Plätze und Straßen, Cafés und Kneipen. Hier vermischt sich das Alte und Historische auf das Angenehmste mit dem Neuen und Jungen. Die Altstadt mit ihren hanseatischen Kaufmannshäusern und alten Giebelspeichern ist nicht nur schöne Kulisse. Sie atmet und lebt.

Geschichte

Die Geschichte der Stadt beginnt mit der Gründung des Klosters Hilda (später in Eldena umbenannt) nördlich der heutigen Stadt am Südufer des Ryck. Auf Einladung des Rügenfürsten *Jaromar I.* errichtet sich hier der Zisterzienserorden eine neue Wirkungsstätte, nachdem ihr Kloster Dargun 1198 im Kriege zwischen Dänemark und Brandenburg zerstört worden war. Grund für die Wahl dieses Platzes ist eine Saline, die dem Kloster regelmäßige Einkünfte sichert. Da das Kloster Marktrecht besitzt und mit dem Recht ausgestattet ist, Siedler ins Land zu holen, wächst schnell eine Siedlung heran, in der sich Kaufleute, Händler und Handwerker niederlassen. Der Stadtname taucht 1248 erstmals als *Gripheswald* in einer Urkunde auf. Vermutlich ist er auf das Wappen der pommerschen Herzöge zurückzuführen, das einen Greif zeigt. 1250 erhält Greifswald das lübische Stadtrecht verliehen. 1278 schließt sich der aufstrebende Hafen-

und Handelsplatz mit anderen Hafenstädten zum Schutzbund der **Hanse** zusammen. Dieser größte und mächtigste Städtebund des Mittelalters, dessen Mitglied die Stadt bis ins 17. Jahrhundert bleibt, sichert Greifswald ständig wachsenden Reichtum und Einfluss.

Dass die Hansestadt zur **Universitätsstadt** wird, verdankt sie ihrem Bürgermeister *Heinrich Rubenow*. Dem promovierten Juristen gelingt es nach jahrelangem Ringen mit der päpstlichen Kurie, die Genehmigung zur Gründung einer Universität zu erhalten. Er investiert sein gesamtes Privatvermögen in ihren Aufbau und wird ihr erster Rektor. Weil *Rubenow* vehement für seine freie Stadt und gegen die Begehrlichkeiten des

pommerschen Herzoghauses kämpft, wird er im Auftrag von Herzog *Erich* am 31.12.1462 ermordet. Doch Greifswald bleibt frei und wird dank seiner Hochschule das geistige und kulturelle Zentrum der Region. Viele große Namen wie *Ulrich von Hutten, Ernst-Moritz Arndt, Ferdinand Sauerbruch* oder der *Turnvater Jahn* unterrichten in der liberalen Stadt. Auch der große Sohn der Stadt, der Landschaftsmaler *Caspar David Friedrich,* lernt seine Kunst hier.

Dass Greifswald nicht dasselbe Schicksal wie so viele andere Städte Pommerns erleidet, die in den letzten Monaten des **2. Weltkrieges** in Schutt und Asche fallen, verdankt es einer mutigen Gruppe um den damaligen Stadtkommandanten *Petershagen.* Nach dem Anlaufen der Winteroffensive an der Weichselfront wird das von Flüchtlingen überfüllte Greifswald zur Festung erklärt, die bis zum Schluss verteidigt werden soll. Trotz der Drohung des SD, ihn sofort zu erschießen, nimmt der Oberst auf eigene Faust Kontakt zu der heranrückenden Sowjetarmee auf. Am 30.4.1945 übergibt er die zur Sprengung vorbereitete Stadt kampflos und rettet so Greifswalds historisches und kulturelles Erbe der Nachwelt.

Sehenswertes

Dank *Oberst Petershagen und Co.* sind große Teile des mittelalterlichen Greifswald erhalten geblieben. Fast wäre die historische Altstadt doch noch der Spitzhacke zum Opfer gefallen. 1978 begann man mit der umfassenden *„Erneuerung der verschlissenen Bauwerke durch neue in der rationellen Großplattenbauweise, die für die Anwendung in kulturhistorisch bedeutenden Bereichen weiterentwickelt wurden".* Den städtebaulichen Frevel kann man im sogenannten Umgestaltungsgebiet zwischen Fleischer- und Schützenstraße bewundern. Die sogenannte „Weiterentwicklung" ist der ziemlich jämmerliche Versuch, mit historisierenden Giebelfassaden die normierte Plattenbauweise zu kaschieren.

Ein wahres Fest für das Auge ist dagegen der **Marktplatz**, den ein Ensemble wundervoller historischer Bauwerke aus verschiedenen Epochen umgibt. Beherrscht wird er vom **Rathaus.** Wie das Stralsunder Rathaus wurde das um 1400 errichtete Gebäude mit seinen spitzbogigen Laubengängen als *„Kophus"*, als Kaufhaus, gebaut. Seine mächtige zweiflüglige Reliefbronzetür erinnert mit ihrem Bilderzyklus an die kampflose Übergabe der Stadt 1945. Neben dem Rathaus erblickt man die 1880 errichtete **Ratsapotheke.** Die Fassade des klassizistischen Gebäudes ist durch Pfeiler mit Fialen und Blendenmaßwerk gegliedert und mit neogotischem Dekor verziert. Besonders prachtvoll zeigen sich zwei **Giebelhäuser** an der Ostseite des Marktplatzes. Das linke trägt einen sehr schönen, 1425 geschaffenen Stufengiebel, ein hervorragendes Beispiel für die Bauweise mittelalterlicher Wohnspeicher.

Geht man am Rathaus links in die Baderstraße, kommt man zum **ältesten Wohnspeicherhaus** der Stadt. An der aus dem 14. Jh. stammenden Giebelfassade sind die vier Speicheretagen, in denen die Waren lagerten, schön zu erkennen. Wenige Schritte weiter trifft man auf das **Zeughaus,** einen 1650 errichteten Speicher.

Die Domstraße führt zur größten der drei Greifswalder Stadtkirchen, dem **Dom St. Nicolai.** Die vom Volksmund *„der lange Nikolaus"* genannte gotische Backsteinbasilika erhielt diesen Spitznamen wegen ihres mächtigen, fast 100 m hohen und mit einer Zwiebelhaube abgeschlossenen Turms. Er gilt als der schönste an der deutschen Ostseeküste und ist das Wahrzeichen der Stadt.

Das Innere des schlanken, hochaufragenden Domes ist hell und lichtdurchflutet. Die Innengestaltung ist allerdings neueren Datums. Nachdem man 1710 die gotischen und barocken Fresken einfarbig übertüncht hatte, begann man 1824 unter der Leitung des Malers *J. G. Giese* und des Kunsttischlers *Ch. Friedrich* (ein Bruder des berühmten Malers) mit der grundlegenden Neugestaltung. Die gesamte Einrichtung wurde entfernt. Zentrales Element wurde ein großes goldenes Kreuz, von dem kein anderes Ele-

Der Marktplatz

ment ablenken sollte. Das Ergebnis wird sehr unterschiedlich bewertet. Hielt es Altmeister *Schinkel* für „größtenteils gelungen" und manch Kunstsinniger gar für „genial", halten es andere für „akademisch steif" oder gar „verdorben". Im Dom finden seit 1946 regelmäßig die Greifswalder Bachwochen statt.

In unmittelbarer Nähe des Doms liegt das Anwesen des ehemaligen **St.-Spiritus-Hospitals.** Es wurde im 13. Jh. von den reichen Kaufleuten der Stadt als Heim für Alte und Gebrechliche gestiftet. Die heutige Bebauung des Geländes datiert aus dem 18. Jh. Wie ein winziges Dörfchen gruppieren sich die schiefen, eingeschossigen Fachwerkhäuschen um den kleinen Hof. Eine Oase der Ruhe inmitten der Stadt. In den Sommermonaten finden in dem romantischen Winkel Serenaden statt. Die hübschen Häuschen werden für kulturelle Zwecke wie Ausstellungen genutzt.

Auch das **Universitätsviertel** ist über die Domstraße zu erreichen. Direkt an der Domstraße liegt das **Universitäts-Hauptgebäude.** Der langgestreckte, 1747–1750 entstandene strenge Ziegelbau ist ein Werk des Mathematikprofessors *A. Meyer.* Die meisten der his-

085osk ph

torischen Räume fielen einem Umbau zum Opfer. Erhalten geblieben ist nur die alte Bibliothek, die nun als Aula dient und der alte **Karzer** (Führungen Aula und Karzer, 1.4.–31.10. tägl. 15 Uhr, Dauer 45 Min., Treff Rubenowdenkmal). Vor dem Hauptgebäude liegt der kleine **Rubenow-Platz.** In der Mitte der Grünanlage ragt das 12 m hohe Rubenow-Denkmal auf. Das Monument, 1856 zum 400-jährigen Jubiläum der Universität zu Ehren ihres Begründers aufgestellt, wurde als neugotischer Turm gestaltet.

Beim Rubenow-Platz ragt die **Jakobi-Kirche** auf. Sie ist die kleinste Stadtkirche und wird deshalb der *„kleine Jakob"* genannt. Die mittelalterliche Ausstattung der dreischiffigen Hallenkirche ging verloren. Ihr nüchtern schmuckloses Inneres wird von den unverputzten Backsteinpfeilern bestimmt.

Die dritte Greifswalder Kirche findet man in der Brüggstraße. Die wuchtige, gedrungene **Marienkirche** ist das vermutlich älteste Bauwerk der Stadt. Im letzten Viertel des 13. Jh. begonnen, wurde die *„dicke Marie"* 1360 fertiggestellt. Das Innere der Kirche ist weitgehend schmucklos, aber nicht ohne Wirkung. Die braunroten Ziegel verdunkeln das große, fast rechteckige Schiff und tauchen es in ein mystisches Halblicht, das die Wuchtigkeit des Raumes unterstreicht. Einziges Schmuckelement ist die reich mit Intarsien verzierte Kanzel, ein Werk des Kunsttischlers *Mekelenborg* aus dem Jahre 1587. Vom Turm der *dicken Marie* reicht der Blick über die Dächer der Stadt weit über die Ostsee bis zu den vorpommerschen Inseln. Im Turmuntergeschoss befindet sich die europaweit einmalige mittelalterliche Gerichtshalle.

Von der Marienkirche führt die Brüggstraße zur **Fußgängerzone Schuhhagen,** die in ihrer Verlängerung zur Langen Straße wird, der Einkaufs- und Spaziermeile der Stadt. Im Haus Lange Str. 57, der ehemaligen Friedrichschen Seifensiederei, wurde am 5. September 1774 im Schatten des Doms Greifswalds berühmtester Sohn, der weltbekannte Landschaftsmaler **Caspar David Friedrich** geboren. Der Gebäudekomplex ist die im Greifswald-Stadtplan als Nr. 9 eingezeichnete **Friedrichsche Seifensiederei.** Diese war 5 Generationen im Besitz der Familie Friedrich. Heute beherbergt der Komplex das C.D.-Friedrich-Zentrum. Neben einer Ausstellung zu Leben und Werk des Malers mit einigen seiner Gemälde ist auch noch ein Teil der originalen Ausstattung des Gebäudes zu sehen.

Am Rande der Altstadt liegt das **Pommersche Landesmuseum,** das sich mittels der Präsentation von Kunst und Kultur aus dem gesamten pommerschen Raum der Verständigung mit dem Nachbarn Polen und dem Aufzeigen der historischen Verbindungen im Ostseeraum widmet.

Es besteht aus drei historischen Gebäudekomplexen, die durch die neue „Museumsstraße", eine Art gläserner Halle, miteinander verbunden sind.

Das **Theater** in der Anklamer Straße ist schon seit Langem mit dem Stralsunder Theater zum Theater Vorpommern fusioniert, das seitdem ein umfangreiches Sommertheaterprogramm anbietet.

[>] Alter Karzer in der Uni – nur mit Führung zu besichtigen

087osk ph

086osk ph

In verschiedenen Freilichtspielstätten, u.a. auch in der Klosterruine Eldena (siehe Umgebung Greifswald), und auf den Marktplätzen Greifswalds und anderer Hansestädte finden von Mitte Juni bis Mitte September z.B. Ballett- und Musicalaufführungen statt.

Info

- **Vorwahl: 03834**
- **Greifswald-Information,** Rathaus am Markt, 17489 Greifswald, Tel. 85361380, www.greifswald.info (Öffnungszeiten: Mai–Okt. Mo–Fr 9–18 Uhr, Sa 10–14 Uhr, Juli/Aug. zus. So 10–14 Uhr, Nov.–Febr. Mo–Fr 9–17 Uhr, März/April Mo–Fr 9–18 Uhr. Stadtführungen Mai–Okt. Mo–Fr 14 Uhr, Sa 11 Uhr, Juli/Aug. zus. So 11 Uhr, Dauer: ca. 90 Min).

Unterkunft

- **Hotel Kronprinz,** Lange Str. 22, Tel. 7900, www.hotelkronprinz.de (4-Sterne-Haus in zentraler Altstadtlage am Greifswalder Boulevard mit Brassereie, 104–120 €).
- **Hotel Am Dom,** Lange Str. 44, Tel. 79750, www.hotel-am-dom-greifswald.de (im hist. Bürgerhaus von 1595 mitten in der Altstadt; im Restaurant regionale und vegetarische Küche, HS 85–95 €, NS 85 €).

MEIN TIPP: **Hotel Zum Alten Speicher,** Roßmühlenstraße 25, Tel. 77700, www.alter-speicher.de (schön am Ryk unmittelbar am Museumshafen gelegener historischer Speicher mit angenehm gestalteten Zimmern und guter Gastronomie, HS ab 80 €, NS ab 75 €, Frühstück 4,80 €).

☒ Der Dom St. Nicolai

- **Pension Das Sofa**, Brüggstr. 29, Tel. 899551, www.sofa-greifswald.de (kleine Pension mit 8 kleinen DZ und EZ und Kneipe, in der es mediterran-orientalische Küche gibt, HS 75 €, NS 65 €).
- **Hotel Galerie,** Mühlenstraße 10, Tel. 7737830, www.hotelgalerie.de (gepflegtes, gastfreundliches Haus mit Sinn für Kunst im Zentrum der Altstadt nahe Marktplatz. 8 DZ und 3 EZ. Alle Zi. und öffentlichen Bereiche mit Bildern zeitgenössischer Künstler. DZ HS 105 €, NS 95 €).
- **JH,** Pestalozzistr. 11/12, Tel. 51690, (ab Bahnhof mit der Bus-Linie 1 bis Halt Feldstraße, Ü/F ab 21,40 €).
- **Camping Loissin,** in Loissin, Tel. (038352) 243, www.freizeitpark-loissin.de (1.4.–31.10., direkt am Strand).

Gastronomie

- **Tischlerei,** Salinenstraße 22, Tel. 884848 (für viele derzeit das beste Restaurant der Stadt. Etwas versteckt im Hafengelände bei der Werft Hanse-Yachts. Keine feste Speisekarte, dafür exquisite Tagesgerichte im modernem Ambiente mit tollem Blick durch Panoramafenster auf den Yachthafen. Mit schöner Terrasse direkt am Wasser).
- **Olive,** Domstr. 40, Tel. 799143, www.olive-greifswald.de (abwechslungsreiche mediterrane Küche im geschmackvollen Ambiente des Gastraumes oder im blühenden Sommergarten unter Weinreben, mit Pension DZ 85 €).

Kultur

- **Pommersches Landesmuseum,** Rakower Str. 9, Tel. 83120, www.pommersches-landesmuseum.de (Mai–Okt. Di–So 10–18 Uhr, Nov.–April Di–So 10–17 Uhr).
- **Caspar-David-Friedrich-Zentrum,** Lange Straße 57, Tel. (03834) 884568, www.caspar-david-friedrich-gesellschaft.de (Di–So 11–17 Uhr).

Botanischer Garten, Münterstr. 2, Tel. 861130 (Gewächshäuser/Freiland, ganzjährig Mo–Fr 9–15.45 Uhr, Sa/So Mai–Sept. 13–18 Uhr, März/April/Okt./Nov. 13–16 Uhr, Dez.–Febr. 13–15 Uhr).

Arboretum des Botanischen Gartens, Ludwig-Jahn-Str. 15, Tel. 861130 (April–Okt. tägl. 9–18 Uhr).

Tierpark, Credener-Anlagen (am Ryck), Tel. 502279, www.tierpark-greifswald.de (Nov.–März tägl. 10–16 Uhr, Apr./Okt. 9–17 Uhr, Mai–Sept. 9–18 Uhr).

St.-Spiritus-Hospital, Lange Str. 49, Tel. 4444, www.kulturzentrum.greifswald.de (Ausstellungen, Lesungen, Club-, Frauencafé etc.).

Vorpomm. Landestheater, Robert-Blum-Straße, Theaterkasse Tel. 5722224, www. theater-vorpommern.de.

Sternwarte, Domstr. 10a, Tel. 1470457, www.sternwarte-greifswald.de (physik. Institut).

Kirchen

Dom St. Nicolai, Domstraße 54, Tel. 2627, www.dom-greifswald.de (Nov.–April Mo–Sa 10–16 Uhr, So 11.30–15 Uhr, Mai–Okt. Mo–Sa 10–18 Uhr, So 11.30–12.30 und 15–18 Uhr. Führungen nach Anm.).

Jacobi-Kirche, Domstr. 1, Tel. 502209, www.jacobigemeinde.info (Mai–Sept. Mo, Di, Do 10–16 Uhr, Mi 12.30–14.30 Uhr, Fr 10–15 Uhr, So nach Gottesdienst bis 12 Uhr).

Marienkirche, Brüggstraße 35, Tel. 2263, www.marien-greifswald.de (Mo–Fr 10–18 Uhr, So nach Gottesdienst bis 13 Uhr, Juni–Aug. auch Sa 11–15 Uhr).

Umgebung

Wieck

Das alte 450 Einwohner zählende Fischerdorf Wieck am Nordufer des Ryck konnte sich sein ursprüngliches Gesicht bewahren und steht unter Denkmalschutz. Malerische Fischerkaten und Kapitänshäuser gruppieren sich um den kleinen Hafen. Die Attraktion des hübschen Dörfchens ist die **hölzerne Klappbrücke,** die den Ryck überquert. Das 1887 nach holländischem Vorbild errichtete technische Denkmal ist noch voll funktionsfähig und verbindet Wiek mit Eldena.

Wieck ist seit 1954 Heimathafen des **Segelschulschiffs „Greif“,** das zu DDR-Zeiten nach dem ersten Präsidenten des Arbeiter- und Bauernparadieses „Wilhelm Pieck“ hieß. 1990 wurde die fotogene Schonerbrigg von der Stadt Greifswald übernommen und 1991 in Greif umbenannt.

Der sich malerisch um den Hafen und die Klappbrücke gruppierende kleine Ort ist ein sehr beliebtes Ausflugsziel, und so finden die Besucher hier zahlreiche Unterkunftsmöglichkeiten und noch mehr Cafés, Kneipen und Restaurants.

Unterkunft/Gastronomie

Hotel Utkiek, Am Hafen 19, Tel. (03834) 83310, www.utkiek-wieck.de (Appartement-Hotel in ein-

Historische Klappbrücke in Wieck

maliger Lage an der äußersten Landspitze zwischen dem Ryck und Greifswalder Bodden, das seinem Namen alle Ehre macht. Ob vom Zimmer, Frühstücksraum oder rundum vollverglasten Restaurant – die Aussicht ist nicht zu toppen. DZ ab 80 €).

■ **Reusenhaus,** Dorfstraße 103, Tel. 2315918, www.reusenhaus.de (urgemütliche Gaststätte mit nur 20 Plätzen, Spezialität des Hauses: frisch gebackene Brötchen mit Fischspezialitäten. Bessere Fischbrötchen gibt's nicht).

MEIN TIPP: **Fischerhütte,** An der Mühle 12, Tel. (038391) 839654, www.fischer-huette.de (rustikal-maritimes Fischlokal direkt an der Klappbrücke, das wiederholt die Auszeichnung „Bestes Restaurant der Universitäts- und Hansestadt Greifswald" erhielt).

■ **Café Alte(r) Schule,** Dorfstr. 3, Tel. 830008 (leckere Kuchen und österreichische „Schmankerl" sowie Kaffeespezialitäten à la Wiener Kaffeehaus im kleinen antiquarisch ausstaffierten Innenraum. Große Terrasse, von der man das bunte Treiben am Hafen bestens beobachten kann).

Eldena

„Ora et labora" war die Maxime des Zisterzienserordens, der 1199 am Südufer der Mündung des Ryck ins Dänische Wiek ein Kloster errichtete. Durch großzügige Schenkungen seitens des Fürsten *Jaromar I.* wurde das **Kloster Eldena** schnell sehr vermögend und zu einem prunkvollen Anwesen ausgebaut. Auch die Lebenshaltung der Äbte und Mönche rückte, durch den Mammon korrumpiert, schnell vom kargen Grundsatz „bete und arbeite" ab. In rauschenden Gelagen wurde das Klostervermögen verprasst. 1490 versetzte Abt *Gregorius Groper* goldene Kelche und Kreuze, ja gar seinen Hirtenstab, um eine Orgie mit „Gauklern, Possenreißern und leichtfertigen Frauen" zu finanzieren. Nach der Reformation diente das verlassene Kloster den Greifswaldern als Steinbruch. So

088osk ph

wurden z.B. die ersten Universitätsgebäude mit Ziegeln des Klosters gebaut.

Die Bilder, die der Greifswalder Maler *Caspar David Friedrich* von den Ruinen des Klosters malte, erregten am preußischen Königshof solch großes Aufsehen und Interesse, dass man die Ruinen des Klosters Eldena unter Schutz stellte und dann den Gartenbaumeister *Lenné* beauftragte, um sie herum einen Park zu gestalten. Wie zu *Friedrichs* Zeiten sind die berühmten Klosterruinen ein ungemein romantischer Anblick, den man sich nicht entgehen lassen sollte.

Gastronomie

- **Alte Schmiede,** Wolgaster Landstr. 42, Tel. (03834) 840334, www.gasthof-schmiede.de (futtern wie bei Muttern, rustikales Ambiente).
- **Waldhaus,** Hainstr. 34, Tel. (03834) 831710 (schön gelegene Ausflugsgaststätte mit rustikalem Ambiente am NSG Elisenhain).

Anklam

Die Otto-Lilienthal-Stadt

Die alte Hanse- und Hafenstadt Anklam liegt am Unterlauf der Peene, die 8 km weiter in das Achterwasser mündet. Mit ihren 15.000 Einwohnern zählt sie schon zu den großen Gemeinden Vorpommerns. Sie liegt inmitten der großen Niederung des **Peene-Urstromtals.** Das Land ist platt wie eine Flunder, und der Himmel ist endlos weit. Nicht eine Erhebung begrenzt den Horizont.

Vielleicht war es dieser grenzenlose Himmel über Anklam, der eine Prophezeihung des genialen Denkers und Konstrukteurs *Leonardo da Vinci* ausgerechnet hier an diesem unscheinbaren Ort Wirklichkeit werden ließ. *„Es wird seinen ersten Flug nehmen der große Vogel vom Rücken des Hügels aus. Das Uni-*

versum mit Verblüffung, alle Schriften mit seinem Ruhm füllend. Und ewige Glorie dem Ort wo er geboren ward." Die ewige Glorie gebührt Anklam. Denn nirgendwo anders als hier wurde der alte Menschheitstraum vom Fliegen Wirklichkeit. Hier ist er geboren, der Vater aller Flugapparate, der Maschinenbauingenieur *Otto Lilienthal*. „*Vom Schritt zum Sprung, vom Sprung zum Flug*", war die Devise des Tüftlers, der den leichten, eleganten Flug der Vögel zum Vorbild nahm. Und die gab und gibt es im urwüchsigen Peenetal bei Anklam in seltener Vielfalt. In Anklam, einer heute recht gesichtslosen Provinzsstadt, die fast alle auf dem Weg zur Ostsee schnell durcheilen, dreht sich alles um das Fliegen. Hier gibt es natürlich einen Flugplatz und den Segelfliegerclub *Otto Lilienthal*. Hier veranstaltet der Mecklenburg-Brandenburgische Ballonsportverein Ballonmeetings, und der Modellflugzeugsport blickt auf eine lange Tradition zurück. Natürlich gibt es einen Verein der Freunde der Ultraleichtflieger und Hängegleiter. Ebenfalls eine Reminiszenz an den weltberühmten Sohn der Stadt ist der Lehr- und Erlebnispark **Aeronauticon.** Und es gibt das **Otto-Lilienthal-Museum.**

Auf dem historischen Treidelweg nach Wieck

Vom Museumshafen Greifswald führt ein sehr schöner **Spazier- und Radweg** entlang des Südufers des Ryck bis ins Bilderbuchfischerstädtchen Wieck an der Mündung des Ryck in den Greifswalder Bodden. Der alte 8 km lange Treidelweg ist auch Teil des Ostseeküsten-Radweges. Der Weg beginnt am Rande der Altstadt in der Hafenstraße gegenüber des Jachthafens. Zahlreiche Bänke laden zum Verweilen ein. Nach etwa 30 Minuten hat man mit dem Fahrrad Wieck erreicht.

In der Saison verkehrt auch das historische Ausflugsschiff „Stubnitz" zwischen Wieck und Greifswald Museumshafen, sodass man den Rückweg auch entspannt mit dem Schiff machen kann.

■ **MS Stubnitz,** mobil: (0171) 8510786, 29.03.–27.10. Di–So 3x tägl. ab Greifswald Museumshafen 9.30/12.30/15.30 Uhr, ab Wieck 11.30/14.30/17.15 Uhr, April nur Sa/So.

Geschichte

Die älteste Urkunde, in der Anklam als Stadt erwähnt wird, stammt von 1264, als Herzog *Barnim I.* die „*Bürger, die in der Stadt Anklam verweilen*", von jedem Zoll befreit. Diese Befreiung und andere Privilegien wie das Münzrecht lassen die günstig an der schiffbaren Peene gelegene Hafenstadt gedeihen und ihre Bürger zu Wohlstand kommen. 1283 tritt Anklam der Hanse bei. Die Stadt wird unter 57 pommerschen Städten die fünftgrößte und erhält im Landtag den Rang einer „vorsitzenden Stadt". 1648 wird Anklam durch das Abkommen im Westfälischen Frieden schwedisch. 1676 wird es durch preußische Truppen belagert und beschossen. 1720 wird die Stadt preußisch, der Peenedamm bleibt aber schwedisch. Nun ist Anklam Grenzsstadt. *Otto Lilienthal (Liliendal)*, der am 23.5.1848 in Anklam geboren wird, ist mit großer

089osk ph

Fluggerät im Otto-Lilienthal-Museum

Wahrscheinlichkeit schwedischer Abstammung. Im 2. Weltkrieg wird die Stadt durch Luftangriffe und Kriegshandlungen zu 70 % zerstört.

Sehenswertes

Die fürchterlichen Zerstörungen des Krieges haben nur wenige historische Bauten überstanden. Von der mächtigen Stadtbefestigung, die die reiche Hansestadt einst schützte, zeugt das große **Steintor** aus dem 13. Jh. In dem zinnengekrönten, 32 m hohen Backsteinturm führen 111 Stufen hinauf und eröffnen eine Vogelperspektive über die Stadt und die Peeneniederung. In den fünf Turmetagen ist das **Museum im Steintor** untergebracht.

Besuchermagnet der Stadt ist aber das **Otto-Lilienthal-Museum** in der Ellbogenstraße nahe dem Bahnhof. Neben Modellen von *Lilienthals* verschiedenen Flugapparaten zeigt es anhand vieler originalgetreuer Nachbauten von Flugmaschinenkonstruktionen den langen Weg bis zum ersten flugtüchtigen Segelapparat. Das Museum bietet viele Möglichkeiten, ganz praktisch den Traum vom Fliegen zu erleben. Im Freigelände stehen Trainingsgeräte und eine Modellfluganlage, und im oberen Stockwerk kann man gar selbst Lilienthal spielen. Nicht nur für Flugbegeisterte ein Erlebnis ist das **Flugplatz-Festival,** das jedes Jahr im Juli stattfindet. Ein Wochenende lang dreht sich auf den vielen Veranstaltungen alles ums Fliegen.

Beim Flughafen erwartet den Besucher das **Aeronauticon,** ein Natur- und Erlebnispark, in dem man auf Natur- und Techniklehrpfaden allerhand zu Themen wie „Flug in der Natur" oder „Moderne Luftfahrt" lernen kann und wo während der Saison zahlreiche Veranstaltungen angeboten werden.

Auf dem Markt erhebt sich das **Lilienthal-Denkmal,** an dessen Fuß die Aufschrift *„Die Macht des Verstandes wird dich auch im Fluge tragen"* zu lesen ist.

Den Krieg überlebt hat die **Marienkirche,** eine gotische Hallenkirche mit wertvoller Ausstattung. Die ausgebrannte Ruine der **Nicolaikirche** mahnte viele Jahrzehnte an die diabolischen Schrecken. Das imposante Gotteshaus, in dem einst Lilienthal getauft wurde und das derzeit Schritt für Schritt wieder aufgebaut wird, soll nach seiner Fertigstellung das **Ikareum** beheimaten, eine umfangreiche Sammlung von Fluggeräten. Anklams Wahrzeichen steht außerhalb der Stadt: der **Große Stein** an der B 109, ein mittelalterlicher Wartturm.

Info

- **Vorwahl: 03971**
- **Anklam-Information,** Markt 3, 17389 Anklam, Tel. (03971) 835154, www.anklam.de (15. Mai–14. Sept. Mo–Fr 9–18 Uhr, Sa 9–12 Uhr, 15. Sept.–14. April Mo–Fr 9–16.30 Uhr).

Unterkunft

- **Hotel Am Stadtwall,** Demminer Str. 5, Tel. 833 136, www.hotel-am-stadtwall.de (hist. Türmchenhaus, zentr. Lage, DZ 79 €, Radfahrer willkommen).
- **Romantik Hotel Rittergut Bömitz,** Dorfstr. 14, ca. 10 km nördl. in Bömitz, Tel. (039724) 22540, www.landhotel-boemitz.de (ehem. Rittergut, abgeschieden und idyllisch still in einer weitläufigen Parkanlage mit Teehaus und Reiterhof, in der Jägerstube feinbürgerliche Küche, HS 98–108 €, NS 80–87 €).

MEIN TIPP: **Gutshaus Stolpe,** in Stolpe, Peenestr. 33, Tel. (039721) 5500, www.gutshaus-stolpe.de (wunderbares Landhotel in vorbildlich restaurierter denkmalgeschützter Gutsanlage mit Park. Das exzellente Restaurant unter der Leitung des Küchenchefs *Björn Swanson* ist zu Recht im *Guide Michelin* verzeichnet, Reservierung empfohlen, ab 135 €).

MEIN TIPP: **Ackerbürgerei,** in Lassan, Lange Straße 55, Tel. (038374) 5111, www.ackerbuergerei.de (nette kleine Pension mit lauschigem Garten und kleiner Gaststätte im alten Ortskern nur wenige Schritte vom Hafen entfernt. DZ NS 52–57 €, HS 60 €).

- **JH,** im OT Murchin, Jugendherberge 1, Tel. 210732, (mit Zeltplatz und Caravan-Stellplätzen, Ü/F ab 21,50 €).
- **Camping Lassan,** ca. 12 km in Lassan am Achterwasser, Garthof 5, Tel. (038374) 559951, www.campingplatz-lassan.de (Ostern–Okt., Naturcampingplatz am Peenestrom, mit Fahrrad-, Bootsverleih, Slipanlage, Grillplatz).

Gastronomie

- **Dabers,** Mägdestr. 1, Tel. 243173 (solide preiswerte Küche ohne große Ansprüche in einladend gestaltetem Gastraum. Das Beste ist der von alten Gemäuern und Holundersträuchen umrahmte Biergarten hinter dem Haus).

Mein Tipp: Stolper Fährkrug, rund 10 km westlich in Stolpe gelegen, Tel. 52225 (über 300 Jahre altes Reethaus in idyllischer Lage direkt an der Peene, mit zauberhafter Sonnenterrasse). Okt.–Mai tägl. ab 11.30 Uhr, Di Ruhetag.

Museen

- **Museum für Regionalgeschichte,** im Steintor, Tel. 245503, www.museum-im-steintor.de (Mai–Sept. Di–Fr 10–17 Uhr, Sa/So 13–17 Uhr, Okt.–Apr. Mi–Fr 11–15.30 Uhr, So 13–15.30 Uhr).
- **Otto-Lilienthal-Museum,** Ellbogenstr. 1, Tel. 245500, www.lilienthal-museum.de (Juni–Sept. tägl. 10–17 Uhr, Mai/Okt. Di–Fr 10–17 Uhr, Sa/So 13–17 Uhr, Nov.–Apr. Mi–Fr 11–15.30 Uhr, So 13–15.30 Uhr).
- **Aeronauticon,** Am Flugplatz, Tel. 245500, Eintritt frei.

Umgebung

NSG Peene-Niederung

Das Peeneurstromtal ist eine in Mitteleuropa einzigartige Flusslandschaft. In vielen Kurven und Kehren mäandert die Peene, die aus dem Kummerower See entspringt, durch ihr von menschlichen Eingriffen weitgehend verschont gebliebenes Tal. Der Fluss ist ein wahres Kleinod. In seinen ausgedehnten Moor- und Sumpfgebieten finden noch viele Tier- und Pflanzenarten Lebensraum, die andernorts längst verschwunden sind. Hier leben noch Fischotter und Biber, See- und Schreiadler, Kranich und Storch, Korn- und Wiesenweihe. Seltene Orchideen blühen in vielfältigen Farben. Vom winzigen **Haff-Fischerdorf Kamp** hat man einen guten Ausblick auf die Reste der 1874–1876 errichtete größte **Eisenbahnhubbrücke,** die einst die Bahnverbindung zur Insel Usedom herstellte und 1945 zerstört wurde.

■ **Peene-Paddeltouren:** Werftstraße 6, Tel. (03971) 242839, www.kanustation-anklam.de (Kanuverleih, individuelle oder geführte Ein- Mehrtages-Touren auf Peene, Trebel, Oder und Haff, auch Kombitouren Kanu/Bike möglich. Mit Kanu/Kajak-Kursen.

Müggenburg

10 km SW

Inmitten der stillen Landschaft ragt unverhofft ein neugotisches **Wasserschloss** auf. Von der alten Burg, die vor dem 1889–1891 errichteten Schloss hier stand, stammt noch der mächtige Wehrturm, der in den Neubau integriert wurde.

Spantekow

15 km SW

Das Dorf hat eine besondere Sehenswürdigkeit: die älteste und historisch bedeutendste **Renaissance-Burganlage** Norddeutschlands. Inmitten des viereckigen Festungshofes steht ein Renaissanceschloss, das einst den Schweriner Herzögen als Hauptburg diente. Das schon seit Jahrzehnten leerstehende und mittlerweile erheblich verfallene Objekt soll nach dem vergeblichen Versuch des Besitzers *Kaspar Hans von Harnier Freiherr von Regendorf,* es zu verkaufen, nach der sicher noch viel Zeit in Anspruch nehmenden Restaurierung als Kultur- und Veranstaltungszentrum dienen. Nähere Informationen auf www.burg-spantekow.de. Besichtigung: Frau *Duchow,* Burgstr. 49, Tel. (039727) 22892.

Schloss Janow/ Renaissance-Schloss Landeskron

20 km SW

Bei Neuendorf B (Neuendorf A liegt bei Ueckermünde) führt eine kleine Straße zum Dorf Janow. Hier steht das im Jahre 1870 errichtete **Schloss Janow,** das im Besitz eines Chirurgen-Ehepaares aus Hannover ist. Etwas außerhalb liegen im landschaftlich sehr schönen Landesgraben die Ruinen des **Renaissanceschlosses Landeskron.** Der Wassergraben war einst die Grenze zu Mecklenburg-Strelitz. Er wurde 1576 vom Schweriner Herzog *Ulrich II.* errichtet.

Neetzow

26 km W

Inmitten der Ackerlandschaft am Peeneufer dehnt sich ein 20 ha großer **Landschaftspark** aus, in dessen Mitte **Schloss Neetzow** liegt. Das prunkvolle, 1848 vom Berliner Architekten *Fr. Hitzig* im Tudorstil errichtete Schloss ist eines der größten und schönsten in Vorpommern und fungiert heute als Schlosshotel.

- **Schloss Neetzow,** Am Schlosspark 4, 17391 Neetzow, Tel. (039721) 5660, www.schloss-neetzow.de (29 stilvoll elegante Zi. in romantischem Ambiente, ebenso das besonders einladende Kamin-Restaurant, HS 90–139 €, NS 78–130 €). Im Schloss finden regelmäßig Krimidinner statt. Info unter www.krimidinner.de.

Ueckermünde

Das kleine Städtchen (10.000 Einw.) Ueckermünde liegt, umgeben vom Wald der Ueckermünder Heide, nahe der Mündung der Uecker ins Stettiner Haff. Im Abseits aller Touristenströme gelegen, finden nur wenige Besucher in die vergessene Stadt.

Ihr Name leitet sich vom slawischen Stamm der *Ukrer* ab, der die Gegend ab dem 12. Jh. besiedelte. Im Jahr 1260 bekam der Handelsplatz das Stadtrecht verliehen. Die Haupterwerbsquelle war lange Zeit aber die Fischerei. Mit der Entdeckung von Raseneisenerz entstanden zu Beginn des 19. Jh. mehrere Eisengießereien.

Auf einem Hügel am Ufer der Uecker thront das **Stadtschloss,** das im 14. und 15. Jh. regelmäßig als Tagungsstätte für Landtage diente. Der heutige Bau wurde anstelle einer um 1260 angelegten Burg von dem Pommernherzog *Phillip I.* errichtet. In dem Renaissanceschloss ist das **Haffmuseum** untergebracht. Gleich neben dem Schloss liegt der kleine **Stadthafen.** Der Bummel durch die kleine Fachwerkstadt führt zum zentralen **Marktplatz,** an dem die **Marienkirche** aufragt. Der 1752–66 errichtete Saalbau besitzt eine bemalte Holzdecke und einen prächtigen Kanzelaltar mit reichem Rokokodekor. Der Kirchturm ist besteigbar und bietet einen herrlichen Blick über Heide und Haff. Etwa 2 km außerhalb vom Zentrum liegt ein 18 ha großer **Tierpark** mit über 400 Tierarten, darunter Affen, Krokodile und eine hier freilebende, 300 Brutpaare umfassende Graureiherkolonie.

Von Ueckermünde verkehren Passagierschiffe zu Haffrundfahrten, nach Kamminke auf Usedom und zum polnischen Swinemünde auf Wollin.

Info

- **Vorwahl: 039771**
- **Touristik-Information,** Am Alten Bollwerk 9, 17373 Ueckermünde, Tel. 28484, www.ueckermuende.de, www.urlaub-am-stettiner-haff.de (Mai–Sept. Mo–Fr 9–18, Sa 9–13 Uhr, So 10–13 Uhr, Juni–Aug. Sa/So 10–17 Uhr, Okt.–Apr. Mo–Fr 10–16 Uhr, Kurabgabe HS 1,20 €, NS keine).

Unterkunft

- **Hotel Pommernyacht,** Altes Bollwerk 1, Tel. 2150, www.pommernyacht.de (Neubau in Schiffsform direkt am Stadthafen gelegen, im Restaurant vorpommersche Spezialitäten, HS 99–189 €, NS 84–134 €).
- **Hotel Haffhus,** in Bellin, Dorfstr. 35, Tel. 5370, www.haffhus.de (Idyll am stillen Haff, reizendes Reethaus-Ensemble in zauberhafter Uferlage mit eigenem Strand, herrlicher Haffblick auch vom Restaurant und windgeschützten Terrassencafé, ab 79 €).

090osk ph

■ **Pension Peters,** Haffstraße 1b, Tel. 27819, www.pension-peters.com (freundliche Pension in ruhiger Lage nur 100 m vom Haffbad mit schönem Sandstrand mit FKK-Bereich. DZ ab 55 €).

■ **JH,** im OT Bellin, Herbergsstraße 1, Tel. 22411, (Ü/Frühst. ab 19,40 €).

■ **Campingpark Oderhaff,** in Grambin, Dorfstr. 66, Tel. 20420, www.campingpark-oderhaff.de (Apr.–15. Okt., im Birkenwald direkt am Haff).

Gastronomie

■ **Rin un Rut,** Ueckerstraße 93, Tel. 22481 (gemütliche Gaststube in einem der schönsten Häuser der Stadt, Frühstück ab 8 Uhr!).

Mein Tipp: **Zur Zitterbacke,** Ueckerstr. 109, Tel. 816116, www.zur-zitterbacke.de (niedliches kleines, nach der DDR-Kultfigur *Alfons Zitterbacke* benanntes Ostalgie-Lokal im alten Speicherhaus von 1792 mit einfacher, aber solider und schmackhafter Küche. Sehr schön ist der kleine Biergarten im Hinterhof.

Die riesige Ueckermünder Heide ist ein wild- und pilzreiches Wandergebiet

Das Grüne Paradies

Die beiden enthusiastischen Hobbygärtner *Walter Kapron* und *Manfred Genseburg* haben sich ihren Lebenstraum erfüllt und auf den insgesamt 15.000 m² ihres alten Gehöftes, das sie 1982 erwarben, ihren eigenen privaten Botanischen Garten geschaffen.

Das Ergebnis ist sehr eindrucksvoll und wird dem Namen „Grünes Paradies" tatsächlich gerecht. Die beiden freuen sich über Besuch und Anerkennung für ihr Lebenswerk. Und vor allem über ein Gespräch und Austausch mit Gleichgesinnten. Wer sich die Gartenträume ansehen möchte, muss nach Christiansberg bei Luckow fahren.

■ **Botanischer Garten,** Christiansberg 123, 17375 Luckow, Tel. (039775) 20138, www.botanischer-garten-christiansberg.de (tägl. 9–20 Uhr, mit Pflanzenverkauf).

■ **Hafenschänke Backbord,** Altes Bollwerk 2, Tel. 54767, www.backbord-ueckermuende.de (schöne Lage direkt am kleinen Hafen, besonders schön die Terrasse am Wasser. Ideal, um beim schmackhaften Bier „Vier Glasen" zu entspannen und dem gemächlichen Treiben im Hafen zuzusehen. Einfache, preiswerte Gerichte).

Museum

■ **Haffmuseum,** Im Schloss, Tel. 28442 (März–Mai u. Sept./Okt. Mi–Fr 10–12 u. 13–17 Uhr, Sa 13–17 Uhr, Juni–Aug. Di–So 10–17 Uhr, Jan./Febr./Nov./Dez. Do, Fr 10–15.30 Uhr).

Freizeit

■ **Tierpark,** Chausseestr. 76, Tel. 54940, www.tierpark-ueckermuende.de (März–Okt. tägl. 10–18 Uhr, Nov.–Febr. tägl. 10–15 Uhr. Mai–Sept. Mo–Fr 9–12 u. 14–16 Uhr, Juli/Aug. zus. Sa 14–16 Uhr).

Umgebung

Ueckermünder Heide

Die Internationale der Naturfreunde hat die Region beiderseits der Odermündung im Jahr 1993 nicht von ungefähr zur „Landschaft des Jahres" erklärt. Die von der deutsch-polnischen Grenze durchschnittene Landschaft kann mit Sicherheit als eine der abgeschiedensten Winkel ganz Deutschlands bezeichnet werden. Das riesige pilzreiche **Waldgebiet** der Ueckermünder Heide ist ein echtes Paradies für denjenigen, der im Urlaub absolute Stille und unberührte Natur sucht. Einschränkend muss allerdings gesagt werden, dass nicht alle Bereiche der Heide den Radlern, Wanderern und Pilzsuchern offen stehen. In den Wäldern versteckt sich (leider) auch allerhand Militär. Dennoch gibt es in der weiten Wald- und Wiesenregion rund 400 km ausgeschilderter Wander- und Radwege.

Zu den seltenen Tieren, die man auf Streifzügen beobachten kann, gehören beispielsweise Adler und Storch. In die stille, von kleinen Bächen durchströmte Landschaft eingestreut liegen kleine, weltabgeschiedene **Dörfchen.** Von dem Fischerdorf Altwarp verkehrt eine Fähre hinüber ins polnische Nowe Warpno.

Ein guter Ausgangspunkt für Ausflüge in die Heide ist das kleine Fischerdorf

Mönkebude am Stettiner Haff. Der stille Ort besitzt einen kleinen Hafen mit Wohnmobilstellplatz und gleich daneben einen schönen und feinen, nie überlaufenen Sandstrand mit FKK-Bereich sowie eine museale **Fischerstube** (Am Kamp 13, Mai–Sept. Mo–Fr 9–12 und 14–16 Uhr, Juli/Aug. zus. Sa 14–16 Uhr).

Info

- **FVV Mönkebude,** Am Kamp 13, 17375 Mönkebude, Tel. (039774) 20323, www.moenkebude.de (Juni Mo–Fr 9–18 Uhr, Sa 10–12 u. 14–16 Uhr, Juli/Aug. Mo–Fr 9–18 Uhr, Sa/So 10–16 Uhr, Sept.–Mai Mo–Do 9–12 u. 13–16 Uhr, Fr 9–13 Uhr. Kurtaxe HS 1 €, NS ohne).

Usedom – die Badeinsel. Ein 40 km langer Traumstrand erstreckt sich vom

5 Usedom

Peenemünder Haken bis zur polnischen Grenze und verspricht ungetrübtes Badevergnügen. Doch die Insel bietet weit mehr, denn sie ist Bestandteil des Naturparks Usedom. Wanderer, Angler und Naturliebhaber finden hier ihr Refugium ebenso wie Familien mit kleinen Kindern am feinsandigen Strand.

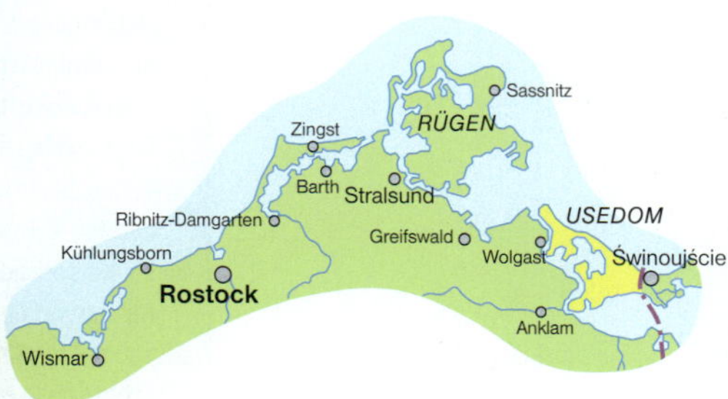

3170sk ph

◁ Grüner Tunnel – prachtvolle Lindenallee bei Krummin

USEDOM

Wie ein natürlicher Wellenbrecher liegt Usedom quer vor der vorpommerschen Küste. Die Odermündung trennt es von seiner Schwesterinsel Wollin, die fast spiegelbildlich der polnischen Küste vorgelagert ist. Seit 1945 gehört auch Usedoms östlichster Zipfel mit dem alten Seebad Swinemünde (heute Świnoujście) zum Territorium der Nachbarrepublik.

NICHT VERPASSEN!

- Mit der **Tauchgondel in die Ostsee:** an der Seebrücke in **Zinnowitz | 283**
- Spaziergang von den **Salzhütten** hinauf zum **Streckelsberg** in **Koserow/Lüttenort | 290**
- Ruhe und Beschaulichkeit verspricht ein Besuch in **Loddin/Kölpinsee | 292**
- Die **Kaiserbäder** Bansin, Heringsdorf und Ahlbeck | **296ff**
- Wie zu Urgroßmutters Zeiten: **Stolpe** im Usedomer Winkel | **310**

Diese Tipps erkennt man an der gelben Hinterlegung.

> Usedoms endlose Strände sind auch im Winter ein Erlebnis

152osk ph

Überblick

Auf 445 km² dehnt sich die Insel zwischen Oderhaff, Oderbucht und Peenestrom. Das Achterwasser teilt sie gleichsam in zwei Teile. Der größere, östliche Teil ist vielseitiger und landschaftlich abwechslungsreicher als der westliche. Die „Grenze“ bildet die schmalste Stelle der Insel bei Koserow, die nur etwa 200 m misst und mehrfach von Sturmfluten durchbrochen wurde. Die landschaftlichen Reize der Insel leben von dem Gegensatz zwischen der fast strichgeraden, der offenen See zugewandten Ausgleichsküste und dem wirren Geflecht von Land und Wasser an der dem Land zugewandten Seite. Hier drängen sich die Boddengewässer tief in die Insel hinein und schaffen eine äußerst zerlappte Küstenlinie. Obwohl Usedom nur 42 km lang ist, bringt es die landseitige Küstenlinie so auf runde 160 km. Usedom, die Boddengewässer und ein schmaler Küstenstrich am Festland bilden den 542 km² großen **Naturpark Usedom.**

Auch touristisch gesehen lebt die Insel von der Spannung zwischen Außen- und

Greifswalder Oie
Flughafen Peenemünde
278 Peenemünde
Freesendorf
Lubmin
Pers.fähre (saisonal)
273 Karlshagen
Kröslin
Konerow
273 Trassenheide
282 Zinnowitz
Groß Ernsthof
Zecherin
Ziese
111
286 Zempin
269 Wolgast
Krummin
WOLGASTER ORT
Neuendorf
Krumminer Wiek
111
Ziemitz
Gnitz
Hohendorf
Lütow
Naturpark Usedom
Peenestrom
Buddenhagen
312 Lieper Winkel
Warthe
Zemitz
Liepe
Dewichow
Wahlendow
Lassan
Rankwitz
Buggen-hagen
Morgenitz
Rubkow
109
Suckow
Jamitzow
Murchin
Peenestrom
311 Usedom
110
Ziethen
Relzow
310 Welzin
Peene
Zecherin
Usedomer Winkel
Usedomer See
110
Anklam
199
Karnin
Kamp
Bargischow
197
109
Pelsin

0
5 km
© Reise Know-How 2015
UsedomU2
MP
OSTSEE
Pommersche Bucht
289 Koserow
292 Kölpinsee
292 Loddin
294 Ückeritz
Achterwasser
297 Bansin
Pudagla
Schmollensee
Neu Sallenthin
300 Heringsdorf
305 Ahlbeck
307 Świnoujście
(Swinemünde)
Międzyzdroje, Lubin, Wolin
309 USEDOMER SCHWEIZ
309 Benz
Gothen
Neppermin
Kückelsberg 56 m
Gothensee
Korswandt
Kachliner See
110
309 Mellenthin
USEDOM
Stadtfähre (mit Einschränkung)
MELLENTHINER HEIDE
Zirchow
Garz
Wydrzany
POLEN
Dargen
Flughafen Heringsdorf
WOLIN
310 Stolpe
Wisent-Reservat
Prätenow
313
Kamminke
Karsibór
Stettiner Haff
Stadtfähre (ohne Einschränkung)
Personenfähre n. Ueckermünde

Binnenküste. Der sagenhafte, **40 km lange Traumstrand,** der sich praktisch auf der ganzen Insellänge vom Peenemünder Haken bis zur polnischen Grenze hinzieht, macht Usedom zur **Badeinsel** schlechthin. Und zur Camperinsel. Im Küstenschutzwald unmittelbar am Strand verstecken sich so viele Campingplätze wie sonst nirgends an der Ostseeküste. Die „Badewanne Berlins" wurde Usedom vor dem Kriege genannt, als Expresszüge zigtausende Gäste aus der Hauptstadt im Eiltempo auf das Badeparadies brachten. Und obwohl der Zug heute doppelt so lange braucht wie damals, strömen die Hauptstädter nun wieder wie in alten Zeiten zu ihrer geliebten Badewanne.

Aus den guten alten Zeiten stammen die traditionsreichen **Seebäder,** die sich entlang der Ostseeküste wie Perlen auf einer Schnur aneinanderreihen. Vom

226osk ph

Glanze der Kaiserzeit berichten die prachtvollen Villen und Logierhäuser im Seebäderstil, die die Stürme der Zeit überstanden und nun in alter Herrlichkeit erblühen.

Still und ruhig geht es an der von Schilf gesäumten **Boddenküste** zu. Hier haben Wanderer, Angler und Naturliebhaber ihr Refugium. In den Steilufern nisten seltene Uferschwalben, und im goldgelben Binsengürtel rascheln und tuckern allerlei Enten und andere Vögel. Der vom Tourismus kaum berührte Lieper Winkel und die bewaldete Region an der Staatsgrenze zu Polen vermitteln den Eindruck, als wäre seit Jahrzehnten die Zeit stehengeblieben.

Wolgast

Das kleine, bescheidene Städtchen Wolgast am Peenestrom ist das Tor zu Westusedom. Über die Wolgaster Klappbrücke schiebt sich in Urlaubszeiten ein endloser Autostrom mitten durch den Ort auf die Badeinsel.

Geschichte

An der Stelle von Wolgast lag einst eine viel umkämpfte slawische Zollstation, die den bedeutenden Handel über den Peenestrom kontrollierte. Im Jahre 919 gelang es schließlich den Dänen, die strategisch wichtige Slawenburg zu erobern. Nun konnten sie selbst die Hand aufhalten, und Wolgast wuchs schnell zum Handels- und Hafenort heran. 1282 mit dem Stadtrecht versehen, konnte Wolgast dennoch nicht mit den benachbarten Hafenstädten Stralsund und Greifswald mithalten. Wesentlicher Ent-

[<] Fischerhafen Kamminke – verträumte Winkel findet man an Usedoms Boddenküste auch in der Hochsaison wicklungsbremser war der Umstand, dass sie 1295 Residenzstadt des Herzogtums Pommern-Wolgast wurde und bis 1625 blieb. Und die Herzöge duldeten keinen freien, selbstbewussten Kaufmannstand. 1713 brach die große Katastrophe über die Stadt herein. Russische Truppen hatten sie im 7-jährigen Krieg erobert und brannten sie auf Befehl von Zar *Peter I.* planmäßig nieder.

Sehenswertes

Am höchsten Punkt der Stadt, wo einst der slawische Tempel stand, thront die wuchtige **St.-Petri-Kirche** (Mai–Okt. tägl. 10–17 Uhr, So nach Gottesdienst bis 12 Uhr, Tel. (03836) 202269, www.kirche-wolgast.de). Die dreischiffige, gotische Backsteinbasilika aus dem 14. Jh. war die Hof- und Begräbniskirche der pommerschen Herzöge. Neun zinnerne Prunksärge birgt die Fürstengruft noch. 184 Stufen führen auf die 40 m hohe Aussichtsgalerie des Kirchturms hinauf, dem nach einem Blitzeinschlag seit 1920 sichtlich die Spitze fehlt. Ein großartiger Ausblick über die Stadt hinüber zur Insel entschädigt für die Mühen des Aufstiegs. Unweit der Kirche erblickt man den **Marktplatz.** In seiner Mitte steht das mit einem laubenartigen Vorbau versehene barocke **Rathaus** (1724). Nur wenige Schritte vom Rathaus entfernt steht eines der ältesten Gebäude der Stadt, das wegen seiner eigenwilligen Dachform vom Volksmund *Kaffeemühle* genannt wird. Das Fachwerkhaus von 1676 beheimatet nun das **Stadtmuseum.** Ein Raum des Museums widmet sich dem berühmtesten Sohn der Stadt, dem Maler der deutschen Frühromantik, *Phillip Otto Runge* (1777–1810). Das **Runge-Geburtshaus** steht in der Kronwiekstraße 45. Bis zum 6. Juni 2006 beherrschte ein eindrucksvoller 170 Jahre alter Fachwerk-Getreidespeicher das Bild am Hafen. Mit 80 m Länge und einem Fassungsvermögen von 5000 Tonnen war er der größte an der Ostseeküste überhaupt. Leider wurde er durch Brandstiftung eines Mitgliedes der Freiwilligen Feuerwehr Wolgast vollkommen zerstört.

Ein architektonisches Kleinod findet man auf dem alten Friedhof an der Chausseestraße. Die zwölfeckige, äußerlich eher schlicht wirkende **Gertrudenkapelle** (Besichtigung auf Anfrage, Tel. 600118) entpuppt sich beim Betreten als bauliches Meisterwerk. Von der mittigen Rundsäule gehen 24 Gewölbegurte ab, aus denen sich ein prächtiges Sternengewölbe entwickelt. Die Kapelle wurde 1420 nach dem Vorbild der Jerusalemer Erlöserkirche errichtet. Auf der Schlossinsel findet man den **Wolgaster Museumshafen.** In einem alten Speicher sind eine Schautakelei und ein maritimes Restaurant untergebracht, an der Mole liegt das **Dampffährschiff „Stralsund"** vertäut. Das 1890 vom Stapel gelaufene, dampfgetriebene Schiff ist weltweit das älteste seiner Art. Mit dem Unikat wurden noch bis 1990 Eisenbahnwaggons nach Usedom übergesetzt.

Info

- **Vorwahl: 03836**
- **Wolgast-Information,** Rathausplatz 10, 17438 Wolgast, Tel. 600118, www.wolgast.de (Sept.–Mai Mo–Fr 9–17 Uhr, Sept., Mai zusätzlich Sa 10–14 Uhr, Juni Mo–Fr 10–18 Uhr, Sa 10–14 Uhr, Juli/Aug. Mo–Fr 10–18 Uhr, Sa/So 10–14 Uhr).

Unterkunft

■ **Hotel Der Speicher,** Hafenstraße 22, Tel. 231891, www.speicher-wolgast.de (Hafenspeicher aus dem 18. Jh. auf der Schlossinsel. Helle, modern und mit Stil eingerichtete Zimmer mit Dielenböden und Ausblick auf Peene und Wolgaster Museumshafen. Empfehlenswertes Hausrestaurant. NS 76–86 €, HS 96 €).

■ **Hotel Schilfhaus,** Am Fischmarkt 7, Tel. 237100, www.hotel-schilfhaus.de (Fachwerkbau mit 12 DZ, Zimmer teils mit schönem Blick auf den Peenestrom, schöne Seeterrasse. HS 84–96 €, NS 60–70 €).

Mein Tipp: **Petris Garten,** Burgstr. 9, Tel. 237735, www. pension-petris-garten.de (einladende Pension mit sympathischem Betreiberpaar in zentraler, dennoch beschaulicher Lage im hist. Speicherhaus mit Restaurant und kleinem idyllischen Biergarten. Radfahrer willkommen, HS 50 €, NS 45 €).

■ **Hotel/Pension Weidehof,** Tannenkampweg 52, Tel. 234020, www.weidehof-wolgast.de (denkmalgeschützes Gutshof-Ensemble in stiller Lage am Peeneufer, DZ 65–86 €).

Gastronomie

■ **No. 46,** Kronwiekstr. 46, Tel. 205994, www.no46.de (leckere Küche, bemerkenswert große Portionen, kleiner Preis, aufmerksamer und freundlicher Service).

Fischer Klaus, Hafenstraße 24, Tel. 234272 (ob gebraten, gebacken, geräuchert, mariniert – lecker Fisch in allen Varianten direkt am Hafen mit Blick auf den Peenestrom).

Conditorei & Café Biedenweg, Lange Str. 15, Tel. 202372 (traditionsreiches Café mit dem nostalgischen Charme alter Zeiten, dazu Kuchen und Backwaren, denen man anschmeckt, dass es nicht aufgebackene Teiglinge sind, sondern noch selbst von Bäckermeisterhand wie in alten Tagen gefertigt. Allein schon der Duft, wenn man das Café betritt!).

Museen

Stadtmuseum „Kaffemühle"/Rungehaus, Rathausplatz 6, Tel. 203041 (April–Okt. Di–Fr 11–18 Uhr, Sa/So 11–16 Uhr).

Hist. Dampffährschiff „Stralsund", im Museumshafen, Tel. 200228 (Juni–Aug. Di–Fr 11–18, Sa/So 11–16 Uhr).

Runge-Geburtshaus, Kronwieckstr. 45, Tel. 202000 (Öffnungszeiten s. Stadtmuseum).

Maritime Geschichte im Rathaus-Kellergewölbe, Tel. 202059, tägl. 10–18 Uhr (der Verein zur Förderung, Pflege u. Erhaltung des historischen Schiffbaus zeigt zahlreiche Schiffsmodelle).

Alter Speicher am Peenestrom mit Dampffährschiff „Stralsund"

232osk ph

Trassenheide/ Karlshagen

Der erste Badeort, den man erreicht, wenn man über die *Brücke der Freundschaft* von Wolgast hinüber auf die Insel Usedom fährt, ist das kleine Trassenheide. Wie das benachbarte Karlshagen ist der Ort eine planmäßige Ansiedlung. Auf Initiative des pommerschen Oberpräsidenten *Sack* sollten an den „öden Strandstellen" Fischer angesiedelt werden. Da die Bauern aber keinen Grund abgeben wollten, wurden im Jahr 1829 staatliche Waldparzellen ausgeschrieben und verkauft. Trassenheide trug zunächst den Namen Hammelstall. Da man das aber doch etwas unpassend fand, um Sommerfrischler anzulocken, benannte man den Ort dann nach der nahen Försterei im Trassenmoor um. Karlshagen trägt den Namen seines Gründers *Karl Triest.*

Alle Zukunftspläne wurden 1936 zunichte gemacht, als die Wehrmacht den gesamten östlichen Inselteil ab Lüttenort bei Koserow abriegelte und zum Sperrgebiet erklärte. Die Einwohner wurden vertrieben und im Wald zwischen Karlshagen und Peenemünde die gigantische Heeresversuchsanstalt gebaut. Nach dem Krieg wurde das Gelände von der Volksarmee übernommen. Hinter Karlshagen blockierte eine Stasi-Schranke die Straße.

Auch wenn Karlshagen und Trassenheide mit ihrem Ortsbild nicht glänzen können, so haben sie doch einige neue touristische Highlights zu bieten. Vor den Toren Trassenheides liegen in einem Gewerbegebiet in unmittelbarer Nachbarschaft Ausflugsziele wie das **Umgekehrte Haus,** das **Kinderland** oder eine **Schmetterlingsfarm.** In Trassenheide steht das weltweit berühmt gewordene Umgekehrte Haus tatsächlich auf dem Kopf. Es ist voll eingerichtet und begehbar, nur steht eben alles auf dem Kopf, was beim Rundgang durch die Räume doch zu ganz erheblichen Irritationen der Sinne führt. Das Kinderland ist ein riesiger Spielplatz mit vielfältigen Einrichtungen, das Wild-Live bietet Wildnis und Abenteuer mittels Riesenkäfer, Vogelspinnen, Monsterschlangen und andere unter Dschungel-Beleuchtung und originalen Regenwaldgeräuschen präsentierte Exoten. Ein neues „Abenteuer" ist der Abenteuer-Minigolfplatz **„Piraten der Ostsee",** ein einzigartiger, 3500 m²

großer Platz mit 18 spektakulären Bahnen wie der „Vulkan“ oder der „reißende Wildwasserbach“.

Trotzdem ist West-Usedom heute weit weniger frequentiert als der Ostteil, trotz des 50 m breiten, **einmalig schönen Sandstrandes,** der sich bis Peenemünde zieht. Karlshagens Hafen auf der Achterwasserseite ist immer einen Besuch wert. Hier kann man nicht nur Fisch direkt vom Fischer kaufen, sondern von hier starten auch Ausflugskutter zu Exkursionen auf die Inseln Greifswalder Oie und Ruden.

Wer mit dem Revierförster das **Trassenmoor** erkunden will, wendet sich an das Forstamt Pudagla (siehe dort).

Am Ortseingang von Karlshagen erinnert eine **Mahnstätte** an die Opfer der Bombardierung Peenemündes, bei der irrtümlich auch die Zwangsarbeiterlager angegriffen wurden und viele Kriegsgefangene und KZ-Häftlinge zu Tode kamen. Es ist sicher nicht unangebracht, an dieser Mahnstätte sich die Opfer in Erinnerung zu rufen, die die Raketen und Fliegerbomben der Heeresversuchsanstalt in England und anderswo und die Bombardierungen der Anlage forderten, bevor man allzu kritiklos das Kriegsgerät in Peenemünde bestaunt. Vom Flugplatz Peenemünde nach Karlshagen Hafen umgezogen ist das **Pommersche Bettenmuseum.**

⌃ KZ-Gedenkstätte in Karlshagen

Im kleinen Dorf Mölschow erwartet Sie der **Kulturhof Mölschow** und der **Landwirtschaftliche Erlebnisbereich Mölschow** u.a. mit wechselnden Ausstellungen, Öko-, und Kräutergarten. Eine Gaststätte im Gutshaus sorgt für das leibliche Wohl, Übernachtungsgelegenheiten finden sich im ehemaligen Gutsarbeiterhäuschen.

Info

■ **Vorwahl: 038371**

■ **Kurverwaltung,** Strandstr. 36, 17449 Seebad Trassenheide, Tel. (038371) 20928, www.seebad-trassenheide.de (1.5.–30.9. Mo–Fr 9–18 Uhr, Sa/So 10–15 Uhr, 16.10.–30.4. Mo, Mi, Fr 9–16 Uhr, Do 9–19 Uhr, 1.10.–15.10. Mo–Fr 9–18 Uhr, Sa 10–12 Uhr, Kurabgabe HS 2 €, NS frei).

■ **Tourist-Information,** Hauptstr. 4, 17449 Karlshagen, Tel. (038371) 55490, www.seebad-karlshagen.de (Juni–Aug. Mo–Fr 9–18, Sa/So 10–15 Uhr, April/Mai und Sept./Okt. Mo–Mi/Fr 9–17 Uhr, Do 9–18 Uhr, Sa 10–12 Uhr, Nov.–März Mo–Mi/Fr 9–17 Uhr, Do 9–18 Uhr, Kurabgabe HS 2 €, NS 1 €).

Unterkunft

■ **Hotel Dünenschloss,** Strandstraße 11, in Ostseebad Karlshagen, Tel. 2620, www.duenenschloss-karlshagen.de (gelungener Türmchen-Neubau im Bäderstil in der 1. Reihe 60 m vom Strand, HS 75–85 €, NS 50–65 €).

■ **Strandhotel Sanddorn,** Strandstraße 10, in Trassenheide, Tel. 530, www. strandhotel-sanddorn.de (im Küstenwald nur 150 m bis zum Stand. 23 im üblichen Hotelstil möblierte Zimmer, schöner, vollverglaster Wintergarten, NS 65–80 €, HS 90–99 €).

Usedom-Bike Hotel, Hugo-Elsnerstr. 29, Karlshagen, Tel. (038371), 25166, www.usedom-suites.de (Usedoms erstes „Bett&Bike"-Radlerhotel nur 100 m vom Strand. 27 DZ und 17 Suiten für 4–10 Pers. Fahrrad-Garage, kompetente Hilfe bei der Ausarbeitung von Radtouren, Restaurant, Fahrradverleih, NS ab 57 €, HS ab 83 €).

Hotel Kaliebe, Trassenheide, Zeltplatzstr. 5, Tel. 520, www.kaliebe.de (Hotel, Blockhäuser, FeWo in idyllischer Lage im Kiefernwald 250 m vom Strand mit preisgekrönter Gastfreundschaft und Gastronomie, DZ HS 90–105 €, NS 65–85 €, Blockhaus HS 110–140 €, NS 95–110 €, Frühst. 10 €).

Camping Ostseeblick, Trassenheide, Zeltplatzstraße, Tel. 20949, (April–Okt., 4-Sterne-Platz im Kiefernwald am Strand, Wohnwagen-, Fahrradverleih).

Camping Dünencamp, in Karlshagen, Zeltplatzstr. 12, Tel. 20291, www.karlshagen.de (ganzjährig, 5-Sterne-Platz, im Kiefernwald direkt am Strand, Bungalowvermietung).

Gastronomie

Kaliebe, s. Unterkunft (im Landeswettbewerb „Essen & Trinken" zu Recht prämierte Küche mit Mecklenburger Küche, Fleisch- und Fischgerichte).

Restaurant Veermaster, Am Hafen 2, Karlshagen, Tel. 21012, www.restaurant-veermaster.de

320osk ph

(hier kann man wenig falsch machen. Die Lage ist schön, direkt am Fischerhafen gelegen, der Service ist gut, die Gerichte sehr gut und die Terrasse ganz besonders schön. In der Saison meist gut besucht, daher besser Tisch reservieren! Tägl. ab 11 Uhr geöffnet).

Kultur

Naturschutzzentrum „Insel Usedom", Karlshagen, Dünenstr., Tel. 21750, www.naturschutzzentrum-karlshagen.de (Mai–Sept Di–So 10–17 Uhr, Febr./April/Okt. Di–So 10–16 Uhr, Nov.–Jan. Di–Sa 10–16 Uhr, Eintritt frei).

- **Schmetterlingsfarm,** Wiesenweg 5, Tel. 28218, www.schmetterlingsfarm.de, März–Okt. tägl. 10–19 Uhr, Nov.–Febr. 10–16.30 Uhr (mit Freiflughalle, Puppenstube, Insektarium und Café).
- **Kinderland,** Wiesenweg 1, Tel. (0160) 8305408, www.usedom-kinderland.de (neben der Schmetterlingsfarm, tägl. 10–18 Uhr).
- **Wildlife Usedom,** Wiesenweg 2, Tel. (03836) 55761, www.wildlife-usedom.de (April–Okt. 9.30–18.30 Uhr).
- **Das Umgekehrte Haus,** Wiesenweg 2, Tel. 26344, www.weltstehtkopf.de (April–Okt. tägl. 10–18 Uhr, Nov.–März tägl. 10–16 Uhr).
- **Kultur-Hof Mölschow / Landwirtschaftlicher Erlebnisbereich Mölschow,** Trassenheider Str. 7, Tel. 39925, www.usedom-aktiv.de (Juni–Sept. tägl. 10–18 Uhr, Mai, Okt. Di–Sa 10–16 Uhr, Nov.–April Di–Fr 10–16 Uhr).
- **Pommersches Bettenmuseum,** Karlshagen, am Hafen, Tel. (0171) 9907630 www.pommersches-bettenmuseum.de, tägl. 10–18 Uhr.
- **Abenteuer-Minigolfplatz,** Wiesenweg 1, in Trassenheide, Tel. (0177) 3192680, www.piraten-der-ostsee.de, April–Okt. tägl. 9.30–20 Uhr.

Der Hafen von Karlshagen

Peenemünde

Peenemünde – auch wenn man nicht weiß, wo dieser Ort eigentlich zu finden ist, den Namen kennt praktisch jeder. Denn Peenemünde, das abgeschiedene Winzdorf in den Usedomer Wäldern ist nicht weniger als die Wiege der Weltraumfahrt und dadurch weltbekannt. Hier startete am 3.11.1942 der erste von Menschenhand gebaute Flugapparat, der in den Weltraum vordrang. Es war eine von *Wernher von Braun* konstruierte V 2, die 192 km weit flog, bevor sie in die Ostsee stürzte.

Von dem gigantischen Forschungszentrum der **Heeresversuchsanstalt (HVA),** in der ca. 1500 Wissenschaftler und 8000 Spezialisten an vielen Projekten forschten, ist heute außer zerborstenem Beton, überwuchertem Stahl und moosbewachsenen Rohrleitungen kaum mehr etwas zu sehen. Eine der wenigen einfach zugänglichen Relikte ist das monströse Betongerippe des ehemaligen **Sauerstoffwerks.** Von den vielen Gerüchten und Mythen, die sich um die Heeresversuchsanstalt ranken, ist schlicht nichts wahr. Wie es wirklich war und wie die Forscherstadt einmal ausgesehen hat, darüber kann man sich im **Historisch-Technischen Informationszentrum (HTI)** informieren, das im ehemaligen Kraftwerk der Anlage und dem Freigelände davor beheimatet ist.

Die legendäre V 2, dahinter das Kohlekraftwerk der HVA

Im Tiefseehafen hinter dem Kraftwerk liegt neben einem russischen Raketenschnellboot das russische Raketen-U-Boot U 461, das einst in der Baltischen Rotbannerflotte seinen Dienst tat. Der 100 m lange und 4127 Tonnen schwere Gigant der Juliett-Klasse ist das größte jemals gebaute Unterwassergefährt mit konventionellem Antrieb und damit gleichzeitig das größte **U-Boot-Museum** der Welt. Am HTI-Parkplatz liegt die **Phänomenta,** die mit mehr als 100 spannenden Experimentierstationen Physik zum Anfassen und Begreifen anbietet. Nur wenige Schritte weiter hält das Spielzeugmuseum seine Pforten geöffnet.

Thematisch eine ebenso angenehme Alternative zu Bomben und Raketen ist das **Spielzeugmuseum,** das Jung und Alt gleichermaßen erfreut.

An Peenemündes Geschichte vor der V 1 und V 2 erinnert der **Gustav-Adolf-Gedenkstein** vor der kleinen **Kapelle** beim Parkplatz der Technikausstellung. Der Schwedenkönig landete hier im Jahr 1630 samt seiner Armee, um (sehr erfolgreich) in den 30-jährigen Krieg einzugreifen.

Unterkunft/Gastronomie

■ **Hotel Zur Zwiebel,** Peeneplatz 3, Tel. (038371) 26439, hotel-zur-zwiebel.de (15 Zimmer teils mit Blick auf Peenestrom mit Restaurant, HS 95 €, NS 55–75 €).

■ **Pension Am Deich,** Feldstr. 1a, Tel. (038371) 28582, www.usedom-hotel.de (Neubau mit 6 Zimmern und nettem Café mit vielen Kaffeespezialitäten u. Kuchen, HS ab 75 €, NS ab 72 €).

Die Heeres-versuchsanstalt Peenemünde

Begonnen hatte die Entwicklung von Raketen in Kummersdorf bei Berlin, wo eine Handvoll begeisterter Wissenschaftler mit Strahltriebwerken experimentierte. Unter ihnen war ein besonders fähiger und tatendurstiger junger Wissenschaftler namens *Wernher von Braun*. Nachdem die Arbeit der Gruppe lange verspottet und ignoriert wurde, erkannte ein Teil des Militärs die Möglichkeiten eines solchen Antriebs für ihre Zwekke. Die Kummersdorfer erhielten nun großzügige finanzielle Förderung, um ein neues Testgelände und die notwendigen Versuchsanlagen zu bauen. Erst fiel die Wahl *von Brauns* auf die Schmale Heide bei Binz auf Rügen. Dieses Gelände hatte sich aber kurz zuvor die Naziorganisation *Kraft durch Freude* unter den Nagel gerissen und baute dort eine große Ferienanlage. Die Ruinen der Anlage, die nie fertig wurde, sind dort heute noch zu besichtigen (s. auch Kapitel Rügen/Schmale Heide). So entschied man sich für Usedom, weil man von dort aus ebenfalls über 400 km weit über unbewohntes Gebiet, d.h. die Ostsee, schießen konnte. Die abgeschiedene Lage, geringe Besiedlung und die zur Tarnung günstigen Kiefernwälder bildeten ideale Voraussetzungen zur Geheimhaltung des Projekts.

Nachdem man sämtliche Einwohner West-Usedoms vertrieben hatte, wurde 1936 mit dem Bau der gigantischen Anlage begonnen. 350 Millionen Reichsmark, eine für die damaligen Verhältnisse unglaubliche Summe, wurden für

228osk ph

die größte Baustelle des Reiches bereitgestellt. Mit der Arbeitskraft Zehntausender Zwangsarbeiter und KZ-Häftlingen durchzog man den ganzen Inselzipfel mit Entwässerungsgräben und senkte so den Grundwasserspiegel um 1,50 m ab. Ein künstlich angelegter See sammelte das Wasser. 106 km S-Bahn-Schienen wurden verlegt, die die einzelnen Gebäude der Anlage, die sich über den gesamten Inselteil erstreckte, verbanden. Größter Einzelbau war die Halle des Versuchsserienwerkes, in der die V 2 stehend montiert wurde. Die Halle war 200 m lang, 75 m breit und 20 m hoch. Ebenfalls gebaut wurde der größte Windkanal der damaligen Welt, in dem fünffache Schallgeschwindigkeit erzeugt werden konnte. Während der ersten Bauphase begannen die Wissenschaftler mit dem Versuchsschießen kleiner Raketen von dem kleinen, der Usedomer Küste vorgelagerten Eiland Greifswalder Oie.

In Peenemünde wurde dann unter Leitung des Heeres, verkörpert durch *General Dornberger,* die erste Großrakete der Welt, die V 2, entwickelt und gebaut. Die Flugbombe V 1 entstammte den Laboratorien der ebenfalls in Peenemünde ansässigen Luftwaffe, die von Raketen gar nichts hielt. (Wohl weil sie dachte, im Falle des Gelingens überflüssig zu werden.)

Nach vielen Fehlschlägen gelang schließlich am 3.10.1942 der erste erfolgreiche Start einer V 2. Sie flog über 90 km hoch und 200 km weit. Zum ersten Mal in der Geschichte der Menschheit hatte damit ein Flugapparat die Atmosphäre verlassen und war in den Weltraum vorgedrungen.

⊲ Die V 1 war keine Rakete, sondern eine Flügelbombe

In Peenemünde wurde aber nicht nur an Raketen geforscht. Die Anlage stellte sozusagen einen großen Wissenschaftlerpool, einen der ersten Technologieparks, dar. Es wurde an vielen Projekten parallel gearbeitet. So beispielsweise an der ersten Flugabwehrrakete „Wasserfall", an Großrechenanlagen, am ersten Strahlflugzeug der Welt, der HE 176, das vom Peenemünder Flughafen zu seinem ersten Flug abhob. Der Ingenieur *Bruch* entwickelte hier die erste Fernsehkamera, die er in die Köpfe der Geschosse einbaute, Vorläufer der *smart bombs* und *guided missiles,* die jeder von den Irakkriegen her kennt.

Obwohl man die ganze Anlage streng geheim hielt und perfekt tarnte, wurden die Alliierten durch die Kondensstreifen der Raketen, die man bis nach Schweden sehen konnte, auf Peenemünde aufmerksam. Einige Fehlschüsse, von denen auch einer in Schweden niederging, bestätigten ihren Verdacht. Ein Fehlschuss zerstörte übrigens auf dem Peenemünder Flughafen drei eigene HE-111-Bomber. Ein anderer Irrläufer schlug nahe von Buddenhagen bei Wolgast ein und riss einen Krater von 40 m Durchmesser. Der Krater, der noch heute vorhanden ist, diente den Schulen der Umgebung als Ausflugsziel.

Am 17./18.8.1943 griffen dann 600 alliierte Bomber die Anlagen an und beschädigten die Werke sowie die umliegenden Gemeinden schwer. Weil man die Baracken der Zwangsarbeiter für Kasernen der Wachmannschaften hielt, wurden auch diese angegriffen. Hunderte der gequälten Häftlinge fanden dabei den Tod. Danach wurden sämtliche Arbeitskräfte durch Insassen der KZs Sachsenhausen und Ravensbrück ersetzt. Eine zweite Angriffswelle am 18. Juli 1944 zerstörte die Anlagen völlig. Die Raketenproduktion wurde daraufhin in unterirdische Stollenanlagen, das sogenannte Mittelwerk bei Nordhausen am südlichen Rand des Harzes verlegt. Insgesamt wurden während des Krieges knapp 6000 V-2-Raketen hergestellt und verschossen.

Alte Wache, Zum Hafen 4, Tel. (038371) 21464, www.altewache-peenemuende.de (mit Café, Buchhandlung, Fischräucherei in der ehem. Wache der 1. Flottilie der DDR-Marine).

Museen

Historisch-Technisches Informationszentrum, Im Kraftwerk, Tel. 5050, www.peenemuende.de (April–Sept. tägl. 10–18 Uhr, Okt.–März Di–So 10–16 Uhr).

Phänomenta, Museumstr. 12, Tel. 26066, www.phaenomenta-peenemuende.de (März–Okt. tägl. 10–18 Uhr, Dez.–Febr. Di–So 10–16 Uhr).

U-Boot-Museum, im Hafen, Tel. 89045, www.u-461.de (1.Mai–30. Juni und 16. Sept.–15. Okt. tägl. 10–17 Uhr, Juli–15. Sept. 9–19 Uhr, 16. Okt.–30. April 10–15 Uhr).

322osk ph

Spielzeugmuseum, Museumstr. 14, Tel. 25656, www.usedom-spielzeugmuseum.de (tägl. 10–16 Uhr).

Zinnowitz

Das alte **Seebad** Zinnowitz ist der größte und schönste Badeort auf West-Usedom. Umgeben von Wald, liegt es auf einem 2 km breiten Landstreifen zwischen Ostsee und Achterwasser. Erst 1851 gelang es den Zinnowitzern, gegen viel Widerstand vom *Königlichen Hochlöblichen Herrn Landrat von Ferno in Swinemünde* die amtliche „Badekonsens" zu erhalten. Geknüpft an die *„ausdrückliche Bedingung, durch Marken zu bezeichnen, wie tief die Badenden ohne Gefahr in die See hineingehen können sowie Badekarren aufzustellen"*. Sehr schnell entwickelte sich Zinnowitz vom verträumten Strandnest zum beliebtesten Seebad auf Usedom. Der Plan, durch niedrige Preise eine Art „Bad fürs Volk" zu werden, war voll aufgegangen.

In der *Aktion Rose* wurden 1953 alle privaten Hotel- und Pensionseigentümer an der Ostsee enteignet. Die Einrichtungen von Zinnowitz übernahm die *SDAG Wismut*, und das Bad wurde zum *„Badeort der Werktätigen"*, zum Erholungsort für Zehntausende von Kumpels, die sich in den Uranminen Sachsens die Gesundheit ruinierten. Heute erstrahlen die vielen alten Bädervillen des Seebades wieder in altem Glanz und machen Zin-

< Strandpromenade von Zinnowitz

nowitz zu einem der reizvollsten der Ostseeküste. Hauptbeschäftigung aller Zinnowitzfahrer ist Baden und Flanieren. Endlose Kilometer zieht sich der Superstrand mit FKK-Abschnitten. Nach dem Strandvergnügen zeigt man sich auf der **Strandpromenade** und der **Seebrücke.** Und wenn das Wetter nicht mitspielt, weicht man in die große **Bernsteintherme** aus oder man diniert in einem der vielen Restaurants.

Ein der Attraktionen des Seebades ist die **Tauchgondel** an der Seebrücke, mittels der man im 45-Minuten-Takt trockenen Fußes hinab in die Tiefe der Ostsee fahren und so die Meereswelt von Nahem bestaunen kann.

Info

■ **Vorwahl: 038377**

■ **Kurverwaltung,** Neue Strandstr. 30, 17454 Zinnowitz, Tel. 4920, www.zinnowitz.de (Jan.–März Mo–Fr 9–16 Uhr, Sa 10–15 Uhr, Apr.–Mai Mo–Fr 9–17 Uhr, Sa 10–15 Uhr, Juni Mo–Fr 9–18 Sa/So 10–15 Uhr, Juli–Aug. Mo–Fr 9–20 Uhr, Sa/So 10–18 Uhr, Nov./Dez Mo–Fr 9–16 Uhr, Sept./Okt. Mo–Fr 9–18 Uhr, Sa 10–15 Uhr, Kurabgabe HS 2 €, NS 1,30 €).

Unterkunft

■ **Hotel Palace,** Dünenstr.8, Tel. 3960, www.zinnowitz-palacehotel.de (ein Juwel in jeder Hinsicht.

5-Sterne-Luxusherberge in prachtvoller historischer Bädervilla, die eher einem Schloss gleicht. Natürlich in der 1. Reihe mit zauberhaftem Blick auf Strand und Meer. Seinen Sternen entsprechend präsentiert sich die Ausstattung, der Service und das Hausrestaurant. NS ab 110 €, HS ab 170 €).

■ **Hotel Asgard,** Dünenstr. 20, Tel. 4670, www.hotelasgard.de (prächtige Jugendstilvilla an der Standpromenade mit etwas in die Jahre gekommenem Interieur, umfangreicher Wellnessbereich und Gourmet-Restaurant, tagesaktuelle Preise).

MEIN TIPP: **Hotel Vineta,** Strandpromenade 1, Tel. 350, www.hotel-vineta.de (eine angenehme und empfehlenswerte Adresse in der ersten Reihe etwa 100 m von der Seebrücke und 30 m vom Superstrand gelegen. Das Hotel besteht aus drei Gebäuden. Die Rezeption befindet sich im charmanten *Hotel Vineta,* direkt daneben die *Residenz Vineta* und dahinter das *Chalet Vineta.* Das Hotel lockt mit einem um einen Teich angelegten Restaurantgarten, die Residenz mit Pool und Sauna und das Chalet mit dem **Pub Sealord,** der neben Cocktails und Rum nicht weniger als 50 Whiskysorten für den Genießer bereithält. Clou und absoluter Hausliebling ist *Lilly,* ein niedliches Minischwein, das Zeitung bringt, an der Rezeption sein Körbchen hat und bei

allen Gästen „Hahn im Korbe" ist. HS ab 119 €, NS ab 69 €).

■ **Pension Gästehaus Grothe,** Neue Strandstraße 41a, Tel. 352662, www.gaestehaus-grothe.de (eine ebenso gute wie günstige Adresse. Kleine familiäre Pension in zentraler Ortslage, bestehend aus einer Jugendstilvilla, ein dahinter gelegenes Gebäude sowie der 2011 erbauten Pension. Individuell geschnittene und möblierte DZ, App. und Fewo. DZ NS 69 €, HS 89 €, Mindestaufenthalt 2 Nächte).

■ **Camping Pommernland,** Dr.-Wachsmann-Str. 40, Tel. 40348, www.camping-zinnowitz.de (1.3.–5.1., 7,5 ha großer Platz im Küstenschutzwald hinter den Dünen, 200 m davor feiner FKK-Sandstrand, FeWo- und Blockhausvermietung).

323osk ph

Gastronomie

■ **Zum Smutje,** Vinetastraße 5a, Tel. 41548, www.zum-smutje.de (beliebtes Fischlokal, weil es die leckersten Fischgerichte am Ort serviert, deshalb besser Tisch vorbestellen).

■ **Marimar,** Waldstr. 1, Tel. 40933 (traditionsreiche Konditorei mit hübschem Café, in dem ein Füllhorn an süßen Verführungen aus eigener Produktion zu zahlreichen Kaffeespezialitäten gekostet werden kann).

■ **Knurrhahn,** Wilhelm-Potenberg-Straße 22, Tel. 42893 (gute Fischgerichte, aber auch Schnitzel im maritimen Ambiente etwas abseits der touristischen Rennstrecken).

Kultur

■ **Ostseebühne / Vineta-Festspiele,** Seestr. 8, www.vineta-festspiele.de (zentraler Kartenservice Tel. (03971) 208925, Aufführungen auf der Freilichtbühne Ende Juni und Ende Aug. Do/Sa 19.30 Uhr, 1. Juli–17. Aug. Mo/Mi/Do/Sa 19.30 Uhr).

■ **Blechbüchse,** Seestr. 8, Tel. 40936, www. blechbuechse.de (ganzjährig Theater, Kleinkunst, Varieté, Live-Musik in ehem. Strandkorb-Lagerhalle).

■ **Usedomer Kunsthaus – Villa Meyer,** Wilhelm-Potenberg-Str. 1, Tel. 42234 (Verkaufsatelier des Künstlerehepaares *Meyer,* Di–Fr 14–18 Uhr, Sa 10–12 Uhr).

■ **Bernsteintherme,** Dünenstraße, Tel. 35500, www.bernsteintherme.de (üppig ausgestattete Badelandschaft mit Thermal-, Meerwasserbad, Ori-

◁ Mondäne Bäderarchitektur

153osk ph

entalische Bäder, Hamam, Rasul, Massagen u.a., tägl. 10–22 Uhr).

Tauchgondel, An der Seebrücke, Tel. 37861, www.tauchgondel.de (Nov.–März 11–16 Uhr, April, Mai, Sept., Okt. tägl. 10–19 Uhr, Juni–Aug. tägl. 10–21 Uhr, Dauer ca. 30–40 Min.).

Zempin

Nahe der schmalsten Stelle von Usedom liegt das kleine Dorf Zempin. Nur etwa 10 Min. Fußweg trennen hier die Ostsee vom Achterwasser. Versteckt in den Dünen am Strand liegen malerische, alte **Salzhütten,** in denen einst der Hering eingesalzen wurde. Sehr lohnend ist eine kleine Wanderung von Zempin hinaus auf die Landzunge des **Gnitz,** der wie eine Keule weit in das Achterwasser hinausragt. Die Spitze des Gnitz um den 38 m hohen **Weißen Berg** ist ein ungemein romantisches Fleckchen Erde. Im sandigen Steilufer nisten seltene Uferschwalben. Vom Wanderweg entlang der Abbruchkante kann man weit über das Achterwasser hinweg bis zum Festland schauen.

Info

Fremdenverkehrsamt Zempin, Fischerstr.1, Tel. (038377) 42162, www.seebad-zempin.de (Okt.–Mai Mo–Mi/Fr 9–16 Uhr, Do 9–18 Uhr, Juni/

Aufgetaucht – die Tauchgondel an der Seebrücke Zinnowitz

Sept. Mo–Fr 9–18 Uhr, Sa 9–12 Uhr, Juli/Aug. Mo–Fr 9–18 Uhr, Sa/So 9–12 Uhr. Kurabgabe HS 2,50 €, NS 2 €).

Unterkunft

■ **Inselhof Vineta,** Am Achterwasser, Tel. (038377) 35200, www.inselhof-vineta.de (preiswertes Resort mit 8 Appartementhäusern in still-romantischer Lage direkt am Achterwasser mit gut ausgestattetem Wellnessbereich. In der Saison Shuttelbus zum 1 km entfernten Ostseestrand. Besonders schön: die beschauliche Terrasse mit Blick aufs Achterwasser. NS ab 59 €, HS ab 85 €).

■ **Pension Hubertus,** Waldstraße 21, Tel. (038377) 42216, www.hubertus-usedom.de (8 Zi. und Gaststätte am Wald im Fachwerkhaus, 300 m bis Strand, HS 80 €, NS 60–70 €).

■ **Ferienatelier Sieger,** Hexenheide 4–5, Tel. (038377) 42705, www.ferienatelier.de (eine spezielle Unterkunft für Künstlernaturen im Atelier des Usedomer Künstlers *Kurt Heinz Sieger* (1917–2002); idyllische Alleinlage zwischen Zinnowitz und Zem-

pin. Bettzeug und Handtücher 5 € p./P., 25 € Tag/Pers., max. 5 Pers. Kostenlose Fahrräder).

■ **Camping Am Dünengelände,** Tel. (038377) 41363, www.camping-zempin.de (ganzjährig, 6,5 ha teils hügeliger Platz mit Baumbestand an den Stranddünen, bis Zempin 10 Min., bis Zinnowitz 15 Min. Fußweg).

■ **Naturcamping Usedom, Lütow/Gnitz,** Tel. (038377) 40581, www.natur-camping-usedom.de (Ostern–Okt., großer Platz im NSG am Weißen Berg, Am Achterwasser, Bungalowvermietung, Fahrradverleih).

Gastronomie

■ **Tau'n Fischer un sin Frau,** Waldstr. 11, Tel. (038377) 40054 (gutes Fischrestaurant und Räucherei, auf den Tisch kommt bei Fischer's Frau *Schmidt* der eigene Fang).

MEIN TIPP: **Galeriegarten/Café,** Am Mövenort 22, in Lütow, Tel. (038377) 40190 (wie im Bilderbuch. Im Sommer blühender Garten in ruhiger Lage, im Winter am Kaminfeuer mit der Besitzerin Frau *Hannemann* am Spinnrad. Im Hofladen zahlreiche Produkte aus eigener Herstellung, Sommer tägl. 11–20 Uhr, im Winter nur am Wochenende).

■ **Inselhof,** Am Achterwasser, Tel. (038377) 42749 (großartige Lage direkt am stillen Achterwasser mit entsprechendem Ausblick. Große Terrasse, gute Küche – kurzum ein wirklich schöner Platz, um zu verweilen).

Die Koserower Salzhütte ist ein beliebtes Fischlokal

154osk ph

Koserow/ Lüttenort

Der Badeort Koserow liegt am **Streckelsberg,** der das höchste und eindrucksvollste Steilufer an Usedoms Außenküste bildet. Da der 58 m hohe, sagenumwobene Berg widrige Winde abhält, ist der Strand von Koserow mit der beliebteste **FKK-Strand** der Insel. Vor dem Streckelsberg, etwa 4 km im Meer, soll die sagenhafte Stadt **Vineta** gelegen haben. Ihre unermesslich reichen Bewohner, so erzählt die Legende, sollen zur Strafe für ihren lasterhaften und verschwendungssüchtigen Lebensstil mitsamt der ganzen Stadt vom Meer verschlungen worden sein. Fast so berühmt wie die Vinetalegende wurde Mitte letzten Jahrhunderts der Koserower **Pfarrer Meinhold.** Er hatte in einem alten Kirchenbuch die Eintragung über einen Hexenprozess gefunden (*„die Rösesche Zauberin von Zempin nach Mölschow gebracht, wo sie exekutieret worden"*) und daraus den Roman *„Maria Schweidler, die Bernsteinhexe"* gemacht. Das Buch wurde ein Bestseller, und da es in Form einer Chronik aus dem 17. Jh. verfasst wurde, von vielen Lesern als wahr genommen. Vineta und die Bernsteinhexe lockten Neugierige an, und auch das arme Fischerdorf Koserow blühte bald als beliebtes Seebad auf.

Meinholds Wirkungstätte, die **Koserower Kirche,** ist die älteste an Usedoms Außenküste. Sein heutiges Aussehen er-

326osk ph

hielt der ursprünglich bereits im 13. Jh. als Feldsteinkirche errichtete Bau durch mehrere Umbauten im 15. und 19. Jh. In der Saison dient die Kirche u. a. auch als Musik- und Theaterbühne, auf der prominent besetze Ensembles „Klassik am Meer" spielen oder Stücke der Weltliteratur wie Goethes „Faust" aufführen.

Unweit von der Seebrücke liegen im Strandbereich einige malerische, reetgedeckte alte **Salzhütten.** Kein Usedom-Urlauber sollte es versäumen, von den Salzhütten auf dem schön angelegten Spazierweg hinauf zu wandern, dabei die vielen herrlichen Ausblicke auf Strand und Meer zu erleben und von der Spitze des Streckelsbergs die tolle Aussicht zu genießen. Neben dem Streckelsberg hat Koserow, genauer gesagt der Ortsteil

Am Strand von Koserow

Lüttenort, eine der schönsten Sehenswürdigkeiten Usedoms zu bieten. An der Taille der Insel, wo sie mehrfach durch winterliche Sturmfluten auseinandergerissen wurde, liegt das **Otto-Niemeyer-Holstein-Gedenkatelier.** Lüttenort war das Anwesen und Atelier des Malers *Niemeyer-Holstein,* einer der renomiertesten Künstler der DDR. *Niemeyer* hatte sich 1936 für 60 Reichsmark einen ausrangierten S-Bahnwagen in Berlin gekauft und ihn unter vielen Schwierigkeiten nach Usedom schaffen lassen. Vom Treiben der Nazihorden angewidert, zog er sich in seinen Wagen zurück. Um diesen Waggon baute er nach und nach sein kleines Paradies. In den kleinen, liebevoll angelegten Gärten stehen überall große und kleine Kunstwerke, halb eingewachsene Skulpturen und andere Überraschungen. So klein Lüttenort auch ist, mit seiner wundervollen Unaufdringlichkeit, dem feinen Sinn für das Detail, mit dem *Niemeyer* sein Reich arrangierte und komponierte, ist es ganz groß. Im Jahr 2000 wurde die Neue Galerie, ein Ausstellungsneubau eröffnet, der dem Besucher einen Überblick über das künstlerische Schaffen *Otto Niemeyer-Holsteins* gewährt. Die Ausstellung ist zu besuchen, das Wohnhaus und Atelier sind nur mittels einer Führung bis zu max. 15 Personen zu besichtigen.

NSG Streckelsberg

Eine einmalige und auch einmalig schöne Gelegenheit für einen Spaziergang (ca. 30 Min.) ist es, von der Koserower Seebrücke die sanft ansteigende Seepromenade hinauf bis auf den Gipfel des Streckelsbergs zu gehen. Einmalig schon deshalb, weil der 58 m hohe Hügel die zweithöchste Erhebung auf Usedom ist (die höchste ist der Golm mit 59 m) und man von oben einen großartigen Blick hinab auf den Strand und hinaus auf die See bis zur Nachbarinsel Wollin, zum fernen Mönchgut und zu den Kreidefelsen von Jasmund hat.

Es ist immer schön, auf den Streckelsberg zu steigen. Besonders schön zur Blütezeit, wenn in dem fast 200 Jahre alten lichten Buchenwald bunte Teppiche von Maiglöckchen, Waldhyazinthen, Leberblümchen oder Waldvögelein erblühen. Wunderschön auch im Herbst, wenn die Blätter in allen Braun-, Gelb- und Ockertönen erglühen. Und auch im Winter, wenn Raureif die Zweige der mächtigen Buchen mit funkelndem Zuckerguss überzieht.

Frühe Vögel erleben auf dem Streckelsberg einen unvergesslichen Sonnenaufgang über dem Meer, Spätaufsteher können von ihm das Farbenspiel geniessen, das die untergehende Sonne auf die glitzernde Ostsee zaubert.

Info

- **Vorwahl: 038375**
- **Kurverwaltung,** Hauptstr. 31, 17459 Koserow, Tel. (038375) 20415, www.seebad-koserow.de (Juli/Aug. Mo–Fr 9–18 Uhr, Sa/So 9–12 Uhr, Mai/Juni/Sept. Mo–Fr 9–18 Uhr, Sa 9–12 Uhr, April/Okt. Mo–Fr 9–16 Uhr, Sa 9–12 Uhr, Nov.–März Mo–Fr 9–12.30 u. 13–16 Uhr, Kurabgabe HS 2,50 €, NS 2 €).

Unterkunft

- **Hotel Forsthaus Damerow,** im Wald am Achterwasser zw. Koserow und Zempin, Tel. 560, www.forsthaus-damerow.de (alleinstehendes 4-Sterne-Haus in ruhiger Waldlage, Restaurant mit Wild- und Fischspezialitäten, tagesaktuelle Preise).

- **Hotel Wald & Meer,** Förster-Schrödter-Str. 30, Tel. 2620, www.waldundmeer-usedom.de (ruhige Waldlage, 2 Min. Fußweg zum Strand, mit Restaurant und Biergarten, mit preiswerten 2–6-Bett-Zimmern mit Gemeinschafts-Sanitäranlage und -küche im Radlercamp, HS ab 82 €, NS ab 66 €).
- **Pension Waldschloss Parow,** Förster-Schrödter-Str. 39, Tel. 20248, www.waldschloss-parow.de (hübsche alte Villa in ruhiger Waldlage, mit Restaurant und angeschlossener Ost-Bungalowanlage auf 2 ha Wald- u. Wiesengrund, HS 79 €, NS 66–70 €).
- **Camping Am Sandfeld,** Am Sandfeld 5, Tel. 20759, www.amsandfeld.de (April–Mitte Okt., 4 ha großer Platz im lichten Kiefernwald, sep. Wohnmobil-Stellplätze).

Gastronomie

- **Koserower Salzhütte,** in den Stranddünen, Tel. 20680, www.koserower-salzhuette.de (maritimes Fischrestaurant in malerischer Salzhütte, hervorragende, preisgekrönte Küche, üppige Portionen! Eigene Fischräucherei).
- **Kelch's-Fischrestaurant,** Karlstr. 17, Tel. 20458, www.kelchs.de (empfehlenswertes Fischrestaurant mit 130-jähriger Tradition und pommerscher Küche, sonnige Terrasse).

Museen

- **Otto-Niemeyer-Gedenkatelier,** Lüttenort, Tel. 20213, www.atelier-otto-niemeyer-holstein.de (*Neue Galerie und Garten* 16.April–18.Okt. tägl. 10–18 Uhr, *Führungen Wohnhaus und Atelier* 11, 12, 14, 15 Uhr, *Gartenführung* Do 16 Uhr).
- **„Uns Fischers Arbeitshütt",** Salzhütte an der Seebrücke (Mai–Sept. Di–Fr/So 10–15 Uhr).

Loddin/Kölpinsee

Die Gemeinde Loddin erstreckt sich quer über die Insel östlich vom Streckelsberg von der Außenküste bis zur Binnenküste der weit ins Achterwasser vorspringenden Landzunge **„Loddiner Höft"**. Mit seinem malerisch zwischen Streckelsberg, Ostsee und dem Kölpinsee gelegenen gleichnamigen kleinen Seebad und dem ländlich geprägten Loddin ist der Ort einer der ruhigsten und landschaftlich reizvollsten auf West-Usedom.

Ihren besonderen Reiz gewinnt die 1895 als Badeort gegründete Kolonie Kölpinsee durch den sagenumwobenen Kölpinsee, den nur ein schmaler Dünenwall vom offenen Meer trennt. *„Vor Zeiten brach die Ostseewelle / verheerend über Dün' und Land! / Nun seht nur, was an dieser Stelle / gleich für ein Wunderwerk entstand!"* lautet die zweite Strophe aus der *„Legende vom Kölpinsee"*. Tatsächlich war der 35 ha große See einmal eine Ostseebucht, die durch Sandanschwemmungen abgeschnürt wurde. Aber Legenden sind eben schöner als Strömungen.

Damals wie heute ist Kölpinsee nicht nur landschaftlich sehr reizvoll, sondern auch stiller und beschaulicher als die vielbesuchten großen Seebäder. Am breiten Sandstrand liegen noch ein paar bunte Fischerboote, und auf dem fischreichen See schwimmen Schwäne und Entenfamilien. Die Kolonie versteckt sich weitgehend im bewaldeten Hang am Streckelsberg, und am See lädt ein Café zur Ruhepause und Stärkung ein. Und das auf der Landzunge gelegene Loddin

Loddin/Kölpinsee

0 400 m ©Reise Know-How 2015

Übernachtung

1 Pension Nixe
2 Hotel Seeschlösschen
3 Hotel Zur Ostsee
4 Campingplatz Stubbenfelde

Essen und Trinken

6 Biergarten
7 Waterblick

Sonstiges

5 Reithof Müller

Wassersport

6 Kikis Bootsverleih

ist nach wie vor ein betulich verschlafenes Fischer- und Bauerndorf mit einem kleinem Bootshafen samt zauberhaftem Biergarten. Am Ende der Dorfstraße beginnt beim Restaurant „*Waterblick*“ ein Rad- und Spazierweg hinaus auf die Spitze des Loddiner Höfts, an dessen Ende man den schönen Blick über das stille Achterwasser genießen kann.

Info

■ **Kurverwaltung,** Strandstr. 23, 17459 Seebad Loddin, Tel. (038375) 22780, www.seebad-loddin.de (Okt.–April Mo/Mi/Do/Fr 9–16 Uhr, Di 9–18 Uhr, Mai/Juni und Sept. Mo–Fr 9–18 Uhr, Sa 9–12 Uhr, Juli/Aug. Mo–Fr 9–18 Uhr, Sa/So 9–12 Uhr; Kurabgabe HS 2,50 €, NS 1,50 €).

Unterkunft/Gastronomie

■ **Hotel Seeschlösschen,** Strandstr. 15, Tel. (038375) 2610, www.hotel-seeschloesschen-usedom.de (13 Zimmer in einem ruhig gelegenen, geschmackvoll gestalteten Komforthotel nur 300 m vom Strand entfernt. Im behaglichen Kaminrestaurant wird sehr gute Küche serviert, HS 76–90 €, NS 60–70 €).

■ **Hotel Zur Ostsee,** Strandstr. 14, Tel. (038375) 20296, www.hotel-zur-ostsee.de (kleines familiengeführtes Hotel in 2 hist. Gebäuden, HS 95 €, in Haus 2 mit Etagenbad 65 €, NS 65–77 €).

■ **Pension Nixe,** Buchenweg 2, Tel. (038375) 20177, www.pension-nixe.de (Jugendstilvilla in Waldlage, strandnah, Restaurant, Biergarten, NS 55–76 €, HS 69–79 €).

■ **Waterblick,** in Loddin, Mühlenberg 5, Tel. (038375) 20294, www.waterblick.de (vom *Feinschmecker* ausgezeichnetes Fischrestaurant in Hanglage mit toller Aussicht auf das Achterwasser; Räucherei und Weinberg).

MEIN TIPP: **Kikis Bootsverleih,** Dorfstraße 23, Tel. (0170) 3402030, www.kikis-bootsverleih.de (einer der schönsten Biergärten Usedoms. Stillromantische Lage direkt am winzigen Hafen auf der Wiese. Mai–Sept. tägl. 10–24 Uhr. Mit Ruderboot-Verleih).

■ **Camping Stubbenfelde,** Waldstraße 12, Tel. (038375) 20606, www.stubbenfelde.de (Apr.–Okt., reizvoll im Küstenwald an Ostsee und Kölpinsee gelegen, mit Bungalow- und Blockhausvermietung).

Ückeritz

Alte Bäderführer priesen Ückeritz als „das waldreichste Seebad auf der Insel Usedom“. Wie auch die Nachbarorte auf dem Mittelteil Usedoms hat Ückeritz seinen historischen Ursprung am Achterwasser. Erstmals erwähnt wird es im

Jahr 1270 in einer Urkunde des Bischofs von Kammin. 1388 erteilt Herzog *Bogislaw IV.* die Erlaubnis, „dass Heinrich Netzeband soll bauen einen Krug bei dem Wokenin (Wockninsee) bei dem Strande um armer Leute willen, die da wandern und warten und Not leiden um der Herberge willen". Der Krug ist weg, doch an Unterkunft fehlt es trotzdem nicht.

Ückeritz hat den größten Campingplatz auf Usedom. Schon zu DDR-Zeiten war die riesige Zeltstadt Legende. Auf über 4,5 km zieht sich der 10 ha-Platz am Strand hin. In der Saison tobt hier der Bär. Wer dem Rummel entkommen will, hat rund um Ückeritz zahlreiche Möglichkeiten. Der **Wockninsee** und seine Umgebung ist ein 50 ha großes NSG, durch das ein **Naturlehrpfad** mit Info-Tafel und Beobachtungsturm führt. Der Wald um Ückeritz erstreckt sich bis Bansin und zum großen **Schmollensee.** Viel lernen und erfahren über die Natur der Ostseeküste kann man beim nahen, idyllisch im Wald gelegenen **Forstamt Neu Pudagla** im dortigen Waldkabinett und dem Gesteinsgarten mit seinen 150 Findlingen. Darüber hinaus gibt ein **Kletterwald** Gelegenheit, sich wie Tarzan durch die Baumwipfel zu schwingen.

Info

- **Vorwahl: 038375**
- **Kurverwaltung,** Bäderstr. 5, 17459 Ückeritz, Tel. 2520, www.ueckeritz.de (Mai/Juni/Sept. Mo–Fr 9–18 Uhr, Sa 9–12 Uhr, Juli/ Aug. Mo–Fr 9–18 Uhr, Sa/So 9–12 Uhr, Okt.–April Mo–Fr 9–16 Uhr, Kurabgabe HS 2,50 €, NS 1,50 €).

Unterkunft

■ **Hotel Nussbaumhof,** Feldstr. 2, Tel. 2380, www.nussbaumhof.de (in ruhiger Lage nahe Achterwasser mit großem Garten und Liegewiese, HS 80–125 €, NS 65–88 €).

■ **Pension Café Knatter,** Hauptstraße 36, Tel. 22966, www.windsport-usedom.de (echt schön! Einmalige Lage direkt am Wasser beim kleinen Hafen. 9 Zi., alle hell und freundlich und mit umwerfendem Blick auf das Achterwasser. Besonders schön das Galeriezimmer mit Terrasse zum Wasser. Auch vom Restaurant und einer großen beschaulichen Sonnenterrasse geniesst man zum guten Essen die zauberhafte Aussicht. Mit Surf-, Segel- und Kiteschule (Tel. (038375) 20641), DZ NS 74–84 €, HS 94 €).

■ **Naturcampingplatz „Am Strand",** Bäderstr. 5, Tel. 2520, campingplatz-ueckeritz.de (Ostern–31. Okt., 10 ha großer Platz mit 700 Stellflächen in einem lichten Kiefernwald zwischen Strand und NSG Wockninsee; mit Kaufhallen, Gaststätten, Cafés, Kino etc. und angeschl. Bungalowsiedlung).

■ **Naturcamping Stagnieß,** Hauptstraße 32, Tel. 20423, www.camping-surfen-usedom.de (April–Okt., die Alternative zum großen Campingrummel an der Außenküste, idyllisch ruhig am kleinen Hafen Stagnieß, 4 ha großer Naturcampingplatz mit Bootsliegeplätzen).

Gastronomie

Mein Tipp: **Fischrestaurant/Strandcafé Utkiek,** Tel. 20408, www.utkiek-ueckeritz.de (direkt am Strand mit großer Strandterrasse und Traumblick auf die Ostsee, hauseigene Bäckerei. Prima: hier kann man sich allerlei Bücher über Usedom ausleihen).

■ **Deutsches Haus,** Nebenstr. 1, Tel. 20940, www.deutsches-haus-ueckeritz.de (Pommersche Küche mit über 50-jähriger Familientradition in rustikalem Ambiente).

Aktivitäten

■ **Forstamt Neu Pudagla,** Tel. (038375) 29110, www.forstamt-neupudagla.m-vp.de (mit Gesteinsgarten, Waldkabinett, Waldlehrpfad, geführte Wanderungen).

■ **Kletterwald Usedom,** Tel. (038375) 22677, www.kletterwald-usedom.de (April Di–So 10–18 Uhr, Mai/Juni Di–Fr 10–17 Uhr, Sa/So 10–18 Uhr, Juli/Aug. tägl.9.30–19 Uhr, Sept./Okt. Di–Fr 10–17 Uhr, Sa/So 10–18 Uhr).

Die Kaiserbäder

Der absolute Mittelpunkt der Badeinsel Usedom sind die drei traditionsreichen **Seebäder** Bansin, Heringsdorf und Ahlbeck. Hier liegt das Epizentrum des sommerlichen Strandvergnügens. Im Laufe der Jahre sind die Orte mehr oder weniger zusammengewachsen.

Nachdem in Swinemünde 1824 der erste Badebetrieb auf Usedom eröffnete, setzte auch in den drei benachbarten Fischerdörfchen ein gewaltiger Boom ein. Aktiengesellschaften investierten in das neue lukrative Geschäft. Mit Erfolg: Die drei Bäder wurden zum sommerlichen Treff der oberen Kreise aus Adel, Wirtschaft und Politik. Heringsdorf wurde gar zum „kaiserlichen Seebad" erklärt. Und wo die feinen Leute logieren, sind nicht nur die Leute fein. Sommervillen, Spielcasinos, Pferderennbahnen,

Die Kaiserbäder sind Usedoms touristischer Hotspot

Grandhotels, Strandpromenaden – alles was teuer war, wurde gebaut. Der mondäne Glanz der vergangenen Kaiserzeiten hat sich in der Architektur der drei Seebäder bis heute bewahrt. Auf der 8 km langen Strandpromenade kann man von Bansin bis nach Ahlbeck promenieren.

Um das charmante Flair der drei Schönen nicht in Abgasen und Blechlawinen zu ersticken, sollte man unbedingt die Parkplätze am Ortsrand benutzen. „Draußen parken und drinnen wohlfühlen" ist die Devise.

Info: www.drei-kaiserbaeder.de

Bansin

Das Seebad Bansin ist die kleinste und die jüngste der drei Seebad-Schwestern. Es hatte kein altes Fischerdorf als Kern, sondern wurde von Anfang an als reines Seebad erbaut. Nicht nur als reines Seebad wollte es sich zeitweise verstanden wissen, sondern als *„deutsches Seebad mit christlichen Häusern, feinem Publikum und frei von Juden"*. 1897 wurde es, aus ganzen sechs Häusern bestehend, eröffnet. Im Gründungsjahr logierten gerade einmal 308 Gäste in Bansin. Schon 1913 tummelten sich bereits 9000 Sommergäste im Bad, in der Saison 1939 wurden sage und schreibe 240.000 Übernachtungen gezählt, was jedoch zu den 1,7 Mio. Besuchern, die alle drei zusammen 2006 hatten, noch beschaulich wenig ist.

Das Sehenswerte von Bansin sind neben dem endlosen Strand die vielen herrlichen alten Villen. Besonders eindrucksvoll ist die Bebauung der **Bergstraße** und der **Strandpromenade.**

155osk ph

Wenn einmal nicht die Sonne scheint, kann man in der Goethestraße das **Tropenhaus** besuchen, das neben vielerlei exotischen Pflanzen auch mit ebenso exotischen Tieren bestückte Aquarien und Terrarien besitzt. Kunstsinnigen sei das ehemalige Haus des Bansiner Malers und Grafikers *Rolf Werner* empfohlen. Das **Gedenkatelier Rolf Werner** zeigt Werke des Künstlers, der 1953 von Leipzig nach Bansin übergesiedelt war. In der alten Feuerwache ist das **Hans-Werner-Richter-Haus** beheimatet, das einen Teil vom Nachlass des auf Usedom geborenen und 1983 in München verstorbenen Künstlers zeigt, sowie den Nachlass der in Ahlbeck geborenen und 2006 in Berlin verstorbenen Journalistin und Publizistin *Carola Stern.*

Im Hinterland liegen, von reizvollen Hügeln eingebettet, der **Große** und der **Kleine Krebssee** sowie der **Schmollensee.** Die sanfte Landschaft ist ein ausgesprochen schönes Spaziergebiet. Besonders schön ist das 800 ha große **NSG Gothensee.** Zum Schutzgebiet gehört auch der **Thurbruch,** ein großes Torfmoor.

Info

- **Vorwahl: 038378**
- **Tourist-Information,** An der Seebrücke, 17429 Bansin, Tel. (038378) 47050 (Jan.–März,Nov./Dez. Mo–Fr 9–16 Uhr, Sa/So 10–12 Uhr, April/Okt. Mo–Fr 9–17 Uhr, Sa/So 10–13 Uhr, Mai–Sept. Mo–Fr 9–18 Uhr, Sa/So 10–15 Uhr, Kurabgabe HS 3 €, NS 1,50 €).

Unterkunft/Gastronomie

■ **Romantik Strandhotel Atlantic,** Strandpromenade 18, Tel. 605, www.seetelresorts.de (kleines, aber feines 4-Sternehotel in Firstclass-Lage, prachtvolle hist. Bädervilla, stilvoll bis ins kleinste Detail, tagesaktuelle Preise).

■ **Hotel Schloonsee,** Badstraße 2, Tel. 29120, www.hotelschloonsee.de (13 freundliche Zi. mit Blick auf Ostsee oder Schloonsee. Sympathische hist. Bädervilla zwischen Strand und See. Mit gemütlicher Weinstube, HS 80–106 €, NS 70–90 €).

■ **Tropenhaus Bansin,** Goethestr. 10, Tel. 2540, www.tropenhaus-bansin.de (wohnen im Exotenparadies, 7 Fußmin. vom Strand; das Tropenhaus vereint über 100 Tierarten wie Affen, Kaimane und Schlangen mit schönen Ferienwohnungen, Restaurant, Bar, Sauna, Solarium, 1–3 Zi.-App. HS 60–100 €, NS 35–75 €).

■ **Hotel Villa Ingeborg,** Bergstr. 25, Tel. 29247, www.villa-ingeborg.de (schön restaurierte Bäderarchitektur in ruhiger Lage zwischen Wald (50 m) und Meer (100 m). Mit Sauna und Solarium, ein preiswertes Restaurant ist angeschlossen, HS 150–170 €, NS 110–130 €).

■ **Forsthaus Langenberg,** Strandpromenade 46, Tel. 49890, www.forsthaus-langenberg.de (Hotel/Restaurant in herrlicher Alleinlage im Wald nahe dem Steilufer, Straße Richtung Koserow; gute Küche mit Schwerpunkt Wild- und Fischspezialitäten, hauseigene Patisserie, HS 103–118 €, NS 93–108 €).

■ **Bergmühle,** Benzer Chaussee 5, Tel. 499040, www.bergmuehle-bansin.de (tolle Alleinlage mit Blick vom Achterwasser bis zur Ostsee. Ob im Gastraum, im Wintergarten oder der schönen Terrasse mit Seeblick – serviert wird täglich von 12 bis 22 Uhr. DZ ab 69 €).

Museen

■ **Tropenhaus,** Goethestr. 10, Tel. 2540 (April–Sept. tägl. 10–18 Uhr, Okt.–März 10–16 Uhr).

■ **Gedenk-Atelier Rolf Werner,** Seestr. 60, Tel. 29228 (Führungen tägl. 11 Uhr, Di/Do/Sa/So auch 14.30 Uhr).

■ **Hans-Werner-Richter-Haus,** Waldstr. 1, Tel. 47801 (Juli–Dez. Di–Fr 10–18 Uhr, Sa/So 12–18, Jan.–Juni Di–Fr 10–16, Sa/So 12–16 Uhr).

Seebad Heringsdorf

„Entzückende landschaftliche Reize, eine seltene Verbindung von Wald und See, kokette, ja pikante, mit allem Zauber der Architektonik ausgestattete Villen die den Meeresstrand umsäumen, mit allem Komfort ausgestattete Badeeinrichtungen und die friedliche Ruhe – all dies trägt dazu bei, dass Heringsdorf immer mehr zum Sommeraufenthalt wohlsituierter Berliner, Stettiner und Pommeraner wird", schreibt ein alter Bäderführer. Bis 1820 war Heringsdorf ein namenloses Fischernest. Der damalige Kronprinz *Friedrich Wilhelm* verhalf ihm zu seinem Namen, als er 1820 mit seinem Vater, dem preußischen König *Friedrich Wilhelm III.*, auf Einladung des Gutsbesitzers *von Bülow* in der Fischerkolonie weilte. Von diesem alleruntertänigst gebeten, einen Namen für die Siedlung zu finden, fiel ihm angesichts der Heringe, die dort verarbeitet wurden, eben Heringsdorf ein. Und dabei blieb es auch. Von da an kehrte der Namenspate

Heringsdorf

immer wieder zu Besuch in sein Dorf zurück. Heringsdorf hatte sich inzwischen zum piekfeinen Seebad der Hochfinanz und Aristokratie entwickelt, in dem auch der nun zum König ernannte *Friedrich Wilhelm* zur Sommerfrische weilte. *Kaiser Wilhelm II.* entspannte ebenfalls standesgemäß in dem mondänen Seebad, wo die erlauchten Gäste *„so dicke goldene Uhrenketten trugen, dass man einen Bären daran hätte anbinden können“.* Der namenlose Heringsplatz war zum kaiserlichen Seebad aufgestiegen.

Mit der Neugestaltung des Zentrums ist das Seebad erfolgreich bestrebt, diese Tradition wieder aufzunehmen. Dazu zählt die längste **Seebrücke** Kontinentaleuropas, eine 500 m lange moderne, elegant silbern glänzende Seebrücke mit zahlreichen Läden, Restaurants und Geschäften, gehobene Herbergen wie das **Maritim Hotel Kaiserhof** und natürlich das **Spielcasino,** das im ehemaligen Kurhaus mit Roulette oder Black Jack die entsprechende Klientel anziehen will.

Ein ganz besonderer Gast, der russische Schriftsteller *Maxim Gorki,* versuchte 1922 von Mai bis September, sich in der Seeluft von seinem Lungenleiden zu heilen. Als er schließlich, ohne die erhoffte Genesung zu finden, weiter nach Capri reiste, schrieb er in das Gästebuch der **Villa Irmgard:** *„Und trotz alledem werden dennoch die Menschen mit der Zeit wie Brüder leben.“ Gorkis* Wunsch kann man im Original im **Museum für Literatur- und Regionalgeschichte**

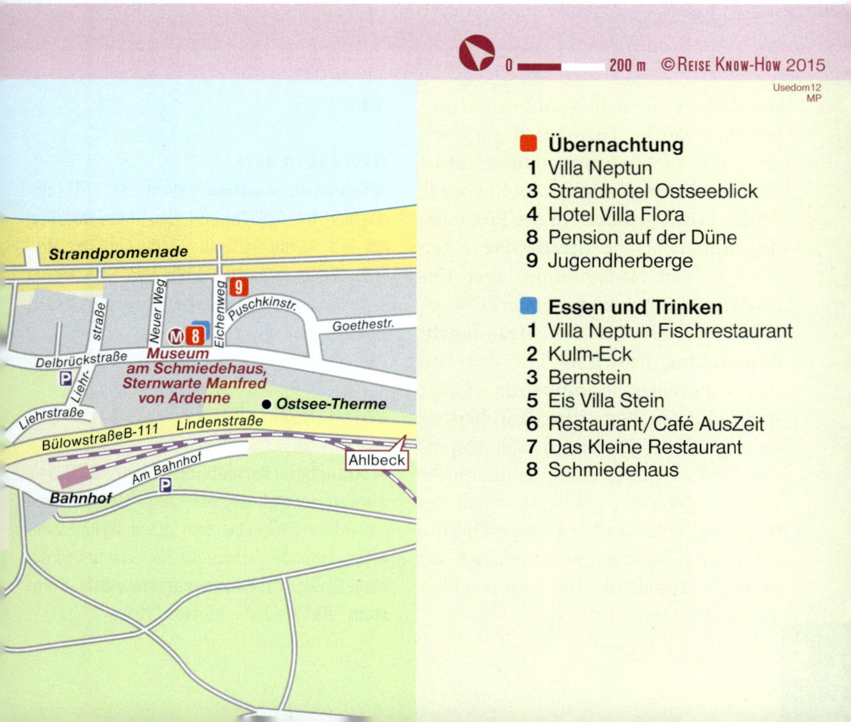

nachlesen, zu dem die *Villa Irmgard* umgestaltet wurde. Thematisch ganz anders, aber nicht weniger interessant ist das **Muschelmuseum,** das der Biologe *E. Müller* privat betreibt. An der Promenade ermöglicht die **Sternwarte** einen Blick in den Nachthimmel über Heringsdorf. Eine ganze besonders Ostsee-affine Adresse ist die **Strandkorb-Manufaktur,** die sich seit 1925 dem Bau dieses speziellen Strandmöbels widmet und damit der älteste Strandkorbhersteller der Welt ist. Führungen nach Absprache. Und wenn das Wetter einmal nicht strandtauglich sein sollte, dann lädt das tropische Badeparadies **Ostsee-Therme** mit ihren 6 Becken und zahlreichen anderen Vergnüglichkeiten zum feuchten Vergnügen ein.

Info

- **Vorwahl: 038378**
- **Tourist-Information,** Kulmstr. 33, 17424 Heringsdorf, Tel. (038378) 2451, (Jan.–März,Nov./Dez. Mo–Fr 9–16 Uhr, Sa/So 10–12 Uhr, April/Okt. Mo–Fr 9–17 Uhr, Sa/So 10–13 Uhr, Mai–Sept. Mo–Fr 9–18 Uhr, Sa/So 10–15 Uhr, Kurabgabe HS 3 €, NS 1,50 €).

Unterkunft

- **Strandhotel Ostseeblick,** Kulmstr. 28, Tel. 540, www.strandhotel-ostseeblick.de (4-Sterne-Haus in bester Lage direkt über dem Strand; Wellness-Angebot; besonders schön: die Seeterrasse und der runde Glasbau des **Panoramarestaurants „Bernstein“,** HS 192–220 €, NS 140–190 €).

327osk ph

■ Pension auf der Düne, Maxim-Gorki-Straße 50, Tel. (038378) 22611 (ruhig und doch zentral direkt an der Strandpromenade gelegene Privatpension in schmucker Bädervilla mit eigenem Strandzugang. Angeschlossen ist das Appartementhaus **„Schmiedehaus"** mit Restaurant. DZ 75–125 €).

■ Hotel Villa Flora, Kirchsteig 2, Tel. 477613, www.aurelia.net (sehr ruhig in großem Garten mit Obstwiese gelegene hist. Villa; ideal für Familien, HS 120–125 €, NS 95–100 €).

■ Villa Neptun, Maxim-Gorki-Straße 53, Tel. (038378) 2600, www.villa-neptun.de (familiengeführtes kleines Hotel in verspielter schmucker Bädervilla am Ortsrand unweit vom Strand. 19 Zi. mit individuellem Grundriss. Gutes Fischrestaurant im Hause. Tagesaktuelle Preise).

■ Jugendherberge, Puschkinstr. 7–9, Tel. 22325, (von Lage direkt am Strand und den malerischen Gebäuden eine der schönsten JH Deutschlands, Ü./Frühst. ab 24 €).

Gastronomie

MEIN TIPP: **Restaurant & Café AusZeit,** Rudolf Breitscheid Straße 3, Tel. 805525 www.auszeit-kulm.de (entspannen und genießen. Etwas abseits von Strand und Promenadentrubel erhöht auf dem Kulm gelegenes Lokal im Weißen Schloss. Zum exzellenten Essen auf der wunderbaren Terrasse gibt es einen tollen Blick über den Ort auf das Meer und den Sonnenuntergang. Entspannt, angenehm und sympathisch ist auch der Service).

■ Kulm-Eck, Kulmstr. 17, Tel. 22560, www. kulm eck.de (gastfreundlich und einladend: kleines Restaurant mit angenehm schlichtem Ambiente, der junge engagierte Besitzer und Koch *Brian Seifert* zaubert für zivile Preise aus frischen Produkten der Region echte Leckereien).

■ Das Kleine Restaurant, Seestraße 10, Tel. 22297 (kleines gemütliches Lokal, das mit frischer kreativer Küche voll überzeugt. Kleine Karte mit Schwerpunkt Fisch. Die Preise sind etwas überdurchschnittlich, aber die Qualität auch. Tipp: mal die Fischsuppe probieren!).

< Das Spielcasino in Heringsdorf

■ **Eis Villa Stein,** Kulmstr. 4, Tel. 28452 (für viele das Beste der Insel Usedom mit zahlreichen eigenen Eiskreationen wie z.B. Zimteis und delikaten Süßspeisen, aber auch Kaffee und Kuchen).

Kultur

■ **Villa Irmgard/Museum f. Literatur- u. Regionalgeschichte,** M.-Gorki-Str. 13, Tel. 22361 (Mai–Sept. Di–So 12–18, Okt.–Apr. Di–So 12–16 Uhr).

■ **Muschelmuseum,** in der Seebrücke, Tel. 32579, (Juni–Aug. 9–21 Uhr, Sept.–Mai 10–18 Uhr).

■ **Museum am Schmiedehaus,** Delbrückstr. 30, Tel. 27037 (Di–Sa 15–18 Uhr, Fotos „Vom Werden und Wachsen des Seebads“).

■ **Theaterzelt Chapeau Rouge,** Strandpromenade, Tel. 29171, Kartenservice Tel. (03971) 208925, www.chapeau-rouge.de (Ende Mai–Anfang Sept.).

■ **Kunstpavillon,** Strandpromenade 6, Tel. 22877, www.usedomer-kunstverein.de (April–Okt. Mi–So 15–18 Uhr; wechselnde Ausstellungen).

Aktivitäten

■ **Heringsdorfer Strandkorbfabrik,** Waldbühnenweg 3, Tel. 808755, www.strandkorbfabrik-heringsdorf.de (Mo–Fr 9–16, Führungen nach Absprache).

■ **Sternwarte,** Strandpromenade, Tel. 471650, www.sternwarte-usedom.de (Führungen: bei klarem Wetter, Gruppen-Führungen nach Absprache).

■ **Ostsee-Therme,** Lindenstraße 60, Tel. 2730, www.ostseetherme-usedom.de (Mai–Okt. Mo–Sa 10–22, So 10–20 Uhr, Nov.–April Mo–Sa 10–21, So 10–20 Uhr. Happy Hour mit ermäßigtem Eintritt Mo–Sa 19–21 Uhr, Nov.–April 20–22 Uhr.

Ahlbeck

☐ Übersichtskarte S. 266

Seebad Ahlbeck

Ahlbeck ist die östlichste und größte der drei Seebad-Schwestern. Wenige Kilometer entfernt verläuft die Staatsgrenze zu Polen quer über den Strand. Seinen Namen hat es von der Aalbeek, dem natürlichen Abfluss des Thurbruchs. Eigentlich waren es zwei Siedlungen, aus denen 1883 dann die Gemeinde Ahlbeck entstand. Am einen Ufer des Bachs lag „Ahlbeck-Königlich", eine vom Preußenkönig *Friedrich II.* gegründete Kolonistensiedlung. Direkt gegenüber lag „Ahlbeck-Adlig", eine von Rittergutsbesitzern gegründete Fischersiedlung. Die beiden alten Dorfkerne sind im Ortsbild noch gut auszumachen. Als Mitte des 19. Jahrhunderts der Bädertourismus einsetzte und den benachbarten Orten viel Geld in die Kassen spülte, besannen sich auch die Ahlbecker auf die neue Einkommensquelle. Sie setzten von Anfang an auf ein Bad für den gutsituierten Mittelstand. Die feinen Pinkel von Heringsdorf und Bansin nannten es deshalb abfällig *„die Kinderbadewanne Berlins"*. Heute ist Ahlbeck zu dem mit Abstand beliebtesten Badeort auf Usedom aufgeblüht. Obwohl er fast schon kleinstädtischen Charakter hat, ist der Charme der alten Bäderarchitektur nicht verloren gegangen. Und Ahlbeck konnte sich, im Gegensatz zu allen anderen Seebädern an der Ostsee, seine historische **Seebrücke** im alten Glanze erhalten. Zwar haben zwischenzeitlich auch die anderen Badeorte alle wieder ihre Brücke hinaus

169osk ph

aufs Meer, aber eben keinen so verspielten, grazilen Gründerzeitbau. Nicht umsonst schmückt das 1899 errichtete Wahrzeichen viele Titelbilder und ist als Filmkulisse sehr begehrt. Sie ist ohne Frage die Allerschönste im Lande.

Der Hit von Ahlbeck ist und bleibt der bis zu 70 m breite **Strand,** der sich vor dem schneeweißen Villenensemble an der Promenade in beide Himmelsrichtungen bis zum Horizont entlangzieht. Bei FKK-Freunden sehr beliebt ist der Dünengürtel zwischen Ahlbeck und der Grenze zu Polen.

Info

- **Vorwahl: 038378**
- **Tourist-Information,** Dünenstr. 45, 17419 Ahlbeck, Tel. 499350 (Jan.–März,Nov./Dez. Mo–Fr 9–16 Uhr, Sa/So 10–12 Uhr, April/Okt. Mo–Fr 9–17 Uhr, Sa/So 10–13 Uhr, Mai–Sept. Mo–Fr 9–18 Uhr, Sa/So 10–15 Uhr, Kurabgabe HS 3 €, NS 1,50 €).

Strandleben mit Fischerboot, im Hintergrund die Seebrücke Ahlbeck

Unterkunft

MEIN TIPP: **Seehotel Ahlbecker Hof,** Dünenstr. 47, Tel. 620, www.seetel-resorts.de (die erste Adresse auf Usedom: nostalgischer Charme und erlesener Komfort im klassizistischen Prachtbau. 70 exklusive Zimmer mit Blick aus Strand und Seebrücke im mondänen 5-Sternehaus, mit zauberhaftem Wellnessbereich. Besonders schön: das Sultan- und Cleopatra-Bad, tagesaktuelle Preise).

- **Hotel Kastell,** Dünenstr. 3, Tel. 47010, www.kastell-usedom.de (prachtvolle Villa im aristokratischen „Chateaustil" in ruhiger Lage am Ortsrand am Strand und gutem Restaurant, 15 großzügige möblierte Appartements und Junior-Suiten. HS 135–230 €, NS 95–145 €).
- **Villa Harmonie,** Dünenstraße 6, Tel. 335880, www.villanorma.de (Jugendstil-Villa und Nichtraucherhaus, nach Kriterien von Öko-Bau und Feng-Shui saniert und eingerichtet, 8 individuell und stilvoll gestaltete Zi., HS 80–110 €, NS 60–80 €, Frühst. 3 €).
- **Pension Carlsburg,** Stresemannstr. 2, Tel. 22570, www.pension-carlsburg-usedom.de (familiengeführte Pension in Bädervilla von 1888, HS 85–100 €, NS 60–85 €).
- **Pension Villa Transvaal,** Friedrichstr. 11, Tel. 22162, www.villa-transvaal.de (1902 erbaute

Bädervilla in zentraler Lage 400 m vom Strand. NS 50–80 €, HS 85–90 €).

■ **Pension Frohsinn,** Kaiserstr. 49, Tel. 32473, www.haus-frohsinn-ahlbeck.de (7 für den Ort sehr preisgünstige Zimmer, gut u. günstig auch das Restaurant im Haus, mit Wintergarten, im Sommer Biergarten, HS 90 €, NS 60–70 €).

■ **Camping Korswandt,** Hauptstraße, ca. 3 km in Korswandt, Tel. (0383758) 22110, (geöffnet von März bis Okt., einfacher Wiesenplatz nahe der Straße nach Ahlbeck 500 m vom Gothensee, Bungalowvermietung, Fahrradverleih, Shuttle-Bus zum Strand).

Gastronomie

■ **Seebrücke,** auf der Seebrücke, Tel. 28320, www.seebruecke-ahlbeck.de (die Lage macht's: gepflegt speisen über den Ostseewellen auf Ahlbecks Wahrzeichen).

Mein Tipp: **Carl's Kneipe,** Seestr. 6, Tel. 30437 (Fisch vom Feinsten. Der Name ist etwas irreführend, denn hier gibt's im rustikalen Kneipenambiente nicht nur Stammtisch und Bier, sondern auch nach Meinung vieler die beste Küche Ahlbecks. Immer gut besucht, deshalb besser Tisch reservieren).

■ **Das Ahlbeck,** Dünenstraße 48, Tel. 49940 (stilvoll speisen im Kaminzimmer des Spa-Hotels oder auf der Terrasse, kreative Küche mit Niveau, extra Flammkuchen-Karte).

■ **Uwe's Fischerhütte,** Strandpromenade 12, Tel. 28199, www.uwes-fischerhuette.de (preiswert, lecker und volksnah. Alteingesessene Fischerstube der bekannten Fischerfamilie *Kröger* in 6. Generation und in privilegierter Lage zwischen Promenade und Strand, bei der man sich drinnen und draußen trifft und nach dem Essen noch beim Bierchen gemütlich sitzt und klönt. In der Vor- und Nachsaison besteht auch die Möglichkeit, mit Fischer *Kröger* zum Fischfang hinaus auf die Ostsee fahren).

Blick über die Grenze nach Swinemünde

Seit Polen EU-Mitglied ist, genügt ein Personalausweis zum Grenzübertritt und die **Zollkontrollen** sind für EU-Bürger entfallen.

Nun fährt auch die **Usedomer Bäderbahn** über die Grenze bis Swinemünde hinein, und der bisher nur für Fußgänger und Radler passierbare Grenzübergang ist nun **auch für PKW** offen. Geblieben ist der Polenmarkt, der hinter der Grenze beginnt und sich entlang der Straße zum Zentrum hinzieht. Fußgänger können mit der UBB, dem Bus „Europalinie 9" oder einem der Taxis und Pferdekutschen ins knapp 3 km entfernte Zentrum von Swinemünde fahren.

Das historische Zentrum am Ufer der Swine ist durch Bombenangriffe vom 12. März 1945, dem über 20.000 Zivilisten zum Opfer fielen, schwer gezeichnet. Es bietet neben dem **Fischereimuseum** im Alten Rathaus Fähren zum anderen Ufer. Eine Brücke exististiert hingegen nicht. Jenseits der schiffreichen Swine beginnt die Halbinsel Wollin, die sich genau wie Usedom mit einem endlos langen Sandstrand schmückt. Einen großen Teil nimmt der **Nationalpark Wolin** ein. Der Wolin ist landschaftlich zumindest so schön wie Usedom, seine Badeorte sind viel weniger überlaufen und alles ist sehr viel preiswerter.

Schöne und günstige Unterkünfte bietet auch das erste Seebad auf Usedom, das im Jahr 1824 eröffnete Seebad von

Swinemünde an der Außenküste. Die historische Seebäderarchitektur zwischen Grenze und Stadt bietet alles, was ein Seebad so braucht – Hotels, Pensionen, Restaurants, Bars und Cafés, Strandpromenade und Konzertmuschel. Schön ist das Flanieren am Strand hinaus bis zur *„Slawa Mlyny"*, einem malerischen Leuchtfeuer in Windmühlenform an der Einfahrt in die Swinemünde.

Zwischen dem Stadthafen und dem Ortsteil *Warszów* verkehrt rund um die Uhr im ca. 20-Min.-Takt die **Stadtfähre** (Auto und Pers.). Die Überfahrt dauert rd. 10 Min. und ist kostenlos. Touristen mit Auto ohne entsprechende Plakette dürfen diese Fähre nur zwischen 22 und 4 Uhr benutzen. Zwischen 4 und 22 Uhr müssen diese die ca. 6 km flussaufwärts verkehrende Autofähre zum Ortsteil *Karsibor* nutzen. Die Überfahrt dauert rd. 15 Min. und ist ebenfalls gratis. Besondere Sehenswürdigkeiten der Stadt sind die beiden mächtigen Festungsanlagen **Westfort** und **Ostfort** an den Ufern der strategisch wichtigen Swinemündung. Sie wurden Mitte des 19. Jh. angelegt und bis 1945 ständig weiter ausgebaut.

Info

- **Touristeninformation,** Plac Słowiański 6/1, 72-600 Świnoujście, Tel. (04891) 3224999, www.swinoujscie.pl/de (Mo–Fr 9–17 Uhr, Sa/So 10–14 Uhr. Juli–Sept. auch auf der Promenade gegenüber Musikpavillon, Tel. (0048) 884048062, Juli tägl. 13–21 Ahr, Aug. tägl. 12–20 Uhr). Kurtaxe 4 Zloty / ca. 1 €).
- **Wechselkurs:** 4,18 Złoty = 1 €, 10 Złoty = 2,38 € (Stand: Sept. 2015)
- **Grenze/Bundespolizei-Inspektion Ahlbeck,** Swinemünder Chaussee 16 (am Grenzübergang), Tel. (038378) 2300.
- **Informationen zur Weiterreise nach Polen** s. Kapitel **„Weiterreise nach Polen",** Seite 335.

Buchtipp

Nähere Informationen über Swinemünde und Wolin: **„Polen: Ostseeküste und Masuren",** ebenfalls erschienen im Reise-Know-How Verlag

Unterkunft

- **Pension 4Pory Roku,** ul. Ujejskiego 8, Tel. +48 (91) 3211694, www.4poryroku.com.pl (adrette Pension von *Lucyna* und *Jan* unweit der Grenze und vom Strand in ruhiger, grüner Lage, Frühstück im Kaminzimmer, NS 55–65 €/227–268 Złoty, HS 68–75 €/280–309 Zloty, ohne Frühstück).

Museum

- **Museum für Seefischerei,** plac Rybacka 1, Tel. +48 (91) 3212426, www.muzeum-swinoujscie.pl (Juni/Sept. tägl. 9–17 Uhr, Juli/Aug. Mo–Fr 10–20 Uhr, Sa/So 10–18 Uhr, Okt.–Mai Di–So 9–17 Uhr).
- **Westfort,** Tel. (0048) 508 738118, www.insel-usedom-wollin.de/.../festung-swinemuende.html (tägl. Jan. 10–15 Uhr, Febr./Dez. 10–16 Uhr, März/Nov. 10–17 Uhr, April/Okt. 10–18 Uhr, Mai/Sept. 10–19 Uhr, Juni–Aug. 10–20 Uhr).

Fähren

- Die **Stadtfähre** darf Mo–Fr zwischen 4 und 22 Uhr nur von Fahrzeugen mit Kennzeichen ZSW genutzt werden. Außerhalb dieser Zeit dürfen alle PKW und LKW bis 3 t diese Fähre nutzen (freitags bereits ab 17 Uhr bis Mo 4 Uhr). Die Überfahrt dauert ca. 10 Min. Keine Einschränkungen gibt es bei der **Fähre Karsibor** (ca. 6 km flussauf, ca. 15 Min. Überfahrt). Beide Fähren sind kostenlos. Fußgänger und Radfahrer können beide Fähren uneingeschränkt nutzen.

Stadtrundfahrt

■ Mit dem **Touristenzüglein** von *Cyrus Tours* kann man eine einstündige Rundfahrt machen, die ins Zentrum zum Stadthafen und durch den Kurpark zum Seebad und Strand führt. Haltestellen sind Grenze, Seepromenade, Moniuszki, Hotel Polaris und Stadthafen. Weitere Strecken sind Stadtrundfahrt Misdroy und die Halbinsel Wolin. **Info:** Cyrus Tours, ul. E.Gierczak 1, 72-600 Świnoujście, Tel. (0048) 913211865, www.cyrus-tours.pl.

Usedomer Schweiz

Die Umgebung von **Benz** ist ein landschaftlich besonders reizvolles Hügelland. Kurvenreich schlängeln sich die kleinen Sträßchen durch die Moränenhügel, von deren Kuppen sich herrliche Ausblicke durch das eng verflochtene Zusammenspiel von Land und Wasser eröffnen. Den schönsten Blick über die Seen und das Achterwasser bietet sich vom 56 m hohen **Kückelsberg** bei Benz. Dort steht auch eine 1828 erbaute **Windmühle,** die der Maler *Niemeyer-Holstein* kaufte. Auch sein Grab und das seiner Frau findet man auf dem Friedhof von Benz. In der Kirche und auf der Freilichtbühne von Benz finden im Sommer Kulturveranstaltungen statt. Im benachbarten **Mellenthin** steht ein kleines **Wasserschloss,** das sich der Rittergutsbesitzer *Rüdiger von Neuenkirchen* 1575 erbauen ließ. Das in 40 Jahren DDR arg heruntergekommene Schloss ist seit 2001 in Besitz der Familie *Fidora,* die mit viel Engagement versucht, das Anwesen wieder auf Vordermann zu bringen. Erster sichtbarer Erfolg ist das zu empfehlende Restaurant-Café, in dem der Schlossherr selbst kocht und bäckt.

Beeindruckender als das Schloss ist die restaurierte **Bockwindmühle,** die außerhalb des Orts an der Straße zwischen Pudagla und Neppermin auf dem fast 39 Meter hohen Glaubensberg steht.

Der **Weiler Gothen** am Ostufer des Gothensees ist dank seines „Storchenvaters Eggebrecht" ein schönes Ausflugsziel. Seit über 30 Jahren hat ein Storchenpaar auf dem Hause des Herrn *Eggebrecht* sein Nest. Dieser beobachtet seine Schützlinge intensiv und führt Buch über An- und Abflüge, die Zahl der aufgezogenen Jungen u.a. Aus seinem Grundstück hat er einen kleinen Storchenpark mit Café gemacht. Doch auch wenn die Störche ausbleiben und 2004 der 101. und vorerst letzte Storch hier zur Welt kam, ist das kleine **Café Storch** (Dorfstraße 5, Tel. (038378) 31619) den Abstecher zu Meister *Eggebrecht* wert.

Unterkunft

■ **Gutshof Usedom,** in Mellenthin, Dorfstr. 24, Tel. (038379) 20700, www.gutshof-usedom.de (Idyll mit Storchennest. Kleines Hotel in hist. Gesindehaus des Gutshofs am Wasserschloss. 20 schöne Zi. u. 4 FeWo mit Restaurant, Café, Sonnenterrasse u. Schlossblick. HS 110–139 €, NS 70–109 €).

Stolpe oder eine Reise in die Vergangenheit (ein Ausflugstipp)

Einige Kilometer schmale holprige Straße hinein in den abgelegenen Usedomer Winkel, dann hat man das Dörfchen Stolpe erreicht. Ein niedlicher, ja bezaubernder Ort, in dem praktisch alles noch so ist, wie es zu Großmutters Zeiten war. Eine Handvoll Häuschen, die sich reizvoll um den malerischen Dorfteich herum gruppieren, daneben die Kirche und gegenüber das stolze herrschaftliche **Schloss Stolpe.** Dazu gibt es noch einen Bäcker der bäckt, einen **Falknerhof** mit Flugvorführungen und im Nachbarweiler Welzin eine kleine **Inselkäserei,** in der man beim Käseherstellen zusehen und besten Bio-Käse erwerben kann. Den fehlenden Dorfkrug ersetzt das Restaurant in der Schloss-Remise.

- **Stolper Schloss,** Am Schloss 9, Tel. (033338) 70193, www.schloss-stolpe.de (April–Okt. 13–18 Uhr, Juli/Aug. Mo–Fr 11–18 Uhr, Sa/So 13–18 Uhr, tägl. Führungen, sonst nach Anm.).
- **Falknerhof,** Landweg 1, mobil: (0151) 156 60397, www.falknerhof-usedom.de (April–Okt. tägl. 10.30 Uhr und 14.30 Uhr Flugschau).
- **Inselkäserei,** in Welzin, Dorfstr. 30, Tel. (038372) 76139, www.inselkaeserei.de (Mo–Sa 10–17 Uhr, So 13–17 Uhr.
- **Restaurant Remise,** Alte Dorfstraße 7, Tel. (038372) 769280, www.restaurant-remise-schloss-stolpe.de, tägl. ab 12 Uhr.

- **Schwalbennest,** in Benz, Fritz-Behn-Str. 33, Tel. (038379) 20303, www.usedom-urlaub-mit-hund.de (kleine familiäre Pension für Haustierfreunde mit Restaurant, Sauna, Solarium, HS 90 €, NS 70 €).
- **Camping Neppermin,** Dorfstr. 30, Tel. (038379) 20044, www.usedom-camping.com (ganzjährig, 50 Stellplätze an einer Bucht des Nepperminer Sees, mit kleiner gemütlicher Fischerstube, Grillplatz, Badestelle, Boots-, Fahrradverleih).

Gastronomie

- **Forsthaus Fangel,** bei Neu-Sallenthin, Tel. (038379) 32253 (herrlich zw. Krebs- u. Schmollensee im Buchenwald gelegenes ehem. Forsthaus, in dem Fam. *Menges* seit 1937 ein Café betreibt. Tolles Ausflugsziel, denn hier gibt es zur Natur mit den besten Kuchen von ganz Usedom! Nur Mai–Okt. tägl. 14–18 Uhr).

MEIN TIPP: **Wasserschloss Mellenthin,** Dorfstraße 25, Tel. (038379) 28780, www.wasserschloss-mellenthin.de (Café und Restaurant, in dem es neben gutbürgerlicher Küche und Biergarten auch kulinarische Themenabende wie Di ein Ritterbuffet oder Mi ein Piratenspektakel gibt).

Kunst/Kultur

- **Kunst-Kabinett Usedom,** in Benz, Kirchstr. 14a, Tel. (038379) 20184, www.kunstkabinett.de (Juni–Sept. Fr–So 11–17 Uhr).
- **Kulturmühle Benz,** Tel. (038378) 3650, www.muehle-benz.de, Kontakt: *Mirko Radtke,* Dorfstraße 2, Stoben, mobil: (0172) 9096974 (April–Okt. Di–So 10–17 Uhr).

Usedomer Stadthafen

■ **Bockwindmühle,** bei Pudagla, Tel. (038379) 34872, www.usedom-bockwindmuehle-pudagla.de (1. Mai–Ende Sept. Sa/So 13–16 Uhr, Mo–Fr 10–16 Uhr).

■ **St.-Peter-Kirche,** in Benz, Tel. (038379) 20365, www.kirche-benz.de (Konzerte etc.).

Stadt Usedom

Dort, wo die Insel Usedom von den Wassern des Peenestroms und des Usedomer Sees fast abgeschnürt wird, liegt die Stadt Usedom. Der große Treck der Badetouristen zieht achtlos an ihr vorbei zu den Seebädern an der Küste. Im Windschatten der Urlauberpfade gelegen, ist die Stadt ein verschlafenes Örtchen geblieben. Geduckte Häuschen säumen die Straßen und vermitteln mehr den betulichen Charme eines Dorfes als den einer Stadt. Wahrzeichen Usedoms ist das **Anklamer Tor,** ein spätgotisches Stadttor aus dem 15. Jh. Hier ist die **Heimatstube** untergebracht. Am Markt erhebt sich die **Marienkirche** über die Häuser. Die eigentlichen Sehenswürdigkeiten der Stadt aber sind die **Haustüren** der bescheidenen Häuschen. Ganz als ob die Bauern und Fischer ihren ganzen Stolz in ihre Türen investiert hätten, schmückt sich fast jedes Haus mit einem wundervoll verzierten und bemalten Eingang.

Bahnfreunde sollten den Abstecher nach Karnin nicht vergessen, wo sich die Reste der 1945 gesprengten **Eisenbahnhubbrücke** aus dem Peenestrom erheben. Für die Rekonstuktion der Brücke und Wiedereröffnung der Strecke Berlin – Usedom kämpfen die *„Usedomer Eisenbahnfreunde"*.

Info

■ **Stadt-Information,** Bäderstr. 5, Tel. (038372) 70890, www.stadtinfo-usedom.de (April/Okt. Mo–Fr 10–16 Uhr, Mai/Sept. Mo–Fr 10–17 Uhr, Sa 10–12 Uhr, Juni Mo–Fr 10–18 Uhr, Sa 10–12 Uhr, Juli/Aug. Mo–Fr 10–18 Uhr, Sa 10–14 Uhr, Nov.–April Mo–Fr 10–15 Uhr).

■ **Naturpark-Informationszentrum,** Bäderstr. 5, Tel. (038372) 7630, www.naturpark-usedom.de (Mai–Sept. Mo–Fr 10–18 Uhr, Sa 10–14 Uhr, Okt.–Apr. Mo–Fr 10–16 Uhr).

328osk ph

Unterkunft/Gastronomie

■ **Hotel Norddeutscher Hof,** Markt 12, Tel. (038372) 70266, www.norddeutscherhof.de (Wildspezialitäten und mehr, DZ 60–100 €).

Mein Tipp: **Stolperhof,** bei Stolpe, Landweg 1, Tel. (038372) 71081, www.stolperhof.de (schöner, nach ökologischen Gesichtspunkten sanierter und betriebener Gutshof in Alleinlage auf 200.000 m² Grund mit Stall, Waschhaus, Back- und Holzplatz, Bauerngarten, Wäschewiese, Badeteich, Spielecken, Koppeln, Liegewiese und und und ... Ein Paradies wie aus dem Bilderbuch, nicht nur für Kinder, HS 116 €, NS 86 €).

■ **Roseneck,** Rosenstr. 8, Tel. 76737, www.roseneck-usedom.de (nettes Café mit Plätzen vorn auf dem Marktplatz oder hinten im einladend lauschigen Garten).

Museum

■ **Heimatstube,** Anklamer Tor, Tel. 70890 (Mai–Sept. tägl. 11–15 Uhr).

■ **Denkmalensemble Karnin,** www.karninerbruecke.eu.

Lieper Winkel

Der Lieper Winkel, der wie eine Keule ins Achterwasser hinausragt, liegt abseits der Besucherströme. Wer Ruhe und Erholung sucht und gerne in rustikalen Bauernstuben tafelt, der ist im kleinen Dörfchen des Lieper Winkels genau richtig. Kurz hinter Suckow steht links der Straße die über 800 Jahre alte **Suckower Eiche,** die sich mit einem Stammumfang von 6,50 m und einer Krone von sagenhaften 30 m auf einem steinzeitlichen Grabhügel erhebt. Trotz stählerner Baumbinde brach vor einiger Zeit einer der weit ausladenden Äste unter seinem eigenen Gewicht ab, was die gewaltige Krone zerzauste, dem Aussehen an sich jedoch wenig Abbruch tat. In Morgenitz wartet die Bauernstube mit deftiger Kost und der **Keramikhof Dannegger,** in Liepe eine malerische Feldsteinkirche mit Kunstwerken drum herum und im winzigen Weiler Warthe hat man den Eindruck, dass hier die Welt zu Ende ist. Im **Fischerhafen** von Rankwitz dümpeln Fischkutter, und die „Feinfisch Gmbh" betreibt am Hafen eine **Fischräucherei** und ein **Fischrestaurant.**

Unterkunft/Gastronomie

- **Bauernstube,** in Morgenitz, Dorfstr. 32, Tel. (038372) 70924, www.bauernstube-morgenitz.de (herzhafte Hausmannskost in großen Portionen, tägl. 9–24 Uhr, im Haus 5 App. für 2–6 Pers., HS 30 €/p.P., NS 25 €/p.P.).
- **Rankwitzer Hof,** in Rankwitz, Dorfstr. 15, Tel. (038372) 70563, www.rankwitzer-hof.de (Landgasthof mit pommerscher Küche und Zimmern in separatem Gästehaus. HS 70 €, NS 60 €).
- **Am Achterwasser,** in Warthe, Tel. (038372) 7520, www.am-achterwasser.de (in idyllischer Lage am Ufer erbautes „Minidorf", 4-Sterne-FeWo, Sauna, Grillplatz,Ruderboot, Restaurant und Café, FeWo für 2–6 Pers. HS 69–100 €, NS ab 40 €).

Mein Tipp: **Elkes Fischgaststätte,** in Rankwitz, Dorfstraße 26, Tel. (038372) 70519, www.erlebnisfischerei.de (drinnen unterm Prachtmodell der St. Alice wie draußen zwischen den Blumen urgemütliches Lokal, in der die Hausherrin bemerkenswert schmackhafte Gerichte aus eigenem Fang zubereitet. Wer will, kann mit dem Hausherrn Fischer *Köster* hinausfahren (max. 6 Pers.) und so womöglich das eigene Mittagessen aus der Reuse holen).

Der Wisent – Das europäische Ur-Rind

Gut 6 ha Wald- und Moorgebiet nahe Prätenow wurden zum Wisent-Reservat umgewandelt. In der ursprünglichen Natur lebt eine kleine Herde von vier erwachsenen Zuchttieren, die aus dem Wisentreservat im Nationalpark Wolin stammen. Offensichtlich fühlen sie sich hier pudelwohl: Vor einigen Jahren erblickte mit dem Mädchen „Usedomka" das erste echte Usedomer Ur-Rind das Licht der Welt.

- **Wisent-Reservat,** 17419 Prätenow, Tel. (038376) 20554, www.wisentgehege-usedom.de (Ostern–Okt. tägl. 10–17 Uhr, Nov.–Ostern tägl. 10.30–15.30 Uhr, Fütterung 10 u. 14.30 Uhr).

Anfahrt: B 110 bis Abfahrt Dargen, von Dargen über die Kreisstraße bis Prätenow (1,5 km), dann der Ausschilderung folgen.

Kunst

- **Keramikwerkstatt Dannegger,** in Morgenitz, Dorfstr. 8, Tel. (038372) 70910, www.astriddannegger.de (Sommer: Mo, Di, Sa 16–17 Uhr, Winter Mo, Di, Sa 12–13 Uhr).

Allgemeine 6 Reisetipps

157osk ph

Sanddorn am Kap Arkona

Informationsstellen

Alle Städte, Seebäder und Ferienorte der Region betreiben eigene Informationsbüros. Sie nennen sich Tourist-Information, Kurverwaltung, Fremdenverkehrsamt oder ähnlich, erfüllen aber alle dieselbe Funktion. Sie erteilen touristische Auskünfte aller Art, vermitteln Unterkünfte und halten breit gefächertes Informationsmaterial zum jeweiligen Ort bereit. Sie sind also die **wichtigste Anlaufstelle** für Besucher und helfen nicht nur bei klassischen touristischen Dienstleistungen wie Unterkunft, Stadtplan oder Ortsführung, sondern halten meist auch weiterführende Infos wie Fahrpläne des Nahverkehrs bereit oder verkaufen Karten für Konzerte und Kulturveranstaltungen.

Anschriften und Öffnungszeiten der lokalen Infostellen finden Sie im jeweiligen Ortskapitel.

Das Informationsangebot der lokalen Büros wird von speziellen Stellen wie z.B. den Natur- und Nationalpark-Informationspunkten ergänzt, die **fundiertes Infomaterial** zu Flora und Fauna und ein eigenes Angebot an Führungen, Tierbeobachtungen oder thematischen Exkursionen bereithalten.

Fragen, die Mecklenburg-Vorpommern im Ganzen oder einzelne Regionen betreffen, beantworten folgende Adressen:

- **Tourismusverband Mecklenburg-Vorpommern (TVB)**
Platz der Freundschaft 1, 18059 Rostock, Tel. (0381) 4030550,www.auf-nach-mv.de.

- **Verband „Mecklenburgischer Ostseebäder“**
Uferstraße 2, 18211 Ostseebad Nienhagen, Tel. (038203) 77610, www.ostseeferien.de.

- **Tourismusverband „Fischland-Darß-Zingst“**
Barther Str. 16, 18314 Löbnitz, Tel. (038324) 6400, www.darss.net.

- **Tourismuszentrale Rügen**
Ringstraße 113–115, 18528 Bergen, Tel. (03838) 807780, www.ruegen.de.

- **Insel-Information „Hiddensee“**
Achtern Diek 18a, 18565 Vitte, Tel. (038300) 6086-84, www.seebad-hiddensee.de.

- **Regionaler Fremdenverkehrsverband „Vorpommern“**
Fischstr. 11, 17489 Greifswald, Tel. (03834) 891189, www.vorpommern.de.

- **Usedom Tourismus GmbH (UTG)**
Waldstr. 1, 17429 Seebad Bansin, Tel. (038378) 47710, Buchungs-Hotline (038378) 49880, www.usedom.de.

- **Tourismuszentrum Mecklenburgische Ostseeküste**
Kühlungsborner Straße 2, 18236 Kröpelin, Tel. (038292) 8613, www.tourismuszentrum.de (umfangreiche touristische Dienstleistungen von Vergabe von Info-Material, über Unterkunftsbuchung bis Festkalender und Fährtickets. Mo–Fr 8–20, Sa/So 8–18 Uhr).

> In MV snackt man platt

Anreise

Anreise mit dem Auto

Ostseeautobahn A 20

Die wichtigste Verkehrsader Mecklenburg-Vorpommerns ist die bei ihrer Planung noch sehr umstrittene, aber trotz aller Bedenken doch dringend notwendige Ostseeautobahn A 20. Sie verläuft auf 324 Kilometern ungefähr **parallel zur Küstenlinie** und verbindet die A 1 bei Lübeck und bei Prenzlau mit der ins polnische Stettin führenden Autobahn A 11.

Weitere Anfahrten

Reisende aus Richtung **Süden/Berlin** nach Vorpommern benutzen die A 11 Berlin – Stettin bis zum Dreieck Uckermark, an das die Küstenautobahn A 20 die zweite **direkte Anbindung an den Berliner Ring** und an das Autobahnnetz hat.

Wer mit der **Fähre** von Reinberg nach Stahlbrode auf Rügen reisen möchte, der verlässt die Autobahn bei der Abfahrt Grimmen und fährt auf der B 194 weiter Richtung Stralsund.

Egal, aus welcher Himmelsrichtung man anreist: Wer genügend Zeit im Reisegepäck hat, der sollte abseits der großen Rennstrecken auf den kleinen, oft von wunderbaren Alleen gesäumten

158osk ph

Ostsee-Besucherzentrum an der Autobahn

An der A 19 steht dem Besucher ca. 34 km vor Rostock in der Raststätte „Recknitz/Niederung Ost" ein täglich geöffnetes Ostsee-Besucherzentrum zur Verfügung. Es bietet 7 Tage in der Woche umfangreiche touristische Dienstleistungen (Mo–Fr 8–20 Uhr, Sa/So 10–17 Uhr). Hier erhält man nicht nur vielfältige Informationen aus der gesamten Ostseeregion Mecklenburg-Vorpommerns, sondern kann auch direkt Unterkünfte buchen oder Tickets für Veranstaltungen in der Ostseeregion kaufen. Auch Angelkarten für die Ostsee, Wander- und Fahrradkarten und anderes Reisematerial sind hier erhältlich. Ergänzt wird das Serviceangebot durch ebenfalls direkt buchbare Urlaubspakete (z.B. Wellness- und Radreisen) sowie den Ticketverkauf für die Skandinavienfähren. Alle Urlaubsinfos und freie Unterkünfte an der Ostsee sind vor der Anreise abrufbar unter www.auf-an-die-ostsee.de.

■ **Besucherzentrum A 19**
in der Raststätte Recknitz/Niederung-Ost
18276 Spoitgendorf,
Tel. (038455) 20968
www.auf-an-die-ostsee.de

Landstraßen und Nebenstrecken quer durchs Land Richtung Küste bummeln.

Mit der Fertigstellung der 100-Mio.-Euro-Rügenbrücke im Jahr 2007 wurde einer der schlimmsten Verkehrsengpässe in der Region beseitigt. Behinderungen verursachen weiterhin die beiden **Klappbrücken,** die Usedom an das Festland anbinden, und die einspurige Klappbrücke, die Zugang zum östlichen Teil der Halbinsel Fischland-Darß-Zingst gewährt. Diese Nadelöhre sorgen insbesondere in Ferienzeiten teils für gewaltige Verkehrsstaus. Für Usedom gibt es für Autofahrer keine Alternative. Die einspurige Meiningenbrücke bei Barth auf den Zingst erhält zur Entlastung von April bis Oktober eine zweite Spur über eine provisorische Pontonbrücke.

Schließzeiten der Brücken (jeweils für max. 15 Min.)

■ **Usedom**
Wolgaster Brücke (B 111): 5.45 Uhr, 7.45 Uhr (Okt.–Mai 8.45 Uhr), 12.45 Uhr, 16.45 Uhr, 20.45 Uhr, 23.45 Uhr (nach Bedarf).
Zecheriner Brücke (B 110): 5.45 Uhr (nur 1.4.–30.9.), 9.40 Uhr, 11.45 Uhr, 16.45 Uhr, 20.45 Uhr (nur 1.4.–30.9.).

■ **Zingst**
Meiningen Brücke: 1.3.–31.3. Di u. Do 10.30, 1.4.–9.9. tägl. 7.45, 9.45, 17.45, 20.45 Uhr, 10.9.–29.10. tägl. 9.45, 17.45 Uhr.

■ **Rügendamm Stralsund**
Ziegelgrabenbrücke: Jeweils max. 20 Min., tägl. 5.20 Uhr, 8.20 Uhr, 12.20 Uhr, 15.20 Uhr, 17.20 Uhr, 21.30 Uhr.

› Wunderschön, aber auch gefährlich! Deshalb auf allen Alleen immer mit Licht

159osk ph

Anreise mit der Bahn

Alle Angaben gelten für den Tag der Drucklegung. Da die Bahn ihr kaum mehr zu überschauendes Angebots- und Preiswirrwarr ständig ändert, sind sämtliche Angaben im diesem Kapitel ohne Gewähr. Bitte erkundigen Sie sich deshalb unter www.bahn.de oder im Servicecenter Ihres Heimatbahnhofes unbedingt nach den derzeit aktuellen Angeboten und Preisen.

Mecklenburg-Vorpommern-Ticket

Mit dem Mecklenburg-Vorpommern-Ticket für 23 € kann man von Mo–Fr ab 9 Uhr bis 3 Uhr des Folgetages (Sa/So schon ab 0 Uhr) das gesamte Nahverkehrsnetz von Mecklenburg-Vorpommern nutzen(bis zu 4 Mitfahrer zahlen jeweils nur 4 €). Über die Landesgrenzen hinaus können folgende Strecken benutzt werden: Brandenburg: Grabow bis Bad Wilsnack und Pasewalk bis Prenzlau; Hamburg: Reinbek bis Hamburg Hbf einschließlich Großraum Hamburg; Schleswig-Holstein: Lübeck Hbf über Herrnburg bis Schwanheide, von Grambow nach

Stettin (mit Stadtverkehr), auf dem Gesamtnetz der Usedomer Bäderbahn (UBB) sowie der Pressnitztalbahn-Strecke Bergen/Rügen bis Lauterbach.

Ostsee-Ticket

Ganzjährig gibt es das günstige Ostsee-Ticket, mit dem man von festgelegten Bahnhöfen in Berlin und Brandenburg zu zahlreichen Zielbahnhöfen an der Ostseeküste fahren kann. Für alle, die ihren Ostseeurlaub planen, gibt es eine gute Nachricht: Das Ostsee-Ticket ist seit 1. August 2015 für die Hin- und Rückfahrt innerhalb von 15 Tagen gültig. So ist die besonders günstige Bahn-Anreise ab 49 Euro für die erste Person und 39 Euro für bis zu vier Mitreisende nun auch eine Option für längere Urlaubsreisen. Allein reisende Kinder bis 14 Jahre zahlen 39 €. Mit dem Ostsee-Ticket sind Rabatte und Vergünstigungen verknüpft. Achtung: Das Ostsee-Ticket kann nicht im Zug erworben werden.

Bernstein-Ticket

Das Bernstein-Ticket (Erw. 16 €, Kind 10 €, Gruppe bis max. 5 Pers. mit max. 2 Erw. 30 €) gilt für 1 Tag bis 3 Uhr des Folgetages. Das Ticket gilt jeweils für einen Tag auf den Strecken der DB Regio Nordost, in den Zügen der Usedomer Bäderbahn und in Zügen der Eisenbahn-Bau- und Betriebsgesellschaft Pressnitztalbahn mbH (alle 2. Klasse). Es gilt nicht für die Bäderbahn „Rasender Roland"!

Bernstein-Ticket auf Rügen gilt auf allen Buslinien der Rügener Personennahverkehrs GmbH (RPNV). Es gilt außerdem in den Bussen der Verkehrsgesellschaft-Vorpommern-Rügen GmbH (VVR).

Pomerania-Ticket

Das 24 Std. gültige Pomerania-Ticket kostet 14 € und gilt für eine Hin- und Rückfahrt auf der RE-Linie RE 6 und der Linie 705 der Verkehrsgesellschaft Vorpommern-Greifswald zwischen Pasewalk und Szczecin Główny und 706 von Ueckermünde nach Szczecin.

UrlaubsExpress

Reisende **aus dem Westen Deutschlands** können den UrlaubsExpress M-V nutzen, der UrlaubsExpress fährt ab Köln (freitags 11.39 Uhr, samstags 7.35 Uhr) über Hannover und Berlin-Gesundbrunnen nach Seebad Heringsdorf auf Usedom (Ankunft freitags 20.46 Uhr, samstags 16.46 Uhr) und Ostseebad Binz auf Rügen (Ankunft freitags 21.03 Uhr, samstags 17.03 Uhr). Der Freitags-UrlaubsExpress fährt bis nach Rügen und Usedom.

Der *UsedomExpress* fährt von Mitte Mai bis Anfang Okt. ab Berlin Zoologischer Garten über Berlin Hbf über Ahlbeck bis Swinemünde Zentrum (Świnoujście Centrum).

Der *WarnemündeExpress* verkehrt ganzjährig Sa und So von Berlin Hbf über Waren/Müritz und Rostock ins Seebad Warnemünde.

Der *HanseExpress* verbindet täglich Hamburg Hbf mit Rostock, mit Umsteigen in Rostock auch Stralsund und Sassnitz sowie Binz auf Rügen.

Info: DB Regio M-V, Grunthalplatz 4, 19053 Schwerin, Service Tel. (0180) 5996633 (20 Ct./Min.), www.dbregio.de.

Bahn & Bike

Das für einen Tag gültige Radticket im Regionalverkehr MV kostet 5 €. Vergünstigungen bei der Fahrradmitnahme gibt es z.B. in Verbindung mit dem Ostsee-Ticket, dem Schönes-Wochenende-Ticket oder dem M-V-Ticket.

Info: Radfahrer-Hotline (01805) 996633 (20 Ct./Min.).

Usedomer Bäderbahn (UBB)

Nach über 55-jähriger Unterbrechung hat die Insel Usedom seit dem Jahr 2000 wieder einen direkten Bahnanschluss über die Wolgaster Brücke. Der Zustand aus den 1930er Jahren, als Usedom von Berlin aus per Expresszug in weniger als drei Stunden erreichbar war, ist jedoch noch immer nicht erreicht. Die Usedomer Bäderbahn (UBB) verkehrt bis Züssow, wo man damit von den aus Richtung Berlin kommenden Zügen der BahnAG direkt nach Usedom umsteigen kann. Die UBB verkehrt auch im

[>] Eine Bahnfahrt, die ist lustig, besonders mit der historischen Molli

2-Std.-Takt über Greifswald nach Stralsund, Barth und sogar bis ins polnische Świnoujście (Swinemünde).

Das für 1 Tag und für bis zu 5 Pers. gültige „Insel & Me(e)hr"-Ticket kostet zwischen 20 € (1 Pers.) und 36 € (5 Pers.).

Info: UBB, Usedomer Bäderbahn, Am Bahnhof 1, 17424 Heringsdorf, Tel. (038378) 27132, www.ubb-online.com.

Autozug

Die Anreise an die Ostseeküste mit dem Autozug ist nicht nur umweltbewusst, sondern auch staufrei und nervenschonend, und man erreicht darüber hinaus ausgeruht sein Ziel.

Leider gibt es derzeit keine direkte Verbindung an die Küste von Mecklenburg-Vorpommern. Reisende aus dem Süden der Republik können von April–Okt. die Verbindung von München nach Hamburg oder München – Berlin und von Lörrach nach Hamburg (nur Mai–Aug.) nutzen. Die einfache Fahrt gibt es als **AutozugSpezial** bereits ab 99 € (begrenztes Kontingent), für ADAC-Mitglieder und BahnCard-Besitzer gibt es Rabatte.

Info und Buchung: DB AutoZug, Königswall 21, 44137 Dortmund, www.dbautozug.de, Service-Tel. (01805) 996633 (täglich von 9 bis 20 Uhr, 20 Ct/Min.).

160osk ph

Historische Bahnen

Eine Attraktion besonderer Art sind die zwei historischen Bahnen der Region. Die **Schmalspurbahn „Molli"** verkehrt auf einer Strecke von 15,4 km zwischen Bad Doberan und Kühlungsborn, der ebenfalls auf schmaler Spur fahrende **„Rasende Roland"** auf Rügen. Beide rollen ganzjährig nach Fahrplan.

- **Mecklenburgische Bäderbahn („Molli"),** Am Bahnhof, 18209 Bad Doberan, Tel. (038203) 431331, www.molli-bahn.de (s. auch S. 60);
- **Rügensche Kleinbahn** („Rasender Roland"), Bahnhofstr. 14, 18528 Bergen, Tel. (038301) 884 012 (7–21 Uhr), www.ruegensche-baederbahn.de (s. auch S. 166).

Kaffeebrenner

Nur zwischen Mai und Okt. verkehrt der **Klützer Kaffebrenner** mehrmals tägl. mit historischen Zügen zwischen Klütz und Reppenhagen.

- **Klützer Kaffeebrenner,** Stiftung Deutsche Kleinbahnen e.V, Bahnhofstraße 4, 23948 Klütz, Tel. (038825) 37165, www.stiftung-deutsche-kleinbahnen.de (s. auch S. 23).

Anreise mit dem Flugzeug

Der einzige **internationale Flughafen** der Region mit regelmäßigen Flugverbindungen ist der Flughafen Rostock-Laage. Zur Saison werden von Köln, Stuttgart, München und Linz Direktflüge angeboten, im Winter nur von Köln, Stuttgart und München. Ein übersichtliches Angebot, dafür sind aber die Parkplätze frei! Flughafenzubringer ab Rostock ist die Buslinie 127 (Info-Tel. (0381) 4056018).

Die Insel **Usedom** ist in der Saison zwischenzeitlich recht gut aus der Luft zu erreichen. Direktflüge zum Flughafen Heringsdorf (er liegt nicht beim Seebad, sondern in Haffnähe beim Dorf Zirchow) werden nur im Sommer angeboten, in der Regel von Stuttgart, Dortmund, Düsseldorf, Köln, Frankfurt, Zürich und Bern.

Die beiden **Regionalflughäfen** Rügen/Güttin und Stralsund/Barth haben keine regelmäßigen Verbindungen, sondern dienen nur für Flugsport, Rundflüge etc.

- **Flughafen Rostock-Laage,** Flughafen-Information Tel. (01805) 007737 (20 Ct./Min.), www.rostock-airport.de;
- **Flughafen Heringsdorf,** Service-Tel. (038376) 2500, www.flughafen-heringsdorf.de.

[>] Falschparker Vorsicht!

005osk ph

Mit dem Auto unterwegs

Straßen

Die Straßen entlang der Küste und zu den Urlaubsorten sind zwischenzeitlich fast durchweg ausgebaut. Besonders die großen Zubringer wie die neue Autobahn A 20 und die Bundesstraßen wurden mit großem Aufwand in kurzer Zeit den Bedürfnissen der modernen Autogesellschaft angepasst. Dennoch kommt es in der Region besonders zu den Ferienzeiten immer noch zu teilweise erheblichen **Staus.** Zum einen sind viele Straßen von prachtvollen alten Alleen gesäumt und können daher nicht verbreitert werden und zum anderen behindern Baustellen und verkehrstechnische Nadelöhre wie beispielsweise die Klappbrücken den Verkehrsfluss. Merklich entlastet durch die jüngst fertiggestellte A 20, aber deshalb noch lange nicht zur verkehrsarmen Spazierstrecke geworden sind die B 105 von Schlutup bis Stralsund sowie die B 96 von Stralsund nach Greifswald.

Untergeordnete Landstraßen sind dagegen nach wie vor noch oft schmal und ohne befestigten Seitenstreifen. Dazu sind sie sehr oft von uralten Alleebäumen gesäumt. Im Sommer bilden diese Bäume regelrechte grüne Tunnel, was zwar das Auge erfreut, aber auch bei Sonnenschein nur Dämmerlicht entstehen lässt. Das ist sehr gefährlich, weshalb man auf Wald- und Alleestecken auch am Tag unbedingt mit Licht fahren sollte.

Ortsdurchfahrten sind im untouristischen Hinterland nicht selten noch mit Straßenpflaster bedeckt, das bei Nässe sehr rutschig wird. Dort, wo Bäume Laub oder Früchte auf die Fahrbahn fallen lassen, wird es besonders gefährlich. In den kleinen Dörfern und Weilern abseits der Touristenströme gibt es meist noch keine oder nur sehr schmale Fußgängerwege. Hier muss immer mit Fußgängern, spielenden Kindern und durchaus auch mit frei rennenden Hühnern auf der Fahrbahn gerechnet werden.

Parken

Alle Urlaubsorte, besonders aber die historischen Seebäder und Hansestädte, sind dem dramatisch angewachsenen Autoverkehr nicht gewachsen. Vielerorts sind deshalb die Ortskerne nur noch für Anlieger freigegeben oder ganz zu Fußgängerzonen umgestaltet. Für die Besucher wurden **am Ortsrand große Parkzonen** angelegt, von denen man die Zentren und Strände in kurzen Fußwegen erreichen kann. Diese sind fast durchweg wie auch sämtliche Strandparkplätze und Stellflächen an den bekannten Ausflugszielen **kostenpflichtig.** Deshalb sollte man stets ein wohl gefülltes Säckel mit Münzen für den Platzpächter oder Parkscheinautomat bei sich führen.

Mit dem Fahrrad unterwegs

Zu Recht erfreut sich Radfahren immer größerer Popularität. Denn abgesehen davon, dass das Fahrrad eine äußert klug ersonnene Maschine ist, mittels der jedermann sich selbst und allerhand Gepäck ohne große Probleme über weitere Strecken befördern kann, dient die Bewegung der Muskulatur in frischer Luft dem allgemeinen Wohlbefinden und besonders der eigenen Gesundheit. So spart der Radler nicht nur Geld für kommerzielles Bodystyling und Fitness in der „Muckibude", sondern schont Natur, Umwelt und die eigene Reisekasse.

Doch es spricht noch mehr dafür, sich in der Region zwischen Wismar und Wolgast in den Sattel zu schwingen. So wenig die Ostseeküste und ihre Orte dem ständig zunehmenden Autoverkehr gewachsen sind, so ideal ist sie für das Fahrrad. Denn sanfte Konzepte und Heerscharen von ABM-Kräften haben in den letzten 20 Jahren in der Region ein **Radwegenetz** geschaffen, wie es in Deutschland wohl kein zweites Mal zu finden sein dürfte. Dieses Wegenetz, die zauberhafte Natur und sicher auch das radlerfreundliche flache Landschaftsrelief hat Mecklenburg-Vorpommern knapp hinter Bayern mittlerweile zur zweitbeliebtesten Region für Radferien gemacht.

Die einzelnen Regionen haben die Infrastruktur rings um das Rad oft beispielhaft ausgebaut. Sei es, dass die Usedomer Bäderbahn sich und ihre Waggons für Radler gerüstet hat, die Linienbusse über die Halbinsel F-D-Z mit Radanhängern verkehren, auf Rügen der spezielle Radbus *RADzfatz* verkehrt oder es spezielle Fährlinien für Radwanderer über die Bodden und Achterwasser gibt, damit man auch Radausflüge auf das Festland unternehmen kann. Die ausgeschilderten und markierten Radwege führen oft abseits der Straßen durch allerschönste Natur. Ganz praktisch ist das Rad dort, wo Autos nicht hin dürfen. Und das ist entlang der Ostseeküste an vielen Stellen so, denn die meisten und schönsten Ausflugsziele lie-

☒ Wer Fahrrad fährt, hat einiges zu entdecken

Peters Kreuz
JH Ibenhorst 3,4 km
Born 3,3 km
Nationalpark-Region Darß
006osk ph

gen inmitten der geschützten Natur und damit nur zu Fuß oder Fahrrad zu erreichen.

Die idealen Bedingungen für Urlaub mit dem Fahrrad haben bereits mancherorts, wie z.B. auf den Deichkronen zwischen vielbesuchten Seebädern, zu einem derart massiven Verkehr von Radfahrern, Fußgängern, Skateboardern und anderen mobilen Zeitgenossen geführt, daß es hier schon mal Staugefahr aufkommen kann.

Wer nicht gänzlich auf das Auto verzichten kann oder will, der ist in jedem Fall gut beraten, zusätzlich ein Fahrrad mitzuführen. Wem dies nicht möglich ist, der braucht auf die Zweiradwonnen dennoch nicht verzichten. In fast allen Ferienorten halten **Verleihstationen** die praktischen Fortbewegungsmittel für radlose Zeitgenossen bereit.

Jede Region besitzt nicht nur unterschiedliche Wegemöglichkeiten für Urlaub mit dem Fahrrad, sondern auch gutes, **detailliertes Informationsmaterial** zu einzelnen, unterschiedlich langen und anspruchsvollen Strecken für ein- oder mehrtägige Radtouren, die bei den regionalen Fremdenverkehrsämtern erhältlich sind. Hinweise auf Rastplätze, Gaststätten und Übernachtungsmöglichkeiten ergänzen diese praktischen Wegweiser.

Radfernwege

In M-V gibt es derzeit ein Netz von 8 Radfernwegen mit einer Gesamtlänge von fast 3000 km. Im Küstenbereich liegen der 600 km lange **Ostseeküstenradweg** und der 114 km lange **Haff-Radfernweg** von Kamminke nach Altwarp.

Zur Küste hin führen der über 640 km lange **Mecklenburgische Seen-Radweg,** der **Elbe-Ostseeradweg** von Dömitz nach Wismar (860 km) sowie der **Radfernweg Berlin – Kopenhagen.** Von dessen 640 km Gesamtlänge führen rund 260 km quer durch Mecklenburg.

Ganz im Osten verläuft zwischen Liberec (Polen) und Ahlbeck der insgesamt 630 km lange **Fernweg Oder – Neiße,** ganz im Westen der **Elbe-Radweg,** der in Sachsen beginnt und der 860 km später in Cuxhaven endet. 337 km lang ist der **Radfernweg Berlin – Usedom.** Jüngstes Kind ist der rund 520 km lange, im Hinterland der Küste verlaufende **Radfernweg Hamburg – Rügen.**

Zu allen genannten Radfernwegen gibt es **GPS-Tracks** und detailliertes **Info-Material** zu den Strecken zum download (www.auf-nach-mv.de/radfernwege). Auf der Seite findet man zahlreiche weitere nützliche Infos zu 21 Rundradwegen, zahlreichen regionalen Kurztouren sowie zu geführten Radwanderungen mit und ohne Gepäck.

Fischland-Darß-Zingst

Die Region verfügt über rund **700 km Radwege** einschließlich der reizvollen Flusstäler von Recknitz und Trebel auf

> Mit dem Rad auf dem Rügener Hochuferweg

dem angrenzenden Festland. Letzteres ist verkehrsarm, die Nationalpark-Bereiche auf der Halbinsel völlig **autofrei.** 23 der schönsten Radtouren beschreibt die vom Regionalverband herausgegebene Radwegekarte (Maßstab 1:90.000). Sie liefert außerdem Angaben zu Wegbeschaffenheit, Sehenwürdigkeiten und Alternativrouten. Bei der Auswahl der 13 bis 56 km langen Touren wurde darauf geachtet, dass sie mit dem Fahrradwegenetz der angrenzenden Küste und der Seenplatte verbunden sind.

Zwischen April und Mitte Oktober verkehrt der Linienbus 210 zwischen Ribnitz-Damgarten und Barth sowie die Linie 202 von Ribnitz quer durch die herrliche Rostocker Heide nach Hohe Düne mit eigenem **Fahrrad-Anhänger.** Auch die Fahrgastschiffe wie beispielsweise auf den Strecken Barth-Zingst, Althagen-Born oder Bodstedt-Born nehmen Räder mit.

Karte

- **Bikeline-Radkarte Fischland/Darß/Vorpommern,** aktuelle wasserfeste Radkarte mit gut und übersichtlich gehaltenem Kartenbild im Maßstab 1:75.000. Auf der Rückseite befinden sich Ortspläne der größeren Orte.
- **ADFC-Regionalkarte** Rügen/Fischland, Darß im Maßstab 1:75.000, BVA. Die detaillierte Radwanderkarte speziell für Radwanderer konzipiert, die eine Region besonders intensiv erkunden wollen und mehr Details benötigen.

Rügen

Allein 320 km lang ist die große **Rügen-Rundtour,** die rings um und quer über die sanft hügelige Insel führt. Der Rad-

293rh ph

Der Freizeit-Navigator – Radkarten mit GPS-Anbindung

Der Freizeit-Navigator ist eine elektronische Karte des Landes M-V mit vielen nützlichen Zusatzfunktionen, die eine klassische Landkarte nicht bieten kann. Er enthält eine detaillierte Kartenbasis des Landesvermessungsamtes Mecklenburg-Vorpommern, Adressen von rund 4000 Ausflugszielen und ein Radwegenetz aus 21 Radrundwegen und 8 Radfernwegen.

Pedaleros können auf diesem Netz ihre individuelle Route planen. Über die GPS-Anbindung kann auf Wunsch die eigene aktuelle Position in der Karte angezeigt werden. Der von 1:100.000 bis 1:10.000 zoombare Maßstab und der hohe Detailgrad der Rasterkarten bieten deutlich vielfältigere Informationen als die üblichen Radwanderkarten.

Einsehen kann man das Helferlein im Internet unter **www.auf-nach-mv.de/karte.**

fernweg Hamburg – Rügen führt auf der Insel selbst von Stralsund über Bergen bis Sassnitz. Für kombinierte Touren ideal ist der **Fahrradbus RADzfatz,** der von Mai bis Anfang Okt. auf sieben Strecken verkehrt. Auch bei der Kleinbahn „Der Rasende Roland“ und einigen zwischen den Seebädern verkehrenden Schiffen ist die Fahrradmitnahme jederzeit möglich. Auf den Fähren nach Hiddensee ist sie dagegen nur eingeschränkt möglich und richtet sich nach verfügbarem Platz.

Als **Movelo-Region** mit 35 Stationen verfügt Rügen über ein flächendeckendes Netz von Verleih- und Akku- Lade- bzw. Tauschstation für **E-Bikes.** Die *Weiße Flotte* transportiert diese Räder auf den Ausflugslinien Vitte – Wiek/Dranske und Lauterbach – Baabe kostenlos.

■ **Radsportverein „Tour d'Allée Rügen“,** Wiesengrund 73, 18528 Zirkow, Tel. (038393) 3247, www.tda-ruegen.de.

Karten

■ **Rad- und Wanderkarte Rügen,** 1:50.000. Insel Rügen mit Schwerpunkten Biosphärenreservat Südost-Rügen, Nationalpark Jasmund und Insel Hiddensee;

■ **Bikeline-Radkarte Rügen/Stralsund/Hiddensee,** aktuelle wasser- und reißfeste Radkarte mit übersichtlichem Kartenbild im Maßstab 1:75.000. Auf der Rückseite befinden sich Ortspläne der größeren Orte.

E-Bike-Touren

Ganz neu im breit gefächerten Angebot für Radfahrer entlang der Ostseeküste sind die Möglichkeiten, die Küste und ihre Inseln mit dem innovativen E-Bike zu entdecken, mit dem auch Ungeübte dank unterstützendem Elektromotor problemlos größere Strecken und bei Gegenwind radeln können.

Als erster Fernradweg ist der Radweg **Berlin – Kopenhagen** durchgängig mit Verleih- und Ladestationen ausgestattet

(Infos und downloads unter www.bike-berlin-copenhagen.com).

Auch die Insel Rügen und die Halbinsel Fischland-Darss-Zingst und die Hansestadt Wismar sind bereits voll erschlossene Movelo-E-Bike-Regionen. Die von März bis Okt. geöffneten Verleih- und Auflade-Stationen sind unter **www.movelo.com** abrufbar. Die Verleih- und Ladestationen in der Region Mecklenburgische Ostseebäder zwischen Boltenhagen und Warnemünde findet man unter www.wondervelo.de/de/tourismus/ostseekueste-mecklenburg.html und www.movelo.com/de/stationen-in-mecklenburg-vorpommern.

■ **Info:** Movelo-Service MV, 18435 Stralsund, Maxim-Gorki-Str. 28, Mobil: (0151) 25276186, www.movelo-com.

Usedom

Auch die Insel Usedom ist auf ihrer gesamten Länge und Breite von zahlreichen, insgesamt über 200 km langen Radwegen durchzogen und wie geschaffen für ausgiebige Wanderungen und Ausflüge mit dem Rad. Seit dem Beitritt Polens zur EU sind nun auch **der polnische Teil** der Insel sowie die angrenzende Insel Wollin mit ihrem Nationalpark für Radler noch einfacher zu erreichen und entdecken. Auf den Radwegen kann man inselweit **11 markierte und ausgeschilderte Rundtouren** abradeln. Alle 11 Touren sind in dem bei den Tourist-Informationen erhältlichen Faltblatt „Insel Usedom-Radeln" verzeichnet und detailliert beschrieben.

Speziell für Wanderer und Radler gibt es die saisonal verkehrenden **Personen-Fahrrad-Fährlinien** zwischen Usedom und dem Festland, wie die Linien Peenemünde – Freest – Kröslin – Peenemünde und Kamp – Karnin.

ADFC Usedom-Karten

■ **Bikeline-Radkarte Usedom/Stettiner Haff/Ueckermünder Heide,** 1:75.000. Aktuelle Radkarte mit übersichtlichem Kartenbild, auf der Rückseite befinden sich Ortspläne der größeren Orte.

■ **ADFC-Regionalkarte** „Usedom-Haffküste", 1:75.000, BVA (sehr genaue Karte mit 32 eingezeichneten Touren inklusive Wegbeschaffenheit, Jugendherbergen, Camping, Sehenswürdigkeiten, Ausflugsgaststätten, Bademöglichkeiten, Museen, Rastplätze u.a.)

Info

Radeln an der Ostseeküste

■ **ADFC Usedom,** Seepark 19, 17429 Bansin, Tel. (038378) 30886, www.adfc.de/mv/usedom, www.spur-usedom.de.

■ **ADFC LV Mecklenburg-Vorpommern,** Hermannstr. 36, 18055 Rostock, Tel. (0381) 37706976, www.adfc-mv.de.

■ **ADFC-Gastgeberverzeichnis** „Bett & Bike Mecklenburg-Vorpommern", als Broschüre in den ADFC-Geschäftsstellen für 9,45 € (Mitglieder 4,95 €) zu beziehen oder unter www.bettundbike.de/service/laenderseiten/mecklenburg-vorpommern als Adressliste kopierbar (260 Adressen geprüfter, besonders fahrradfreundlicher Unterkünfte).

■ Neu ist die **Bett & Bike-Karte** des ADFC MV (Maßstab 1:500.000), in der neben allen Bett & Bike-Betrieben die Radfernwege und alle Bahnlinien eingetragen sind. Die Karte ist bei den ADFC-Geschäftsstellen erhältlich oder im Internet unter www.adfc-mv.de/bett-bike/bett-bike-karte.html.

■ Unter www.bettundbike.de/service/alle-gastbetriebe-als-pois lassen sich alle Bett & Bike-Betriebe Deutschlands als **POI für das Navigationsgerät**

Fahrrad-Notruf

Im Landkreis Vorpommern-Rügen steht Radfahrern und E-Bikern ein kostenloser 24 Std-Notruf zur Verfügung. Unter dem Namen **„SOS24h-Finder"** erhalten Sie im Falle einer Panne, eines Sturzes oder leeren Akkus nach 20 bis max. 40 Minuten Hilfe. Der Fahrer und sein Rad werden im Notfall zurück zum Hotel oder zur Werkstatt gebracht. Der „SOS-24h-Finder" ist in zahlreichen Hotels, Kurverwaltungen, Tourist-Informationen oder Fahrradverleihen erhältlich.

oder zur Darstellung auf digitalen Karten in verschiedenen Formaten kostenlos downloaden.

Geführte Radwanderungen

- **Die Mecklenburger Radtour,** Zunftstr. 4, 18437 Stralsund, Service-Tel. (03831) 306760, www.mecklenburgerradtour.de;
- **radreisen-mecklenburg,** Am Feldweg 6, 19386 Kreien, Tel. (038733) 499901, www.radreisen-mecklenburg.de;

Unterkunft

Die Küste Mecklenburg-Vorpommerns ist *die* touristische Boomregion Nr. 1 in Deutschland. Bereits seit Jahren erzielt das Bundesland die höchsten Zuwachsraten und hat es innerhalb kurzer Zeit geschafft, nach Bayern der Deutschen beliebteste heimische Urlaubsregion zu werden. Die höchste Nachfrage erzielen dabei die Inseln und Halbinseln. Derartige Beliebtheit wirkt sich natürlich nicht nur in den Buchungszahlen, sondern auch in den Preisen und Belegungen der Unterkünf-

▷ Nobel: Einst fürstlicher Badetempel, jetzt ein elegantes Vier-Sterne-Hotel – das Badehaus Goor in Lauterbach auf Rügen

te aus. So ist, obwohl die Ostseeküste von Mecklenburg-Vorpommern bereits über eine hohe Unterbringungskapazität verfügt und die Bettenzahl weiter zunimmt, in Sommerferienzeiten so mancher besonders beliebte Ort oder Insel praktisch völlig ausgebucht. Bei Highlights wie dem Darß oder den traditionellen Seebädern auf Rügen und Usedom ist für Juli und August eine rechtzeitige Buchung ratsam. Außerhalb der Hochsaison ist es dagegen meist kein Problem, auch ad hoc eine Unterkunft zu finden. Topziele wie das Seebad Ahrenshoop auf dem Darß haben allerdings bereits eine fast ganzjährige Auslastung, weshalb es sich bei solchen Orten auch in der Nebensaison empfiehlt, sich bereits vor Reiseantritt nach Unterkunftsmöglichkeiten zu erkundigen. Das jeweilige Angebot entnimmt man den zahlreichen Unterkunftsverzeichnissen, die von den lokalen Tourist-Informationen bereitgehalten und Interessenten auf Anfrage zugesendet werden.

Kurtaxe

Die Seebäder an der Ostseeküste und auf den Inseln erheben eine Kurtaxe. Ihre Höhe bewegt sich in der Hauptsaison (meist Mai–Sept.) zwischen 1 und 2 € pro Tag/Erwachsener. Rentner, Kinder

308rh ph

und Behinderte erhalten oft eine **Ermäßigung.** Kleinkinder sind abgabefrei. Die Kurtaxe ist mancherorts, wie beim Spitzenreiter Seebad Sellin auf Rügen, mit 2,80 € oder die Kaiserbäder auf Usedom mit 3 € ein Betrag, den man in der Reisekasse spürt. Gerechtfertigt wird dieses ebenso unzeitgemäße wie ärgerliche Zwangsgeld, das der preußische Landtag 1893 erfunden hat, mit den Kosten für Strandreinigung, der „Müllentsorgung an öffentlichen Plätzen" oder Veranstaltungen wie Promenadenkonzerte und ähnlich „Vergnügliches".

Standard

Die Hotels und Pensionen sind, wenn nicht neu erbaut, praktisch durchweg modernisiert und entsprechen dem üblichen Standard. Die Mehrheit ist der 3-Sterne-Mittelklasse und der 4-Sterne-Klasse zuzuordnen. In den Seebädern gibt es aber auch immer mehr sehr elegante 4-Sterne- und 5-Sterne-Luxus-Herbergen. Rar geworden sind dagegen leider einfache preiswerte Unterkünfte mit Etagen-WC und -Dusche.

Preise

Dass sich die Ostseeküste von Mecklenburg-Vorpommern zu einem der beliebtesten deutschen Urlaubsgebiete entwickelt hat, spiegelt sich in den Übernachtungspreisen wider. Ein Hotelurlaub an der Ostseeküste ist nicht gerade billig. Die Zimmerpreise bewegen sich in der HS etwa zw. 50 € und 100 € p.P. inkl. Frühstück, wobei preiswertere seltener sind als teurere. Natürlich liegen in begehrten Lagen wie den berühmten Seebädern die Preise im Schnitt höher als an den weniger besuchten Küstenabschnitten. Dazu schwanken sie zwischen Vor-, Haupt und Nebensaison erheblich. Um sich für seine Reisezeit einen **schnellen Überblick** zu verschaffen, sind die Unterkunftsverzeichnisse der einzelnen Orte sehr hilfreich.

009osk ph

Immer mehr Beherbergungsbetriebe gehen dazu über, **keine festen Preise mehr zu nennen,** sondern diese, nach Vorbild der Fluggesellschaften, je nach dem Verhältnis von Angebot und Nachfrage täglich neu festzulegen. Bei diesen Häusern ist es damit nicht mehr möglich, einen Zimmerpreis zu nennen.

Vom 6. Nov. bis 22. Dez. und 2. Jan. bis 1. April wird jährlich die *Herbst-Winter-Aktion „55 Euro"* (DZ inkl. Frühstück) durchgeführt, an der sich zahlreiche Hotels im ganzen Land beteiligen. Es gibt dazu jährlich eine neue Broschüre, worin die teilnehmenden Unterkünfte aufgelistet sind. Die Broschüre oder den Download als PDF gibt's beim TVB-MV.

Buchung

Alle Unterkünfte können direkt gebucht werden, auch online. Ausgewählte Hotels und Pensionen finden Sie unter „Unterkunft" im Info-Anhang der jeweiligen Ortskapitel. Für Auskunft und Buchung kann man sich an die Tourist-Informationen vor Ort wenden. Über die Regionalen Fremdenverkehrsverbände sind keine Unterkünfte buchbar!

Privatzimmer und Ferienwohnungen

Die vor nicht allzu langer Zeit noch in sehr großer Zahl und unterschiedlichster Ausstattung angebotenen Privatzimmer nehmen in ihrer Bedeutung ab, während das Segment Ferienhäuser, -wohnungen/Appartements stark ansteigt.

Privatzimmer gibt es jedoch noch überall in genügend großer Anzahl. Fast alle sind von Ausstattung und Niveau auf dem heutigen Standard. Besonders dort, wo Unterkünfte rar und deshalb begehrt sind (wie z.B. auf Hiddensee), glauben leider einige Vermieter, sie könnten ihre Zimmer mit stark veralteter Ausstattung trotzdem zu hohen Preisen vermieten. Um unliebsame Überraschungen zu vermeiden, sollte man bei Privatzimmern vor der Buchung Lage und Ausstattung ganz genau prüfen. Der Preis richtet sich nach Lage, Größe und Ausstattung und schwankt zwischen 20 und 40 € p.P. mit Frühstück.

Die ständig weiter wachsende Zahl von neu errichteten modernen **Appartement-Anlagen** und **Ferienressorts,** die voll ausgestattete Ferienhäuser und -wohnungen in unterschiedlichsten Größen und Standards anbieten, erfreut sich immer größerer Beliebtheit. Denn eine Ferienwohnung oder gar ein ganzes Haus ist nicht nur deutlich preiswerter als ein Hotelaufenthalt, sondern für Familien und Gruppen viel besser geeignet. Hier gibt es keine Frühstückszeiten und als Selbstversorger kann man am Essen ordentlich sparen. Kinder können toben und Freundeskreise ungestört beim Wein zusammen sein. Nachteil: Sie sind meist nur wochenweise zu buchen. Die Preisspanne bewegt sich je nach Lage, Größe, Ausstattung in der HS zwischen etwa 50 € und 150 € pro Tag, wobei sich deutlich teurere Exklusiv-Appartements finden lassen, preiswertere jedoch kaum.

⊲ Paradiesische Lage direkt am Meer.
Aber Achtung! Wild Campen ist nicht erlaubt!

„Urlaub auf dem Land“

Bei der 325 Mitgliedsbetriebe zählenden *„Landurlaub in M-V“* sind neben dem kostenlosen Katalog „Urlaub auf dem Lande“ mit zahlreichen Unterkünften auch Broschüren zu Reiterhöfen, Heuherbergen, Gutshöfen und anderen Urlaubs- und Unterkunftsmöglichkeiten auf dem Lande zu erhalten oder stehen als download bereit.

■ **Landurlaub M-VP,** Platz der Freundschaft 1, 18059 Rostock, Tel. (0381) 4030631, www.landurlaub.m-vp.de.

Jugendherbergen

Im Bereich der Ostseeküste gibt es insgesamt 17 Jugendherbergen. Fünf davon, Born-Ibenhorst, Barth, Beckerwitz, Ribnitz-Damgarten und Prora haben angeschlossene Zeltplätze, für die ein Extrapreis berechnet wird. Die Nutzung einer Jugendherberge setzt grundsätzlich die Mitgliedschaft in einem Jugendherbergsverband voraus. Mitgliedsausweise sind in allen Häusern erhältlich (7 € für Junioren bis 26 J., 22,50 € Senioren). Die Übernachtung mit Bettwäsche und Frühstück kostet zwischen 18,90 und 25,50 € für Junioren bis 26 Jahre, für Senioren 22,90 und 31,30 €. Halb- bzw. Vollpension sind gegen einen Aufpreis möglich.

Für Familien und Gruppen ist eine schriftliche **Anmeldung** erforderlich. Einzelreisende sollten sich einen Tag vor der Ankunft telefonisch ankündigen. Die Adressen der Häuser im Bereich Ostseeküste finden sich in der Rubrik „Unterkunft“ im Infoteil der jeweiligen Orte.

Vom 24.–26. Dezember sind die Jugendherbergen in Mecklenburg-Vorpommern **geschlossen**.

Umfassende Informationen zu Jugendherbergen können dem **Deutschen Jugenherbergsverzeichnis** entnommen werden, das kostenlos bei *DJH Service GmbH,* Leonardo-da-Vinci-Weg 1, 32760 Detmold, Tel. (05231) 99360, erhältlich ist, auch als App für Android- und iOS-Betriebssysteme, www.djh.de oder direkt vor Ort bei:

■ **Deutsches Jugendherbergswerk,** LV M.-V., Charles-Darwin-Ring 4, 18059 Rostock, Tel. (0381) 776670, www.djh-mv.de.

Camping

An der Küste und auf den Inseln (Ausnahme: Hiddensee) stehen dem Besucher rund 50 Campingplätze zur Verfügung. Praktisch alle Plätze sind umfassend renoviert und mit modernen Sanitärtrakten, Stromanschluss etc. versehen.

Die meisten Plätze sind nur in der **Saison** geöffnet (Mai–Sept.), viele aber auch ganzjährig. Manche bieten spezielles **Wintercamping** an. Adressen, Rufnummern, Lage, Ausstattung und Öffnungszeiten der einzelnen Campingplätze finden Sie im Infoteil der einzelnen Orte.

Die **Campinggebühren** sind von Platz zu Platz sehr verschieden, sodass sie im Einzelfall bei der jeweiligen Verwaltung erfragt werden müssen. Ein vollständiges Gesamtverzeichnis aller Campingplätze in M-V existiert nicht. Die vom Verband für Campingtourismus M-V herausgegebene Broschüre „Camping & Wohnmobilstellpätze“ führt an der Küste rund 40 Mitgliederplätze mit detaillierten Angaben zu Lage, Größe, Öffnungszeiten, Ausstattung u.a. auf. Regionale Campingplatzverzeichnisse gibt es von den Inseln Rügen und Usedom. Detaillierte Infos zu den rund 90 Mitgliedsplätzen sowie weitere Infos zum Thema „Camping“ findet man auf der Homepage des Campingplatz-Verbandes Mecklenburg-Vorpommern.

- **Verband für Camping- und Wohnmobiltourismus M-V,** Pläterstraße 2, 18055 Rostock, Tel. (0381) 4034855, www.vcwmv.de.

Wohnmobile

Nahezu alle Plätze verfügen über Ver- und Entsorgungseinrichtungen für Wohnmobile, viele bieten diesen Service gegen eine Gebühr auch ohne Übernachtung an. Allerdings sind Plätze auf hügeligem und/oder im sandigen Gelände oft nur bedingt für schwere Wohnmobile nutzbar. Und so mancher Betreiber hat für Wohnmobile häufig eine separate Stellfläche ausgewiesen, die meist wenig attraktiv (vielfach in der unmittelbaren Nähe des belebten Eingangs) liegt.

Sogenanntes **„wildes“ Campen** ist in Deutschland nicht erlaubt, ebenso wenig das Übernachten auf öffentlichen Plätzen. Möglich ist dagegen laut StVO, über Nacht „seine Fahrtüchtigkeit wieder herzustellen“. Diese Regelung gilt für einmaliges Übernachten. In M-V ist jedoch auf vielen Gemeinde- und Privatparkplätzen gebührenpflichtiges Übernachten mit dem Wohnmobil offiziell erlaubt.

Zwischen Campingplatz und „Frei Stehen“ etablieren sich entlang der Ostseeküste erfreulicherweise in immer zahlreicherem Maße sogenannte **Wohnmobil-Stellplätze,** die diese Küste zu einem ausgesprochen wohnmobilfreundlichen Reiseziel machen. Diese bieten neben Stromanschluss meist Ver- und Entsorgung an und liegen preislich deutlich unterhalb der Campingplätze. Zum Auffinden dieser Plätze sind **Stellplatzverzeichnisse** wie z.B. der Stellplatzatlas Deutschland Nord, Promobil/Hallwag Verlag oder auch Internetverzeichnisse wie das unter www.promobil.de/stellplatz-145.html sehr hilfreich.

Weiterreise nach Polen

Auto

EU-Bürger müssen bei der Einreise mit dem PKW neben dem nationalen Führerschein und der EU-einheitlichen Zulassungsbescheinigung keine weiteren Papiere mitführen. Ist der Fahrer nicht Besitzer des Autos, muss er von diesem eine Bescheinigung mitführen, die ihm das Benutzen des Fahrzeugs und das Einführen nach Polen erlaubt.

Das Mitführen der **Grünen Versicherungskarte** ist nur noch für Nicht-EU-Bürger Pflicht, wird jedoch auch EU-Bürgern empfohlen, da sie bei einem Unfall die Abwicklung im Schadensfall erheblich erleichtert. Der Abschluss eines zusätzlichen Auslandsschutzbriefes wird empfohlen.

Verkehrsregeln

- **Höchstgeschwindigkeit:** innerhalb geschlossener Ortschaften 50 km/h, außerhalb 90 km/h, auf Autobahnen 110 km/h, einspurige Schnellstraße 100 km/h.

334osk ph

Sonstiges: Es muss ganzjährig tagsüber mit **Abblendlicht** gefahren werden. Jeder Unfall muss der Polizei gemeldet werden. Die **Promillegrenze** liegt bei 0,2 ‰. **Telefonieren während der Fahrt** ist nur mit Freisprechanlage erlaubt. Im Winter sind **Winterreifen** zwingend vorgeschrieben.

Grenzübergänge

Zurzeit existieren von Mecklenburg-Vorpommern aus folgende Grenzübergänge nach Polen:

- **Ahlbeck – Świnoujście**
- **Garz – Świnoujście**
- **Linken – Lubieszyn** (B 104)
- **Pomellen – Kołbaskowo** (BAB 11)

Stadtfähre in Świnoujście

Einreise

Polen gehört zur EU. Zur Einreise ist für EU-Bürger nur noch ein **gültiger Personalausweis** nötig. Der Aufenthalt bis zu 3 Monaten ist visumfrei. Kinder benötigen ein eigenes Ausweisdokument.

Botschaften

Botschaft der Republik Polen, Lassenstr. 19–21, 14193 Berlin, Tel. (030) 223130, www.botschaft-polen.de.

Botschaft der Bundesrepublik Deutschland, ul. Jazdów 12, 00-467 Warszawa, Tel. (+48 022) 5841700, www.warschau.diplo.de.

Geld

Die polnische Währung ist der **Złoty** (PLN). In grenznahen Gebieten kann häufig auch mit Euro bezahlt werden. Für 1 € bekommt man 4,18 Złoty,

10 Złoty = 2,38 € (Stand Sept. 2015). Wechselstuben heißen „Kantor". Geldautomaten für Maestro-(EC-) Karten sind in allen größeren Orten vorhanden.

Zoll

Seit 2004 gilt die Grenze zw. Deutschland und Polen als **Binnengrenze,** Zollkontrollen sind damit weitgehend entfallen. Für Bürger der EU gelten die allgemeinen Richtmengen für den privaten Verbrauch. Die Freimenge für Zigaretten ist bei der Wiedereinreise nach Deutschland auf 800 Stück p./P. begrenzt.

Informationen

- **Polnisches Fremdenverkehrsamt,** Hohenzollerndamm 151, 14199 Berlin, Tel. (030) 2100920, www.polen.travel/de. Mo–Fr 9–16 Uhr.

Tanken

Bleifreies Benzin ist durch ein durchgestrichenes **„Pb"** zu erkennen. Benzin (98 u. 95 Oktan) entspricht dem deutschen Benzin. Treibstoffe an polnischen Tankstellen: 98E – bleifrei, Oktanzahl 98 (Europlus), 95E – bleifrei, Oktanzahl 95 (Eurosuper), 95U – bleifrei für Autos ohne Katalysator, Oktanzahl 95 *(Universalna)*, ON – Diesel. Seit der Steuerhöhung für Kraftstoffe ist das Tanken in Polen zwar teurer geworden, durch die rapide gefallenen Rohölpreise auf dem Weltmarkt liegen die Benzinpreise in Polen im europäischen Vergleich jedoch nach wie vor auf niedrigem Niveau (Stand Aug. 2015):

- Normal ca. 1,10 €
- Super ca. 1,20 €
- SuperPlus ca. 1,25 €
- Diesel ca. 1,08 €.

Telefon

Die Landesvorwahl von Polen ist 0048. Landesvorwahl Deutschland 0049, Schweiz 0041, Österreich 0043. Telefonzellen verschwinden immer mehr aus dem Stadtbild. Dafür können Mobiltelefone für D- und E-Netze nahezu flächendeckend genutzt werden. Achtung: Mobiler Datentransfer ist im Roaming-Fall mit bis zu 16 €/MB extrem teuer.

Toiletten

Toiletten für Damen sind mit einem Kreis oder „Damski" gekennzeichnet, die für Herren mit einem einem Dreieck oder „Meski".

Notfall

Vom 1.6.–30.9. kann man bei Problemen aller Art tägl. von 10–22 Uhr unter der kostenlosen Tel.-Nr. (0800) 200300 (Mobil (0048) 22 6015555) eine deutsch- und englischsprachige Hotline erreichen. Die sonstigen Notrufnummern in Polen:

- **Allgemeine Notrufnummer:** 112
- **Polizei:** 997
- **Feuerwehr:** 998
- **Notarzt:** 999
- **Pannendienst:** 981
- **Touristen-Notruf** (Juni–Sept.) 0800 200300 (Festnetz gebührenfrei), 0608 599999 (Festnetz u. Mobil gebührenpflichtig)
- **ADAC-Pannenhilfe:** Tel. 0618 319888, mobil: +48 61 8319888.

Buchtipp

- **Polnisch – Wort für Wort** – aus der Reihe Kauderwelsch, Reise-Know-How Verlag, Bielefeld

7 Land und Leute

161osk ph

Mit Muße – in Mecklenburg-Vorpommern gehen die Uhren langsamer

Überblick

„Als unser Herrgott die Welt erschuf, fing er bei Mecklenburg an, und zwar von der Ostseeseite her, er machte es eigenhändig fertig. (...) Und wenn ein fremder Mensch hierherkommt, und er hat Augen zu sehen, dann kann er sehen, dass unser Herrgotts Hand über Wiese und Wald, Berg und See geruht hat, dass er Mecklenburg im Auge hatte, als er sagte, dass alles gut gemacht war.“ So beschreibt ein großer Sohn des Landes, der Mundartdichter *Fritz Reuter, „De Urgeschicht von Meckelnborg“.* Natürlich auf Plattdeutsch.

Von dem nordöstlichsten und bevölkerungsärmsten aller Bundesländer liest und hört man wenig. Schlagzeilen werden woanders gemacht, Spektakuläres geschieht anderswo. Ein Umstand, der in unserer schnellebigen, sensationslüsternen Zeit gemeinhin als gravierender Nachteil gewertet wird. Viel mehr als Rügen und seine Kreidefelsen fällt den meisten zu dem Land nicht ein. Vielleicht noch die traditionsreichen Seebäder mit ihren endlosen Sandstränden, deren Charme und Schönheit sich zwischenzeitlich auch in den westlichen Bundesländern herumgesprochen haben. Doch Mecklenburgs und Vorpommerns Ostseeküste hat viel mehr Gesichter als nur Kreidefelsen und Küste.

Der hier beschriebene Teil Mecklenburg-Vorpommerns gliedert sich in Regionen, die sich landschaftlich, teilweise aber auch kulturell und geschichtlich deutlich voneinander unterscheiden. Dem Kapitel Ortsbeschreibungen liegt nicht die rein geografische Gliederung des Landes zugrunde. Die Einteilung folgt aus reisepraktischen Gründen den von den sechs existierenden Regionalen Fremdenverkehrsämtern jeweils betreuten Gebieten. Ein ausführliches Register am Ende des Buches stellt sicher, dass auch Informationen zu einzelnen Gebieten und Orten schnell und gezielt aufgefunden werden können.

Dem Westen Mecklenburgs vorgelagert ist die Region **Mecklenburgische Ostseebäder,** die sich im schmalen Strei-

011osk ph

▷ Wildromantisch und kaum berührt – der Darßer Weststrand

fen vom Klützer Winkel bis zur Warnowmündung hinzieht und die Hansestadt Rostock einschließt. Ihr schließt sich die Region **Fischland/Darß/Zingst** an, zu der auch der boddenseitige Festlandstreifen mit der Bernsteinstadt Ribnitz-Damgarten zählt. Die Hansestadt Stralsund ist das Tor zu Deutschlands größtem und schönstem Eiland, der **Insel Rügen,** der die ihr vorgelagerte Trauminsel Hiddensee zugerechnet wird. Bei Wolgast beginnt die **Insel Usedom,** die sich bis zur polnischen Grenze ausdehnt und dank ihrer grandiosen Strände die Badeinsel schlechthin ist. Den Osten des Doppellandes nimmt die Region **Vorpommern** ein, die ungefähr den Bereich von der Linie Demmin – Altentreptow – Straßburg – Pasewalk bis zur Oder einnimmt.

Jede einzelne der Regionen bietet so viel Sehens-, Erlebens- und Entdeckenswertes, dass eine einzige Reise keinesfalls ausreichen kann, Mecklenburgs Ostseeküste in ihrer ganzen Schönheit und Vielfalt zu erfahren. Wer einmal durch das bezaubernde Bauernland gereist ist, wird *Fritz Reuter* recht geben müssen, dass die göttliche Schöpfung an diesem Fleckchen Erde außergewöhnlich fanta-

sievoll waltete und gestaltete und seine von alters her materiell benachteiligten Bewohner mit einem Schmuckkästlein voller wertvoller Kleinodien an Naturräumen entschädigte. Und ganz bestimmt wird er dann besser verstehen, warum ich seit über 25 Jahren so oft als möglich diese unglaublich schöne und abwechslungsreiche Küstenregion bereise.

Ostseeküste

Die Ostseeküste ist so vielgestaltig und abwechslungsreich wie nur wenige Küsten. Über gut 350 km erstreckt sich die **Außenküste** zwischen der Lübecker Bucht und Ahlbeck auf Usedom. Doch zusammen mit der stark gegliederten **Binnenküste,** den zahlreichen Buchten, Haffs, Nehrungen und Inseln ergibt sich eine Küstenlänge von genau 1712 km.

Entstehung und Veränderung

Die Herausbildung der Küstenlandschaft, so wie wir sie heute kennen, begann erst vor rund 7000 Jahren und dauert bis heute fort. Damals erreichte der Meeresspiegel seinen heutigen Stand. In dieser Zeit bildeten sich auch die Steilufer heraus, die sich allerdings seither wesentlich verändert haben. Der Grund dafür sind die komplexen und auch heute noch andauernden Abläufe, die man unter dem Begriff **„Küstenausgleich“** zusammenfasst: Die Steilufer werden abgetragen, das Material wird vom Meer weggespült, kilometerweit transportiert und an der Flachküste wieder abgelagert. Der Sommerurlauber merkt hiervon nur wenig, aber der Strandwanderer im zeitigen Frühjahr ist oft erstaunt, welche **Zerstörungen** in nur wenigen Wintermonaten angerichtet worden sind. Manchmal stürzen von den Kliffen über 100.000 Kubikmeter Land ins Meer, die vom ersten Sturmhochwasser (Gezeiten gibt es an der Ostsee kaum) dann „aufgearbeitet“ werden. Feines Material wird fortgespült, nur der typische Geröllstrand vor den Kliffs bleibt zurück. Durch besonders heftige Stürme können aber auch Geröllbrocken bis zu Faustgröße abtransportiert und am Ufer von wachsenden Küstenlinien aufgeworfen werden. So sind beispielsweise die 3000–4000 Jahre alten „Feuersteinfelder“ auf der Schmalen Heide Rügens entstanden. Der Sand wird über längere Strecken parallel zur Küste transportiert, und wo er sich ablagert, bilden sich sogenannte **Sandhaken,** wie z.B. Gellen und Bessin auf Hiddensee, die mehrere Meter pro Jahr ins Meer hinauswachsen. Wachsen sie bis zum nächsten Landvorsprung oder bis zu einer Insel, so entsteht eine **Nehrung,** wie die Schaabe und die Schmale Heide auf Rügen. Ganze Inseln sind auf diese Weise untereinander und mit dem Festland zusammengewachsen, wie etwa die Halbinsel Fischland-Darß-Zingst, die einst aus drei Inseln bestand. Vom Strand treibt der Wind den trockenen Sand landeinwärts, wo er sich an den ersten Hindernissen ablagert und zu **Dünen** aufhäuft, wie man sie an jeder Flachküste findet.

Ein ganz anderes Bild bietet sich an den vor Wind und Wellen geschützten

165osk ph

Binnenküsten der **Haffs, Bodden und Achterwasser.** Hier dehnen sich lange Schilfgürtel aus, ein Paradies für zahlreiche selten gewordene Vogelarten und Material-Ressource für die Rohrdächer der Bauernhäuser und Fischerkaten.

Küstenschutz

Seit Jahrhunderten bemühen sich die Küstenbewohner, die Außenküste vor Abtragung und Zerstörung zu schützen. Mit Steinwällen, Buhnen, Deichen, Wellenbrechern oder Aufspülungen versuchen sie, ihre Heimat vor den Urkräften der See zu sichern. Doch trotz aller Anstrengungen sind zwei Drittel der Außenküste Mecklenburg-Vorpommerns **Abtragungsküste.** Strömungen, insbesondere aber winterliche Sturmfluten, nagen hier an den Ufern und spülen unaufhaltsam Landmasse mit sich fort. Auch die mühevolle Bepflanzung der Stranddünen mit Strandhafer und die Anlegung von Küstenschutzwäldern können den Landverlust nur bedingt aufhalten. All die Maßnahmen dienen aber nicht nur dazu, Küstenrückgang zu vermeiden, sondern schützen auch die Bewohner. Verheerende **Überschwemmungen** forderten immer wieder Menschenleben und zerstören Haus und Hof. Darüber hinaus sind die Uferzonen ebenso wichtiger wie verletzlicher Lebensraum für vielerlei seltene Tier- und Pflanzenarten.

Um die Anstrengungen zum Schutz von Küste und Mensch, aber auch um die einzigartige Küstenlandschaft für die kommenden Generationen zu erhalten, ist es unerlässlich, die Schutzbestimmungen zu beachten. Bedenken Sie, dass

⌃ Aussichtspunkt am Wanderweg von Vitt zum Kap Arkona (im Hintergrund)

162osk ph

eine achtlos an falscher Stelle erbaute Sandburg dazu führen kann, dass die nächste Sturmflut an dieser Stelle die Düne durchbrechen und fürchterliche Zerstörungen anrichten kann.

Tragen Sie deshalb durch **verantwortungsbewusstes Verhalten** und Aufklärung mit dazu bei, dass wir uns auch im nächsten Sommer an den Stränden erholen können.

⌃ Der Nationalpark Jasmund ist ein wundervolles Refugium für Wanderer, Radfahrer und Naturliebhaber

Naturschutz – Naturschonung

Zahlreiche Berichte in den Westmedien haben zu Zeiten von kaltem Krieg und Mauer von den katastrophalen Folgen berichtet, die die ebenso maß- wie rücksichtslose Industrialisierung und Ausbeutung der Ressourcen auf dem Gebiet der verblichenen DDR angerichtet haben. Eine skrupellose Greisenriege habe aus rein ideologischen Machterhaltungsgründen nicht nur die Natur ihres Landes großräumig zerstört, sondern auch gleichzeitig ihre Bevölkerung vergiftet. Ein Bild, das bis heute in vielen westdeutschen Köpfen lebendig geblieben ist. Und betrachtet man sich die immensen **Verheerungen,** die beispielsweise der

Uranbergbau in Sachsen, die Braunkohletagebaue in der Lausitz oder die chemische Industrie im berüchtigten Chemiedreieck um Bitterfeld in Sachsen-Anhalt hinterließen, so ist der Vorwurf völlig gerechtfertigt. Doch das ist nur die halbe Wahrheit. Jeder, der schon einmal in den Neuen Bundesländern unterwegs war, wird, wie ich überrascht festgestellt habe, sehen, dass hier noch großflächige, unberührte **Naturparadiese** bestehen, wie man sie im „umweltbewussten" Westen nur selten oder gar nicht mehr antrifft. Schon ein Blick auf eine Karte der deutschen Nationalparks macht deutlich, dass bei dem damals im Westen vermittelten Bild eine gehörige Portion Propaganda mit von der Partie war. Von insgesamt 15 ausgewiesenen Großschutzgebieten Deutschlands, die den strengen internationalen Kriterien eines Nationalparks entsprechen, liegen allein sieben auf dem relativ kleinen Gebiet der ehemaligen DDR. Und drei davon kann Mecklenburg-Vorpommern sein eigen nennen. **Viele Tier- und Pflanzenarten,** die im Westteil Deutschlands äußerst selten geworden oder gänzlich ausgestorben sind, haben in den unberührten, naturbelassenen Regionen der Beitrittsländer Zuflucht gefunden. Biber und Adler, Kranich, Fischotter, Weiß- und Schwarzstorch, Kormoran und Kolkrabe sind einige der Tiere, die man gewöhnlich nur noch aus dem Fernsehen kennt. Und seit dem Zerfall des Ostblocks sind aus den Urwäldern Polens sogar wieder erste **Wölfe und Elche** in Waldgebiete eingewandert, wie in die Schorfheide oder in die offengelassenen Braunkohle-Tagebaue der Lausitz.

Man fragt sich natürlich, wie es denn dazu kommen konnte, dass die arme

Die „Zehn Gebote" des Küstenschutzes

1. Benutzen Sie nur die gekennzeichneten Strandzugänge. Übersteigen oder beschädigen Sie keine Einzäunungen.
2. Bauen Sie keine Sandburg näher als 2 m vom Dünenfuß.
3. Brechen Sie von Büschen und Bäumen keine Äste ab.
4. Benutzen Sie die Steilufer nicht für Klettereien oder als Rutschbahnen und benutzen Sie die befestigten Strandabgänge.
5. Kein Feuer oder Rauchen im Küstenschutzwald.
6. Überqueren Sie Deiche nur an den gekennzeichneten Stellen.
7. Fangen oder beunruhigen Sie keine Tiere.
8. Pflücken Sie keine Blumen und Pflanzen.
9. Entsorgen Sie Ihren Abfall sachgerecht.
10. Befahren Sie nur die erlaubten Wege und parken Sie nur auf ausgewiesenen Stellplätzen.

Nationalpark Vorpommersche Boddenlandschaft

Nationalpark Jasmund

DDR viel mehr **intakte Naturräume** besitzten konnte als der reiche Westen, der doch seit vielen Jahren von Schlagworten wie „Ökologie“ und „Umweltschutz“ beherrscht wurde und dafür auch eine erkleckliche Summe ausgab. Die Antwort ist einigermaßen überraschend. Es war im Wesentlichen jenes sozialistische System, das doch ohne Rücksicht und ohne Protest von Bürgerinitiativen fürchten zu müssen, die Landschaft grässlich ruinieren konnte und dies auch tat. Andererseits fehlte aber die kapitalistische Profitgier der Freizeitindustrie, die im Westen nicht minder skrupellos als die SED-Gerontokratie die schönsten Landschaften mit Hotelkomplexen, Freizeitparks, Golfplätzen und Jachthäfen zubetonierte. Ein weiterer Grund resultiert direkt aus der größten Schwäche der sozialistischen Planwirtschaft: **Geldmangel.** Es fehlte schlicht an den notwendigen Finanzen, um Flüsse zu begradigen oder das Straßennetz auszubauen, das kleinste Fleckchen, den letzten Winkel dem Menschen ökonomisch untertan zu machen, kurz, die Natur so intensiv zu erschließen und auszubeuten, wie dies im Westen geschah. So säumen im Osten Deutschlands noch herrliche **uralte Alleen** die Straßen, haben die großen Flussläufe wie Elbe und Oder noch ihre natürlichen Auen. **Große Staatsjagden** und Privatrefugien der Nomenklatura, einst von der Stasi streng bewacht und dem Volke versperrt, konnten sich so ihre Urwüchsigkeit bewahren. Und schließlich, auch wenn es fast pervers klingen mag, verdanken einige Großschutzgebiete ihre Existenz dem menschenverachtenden Grenzregime. Innerhalb des gesperrten Streifens entlang der innerdeutschen Grenze war die Natur über Jahrzehnte vor menschlichen Eingriffen geschützt und sich selbst überlassen. Diesem Umstand verdanken beispielsweise der Nationalpark Hochharz um den Brocken oder der Naturpark Elbetal ihr Dasein.

Vor allen Dingen aber, und das kann gar nicht genug betont und gelobt werden, verdanken wir die herrlichen Großschutzgebiete auf dem Gebiet der ehemaligen DDR dem selbstlosen Engagement und Einsatz weitsichtiger Menschen vor Ort. Bis zur physischen Erschöpfung bemühten sich **Naturschützer und Bürgerkomitees,** die politischen Freiräume zwischen Honeckersturz und Wiedervereinigung zu nutzen, um, ohne von den allmächtigen Wirtschaftslobbys des Westens be- und ge-

014osk ph

hindert werden zu können, so viele Gebiete wie möglich vor den Übergriffen des großen Geldes in Sicherheit zu bringen. Nur wenige Wochen vor der Wiedervereinigung, genau am 12.9. 1990, also in letzter Minute gelang es, zumindest die wichtigsten und größten Refugien unter gesetzlichen Schutz zu nehmen. Fünf Nationalparks, sechs Biosphärenreservate und drei Naturparks konnten so gesichert werden. Eine Leistung, die unseren ganzen Respekt, unsere Anerkennung und Hochachtung verdient. Und unsere Unterstützung! In die Gebiete, die früher nicht betreten werden durften, strömen jetzt **Besucherscharen.** Das Straßennetz wird ausgebaut. Neue Betonschneisen wie die Ostseeautobahn A 20 werden durch die unberührte Landschaft getrieben. Golfplätze werden in derartig schwindelerregender Zahl gebaut, dass man meinen könnte, das elitäre Vergnügen sei Volkssport Nummer Eins. Die Freizeitindustrie hat sich längst die schönsten Stellen ausgeguckt, um jeden von ihr selbst inszenierten Wunsch nach Luxus und Unterhaltung in Stahlbeton zu gießen.

Die Neuen Bundesländer hatten die einmalige Chance, aus den kapitalen Fehlern zu lernen und die Entwicklung behutsam zu betreiben. In manchen Rathäusern hat sich diese Erkenntnis durchgesetzt, und es gibt **erfreuliche Beispiele** dafür. Hiddensee beispielsweise hat es geschafft, die kapitalkräftigen Konzerne fernzuhalten und so die Einnahmen den

Bohlenstege führen durch die empfindliche Flora im NLP Vorpommersche Boddenlandschaft

Inselbewohnern zugute kommen zu lassen. Andererseits zeigen neu errichtete Urlaubsmaschinen großer Konzerne wie das Precise-Resort bei Neddesitz auf Rügen oder viel zu groß geratene Hotel-Neubauten und „Fremdkörper" wie ausufernde Ferienhaus-Trabantenstädte im postmodernen Baustil wie z.B. im Badeort Zingst, dass manch Gemeindevetreter für die kurzfristig höhere Dividende leider bereit ist, das wertvollste Kapital, die gewachsenen traditionellen Ortsstrukturen und die unberührte Landschaft und intakte Natur leichtfertig zu opfern.

Auch die Besucher, auch Sie können helfen, dass nicht eben das zerstört wird, was wir vorgeben zu lieben. Denn ist es einmal verloren, ist es meist für immer verloren. Ihre Ansprüche und **Ihr Verhalten** haben einen wesentlichen Einfluss auf die weitere Entwicklung. Werden die künstlichen Plastikwelten der industriellen Ferien- und Freizeitparks nicht gebucht, werden sie auch nicht gebaut. Und wer es als unzumutbare Einschränkung empfindet, nicht in jeden Winkel mit seinem lärmenden Motorboot fahren zu dürfen, trägt dazu bei, dass die letzten ursprünglichen Naturräume zu Wassersportzentren mit Disco und Pommesbude umfunktioniert werden und Tiere wie Adler und Biber endgültig verschwinden.

Großschutzgebiete

Besonders Mecklenburg-Vorpommern konnte sich als das am schwächsten besiedelte und weitgehend industriefreie Bundesland seine Natur großflächig bewahren. Im Bereich der Ostseeküste findet man fünf der zehn Großschutzgebiete des Bundeslandes, hinzu kommen die vielen kleineren und kleinen Landschafts- und Naturschutzgebiete wie das Tal der Peene, des letzten großen Flusses Deutschlands, der von menschlichen Eingriffen weitgehend verschont geblieben ist.

An der Küste Vorpommerns befinden sich zwei Nationalparks. Der größere ist der **Nationalpark Vorpommersche Boddenlandschaft,** der sich auf einer Fläche von mehr als 800 km² zwischen der Halbinsel Darß/Zingst und der Westküste Rügens erstreckt. Die ständig sich verändernde Abtragungs- und Anlandungsküste mit ihren Strandseen, Lagunen, Steilküsten, Haken, Nehrungen und Windwatten und die Moore und Brüche sind das Brutgebiet unzähliger Vogelarten und einer der bedeutendsten Rastplätze für Zugvögel. Bis zu 60.000 Kraniche versammeln sich hier im Frühling und Herbst und bieten dabei ein überwältigendes Naturschauspiel.

Wesentlich kleiner ist der **Nationalpark Jasmund** auf Rügen. Er bedeckt zwischen den Orten Sassnitz und Lohme eine Fläche von 3000 ha und schließt die weltberühmte Steilküste mit ihren Kreidefelsen ein. In dem alten Rotbuchenwald, der über das gesamte Stubnitzplateau sein grünes Dach spannt, finden sich zahlreiche steinzeitliche Großsteingräber.

Praktisch die ganze Insel gehört zum **Naturpark Rügen.** Der 770 km² große Park bewahrt die landschaftliche Perle vor plan- und hemmungsloser Zersiedlung.

Einen besonderen Status besitzt der südöstliche Inselteil. Das **Biosphärenreservat Südost-Rügen** erstreckt sich zwi-

015osk ph

schen Putbus und dem Mönchgut und schließt die Granitz, den Rügischen Bodden und die Insel Vilm ein. Das fast 24.000 ha große Schutzgebiet ist eines der weltweit 300 großflächigen Areale, die dem UNESCO-Programm „Der Mensch und die Biosphäre" angehören.

Auch Vorpommerns zweite große Insel wurde zum **Naturpark Usedom** erklärt. Dem 720 km² großen Territorium gehören neben der Insel selbst auch die Haffküste und der Peenestrom an. Ein Hinweis: Die Schwesterinsel Wolin auf polnischer Seite ist zum großen Teil Nationalpark.

Alle Großschutzgebiete unterhalten vor Ort Besucherzentren/-hütten und Ausstellungen, in denen man sich über das jeweilige Schutzgebiet informieren kann. Über alle Schutzgebiete existieren praktische Faltblätter, die neben einer genauen Karte des Territoriums auch Kurzinfos über die Besonderheiten des Gebietes enthalten. Die Verwaltungen bieten Programme mit Führungen, Fahrradexkursionen, Tierbeobachtungen u.a. an. Unter fachkundiger Anleitung Naturparadiese zu durchstreifen, ist ungleich aufschlussreicher, als auf eigene Faust durch die Natur zu wandern. Mehr erfahren Sie unter folgenden Adressen:

◁ Hier nagen die Wellen am Land – Hohes Ufer bei Arenshoop

Info

- **Nationalparkamt Vorpommersche Boddenlandschaft,** Im Forst 5, 18375 Born, Tel. (038234) 5020, www.nationalpark-vorpommersche-bodden landschaft.de.
- **NABU Rügen,** Rugardstraße 9c, 18528 Bergen, Tel. (03838) 209710, www.nabu-ruegen.de, Di, Mi 10–15 Uhr.
- **Nationalparkhaus Hiddensee,** Norderende 2, 18565 Vitte, Tel. (038300) 68041, Apr.–Okt. tägl. 10–16 Uhr, Nov. tägl. 10–15 Uhr.
- **Nationalpark-Zentrum Königsstuhl,** Stubbenkammer 2 (direkt am Königsstuhl), 18546 Sassnitz, Tel. (038392) 661766, www.koenigsstuhl.com, Apr.–Okt. tägl. 9–19 Uhr, Nov.–März: tägl. 10–17 Uhr.
- **Naturschutz-Zentrum Usedom,** Dünenstr. 6, 17449 Karlshagen, Tel. (038371) 21750, www.naturschutzzentrum-karlshagen.de, Mai–Sept. Di–So 10–17 Uhr, Okt.–Apr. Di–Sa 10–16 Uhr.
- **NLP-Zentrum Darßer Arche,** Bliesenrader Weg 2, 18375 Wieck, Tel. (038233) 70380, Juni–Sept. tägl. 9–17 Uhr, Mai/Okt. 10–17 Uhr, Nov.–April 10–16 Uhr.
- **Naturpark-Informationszentrum,** Bäderstr. 5, 17406 Usedom, Tel. (038372) 7630, www.naturpark-usedom.de, Mai–Sept. Mo–Fr 10–18 Uhr, Sa 10–15 Uhr, Okt.–Apr. Mo–Fr 10–16 Uhr.
- **NABU-Kranich-Informationszentrum,** Lindenstraße 27, 18445 Groß Mohrdorf, Tel. (038323) 80540, www. kraniche.de, März–Mai tägl. 10–16 Uhr, Juni/Juli/Nov. Mo–Fr 10–16 Uhr, Aug. tägl. 10–16.30 Uhr, Sept./Okt. tägl. 9.30–17.30 Uhr.
- **Darßtour,** Buchenstraße 11a, 18375 Prerow, www.darsstour.de, Tel. (0178) 1886680. Geführte Touren mit dem Kajak und mit dem Fahrrad durch den Nationalpark Vorpommersche Boddenlandschaft.

Eiszeit und eiszeitliche Landschaftsformen im Ostseeraum

Eiszeiten mit weiträumigen Vergletscherungen hat es bereits in früheren erdgeschichtlichen Epochen gegeben. Als *„die"* Eiszeit im engeren Sinne bezeichnet man jedoch nur das jüngste Eiszeitalter etwa von 800.000 bis 20.000 v.Chr. mit vier Kaltzeiten (Temperatur um 8–12 °C niedriger als heute) und drei zwischenliegenden Warmzeiten (Temperatur wie heute oder höher). Wodurch es zu den Schwankungen kam, die den Wechsel von Kalt- und Warmzeiten beding(t)en, darüber spekulieren rund 50 verschiedene Eiszeit-Theorien.

Gletscher

Während der letzten Kaltzeit, hier Weichsel-Eiszeit genannt, rückten die **Gletscher** von Skandinavien über die Ostsee vor und bedeckten mit einer bis zu 1 km starken Eisschicht das heutige Mecklenburg und den nördlichen Teil Brandenburgs bis zur Linie Schwerin – Bad Freienwalde. Die nordöstlich von Rügen liegende Granitinsel Bornholm teilte die Gletschermasse in zwei Hauptströme: den Beltsee- und den Oder-Strom.

Moränen

Durch die Bewegung und durch ihre Ablagerungen prägten die Gletscher die Landschaft dieser Region. Sie transportierten gewaltige, vom Eis abgeschliffene Felsblöcke mit einem Gewicht von bis zu 1600 Tonnen, die nach dem Schmelzen als **Findlinge** liegenblieben.

Die riesigen mitgeführten Geröllmassen wurden als **Moränen** verschiedener Form abgelagert. Am Rande der Eisflächen bildeten sich die **Endmoränen** durch Material, das der Gletscher vor sich herschob. Da der Eisrand nicht stillstand, sondern sich wechselweise vorschob und zurückzog, liegen die Endmoränen als girlandenförmige Staffeln hintereinander. Nach dem Schmelzen des Eises behinderten sie den Ablauf des Wassers, und es entstanden **Endmoränen-Stauseen,** wie beispielsweise die Müritz.

Die häufig zu beobachtenden **Endmoränenbögen** kamen dadurch zustande, dass das Eis meist nicht in breiter Front, sondern mit einzelnen Zungen vorrückte. Innerhalb jedes Endmoränenbogens liegt das ehemalige **Gletscherzungen-Becken.**

Moränenlandschaften

Der Bereich der Endmoränen-Landschaften gliedert sich in zwei Zonen: eine innere mit den regellos kuppigen **Jungmoränen** der letzten Eiszeit, zwischen denen oft zahlreiche Seen liegen, und eine äußere mit teilweise wieder abgetragenen und eingeebneten **Altmoränen,** in denen man keine Seen findet.

Das beim Rückgang der Eismassen auf den weiten, vorher vom Gletscher bedeckten Flächen abgelagerte Geröllmaterial bezeichnet man als **Grundmoränen.** Durch sie werden die unregelmäßig welligen, kuppigen und von kleinen Seen durchsetzten Grundmoränen-Landschaften geprägt, die weite Teile Mecklenburgs einnehmen. Die abfließenden Schmelzwasser bildeten die sogenannten **Urstromtäler.** Da die Gletscherfront den Abfluss des Wassers nach Norden behinderte und von Süden her die Mittelgebirge den Weg versperrten, verlaufen die Urstromtäler in Ost-West-Richtung.

Einzelformen

Wo die Moränenwälle später von Wasserläufen durchbrochen wurden, bildeten sich eine Reihe von Einzelformen nacheiszeitlicher Abtragung (Erosion) und Aufschüttung (Akkumulation). Zu ihnen gehören die aus Moränenmaterial bestehenden Rundhöcker, die als **Drumlins** bezeichnet werden und durch Eisdruck aus bereits abgelagerten Moränen herausmodelliert wurden. Sie treten meist massenweise auf (das größte Drumlinfeld im Ostseebereich zählt über 3000 Hügel) und können zwischen 5 und 50 m hoch sein. Eine weitere Einzelform sind die **Oser,** langgestreckte schmale Kiesrücken, die an Bahndämme erinnern und über 20 km lang sein können. Vermutlich sind sie durch Ablagerung des in Spalten zwischen totem Eis angesammelten Materials entstanden.

Als **Sander** bezeichnet man die ausgedehnten flachen Sandablagerungen im Vorfeld der Gletscher.

Eine andere auffällige Einzelform, der man in Mecklenburg häufig begegnet, sind die **Sölle,** rundliche Vertiefungen von bis zu 25 m Durchmesser, die an die Dolinen in Karstgebieten erinnern. Entstanden sind sie dadurch, dass Toteisblöcke in die Geröllablagerungen eingeschlossen wurden, die bei ihrem Abschmelzen Löcher hinterließen.

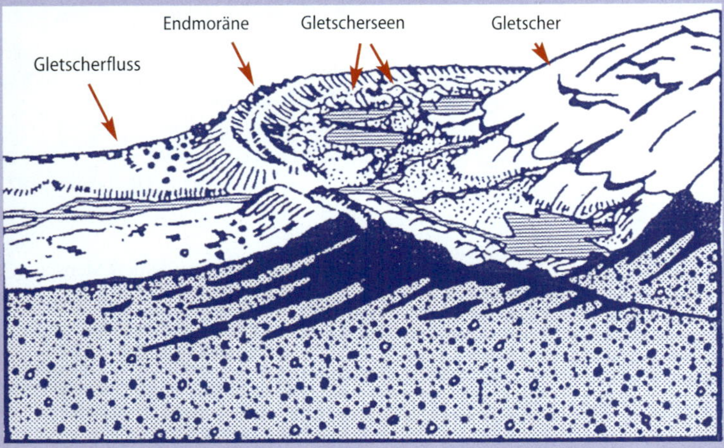

200osk ph

Menschen und Bräuche

Mötst di nich argern,
Mötst di nit argern,
Hett keinen Wiert,
Hett keinen Sinn,
Mötst di blot wunnern,
Wart di blot schaden,
Watt all passiert.
Un bringt nix in,
Mötst ümmer denken,
Ward an die fräten
De Welt is nich klauk,
As Qualm und Rook.
Jeder hett Grappen,
Is't nahst vergäten,
Du hest se ok!
Büst grad so klauk!

Mötst di nich argern,
Kort is din Läben
Is Uhnrecht di dahn,
Un lang'n büst du dod,
Haug mal up'n Disch
Minsch, blot nich argern,
Un gliek is't vergahn.
Ne, lachen deiht gaud!

(R. Tarnow, 1927)

Der Naturpark Usedom und der polnische Nationalpark Wolin sind Partner

„*Unrecht dahn*“ wurde den Menschen in Mecklenburg-Vorpommern oft in ihrer zumeist leidvollen Geschichte.

„*Es sint die Einwohner sehr ein mordisch und zenkisch Folck, das eben schir wahr wird, wie das lateinische Sprichwort sagt: omnes insules mali.*“ So schildert der Geschichtsschreiber *Helmhold* (1125–1177) die Bewohner der Küste und ihrer Inseln. Damals waren dies aber noch slawische Stämme. Die heutigen Bewohner Mecklenburgs und Vorpommerns sind Nachkömmlinge jener deutschen und christlichen Zuwanderer, die die Slawen verdrängten.

Wesentlich freundlicher fallen aber Charakteristika der heutigen Einheimischen immer noch nicht aus. *Theodor Fontane,* der Wanderer durch die Mark Brandenburg, notierte über die Nachbarn wenig schmeichelhaft: *„Sie haben unbestreitbar eine wundervolle* **Durchschnittsbegabung,** *werden aber ungenießbar dadurch, dass sie einem dies Durchschnittsmäßige, dies schließlich doch immer furchtbar Enge und Kleinstädtische als etwas Höheres, als das eigentlich Wahre aufdrängen möchten. Das nennen sie dann Humor, wenn sie plötzlich, mit einem ziemlich unverschämten Gesicht, aus ihrem Mustopf herauskucken."* Das geflügelte Wort *„einen Mecklenburger zu Hilfe rufen"* bedeutet in mancher Stube noch immer der Griff zum Prügelstock.

Vom rauhen Norden sind sie geprägt, von der gefahrvollen See und den kargen Böden, denen sie seit Jahrhunderten ihre Existenz abringen. Von den Stürmen, undurchdringlichen Wäldern und weiten Sümpfen, die große Flächen des heutigen Landes früher bedeckten. Abgeschiedenheit und Einsamkeit formte ihre Seelen, förderte Einsilbigkeit und kantige Köpfe. Die Arbeit prägte diesen Menschenschlag. Die tägliche schwere körperliche Arbeit in Fischerei und Landwirtschaft, die sie bis heute verrichten. Bis 1822, als auch in Mecklenburg schließlich die **Leibeigenschaft** abgeschafft wurde, mussten sie dies als Tagelöhner, Mägde und Knechte für die feudalen Landjunker tun, die ihre *„Bauern legen"* konnten, wie sie wollten. „Bauernlegen" bedeutete, dass der Rittergutsbesitzer die Höfe der Bauern einfach einziehen, beschlagnahmen konnte. Von diesem Recht machten sie derartig häufig Gebrauch, dass die Zahl der eigenständigen Höfe zwischen 1600 und 1800 von 12.000 um 90% auf 1200 sank. Der **Landadel** verschaffte sich auf diese krumme Tour riesigen Grundbesitz. Als rechtlose Untertanen mussten die Bauern nun für die Herren schuften. Geknechtet und ausgebeutet, der Tag ausgefüllt mit harter Fron, die die Kinder dennoch nicht satt machen konnte. Das formt. *„Das Ringen in harter Arbeit mit dem Boden und Wasser hat sie ruhig und bedächtig gemacht, zu einem fleißigen und kraftvollen Geschlecht, das lieber im Wirken als in Worten sich äußert",* konstatiert der Historiker *R. Pechel.* Still und zupackend, so scheinen sie zu sein.

Der Ruf, **starke Esser und Trinker** zu sein, eilt den Mecklenburgern seit alters her bis heute voraus. Wohl nicht ganz zu Unrecht. *„Das Charakteristische an seiner Küche",* so der Kulturhistoriker *L. Fromm* 1860, *„ist nicht das Leckere und Zarte, sondern das Schwere und Massenhafte."*

Ein gewisser *Suckow* konstatierte 1801 erstaunt: *„Dass die Menschenklasse auf dem Lande in Mecklenburg weit stärker arbeitet, als sie vielleicht in jedem anderen Staat thut, ist unleugbar. Aber ebenso gewiss ist es auch, dass der geborne Mecklenburger dieser Gattung noch einmal so viele Speisen zum Unterhalt braucht als seine Mitbrüder in anderen Ländern."* Kräftig und deftig und kalorienreich ist

017osk ph

sie bis heute geblieben, die Mecklenburger Küche, und süß. Ein Schreiber namens *Schütze* berichtet: *„So fällt es auf, dass der Mecklenburger, und gerade der, ein passionierter Freund des Süßen, namentlich des Zuckers ist. Daran erkennt man einen Mecklenburger, dass er viel Zucker zu Wein und Speisen mischt."*

„'N Makelbörger Magen kann alles verdragen", heißt es im Lande. Und damit sind nicht nur Speisen gemeint, sondern auch das zweite Hauptnahrungsmittel – **Alkohol.** Getrunken – und das insbesondere Schnaps – wird reichlich. Welchen Stellenwert das Trinken in der Volksseele einnimmt, wird an der Fülle von Begriffen deutlich, die diese Tätigkeit beschreiben. *„Störken, kilken, pägeln, bäkern, kniepen, koemen, ströpen, bülgen, biknüllen, antuten, ünnerkröseln, inknöpen"* – nur eine Auswahl der mundartlichen Bezeichnungen für die allseits beliebte Kehlenspülung.

So stellte schon 1856 der Ökonom *Vehse*, der die wirtschaftlichen Verhältnisse vor Ort untersuchte, resigniert fest: *„... während man sich der Industrie noch nirgends genähert hat, es sei denn, unglücklicherweise in den zahlreichen Branntweinbrennereien."* Sind die Deutschen sowieso Weltklasse im Trinken, so waren die Bürger der ehemaligen DDR in dieser Disziplin ihren Westbrüdern klar überlegen. Aber die Goldmedaille beanspruchen die Menschen Mecklenburg-Vorpommerns. Bier- oder schnapsselige Runden kann man zu jeder Tageszeit in den Kneipen antreffen. *„Weshalb man ihn denn häufig in größeren Gesellschaften antrifft, Bier und Korn vor sich, und schwimmenden Auges und schwerer Zunge Autobiographisches mitteilend, wobei er mit gewagten Details aus der Intimsphäre nicht spart"*, wie ein Kenner feststellt.

Ernst Moritz Arndt, selbst ein Vorpommer, beschrieb seine Landsleute milde folgendermaßen: *„Etwas träge und bequem, aber durchaus gutmütig und gerade"* und hebt *„ihre Fröhlichkeit, Tapferkeit und Treue"* hervor. *„Ein aufgerichtet, trewe, verschwiegen Folk, das die Lügen und Schmeicheleien hasset"*, meint ein anderer Chronist. *„Mehr gutherzig und mehr simpel, nicht sehr fröhlich, sondern schwermütig"*. Bodenständig, gerade und unerschütterlich in Zuneigung wie in Abneigung, heimatverbunden und sesshaft, sagt man, seien sie. Ihre Bedächtigkeit wird ihnen oft als Langsamkeit ausgelegt. Notorische Rückständigkeit unterstellt man ihnen, Denkfaulheit und engstirnigen Provinzialismus. Und so mancher „Gutsherr" moderner Prägung beißt sich an ihrer stillen, aber unerschütterlichen Querulanz die Zähne aus. Durchaus brauchbare Eigenschaften, die sie womöglich vor manchem krummen Geschäftemacher und Glücksritter verschonen. Arrogant und nörglerisch darf man ihnen nicht kommen. Wer gar unverschämt wird, der wird schon mal kräftig am Schlips gepackt.

Ich habe auf unseren ausgedehnten Exkursionen durch alle Winkel und Ecken des Landes meist nur freundliche

⊏ Traditionspflege: Restaurierung eines historischen Fischerbootes

und hilfsbereite Menschen kennengelernt. Manchmal mit Zeitverzögerung und sehr bedächtig, aber die gewünschte Auskunft oder den erfragten Rat erhielt ich schließlich immer. Sie sind nun mal keine levantinischen Heißsporne. Wer sie respektiert und achtet, der wird in ihnen Menschen erkennen, deren ernsthafter, gelassener und geradliniger Charakter nicht so schnell durch Glittertand zu blenden ist und von denen der Besucher manches lernen kann.

Wie das Sprichwort, das hier *Lüüd'snack* genannt wird, sagt: „*De knarrenden Wagens gahn am allerlängsten.*"

Geschichte

Die **ersten Spuren** menschlicher Besiedlung des Gebietes, das heute das Land Mecklenburg-Vorpommern bildet, reichen bis ins Jahre 6500 v.Chr. zurück. Diese ältesten prähistorischen Funde waren zwei Siedlungen, die man im Gebiet Wismar entdeckte. Vor dieser Zeit bedeckten die gewaltigen Gletscher der letzten Eiszeit die Region und machten sie unbewohnbar.

Im Laufe der **Mittleren Steinzeit** (Mesolithikum, 8000–3000 v.Chr.) zogen verstärkt Jäger und Sammler in die vom Eis befreiten Gebiete. Diese Besiedlung konzentrierte sich hauptsächlich auf die Seenplatte und die Küstenbereiche.

Dichter besiedelt wurde die norddeutsch-polnische Tiefebene erst in der **Jüngeren Steinzeit** (Neolithikum, 3000–1800 v.Chr.). Eine Vielzahl von Hügel- und Großsteingräbern aus dieser Epoche haben sich erhalten und zeugen von der Übergangsphase der reinen Jäger- und Sammlerkultur zu Ackerbau und Tierhaltung (Trichterbecherkultur).

Die **Bronzezeit** (1800–600 v.Chr.) konnte sich in Mecklenburg nur zögerlich etablieren. Die bis dahin verbreitete Form der Bestattung in Grabhügeln wurde aufgegeben; die Toten wurden nun verbrannt und in Urnenfeldern beigesetzt.

Einsetzende Klimaverschlechterung, die zu kühlerem und feuchterem Wetter führte und manche Gebiete versumpfen und somit unbewohnbar werden ließ, löste eine Abwanderungsbewegung aus. So war das Gebiet während der **Völkerwanderungszeit** (375 v.Chr. bis 600 n.Chr.) nur noch dünn besiedelt.

Neuere Geschichte

Die neuere Geschichte begann um 600 n.Chr., als slawische Stämme in das Gebiet eindrangen. Obotriten, Wagrier, Wilzen, Lutizen, Redarier und andere Stämme okkupierten das Land und bildeten einzelne Stammesgebiete. Aus dieser **slawischen Epoche,** die man auch die wendische nennt, rühren die vielen mächtigen Wallburgen, deren ringförmige Wehranlagen man auch heute noch überall in Mecklenburg-Vorpommern finden kann. Der Name Mecklenburg leitet sich von einer solchen Wendenburg, der „Michelenburg" bei Wismar, ab. Pommern erhielt seinen Namen von dem Volk der Pomoranen („die am Meer wohnenden").

Das Ende der slawischen Epoche begann, als das **Christentum** in Form der technisch überlegenen Dänen und Deutschen in das „Heidenland" einfiel und es trotz heftigster Gegenwehr der freiheitsliebenden Slawen Stück für Stück erobern konnte. Schließlich blieb nur noch die Insel Rügen als freies Wendenland übrig. Mit dem Fall ihres obersten Heiligtumes, der **Jaromarsburg** am Kap Arkona, im Jahre 1168 unterwarfen sie sich endgültig den Siegern und wurden christianisiert.

Im Gefolge der christlichen Heere drangen immer mehr deutsche Siedler in die Gebiete ein und kolonisierten es Zug um Zug. Bald war das Land mit einem dichten Netz deutscher Dörfer und Städte überzogen, und die Türme der Christenkirchen ragten nun überall in den Himmel.

Zunehmender Handel entlang der „Via Regia", dem großen Handelsweg, der von Lübeck durch Mecklenburg nach Danzig und weiter über Kiew bis zum Schwarzen Meer führte, trug entscheidend zur Entwicklung des Gebietes bei. Die **Hanse** (zeitgenössischer Begriff für „Schar, Gruppe"), der Schutzbund der Kaufleute und freien Handelsstädte, entstand. Die ökonomische Potenz, die Städte wie Rostock, Wismar, Stralsund oder Greifswald durch den monopolistisch kontrollierten Handel erreichten, sicherte ihnen Macht, Einfluss und Unabhängigkeit. Gleichzeitig bescherte sie ihnen aber auch den Neid der verschiedenen Regionalfürsten und kriegerische Auseinandersetzungen mit der Konkurrenz, insbesondere mit den Dänen.

Zu Beginn des **16. Jahrhunderts** erschütterten starke politische, religiöse und soziale Spannungen die Region. In den Städten kam es zu Unruhen und Aufständen. Die mehr und mehr an Bedeutung gewinnenden Handwerkerzünfte forderten ein ihrer ökonomischen Bedeutung gemäßes Mitspracherecht. Die Ideen der Reformation erreichten auch Mecklenburg-Vorpommern und brachten schließlich die festgefügte Macht der Bischöfe und Klöster zu Fall.

Leid, Not und Verwüstung brachte der **Dreißigjährige Krieg** (1618–48) über das Land und seine Einwohner. Die kaiserlichen und schwedischen Heerhaufen zogen marodierend, plündernd und mordend durchs Land. Am Ende des Krieges hatten von Mecklenburgs einst 300.000 Bewohnern nur knappe 50.000 überlebt. Es war dabei eines der ärmsten Länder des Reiches geworden.

Die siegreichen Schweden besetzten Vorpommern und Teile Mecklenburgs. Brandenburg, dem Hinterpommern zugefallen war, gelang es unter dem Großen Kurfürsten zwar, 1675 Vorpommern zurückzuerobern; sie mussten es aber im **Frieden von St. Germain** wieder an Schweden zurückgeben. Im **Nordischen Krieg** (1700–21) versuchte Brandenburg erneut, sich die schwedischen Gebiete einzuverleiben, indem es an der Seite Russlands gegen Schweden kämpfte. Im **Frieden von Stockholm** von 1720 wurde Vorpommern bis zur Peene inklusive Usedom und Wollin Friedrich Wilhelm I. zugesprochen.

Das durch ewige Erbstreitigkeiten, Teilungen und Kriege geschwächte und zerrissene Mecklenburg wurde durch den übermächtigen Nachbarn Brandenburg-Preußen **1757** besetzt. Nur durch Zahlung erheblicher Abfindungen und Kontributionen an Preußen und Schweden gelang es dem Schweriner Herzog Friedrich-Franz I., besetzte Gebiete auszulösen und wieder selbständig zu werden.

1806 marschierte *Napoleon* in Mecklenburg und Vorpommern ein und hielt

Politische Gliederung Mecklenburg-Vorpommerns

Rostock km^2 (Stadt)
(181,4 , 204.000 Einw., 1126 Einw. / km^2)

Schwerin
(130,5 , km^2, 95.000 Einw., 730 Einw. / km^2)

Zu NW-Mecklenburg
(2117 km^2, 159.000 Einw., 75 Einw. / km^2)

Zu Landkreis Rostock
(3421 km^2, 214.000 Einw. , 64 Einw. / km^2)

Zu Ludwigslust-Parchim
(4750 km^2, 217.000 Einw., 47 Einw. / km^2)

Zu Mecklenburgische Seenplatte
(5468 km^2), 270.000 Einw, 50 Einw. / km^2)

Zu Vorpommern-Rügen
(3188 km^2, 229.00 Einw., 72 Einw. / km^2)

Zu Vorpommern-Greifswald
(3927 km^2, 244.000 Einw., 62 Einw. / km^2)

es besetzt. Nach der endgültigen Niederlage *Napoleons* bei Waterloo und der folgenden Neuordnung Europas auf dem **Wiener Kongress 1815** fiel Vorpommern mitsamt Rügen an Preußen. Mecklenburg blieb im Schatten des mächtigen Nachbarn souverän. Während in Preußen die Reformideen des *Freiherrn von Stein* sowie von *Scharnhorst* und *Gneisenau* umgesetzt wurden, blieb in Mecklenburg die Ständeherrschaft unangetastet. Die leibeigenen Bauern mussten weiterhin als Tagelöhner, Knechte und Mägde ihr karges Leben fristen. Zu Zeiten der großen Auswanderungswellen nach Amerika, am Beginn des 19. Jahrhunderts, suchten denn auch Zehntausende Mecklenburger ihr Heil in Übersee. Das Land blutete aus. Seine Entwicklung wurde zusätzlich durch die mittelalterliche Zoll- und Steuergesetzgebung behindert. Während ringsum die **Industrialisierung** längst begonnen hatte, verharrte Mecklenburg unter der Knute seiner Landjunker im politischen und sozialen Dornröschenschlaf.

Erst **1822** gelang gegen den zähen Widerstand der Rittergutsbesitzer die **Aufhebung der Leibeigenschaft.** Dies verbesserte die Situation der Bauern aber nur unwesentlich. Sie waren jetzt zwar frei, aber nach wie vor gehörte der Boden den Großgrundbesitzern, die weiterhin eine demokratische Entwicklung des Landes erfolgreich zu verhindern wussten.

So blieb Mecklenburg bis zum **Revolutionsjahr 1918** sozusagen ein museales Land, in dem längst überholte politische und ökonomische Strukturen konserviert wurden. Die Revolution zwang dann schließlich den Großherzog doch, endgültig abzudanken und die Macht an die aus den Wahlen vom 15.12.1918 hervorgegangene verfassungsgebende Versammlung abzugeben.

1933 wurden die Freistaaten Mecklenburg-Schwerin und Mecklenburg-Strelitz zum Land Mecklenburg mit der Hauptstadt Schwerin vereint. 1945 wurde Pommern geteilt. Hinterpommern wurde polnisch, Vorpommern mit Mecklenburg zur Besatzungszone Mecklenburg-Vorpommern zusammengefasst.

Mit der **Verwaltungsreform von 1952** wurde das Gebilde in die Bezirke Rostock, Schwerin und Neubrandenburg aufgegliedert. Nach dem Sturz des DDR-Regimes und der **ersten freien Landtagswahl 1990** leitete die Volkskammer die Neugründung des Landes Mecklenburg-Vorpommern ein. Schwerin wurde Landeshauptstadt.

Eine **Kreisgebietsreform Mecklenburg-Vorpommern** (siehe Kasten) soll die Anzahl der Landkreise und kreisfreien Städte im Land Mecklenburg-Vorpommern ab dem 4. September 2011 reduzieren und Verwaltungskosten einsparen. In seiner Sitzung am 7. Juli 2010 hat der Landtag Mecklenburg-Vorpommern das „Gesetz zur Schaffung zukunftsfähiger Strukturen der Landkreise und kreisfreien Städte des Landes Mecklenburg-Vorpommern (Kreisstrukturgesetz)“ angenommen, das seinerseits als Artikel 1 das „Gesetz zur Neuordnung der Landkreise und der kreisfreien Städte des Landes Mecklenburg-Vorpommern (Landkreisneuordnungsgesetz – LNOG M-V)“ enthält. Das Kreisstrukturgesetz ist am 12. Juli 2010 ausgefertigt und am 28. Juli 2010 verkündet worden.

Kreisgebietsreform

Die 3. Kreisgebietsreform reduziert die Landkreise von M-V ab 2011 von bisher 12 auf jetzt nur noch 6, die der kreisfreien Städte von 6 auf 2 (Rostock und Schwerin). Diese 6 Landkreise sind:

- **Nordwestmecklenburg** mit dem Kreissitz Wismar; Gemeinden des bisherigen Landkreises Nordwestmecklenburg und die Hansestadt Wismar.
- **Landkreis Rostock** mit dem Kreissitz Güstrow; Gemeinden der bisherigen Landkreise Bad Doberan und Güstrow sowie die Stadt Dargun.
- **Ludwigslust-Parchim** mit dem Kreissitz Ludwigslust; Gemeinden der bisherigen Landkreise Ludwigslust und Parchim.
- **Mecklenburgische Seenplatte** mit dem Kreissitz Neubrandenburg; Gemeinden der bisherigen Landkreise Müritz und Mecklenburg-Strelitz sowie die Stadt Neubrandenburg und die Mitgliedsgemeinden der Ämter Malchin am Kummerower See, Stavenhagen und Treptower Tollensewinkel.
- **Vorpommern-Rügen** mit dem Kreissitz Stralsund; Gemeinden der bisherigen Landkreise Nordvorpommern und Rügen sowie die Hansestadt Stralsund.
- **Vorpommern-Greifswald** mit dem Kreissitz Greifswald; Gemeinden der bisherigen Landkreise Ostvorpommern und Uecker-Randow, die Hansestadt Greifswald sowie die Hansestadt Demmin und die Mitgliedsgemeinden der Ämter Demmin-Land, Jarmen-Tutow und Peenetal/Loitz.

8 Anhang

Der kleine Mann und das Meer

Reiseliteratur

Lesebücher

■ **Badeleben,** Verlag Klett-Cotta – Ahrenshoop, Bansin, Swinemünde, Zinnowitz heißen die traditionsreichen Seebäder, die seit 1800 Sommerfrischler von Nah und Fern anlocken. Geschichten von Besuchern und Besuchten aus der Kaiserzeit bis zu den Betriebserholungsheimen der DDR. Die Reiseredakteurin der Frankfurter Rundschau *Jutta Stössinger* erzählt kurzweilig unter dem Motto „Ob Hindenburg, Honecker oder Harald (Ringstorff) – wo der Sprosser trällert und das Meer nur spärlich gesalzen ist, floriert das Geschäft mit den Urlaubern". (Nur noch im Antiquariat erhältlich.)

■ **Hinter dem Horizont liegt die Freiheit ...,** Delius Klasing – Für alle, die sich nicht mehr genau erinnern können oder wollen: 50 ebenso authentische wie dramatische Fluchtgeschichten aus der DDR über die Ostsee. Mit Dokumenten wie Fotos, Akten-Faksimiles, Stasi-Protokollen etc. (Nur noch im Antiquariat erhältlich.)

■ **Ausflucht nach der Insel Rügen durch Mecklenburg und Pommern,** Edition Temmen – Eine amüsante Ausflucht mit dem Berliner Musikverleger *J. C. F. Rellstab,* der im Jahr 1795 an die Ostsee und auf die Insel Rügen reiste und seine Eindrücke in Anekdoten und Geschichten niederschrieb. Zeitgenössische Kupferstiche begleiten das Lesevergnügen.

■ **Wahre Geschichten von der Ostseeküste,** Tauchaer Verlag – Was erlebte *Fritz Reuter* während seiner Sommerfrische in Boltenhagen? Was verraten die Grabinschriften in der Klosterkirche von Bad Doberan? Wie wurde der berühmte Hiddenseer Goldschmuck gefunden? Diese und viele andere Fragen beantwortet dieses Buch.

Sachbücher

■ **Die Ostsee. Eine Natur- und Kulturgeschichte,** C.H. Beck Verlag – Eine überaus lesenswerte Natur- und Kulturgeschichte der Ostsee und Ihrer Anrainer von der Eiszeit bis zur jüngsten Gegenwart. Das Buch verbindet die Entstehung der Vegetations- und Landschaftsformen anschaulich mit den geologischen Besonderheiten. Es zeigt außerdem die intensive Wechselwirkung zwischen Mensch und Umwelt auf: Die Verknüpfung von Geologie, Ökologie und Kulturgeschichte macht den besonderen Reiz des Buches aus.

■ **Die Ostsee – Handel und Kulturen,** Becksche Reihe. Der Ostseeraum als Platz des intensiven gesellschaftlichen und kulturellen Austausches von den Wikingern über die Hanse bis zur Sowjetisierung im 20. Jh.

■ **Weltgeschichte der Ostsee,** Siedler Verlag – Das Buch schildert detailliert die Geschichte der Ostseeregion, die von St. Petersburg und Riga über Stralsund und Lübeck bis nach Kopenhagen und Stockholm reicht und das über Jahrhunderte hinweg als „weltpolitischer Wetterwinkel und Knotenpunkt" galt.

■ **Bäderarchitektur in Mecklenburg-Vorpommern,** Hinstorff Verlag – Antikisierende Säulen, barocke Putten, Holzloggien – man begegnet ihr in den Seebädern an der Ostseeküste auf Schritt und Tritt – der berühmten Bäderarchitektur. Sie gehört zum Schönsten, das die Küstenregion zu bieten hat. Dieses Buch schildert ausführlich in Text und Bild die Vielzahl und Vielfältigkeit all jener Bauten, die durch das Badeleben an der Küste entstanden.

■ **Natürlich romantisch – Caspar David Friedrich und Freunde in Mecklenburg Vorpommern,** Hinstorff Verlag. Auf den Spuren der Roman-

▷ Idyllisch gelegene Kapelle in Vitte auf Rügen

tik und der Romantiker durchs Land und zu den Plätzen, von denen sich die Künstler inspirieren ließen und in ihren Werken verewigten.

■ **Backsteingotik in Mecklenburg-Vorpommern,** Hinstorff Verlag – Wie nirgendwo sonst sind die eindrucksvollen Bauwerke der Backsteingotik erhalten geblieben wie in Mecklenburg und Vorpommern. Ob Profanbauten wie Rathäuser, Kaufmannshäuser oder Stadtmauern, oder Glanzlichter der sakralen Baukunst wie das Münster in Bad Doberan, St. Marien in Stralsund oder Kloster Eldena – der Kenner *Gottfried Kiesow* stellt die beeindruckenden Zeugnisse der Stilepoche profund und informativ vor.

■ **Flora & Fauna an der Ostseeküste von Mecklenburg-Vorpommern,** Demmler-Verlag – Ein ebenso kurzweiliges wie interessantes und lehrreiches Buch, das jeder Ostseeurlauber dabeihaben sollte.

■ **Magische Steine,** Theiss Verlag – Megalithbauten, Hügelgräber und Steinkreise – an der Ostseeküste finden sich zahlreiche prähistorische Monumente. Dieses Buch führt zu spannenden 80 Orten wie den Megalithgräbern Klein Görow, dem bronzezeitlichen Hügelgrab Dobberworth oder der megalithischen Nekropole bei Grevesmühlen. Dabei gibt der Autor auch Tipps und Wanderempfehlungen und gewährt Einblick in die kultisch-religiösen Praktiken von der Steinzeit bis in das frühe Mittelalter und die regionalen Volkssagen.

■ **Mecklenburgisches Kochbuch,** Hinstorff Verlag – Ein Ratgeber für alle, welche der Kochkunst beflissen sind. Speziell für Mecklenburgische Hausfrauen und solche die es werden wollen. Praktische Anweisung und selbsterprobte Rezepte. Dieser Reprint von 1868 zeigt Ihnen ca. 800 Original-Rezepte von Ururgroßmutter.

■ **Mecklenburg-Vorpommerns Schlösser, Burgen & Herrenhäuser,** Husum-Verlag – in keinem anderen Bundesland findet man so viele und unterschiedliche Adelssitze wie im Junkerland M-V. Nahezu jedes Dorf besitzt ein Herrenhaus. Viele sind prächtig saniert, andere sind noch in bedauernswertem Zustand und harren einem Käufer.

167osk ph

Register

A

B

C

D

E

F

G

H

I

T

U

V

W

HILFE!

Dieser Reiseführer ist gespickt mit unzähligen Adressen, Preisen, Tipps und Infos. Nur vor Ort kann überprüft werden, was noch stimmt, was sich verändert hat, ob Preise gestiegen oder gefallen sind, ob ein Hotel, ein Restaurant immer noch empfehlenswert ist oder nicht mehr, ob ein Ziel noch oder jetzt erreichbar ist, ob es eine lohnende Alternative gibt usw.

Unsere Autoren sind zwar stetig unterwegs und versuchen, alle zwei Jahre eine komplette Aktualisierung zu erstellen, aber auf die Mithilfe von Reisenden können sie nicht verzichten.

Darum: Schreiben Sie uns, was sich geändert hat, was besser sein könnte, was gestrichen bzw. ergänzt werden soll. Nur so bleibt dieses Buch immer aktuell und zuverlässig. Wenn sich die Infos direkt auf das Buch beziehen, würde die Seitenangabe uns die Arbeit sehr erleichtern. Gut verwertbare Informationen belohnt der Verlag mit einem Sprechführer Ihrer Wahl aus der über 220 Bände umfassenden Reihe „Kauderwelsch". Bitte schreiben Sie an:

Reise Know-How Verlag, Peter Rump GmbH | Postfach 140666 | D-33626 Bielefeld
oder per E-Mail an: info@reise-know-how.de

Danke!

Der Autor

130sa ph

Peter Höh, Jahrgang 1956, studierte nach handwerklicher Berufsausbildung Kommunikations- und Informationswissenschaften. Seit er als Schwabe im Berliner Exil im Herbst 1989 den Fall der Mauer miterlebte und unmittelbar danach seine erste große Rundreise duch den unbekannten deutschen Osten unternahm, ist er von der Unberührtheit und Schönheit Mecklenburg-Vorpommerns fasziniert.

Obwohl als Reisejournalist und Buchautor viel in der weiten Welt unterwegs, bereist er seither beruflich und in seiner Freizeit regelmäßig das stille Seenland und seine zauberhafte Küste. Denn warum in die Ferne schweifen, wenn man ein solches Naturidyll vor seiner Haustür hat.

Als damaliger Student der Publizistik verfasste er 1990 bei Reise Know-How über die Neuen Bundesländer sein erstes Reisebuch. Seither sind von ihm neben dem vorliegenden Band bei Reise Know-How folgende Titel zu Mecklenburg-Vorpommern erschienen: „Mecklenburg- Vorpommern Binnenland", „Rügen, Hiddensee" und „Usedom".

Insgesamt hat er zahlreiche Reisebücher in verschiedenen Verlagen veröffentlicht. Daneben entstanden diverse Reisereportagen, die in namhaften Reisezeitschriften, Zeitungen und Fachpublikationen gedruckt wurden.